ART MILITAIRE

DES

CHINOIS.

ART MILITAIRE
DES CHINOIS,
OU
RECUEIL
D'ANCIENS TRAITÉS SUR LA GUERRE,
composés avant l'ere chrétienne,

PAR DIFFÉRENTS GÉNÉRAUX CHINOIS.

Ouvrages sur lesquels les Aspirants aux Grades Militaires sont obligés de subir des examens.

ON Y A JOINT
Dix Préceptes adressés aux Troupes par l'Empereur YONG-TCHENG, pere de l'Empereur régnant.

Et des PLANCHES GRAVÉES pour l'intelligence des Exercices, des Evolutions, des Habillements, des Armes & des Instruments Militaires des Chinois.

Traduit en François, par le P. AMIOT, Missionnaire à Pe-king, revu & publié par M. DEGUIGNES.

A PARIS,
Chez DIDOT L'AÎNÉ, Libraire & Imprimeur, rue Pavée, près du quai des Augustins.

────────────────

M. DCC. LXXII.
AVEC APPROBATION, ET PRIVILEGE DU ROI.

AVIS.

CES Ouvrages sur l'Art Militaire des Chinois, traduits en françois par le P. Amiot, sont déposés dans le cabinet de M. Bertin, Ministre & Secrétaire d'Etat, à qui ils ont été envoyés de la Chine par le Traducteur. C'est le fruit d'une correspondance suivie que ce Ministre, plein de zele pour le progrès de nos connoissances, entretient, par la permission du Roi, avec des Lettrés Chinois que Sa Majesté a honorés de sa protection & qu'elle a comblés de ses bienfaits, pendant le séjour qu'ils ont fait en France (1). Cette correspondance devient de plus en plus intéressante & utile aux Sciences & aux Arts, par les Mémoires que ces Lettrés envoient tous les ans, & que le Ministre se fait un plaisir de communiquer par la voie de l'impression.

Tel est celui du P. Amiot, ouvrage qui a dû coûter beaucoup de peines à ce savant Missionnaire, déja connu par la traduction d'un poëme de l'Empereur de la Chine, contenant l'éloge de la ville de Moukden, qui avoit été envoyé à la Bibliotheque du Roi, & que j'ai fait imprimer l'année derniere. J'ai apporté les mêmes soins & les mêmes attentions dans la publication de celui-ci, & je me suis fait un devoir de le donner tel que le P. Amiot l'a envoyé; j'ai seulement transposé quelques-unes des notes; j'en ai divisé quelques autres; j'ai supprimé quelques avis que l'impression rendoit inu-

---

(1) MM. Ko & Yang. M. Parent, Conseiller de la Cour des Monnoies, est chargé de cette correspondance. Ses lumieres & son zele répondent parfaitement aux intentions du Ministre.

tiles ou qui étoient répétés en différents endroits; j'ai réuni ou rapproché plusieurs observations qui m'ont paru devoir l'être; j'y ai ajouté une table des matieres. Du reste, je me suis attaché à rendre cette édition entiérement conforme à l'original que le P. Amiot a paraphé lui-même à la fin de chaque Chapitre, dans la crainte que son manuscrit ne tombât en d'autres mains & ne fût altéré. » Il » est arrivé, dit-il, plus d'une fois que sous prétexte de » corriger ou de donner une nouvelle forme aux ou- » vrages qu'on reçoit des pays si éloignés, on les a tron- » qués ou défigurés, soit en ajoutant où il n'étoit pas » à propos de le faire, soit en retranchant ce qu'il fal- » loit conserver, soit enfin en voulant donner le tout » à sa maniere, qu'on croit préférable à celle des Au- » teurs; en conséquence, au lieu de donner des » connoissances sures & exactes, on n'a fait que multi- » plier les erreurs ou confirmer les fausses idées qu'on » avoit d'abord conçues sur des rapports précipités ou » peu fideles : tout au moins on a obscurci les objets, au » lieu de les éclairer. Il me semble qu'on devroit se con- » duire à l'égard des écrits qui viennent de loin, comme » on se conduit à l'égard des ouvrages qui sont déja sur- » annés & qu'on veut rajeunir : on ne se permet d'autres » changements que ceux qui ont rapport aux expres- » sions & au style ». C'est à quoi je me suis borné dans l'impression de ce recueil.

Parmi les ouvrages militaires composés par les Chinois, il y en a six auxquels ils donnent le nom de *King* ou de classiques, ce sont ceux sur lesquels tout Militaire doit subir un examen.

Le premier est intitulé Sun-tse.

AVIS.

Le second, Ou-tſe.
Le troiſieme, Se-ma-fa.
Le quatrieme, Lou-tao.
Le cinquieme, Leao-tſe.
Le ſixieme, Tai-tſoung, Li-ouei-kong.

Le P. Amiot n'a traduit que les trois premiers de ces ouvrages. Il a envoyé le Sun-tſe & l'Ou-tſe en 1766, & ils ſont arrivés l'année ſuivante. Il y a joint un Ouvrage fait par ordre de l'Empereur Yong-tcheng, concernant la conduite que les troupes doivent tenir, & il a mis à la fin les exercices & les évolutions des troupes Chinoiſes, avec les deſſins néceſſaires. Le troiſieme, ou le Se-ma-fa, eſt arrivé en 1769. Le P. Amiot paroît avoir quelque envie de continuer ce travail : s'il l'envoie, & ſi le Public reçoit favorablement celui-ci, on pourra donner la ſuite.

Voilà ce que j'ai raſſemblé, de quelques notes qui étoient éparſes dans l'Ouvrage du P. Amiot. Qu'il me ſoit permis d'y ajouter quelques obſervations ſur les Ouvrages qu'il a traduits. Tous ſont en Chinois à la Bibliotheque du Roi, dans un recueil qui eſt intitulé *Vou-king*, c'eſt-à-dire, *Livres claſſiques des Militaires*. Le premier eſt Sun-tſe : ſon vrai titre eſt *Sun-tſe-ping fa*, c'eſt-à-dire, Regles de l'Art Militaire par Sun-tſe ou Sun vou.

Cet ouvrage étoit en quatre-vingt-deux Chapitres; il n'en reſte que treize. Un Empereur de la Chine, nommé Vou-ti, de la Dynaſtie des Goei, qui vivoit vers l'an 424 de J. C. a fait un commentaire très eſtimé, qui eſt intitulé *Goei-vou-tchu-ſun-tſe*. Il y a paru pluſieurs autres commentaires de l'Ouvrage de Sun-tſe, ſous la Dynaſtie des Tang & ſous celle des Song.

Le ſecond eſt nommé Ou-tſe, autrement Ou-ki.

Ou-tſe étoit du Royaume de Ouei ou Goei. Le Pere Amiot en parle dans ſa Préface.

Le troiſieme eſt Se-ma-jang-kiu, que l'on appelle communément Se-ma, nom de ſa dignité. Il étoit du Royaume de Tſi, & vivoit ſous les Tcheou, avant J. C. Son ouvrage eſt intitulé Se-ma-ping-fa, ou Regles de l'Art Militaire par Se-ma.

Le quatrieme eſt intitulé *Ven-toui*, c'eſt-à-dire, *demandes & réponſes*. Les demandes ſont propoſées par Li-chi-min ou Li-che-min, & Li-tſing-yo y répond. Li-chi-min eſt le même que Tai-tſong, Empereur de la Dynaſtie des Tang. Ce petit traité ſur l'Art Militaire eſt diviſé en trois parties. Li-tſing-yo, autrement dit Tſing-yo-ſe, portoit le titre de Goei-kong ou Ouei-kong. Le Pere Amiot, qui en parle dans ſa Préface ſur le Lou-tao, le nomme Tching-yao-che, ce qui eſt une faute de copiſte; il faudroit dire, conformément à ſa prononciation, Tching-yo-che. Tai-tſong vivoit l'an 627 de J. C.

Le cinquieme, dans l'édition de la Bibliotheque du Roi, eſt le livre intitulé *Goei-leao-tſe*. Le P. Amiot, qui en parle (1), le nomme Yu-leao-tſe. Ce Goei-leao-tſe vivoit avant l'Ere Chrétienne : on ignore de quelle province il étoit. Son ouvrage, en forme de dialogue, eſt diviſé en vingt-quatre articles aſſez courts; l'Auteur y remonte à l'origine de l'Art Militaire ſous Hoang-ti. Pluſieurs Savants ont fait des commentaires ſur cet ouvrage.

Le ſixieme eſt le *San-lio*, compoſé par Hoang-che-kong, qui vivoit, à ce que l'on croit, ſous la Dynaſtie des Tſin, avant J. C. Il eſt diviſé en trois parties.

..(1) Préface du Lou-tao.

AVIS.

Le septieme & dernier est intitulé *Lou-tao*, & il est attribué à Liu-vang, le même que Tai-kong, qui vivoit 1122 ans avant J. C. au commencement de la Dynastie des Tcheou. Cet Ouvrage est partagé en soixante petits articles; le P. Amiot en a traduit seulement le vingt-unieme, qui traite de l'établissement du Général, & les vingt-quatrieme & vingt-cinquieme, qui tous les deux ont pour objet la maniere de se communiquer les secrets. Ils sont réunis tous les deux dans l'article II de l'extrait du Lou-tao.

Voilà les Ouvrages fondamentaux sur l'Art Militaire chez les Chinois. Les deux éditions de ce recueil, qui sont dans la Bibliotheque du Roi, sont numérotées 353 & 354: l'une & l'autre renferment les mêmes ouvrages; mais dans celle qui est numérotée 354, les commentaires sont beaucoup plus étendus, & l'on a mis à la tête un petit Traité de l'exercice de la fleche, tant à pied qu'à cheval, avec les figures. Cette édition a été faite sous le regne de Kang-hi, mort en 1722; l'autre, sous celui de Van-li, qui mourut l'an 1620 de J. C.

Les planches qui accompagnent la traduction du Pere Amiot sont copiées fidellement d'après les dessins enluminés qu'il a envoyés; on a simplement réduit ces dessins, qui étoient plus grands.

TABLE DES CHAPITRES.

Discours préliminaire du Traducteur, page   1

Les dix Préceptes de l'Empereur Yong-tcheng aux Gens de guerre.

Préface de l'Empereur, page   13
   I. PRÉCEPTE. *Il faut aimer & respecter ses parents,*   17
   II. PRÉCEPTE. *Il faut honorer & respecter ses aînés,*   19
   III. PRÉCEPTE. *Il faut être de bonne intelligence avec tout le monde,*   22
   IV. PRÉCEPTE. *Il faut instruire ses enfants & ses freres cadets,*   25
   V. PRÉCEPTE. *Il faut cultiver la terre avec soin,*   27
   VI. PRÉCEPTE. *Il faut se rendre habile dans l'exercice de la fleche, tant à pied qu'à cheval,*   30
   VII. PRÉCEPTE. *Il faut user d'économie,*   33
   VIII. PRÉCEPTE. *Il faut s'abstenir du vin & des liqueurs qui enivrent,*   35
   IX. PRÉCEPTE. *Il faut éviter le jeu,*   38
   X. PRÉCEPTE. *Il faut éviter les combats & les querelles,*   41

Les XIII Articles sur l'Art Militaire, par Sun-tse.

Préface,   47
   I. ART. *Fondements de l'Art Militaire,*   57
   II. ART. *Des commencements de la campagne,*   63
   III. ART. *De ce qu'il faut avoir prévu avant le combat,*   69
   IV. ART. *De la contenance des troupes,*   76
   V. ART. *De l'habileté dans le gouvernement des troupes,*   80

TABLE DES CHAPITRES.

VI. Art. *Du plein & du vuide,* · 85
VII. Art. *Des avantages qu'il faut se procurer,* 92
VIII. Art. *Des neuf changements,* 99
IX. Art. *De la conduite que les troupes doivent tenir,* 107
X. Art. *De la connoissance du terrain,* 117
XI. Art. *Des neuf sortes de terreins,* 127
XII. Art. *Précis de la maniere de combattre par le feu,* 146
XIII. Art. *De la maniere d'employer les dissensions & de mettre la discorde,* 151

Les VI Articles sur l'Art Militaire, par Ou-tse.

Préface, 163
I. Art. *Du gouvernement de l'Etat par rapport aux troupes,* 170
II. Art. *Combien il est important de bien connoître ses ennemis,* 183
III. Art. *Du gouvernement des troupes,* 196
IV. Art. *Du Général d'armée,* 203
V. Art. *De la maniere de prendre son parti dans les différents changements qui peuvent arriver,* 210
VI. Art. *Des véritables moyens d'avoir de bonnes troupes,* 218

Les V Articles sur l'Art Militaire, par Se-ma.

Préface, 227
I. Art. *De l'humanité,* 230
II. Art. *Précis des devoirs particuliers de l'Empereur,* 243
III. Art. *Précis des devoirs particuliers de ceux qui commandent,* 255
IV. Art. *De la majesté des troupes,* 278

V. Art. *Idée générale de la maniere dont il faut employer les troupes,* 297.

Extrait du livre intitulé Lou-tao, sur l'Art Militaire.

Préface, 305
I. *De la maniere dont on faisoit anciennement les Généraux,* 307
II. *De la maniere dont le Souverain & le Général se communiquoient leurs secrets,* 312

Instruction sur l'Exercice Militaire.

Préface, 319
Exercice de ceux qui n'ont pour armes que le sabre & le bouclier, 322
Premier Exercice, 323
Second Exercice, 326
Instruction sur la maniere dont on doit faire l'Exercice général, 333
Des armes, des habillements & des instruments qui sont à l'usage des gens de guerre, 360

Fin de la Table des Chapitres.

PRÉFACE

DISCOURS
DU TRADUCTEUR.

A JUGER des Chinois par leurs mœurs, par leurs coutumes, par leurs Loix, par la forme de leur Gouvernement, & en général par tout ce qui s'obferve aujourd'hui parmi eux, on concluroit, fans héfiter, que ce doit être la Nation du monde la plus pacifique & la plus éloignée d'avoir les brillantes qualités qui font les Guerriers.

Leur génie, naturellement doux, honnête, fouple & pliant, doit les rendre beaucoup plus propres au commerce de la vie, qu'aux actions militaires & au tumulte des armes. Leur cœur, toujours fufceptible de la crainte des châtiments, toujours refferré entre les bornes d'une obéiffance aveugle envers tous ceux que la Providence a placés fur leur tête, doit être comme incapable de former ces projets hardis qui font les Héros. Leur efprit, toujours étouffé, dès l'enfance, par un nombre prefque infini de petites pratiques, fait que dans l'âge même le plus bouillant, le fang ne femble couler dans leurs veines qu'avec une lenteur qui fait l'étonnement de tous les Européens. Leurs préjugés, ou, fi l'on veut, leur bon sens, ne leur font envisager qu'avec une espece d'horreur cette triste nécessité, où des hommes se trouvent quelquefois réduits, d'attenter à la vie d'autres hommes. Tout cela réuni doit contribuer, à la vérité, à faire des fils respectueux, de bons peres de famille, de fideles sujets & d'excellents citoyens, mais ne doit pas, ce me semble, inspirer du courage au soldat, de la valeur à l'Officier ni des vues au Général.

Cependant cette même Nation, depuis près de quatre mille ans qu'e le subsiste dans l'état à-peu près où on la voit aujourd'hui, a toujours, ou presque toujours, triomphé de ses ennemis; & lorsqu'elle a eu le malheur d'être vaincue, elle a donné la loi aux vainqueurs eux-mêmes. Ses Annales nous exposent sans fard le bon & le mauvais de chaque Dynastie. Comme elles sont écrites avec cette simplicité qui caractérise si bien le vrai, il me semble qu'on ne peut, sans quelque témérité, révoquer en doute ce qu'elles renferment. On y voit de temps en temps des traits de lâcheté qu'on auroit de la peine à trouver ailleurs; mais plus souvent encore on y admire des prodiges de bravoure, & un total d'actions & de conduite militaires dont ailleurs aussi il n'y a pas d'exemples bien fréquents. Un Ou-ouang (1),

---

(1) Ou-ouang est le Fondateur de la Dynastie des Tcheou : il monta sur le Trône l'an 1122 avant J. C.

PRÉLIMINAIRE

un Kao-ti (1), un Han-fin, un Tan-tao-tfi (2), un Ouen-ti (3), un Ou-ti (4), un Tai-tfou (5), un Che-tfou (6), & prefque tous les Fondateurs de Dynaftie, quels Politiques ! quels Guerriers ! quels Héros ! non, les Alexandres & les Céfars ne les furpaffent point. D'ailleurs, ces grands hommes, ces puiffants génies, qui ont

---

(1) Kao-ti, autrement dit Kao-tfou, eft le Fondateur de la Dynaftie des Han : il monta fur le Trône l'an 206 avant J. C.

(2) Han-fin & Tan-tao-tfi font deux fameux Généraux, dont les Chinois parlent encore aujourd hui avec admiration : ils leur joignent Keng-kan, Ou han & Lai hi.

(3) Ouen-ti, troifieme Empereur de la Dynaftie des Soung, & Ouen-ti, quatrieme Empereur des Han, font fameux par leurs exploits militaires. Ouen-ti des Han régnoit l'an 179 avant J. C. & Ouen-ti des Soung monta fur le Trône l'an 424 après J. C.

(4) Ou ti étoit le fixieme Empereur des Han Occidentaux ; il vivoit 140 ans avant J. C. Il y a eu un autre Ou-ti, treizieme Empereur de la Dynaftie des Tfin, ou, pour mieux dire, neuvieme Empereur des Tfin Occidentaux, lequel s'eft rendu recommandable par fes qualités guerrieres : il régnoit l'an 373 après J. C.

(5) Tai-tfou eft le Fondateur de la Dynaftie des Ming. Il monta fut le Trône l'an de J. C. 1368 : il eft connu fous le nom de Houng-ou, qui eft celui de fon regne.

(6) Che-tfou, autrement dit Chun-tche, eft le premier de la Dynaftie régnante, qui ait porté, de fon vivant, le titre d'Empereur de la Chine. Dans la révolution qui arriva l'an 1644, il s'eft fait, de la part des Tartares Mantchous, des actions de fageffe, de bravoure & de politique, qu'on feroit tenté de regarder comme fabuleufes, fi elles ne s'étoient paf-fées dans un temps fi voifin du nôtre : mais il faut tout dire ; c'eft en fuivant les confeils des Chinois que ces Tartares ont fait tout ce que nous admirons. Je pourrai dans la fuite donner une hiftoire un peu détaillée de cette révolution.

A ij

fait de si belles Loix pour le Politique & le Civil, ne peuvent-ils pas en avoir fait d'auſſi belles pour ce qui concerne le Militaire ? Il ne me convient pas de m'ériger en juge ſur cette matiere ; c'eſt à nos Guerriers qu'il appartient de prononcer à cet égard.

Le premier des Ouvrages que je leur préſente, eſt le plus eſtimé de tous : il a été compoſé par Sun-tſe, un des plus vaillants & des plus habiles Généraux que la Chine ait eus. Les Chinois font ſi grand cas de cet Ouvrage, qu'ils le regardent comme un chef-d'œuvre en ce genre, comme un vrai modele, & comme un précis de tout ce qu'on peut dire ſur l'art des Guerriers. Leurs Docteurs d'armes (car la Milice a ici ſes Docteurs comme les Lettres), leurs Docteurs d'armes, dis-je, ne ſont parvenus au grade qui les diſtingue, que parcequ'ils ont ſu l'expliquer, ou en commenter ſimplement quelques articles, dans l'examen qu'on leur a fait ſubir avant que de les admettre.

Le ſecond, compoſé par Ou-tſe, va preſque de pair, & n'a pas moins une approbation univerſelle. Celui qui l'a compoſé eſt un autre Héros, dont les brillantes actions font un des principaux ornements de l'Hiſtoire de ſon temps. Le grand Empereur Kang-hi fit traduire en Langue Tartare - Mantchou l'un & l'autre de ces Ouvrages, pour les mettre entre les mains des Tartares ; & aujourd'hui même, il n'eſt perſonne qui ſe crût en état d'être à la tête des troupes, s'il ne savoit par cœur son Sun-tse & son Ou-tse. Ces deux Auteurs, disent les Chinois, sont dans leur genre ce que Confucius & Mong-tse sont dans le leur. Ceux-ci forment des Philosophes, des hommes vertueux, des Sages; ceux-là forment de bons Soldats, de grands Capitaines, d'excellents Généraux.

Se-ma & les autres qui ont écrit sur l'Art Militaire, ont également leur mérite; ils sont néanmoins d'un rang inférieur, & on peut parvenir à être Bachelier & Docteur même dans la Science Militaire, sans les savoir ou sans les avoir lus. Cependant, quoique ceux qui veulent s'élever par la voie des armes, ne soient pas obligés à la rigueur de prendre des leçons dans l'ouvrage de Se-ma, & dans les autres Auteurs du second rang, il est fort rare qu'ils ne les lisent, qu'ils ne les apprennent, & qu'ils ne les sachent du moins en substance. Le livre de Se-ma jouit d'une estime universelle; c'est ce qui m'a déterminé à en donner la traduction, que l'on trouvera après les deux Auteurs dont j'ai parlé.

Comme le goût des Chinois est aussi différent du nôtre, que nos usages, nos mœurs & nos coutumes different des leurs; il pourra se faire que ce qui est si fort estimé chez eux, ne soit regardé chez nous qu'avec une certaine indifférence. Ainsi ceux qui pourroient avoir la curiosité de lire les Ouvrages de Sun-tse & des autres qui ont écrit fur l'Art Militaire, ne doivent pas s'attendre à y trouver des détails amufants, des préceptes inftructifs ni des pratiques pour le pays où ils vivent.

Si j'avois un confeil à donner, je dirois volontiers qu'ils ne doivent fe propofer d'autre but que celui de favoir ce qu'on a penfé dans les pays lointains, & dans les temps reculés, fur un Art connu de toutes les Nations, mais différemment exercé par chacune d'elles; je dirois encore qu'ils doivent fe rappeller de temps en temps que ce font des Auteurs Chinois qu'ils lifent, & que ce font des Chinois qui leur parlent françois : alors ils excuferont facilement les défauts qu'ils pourront rencontrer, & tout ce qui leur paroîtra n'être pas conforme aux lumieres de leur raifon, à leur expérience & à leur bon goût.

Cependant fi, contre mon attente, il arrivoit qu'on eût quelque agrément à converfer avec ces Héros étrangers & à recevoir quelques-unes de leurs inftructions, j'en aurois moi-même une fatisfaction bien grande ; & je ferois dédommagé de mont ravail, fi, avec l'agrément, on y trouvoit encore l'utile. C'eft principalement dans cette derniere vue que j'ai entrepris un travail fi contraire à mon goût, & fi éloigné de l'objet de ma profeffion. Ce n'eft pas fans avoir vaincu bien des obftacles que je l'ai conduit à fa fin. Le laconifme, l'obfcurité, difons mieux, la difficulté des expreffions chinoifes n'eft pas un des moindres ; cent fois rebuté, j'ai abandonné cent fois une entreprise que je croyois être, & qui étoit en effet au-dessus de mes forces : j'y renonçois entierement, lorsque le hasard me remit sur les voies, dans le temps même que mes occupations sembloient devoir m'en éloigner davantage. Voici, en peu de mots, quelle en a été l'occasion.

Quelques Seigneurs Tartares de la plus haute qualité, & qui tenoient un rang distingué dans les troupes, s'étoient attiré la disgrace du Souverain. La confiscation de ce qu'ils possédoient fut une des peines qu'ils subirent. On dépouilla leurs maisons, & on vendit publiquement leurs meubles. Une personne de confiance, que j'avois chargée depuis plus d'un an de ramasser tous les livres qu'elle pourroit trouver sur la guerre, étant allée dans le lieu où se font ces sortes de ventes, jetta les yeux sur les livres qui y étoient exposés ; elle vit, entre autres, un manuscrit, dans lequel se trouvoit la collection des bons Auteurs qui ont écrit sur l'Art Militaire, avec des notes qui en étoient une espece de commentaire, pour le développement & l'entiere intelligence du texte ; elle se rappella la commission que je lui avois donnée, & n'hésita point sur le parti qu'elle avoit à prendre. Toute cette collection étoit traduite en Tartare-Mantchou. J'apprenois alors cette Langue ; celui que j'avois pour Maître, fils & petit-fils d'Officier, Militaire lui-même, me fit un grand éloge de l'acquisition que je venois de faire ; il voulut même que nous en expliquassions quelque chose ensemble, s'offrant de me donner tous les éclaircissements nécessaires sur un art dans lequel il avoit vieilli, m'assurant de plus que le style en étant clair, pur & élégant, je ne pourrois que profiter infiniment dans cette lecture.

Je consentis sans peine à ce qu'il exigeoit de moi. On apprend à s'exprimer en latin, naturellement & avec délicatesse, en lisant les Commentaires de César : pourquoi n'apprendroit-on pas à bien parler tartare en étudiant dans des Commentaires faits pour former des Césars Mantchous ? Telle fut la réflexion que je fis alors. A peu près vers le même temps, j'appris qu'en France on étoit curieux d'avoir des connoissances sur la Milice Chinoise ; ce fut pour moi un nouveau motif qui acheva de me déterminer. J'entrepris donc, non pas de traduire littéralement, mais de donner une idée de la maniere dont les meilleurs Auteurs Chinois parlent de la guerre, d'expliquer d'après eux leurs préceptes militaires, en conservant leur style autant qu'il m'a été possible, sans défigurer notre Langue, & en donnant quelque jour à leurs idées, lorsqu'elles étoient enveloppées dans les ténebres de la métaphore, de l'amphibologie, de l'énigme ou de l'obscurité. Je me suis servi pour cela, non seulement du manuscrit tartare dont je viens de parler, mais encore
des

PRÉLIMINAIRE.

des Commentateurs Chinois, anciens & modernes.

On a un grand avantage lorſqu'on poſſede les deux Langues, je veux dire la Langue Chinoiſe & celle des Tartares-Mantchous. Lorſqu'on ne comprend pas le Chinois, on a recours au Tartare, & lorſqu'on eſt embarraſſé de retrouver le vrai ſens dans le Tartare, on ouvre le Livre Chinois; ou, ſi l'on veut mieux faire, on les a continuellement l'un & l'autre ſous les yeux. C'eſt la conduite que j'ai tenue pendant le cours de mon travail, qui a été de bien des années. Je n'ai pas négligé de conſulter les perſonnes habiles, lorſque je l'ai cru néceſſaire. Néanmoins il eſt arrivé bien des fois, malgré leurs longues explications & leurs prétendus éclairciſſements, que le ſecours de leurs lumieres ne m'a guere éclairé.

Tous les hommes ont à peu près les mêmes idées; mais chaque Nation a ſa maniere propre de les développer, toujours conformément à ſon génie, & conſéquemment à la nature de la Langue qu'elle parle. Ce qui paroît clair, brillant, pompeux & magnifique chez les unes, eſt embrouillé & plein d'obſcurités, fade & inſipide chez les autres. Les Chinois ont cela de particulier, que leur Langue ne reſſemble en rien à aucune de celles qu'on parle dans le reſte du monde, ſi l'on excepte quelques Nations limitrophes, qui probablement leur doivent leur origine. Cette Langue ſinguliere, que les

Japonois appellent la Langue de confusion, ne présente que des difficultés à un Européen, sous quelque point de vue qu'il l'envisage. Les caracteres qui sont faits pour exprimer les idées chinoises, sont comme ces belles peintures dans lesquelles le commun, ou les connoisseurs médiocres ne voient qu'en gros l'objet représenté, ou tout au plus une partie des beautés qu'elles renferment, tandis qu'un vrai connoisseur y découvre toutes celles que l'Artiste a voulu exprimer.

La Langue Tartare, beaucoup plus claire, sans comparaison, méthodique même comme nos Langues d'Europe, a néanmoins ses difficultés : elle n'explique souvent certaines obscurités chinoises que par d'autres obscurités, parceque la plupart des Traducteurs, fideles à la lettre, ne s'embarrassent pas trop du sens. Comme ces deux Nations ne font plus aujourd'hui qu'une seule & même Nation, leur éducation, leur maniere de penser, d'envisager les choses & de les représenter, est à peu près la même ; ce qui fait que, ce qu'on n'a pas compris dans le Chinois, on ne le comprend pas quelquefois non plus dans le Tartare. Que sais-je encore si par la communication que j'ai moi-même avec les Tartares & les Chinois, & par la lecture assidue des Ouvrages composés dans leur Langue, mes idées ne se ressentent pas un peu du climat que j'habite depuis de longues années, & si mon langage n'est pas une espece de jargon inintelligible

PRÉLIMINAIRE.

pour un François qui fait son séjour dans sa patrie ? Si cela est, les Lecteurs équitables m'excuseront sans peine, & diront du moins, *laudo conatum* ; c'est tout ce que je demande d'eux.

Afin de ne rien omettre de ce qui a été fait pour les Militaires de ces contrées, je joins ici la traduction d'un petit livre qu'Yong-tcheng, fils de Kang-hi & pere de l'Empereur régnant, a composé autrefois pour l'instruction des troupes, comme membres de la société civile (1). J'ai cru qu'on verroit avec quelque plaisir quelle est la doctrine qu'on propose ici aux Gens de guerre. Le premier soin d'un Empereur de la Chine est de travailler à faire de bon citoyens ; il tâche ensuite de faire de bons guerriers.

L'Empereur Yong-tcheng a divisé son Ouvrage en dix chapitres, qu'il a intitulés les dix Préceptes faits pour les Gens de guerre. De tous ceux que je mets au jour, celui-ci est le dernier en date ; il est même, de tous, celui qui a le moins de rapport à la guerre : cependant comme il a

---

(1) On verra, dans la Préface que l'Empereur place à la tête de ses Préceptes, en quel sens il est l'Auteur de l'Ouvrage qui porte son nom. C'est la coutume des Empereurs Chinois de ne pas mettre de différence entre ce qu'ils font faire & ce qu'ils font eux mêmes, en fait de Littérature. *J'ai tant travaillé sur cette matiere*, disoit autrefois Kang-hi, à l'occasion d'un point d'Anatomie, dont on lui rendoit compte, *que je dois bien être au fait*. Tout son travail en ce genre consistoit dans un ordre qu'il avoit donné au P. Parrennin de traduire en Tartare-Mantchou les Ouvrages de M. Dionis.

été composé par un Souverain, & que c'est pour des guerriers que ce Prince l'a composé (1), je le place à la tête des autres Ouvrages Militaires.

---

(1) Les Empereurs Tartares-Mantchous, qui ont gouverné la Chine depuis la destruction des Ming, n'ont pas cru pouvoir mieux traiter la théorie de la guerre que n'avoient fait les Chinois qu'ils ont vaincus ; c'est pourquoi ils se sont contentés de faire traduire, avec tout le soin possible, leurs Ouvrages les plus essentiels : ils se sont approprié tout ce qu'ils ont trouvé chez la Nation vaincue, qui pouvoit leur convenir ; & en adoptant la forme de leur Gouvernement, quant au principal, ils n'ont pas jugé qu'il fût indigne d'eux d'adopter également la plupart de leurs préceptes militaires. S'il y a de la différence entre la milice d'aujourd'hui & celle des anciens Chinois, elle ne se trouve guere que dans une certaine police extérieure, qui ne doit être comptée pour rien. Les dix Préceptes de l'Empereur Yong-tcheng sont faits en général pour l'instruction de tous les Mantchous, parcequ'ils sont censés être tous gens de guerre.

LES DIX PRECEPTES
ADRESSÉS AUX GENS DE GUERRE,

PAR YONG-TCHENG,

TROISIEME EMPEREUR DE LA DYNASTIE RÉGNANTE.

PREFACE DE L'EMPEREUR.

Depuis l'antiquité la plus reculée jufqu'à nos jours, les hommes ont toujours eu des Maîtres qui les ont gouvernés, qui les ont nourris, aimés, inftruits, qui leur ont montré le chemin de la vertu, & qui ont regardé comme un point capital le foin de les y faire marcher.

Kang-hi, mon Pere, a régné plus de foixante ans (1).

---

(1) Kang hi n'a régné dans la réalité que 60 ans ; mais on compte toute l'année dans laquelle il mourut, comme étant de fon regne.

Il a comblé de mille bienfaits tous ses sujets ; il les a tendrement aimés ; il a été leur pere autant que leur maître. Les Mantchous ont été en particulier l'objet des attentions continuelles de son grand cœur : il se fit un devoir d'examiner par lui-même leur ancienne doctrine, & n'oublia rien de tout ce qui pouvoit la faire revivre & la leur inculquer. Pour cela il ne s'en rapporta pas seulement à ses lumieres ; il ordonna de plus aux Gouverneurs de Province, aux Officiers Généraux, & à tout ce qu'il y avoit de plus habile dans son Empire, de l'étudier, de s'en instruire à fond, de la faire apprendre à tous les Gens de guerre qui leur étoient soumis, & d'employer tous leurs efforts pour la graver dans leur cœur dans le plus grand détail.

Pour moi je me suis toujours appliqué à acquérir la grande Science (1) ; en héritant du Trône de mon Pere, j'ai également hérité de ses inclinations, & dans toutes les affaires, je sens que je pense comme il avoit déja pensé lui-même. Comme lui, j'aime tendrement mes Sujets ; comme lui encore, je ne veux rien négliger pour con-

---

(1) La grande Science est un Ouvrage composé par Confucius. Tseng-tse, un des disciples de ce Philosophe, y a ajouté quelques commentaires. L'objet de la grande Science est, 1°. de régler son propre cœur avant de vouloir régler celui des autres : 2°. elle donne des préceptes sur le bon gouvernement : 3°. elle enseigne la maniere de pratiquer le bien & de s'y soutenir constamment, pour avoir la tranquillité de l'esprit & le repos du cœur.

server les Mantchous dans leurs anciennes mœurs, afin qu'ils soient toujours la force & le soutien de l'Empire.

L'année derniere, Hata, Gouverneur général de Ningouta (1), vint à la Cour: je l'exhortai, en termes les plus forts, à ne rien négliger pour l'instruction des troupes. *C'est de vous autres, Officiers Généraux*, lui dis-je plus d'une fois, *que dépend le bon ordre qui doit régner parmi les Gens de guerre: vous devez leur expliquer, dans le détail le plus exact, toutes les Loix & les Ordonnances qui les regardent particulierement: il ne faut pas craindre de répéter souvent les mêmes choses ; c'est un point des plus importants pour le bien de l'Etat, que celui que je vous recommande. Pour toi, Hata, il faut que tu rediges tout ce qui s'est fait en ce genre, que tu mettes par écrit toutes les instructions que tu croiras devoir être données aux troupes ; & quand tout sera fini, tu me le présenteras, afin que je le fasse publier par tout l'Empire.*

Hata obéit à mes ordres ; mais ne trouvant dans son écrit que de la confusion, un style bas, & les choses les moins nécessaires, je me suis déterminé à faire composer par Tchang-cheou une simple instruction divisée en dix parties, que j'ai revue avec un grand soin avant que de la faire publier.

---

(1) Ningouta est une des principales forteresses du pays des Mantchous. Elle est à 44° 24′ 15″ de latitude, & à 13° 15′ de longitude orientale, en prenant le premier méridien à Pe-king.

Quoique cet Ouvrage soit fait particulierement pour ceux qui suivent actuellement le parti des Armes, & qui portent le nom ou le titre de Soldat ou d'Officier, je prétends néanmoins que non seulement les Gens de guerre, mais que tous les Mantchous, sans exception, en fassent une lecture réfléchie, qu'il soit dans toutes les maisons, qu'on l'apprenne par-tout, & que ceux même qui ne savent pas lire, trouvent le moyen de le savoir par cœur en entier. C'est par-là qu'on ne perdra pas de vue l'ancienne doctrine des Mantchous, qu'on se la transmettra de pere en fils, & qu'en la conservant, on conservera le bonheur qui est attaché à notre Nation.

Vous, Grands de l'Empire, Gouverneurs de Province, Mandarins & Officiers, ayez soin que mes ordres soient exécutés à la rigueur; instruisez les Mantchous mes esclaves (1), &, en les instruisant, soyez pénétrés de cet amour paternel que j'ai moi-même pour eux & pour vous tous.

Fait le douzieme jour de la huitieme lune de la cinquieme année d'Yong-tcheng (2).

---

(1) Tous les Mantchous sans exception, de quelque qualité & condition qu'ils soient, sont les esclaves nés de l'Empereur. Les Grands, les Regulos & tous les Princes se donnent eux mêmes le nom d'esclave, lorsqu'ils sont en présence de Sa Majesté. *Moi votre esclave*, disent-ils; ce que ne font pas les Chinois, qui se nomment simplement du nom de leur grade, ou de leur dignité.

(2) La cinquieme année d'Yong tcheng répond à notre année 1728.

LES

PREMIER PRÉCEPTE.

Il faut aimer & respecter ses Parents.

Quoique vous soyez engagés dans la profession des Armes, & que l'étude des Livres Sacrés (1) & des Livres d'Histoire ne vous ait pas fort occupés, il ne faut pas que vous ignoriez le principal & le plus essentiel de vos devoirs. Quelques réflexions sur la maniere tendre dont un pere & une mere aiment leurs enfants, suffiront pour vous les rappeller.

Un enfant qui vient de naître est hors d'état de pourvoir à sa propre subsistance; il ne peut se rendre à soi même aucun de ces services d'où dependent sa santé & sa conservation : mais ceux à qui il doit le jour les lui procurent avec empressement & avec joie.

Voyez comment un pere & une mere sont attentifs à tout ce qui regarde leurs enfants : ils prêtent l'oreille au son de leurs voix; ils observent leurs visages; ils sont dans des perplexités continuelles à leur occasion ; s'ils les voient rire, ils sont bien-aises; ils sont tristes, s'ils les entendent pleurer. Commençent-ils à marcher, ils comptent leurs pas, ils les suivent, ils ne les quittent point ; sont-ils malades, ils en sont dans l'affliction, ils en perdent même l'appétit & le sommeil. Lors-

---

(1) Les Chinois entendent par *Livres sacrés* ces anciens Livres qu'ils appellent King, c'est-à-dire l'Y-king, le Che-king, le Chou-king, le Li-ki, l'Yo-king, dont il ne reste que quelques fragments, & les Ouvrages de Confucius, qu'ils respectent presque autant que les King. Parmi ces Ouvrages de Confucius on a placé ceux de Mong-tsée, & le tout ensemble forme ce qu'on appelle les Se-chou.

qu'ils commencent à devenir grands, ils les inftruifent, ils leur donnent une éducation convenable à leur état ; & quand ils font parvenus à l'âge qui fait les hommes, ils tâchent de leur procurer un établiffement qui puiffe les rendre heureux le refte de leurs jours. Pour le dire en deux mots, les bienfaits dont un pere & une mere comblent leurs enfants, font comme ceux dont le Ciel lui-même nous comble chaque jour. Ils font de toute efpece, ils font fans nombre. Conviendroit-il de les oublier, de les méconnoître, de n'en pas avoir la plus parfaite reconnoiffance?

La maniere de rendre à fes Parents une partie de ce qu'on leur doit, eft d'avoir pour eux la tendreffe & tous les égards convenables, eft de les refpecter, de leur être foumis en tout, de leur procurer la fubfiftance, & de les entretenir décemment (1). La fortune des hommes n'eft pas la même : les uns font dans l'abondance, & les autres dans la médiocrité ou dans la pauvreté ; mais le riche & le pauvre peuvent également remplir les mêmes devoirs. Celui qui eft pauvre ne fauroit donner à fon pere & à fa mere des mets exquis pour nourriture, ni des habits fomptueux pour vêtements ; mais il s'acquittera de fon obligation envers eux, s'il les nourrit & les entretient fuivant fon état & fes facultés.

Le refpect, la foumiffion, la tendreffe font de tous les états. C'eft être bon fils que d'aller au devant de tout ce qui

---

(1) Les Chinois, & aujourd'hui les Mantchous, ont ce principe fi fort gravé dans le cœur, que dès qu'ils ont des enfants un peu grands, ils ne penfent plus qu'à jouir tranquillement de la vie, fe repofant de tout fur ceux à qui ils ont donné le jour : auffi, la qualité de pere eft fi refpectable, que les enfants, voulant jouir à leur tour des prérogatives & de tous les avantages qui y font attachés, fe la procurent le plutôt qu'il leur eft poffible.

peut faire plaisir à son pere, de ne lui désobéir en rien, de suivre en tout sa volonté, de le consulter dans tout ce qu'on entreprend, de ne trouver rien de difficile dans tout ce qu'il commande, de le seconder dans toutes ses vues, & enfin de lui faire hommage de tout ce qu'on possede. Soyez tels, & vous aurez rempli la plus essentielle & la premiere de vos obligations. Ce n'est qu'en vous appliquant de toutes vos forces à honorer, à respecter, à servir & à aimer avec tendresse vos Parents, que vous pourrez exécuter le premier des ordres que je vous prescris, comme votre Empereur & votre Maître dans la doctrine.

II. PRÉCEPTE.

Il faut honorer & respecter ses Aînés.

DANS le sein d'une famille, le pere & la mere sont ce qu'il y a de plus précieux; ils tiennent le premier rang: après eux viennent les enfants, chacun par préséance d'âge. Il convient qu'il y ait de la subordination, & que les plus jeunes soient sous la dépendance des plus âgés.

Vous êtes le cadet de votre famille; par cette raison, vous devez être soumis à tous ceux qui la composent, & tous ont droit de vous commander. Vous ne devez rien faire que par les ordres ou avec la permission de quelqu'un d'eux; ou si vous avez entrepris quelque chose de votre propre mouvement, ne la finissez point s'ils sont d'un avis contraire. Vous seriez coupable d'entreprendre à la légere ce que vous pourriez avoir imaginé. Chaque jour, chaque moment, vous devez donner des preuves de votre soumission. Les occasions ne vous manqueront pas; ne les laissez pas échapper sans les mettre à profit.

Dans les entretiens ordinaires, ne montrez jamais de l'opiniâtreté, ne disputez pas même pour soutenir votre sentiment; mais, persuadé que vos aînés pensent mieux que vous, cédez-leur avec modestie, & conduisez-vous comme si vous n'étiez pas d'un avis différent. Dans les repas, ne vous servez qu'après tous les autres. Soyez réservé dans vos paroles, & ne parlez guere sans avoir été interrogé.

Si vous sortez, ne précédez jamais vos freres; mais tenez-vous un peu à l'écart, & marchez après eux. Debout, assis, dans toutes les occasions, cédez-leur la premiere place.

Qu'un vil intérêt n'altere jamais l'union qui doit régner parmi vous, & ne vous laissez jamais aller à des murmures indécents. Ne dites point en vous-même : Je suis plus jeune, il est vrai, que mes freres de quelques années; mais après tout je suis fils de la maison comme eux. Je ne dois me décharger sur personne de ce qui me regarde particulierement; je dois travailler moi-même à ma propre réputation, & me procurer un établissement auquel mes freres ne penseroient peut-être pas pour moi : ainsi, je tâcherai d'avoir la plus grande part que je pourrai des biens de mon pere. Que dans d'autres circonstances je leur cede, à la bonne heure; mais ici je n'en ferai rien, chacun y est pour soi (1).

---

(1) Ici, dès qu'un pere & une mere sont morts, le fils aîné entre en possession de tous les droits de la paternité envers ses freres cadets; & ceux-ci lui doivent la même déférence, la même soumission & le même respect que si véritablement il étoit leur pere. Cependant ils sont libres de se séparer ou de rester dans la même maison. En cas qu'ils se séparent, l'aîné est obligé de leur donner une portion des biens qu'a laissé le pere, égale à celle qu'il garde pour lui-même; car, ici, les enfants partagent également. Il n'y a rien de déterminé pour les filles : si elles ne se marient point, leurs freres sont obligés de les nourrir.

De tels sentiments sont toujours condamnables. Si vous les aviez, vous manqueriez à votre devoir, & vous ne seriez rien moins que ce que vous devriez être à l'égard de vos freres. Vos pere & mere en auroient du déplaisir, & par-là même, vous manqueriez aussi à ce que vous leur devez. Je passe sous silence plusieurs autres choses qui ne sont pas moins mauvaises, & qu'il faut que vous évitiez (1) si vous voulez remplir les vraies obligations du plus jeune de votre famille.

Si, jusqu'à présent, vous avez eu à vous reprocher quelque

---

(1) Une personne que je crois au fait de certaines anecdotes de l'ancienne Cour, où ses ancêtres ont joué de grands rôles, étant de la Famille Impériale, m'a dit que cet article avoit coûté la vie d'abord à Hata qui avoit traité ce sujet, & ensuite à Tchang-cheou.

L'Empereur Yong-tcheng n'étoit que le quatrieme fils de Kang-hi. La maniere dont il monta sur le trône n'est pas hors de soupçon, & celle dont il se conduisit à l'égard de ses freres n'étoit rien moins que louable. Il en fit périr plusieurs, & maltraita fort les autres, ceux du moins qui pouvoient lui faire quelque ombrage. Hata, Gouverneur de Ningouta, qu'il avoit chargé de composer une instruction pour la conduite civile & morale des troupes Tartares, & en général de tous les Mantchous, avoit un peu trop insisté, à ce qu'on prétend, sur les devoirs réciproques des freres entr'eux, & en particulier des cadets envers les aînés. L'Empereur crut y voir une satyre de sa conduite. Il ne s'en plaignit pas ; mais il rejetta cet Ouvrage comme ne contenant que les choses les plus communes, & d'un fort mauvais style pour la maniere dont il étoit écrit.

Tchang-cheou fit la même faute que Hata, & ne fut pas plus heureux: mais l'Empereur ne supprima pas son Ecrit en entier; il approuva, au contraire, avec de grands éloges ce qu'il en laissoit, & le fit publier sous son propre nom. Il étoit trop bon Politique pour laisser appercevoir ce qui le choquoit : & comme il étoit aussi fort vindicatif, les deux Seigneurs Tartares ne furent pas long temps sans être coupables de quelque crime, qui leur fit perdre la tête sur un échafaud.

chose sur cet article, corrigez-vous promptement. Si au contraire vous avez toujours rempli vos obligations, remplissez-les désormais avec encore plus d'exactitude. Je vous en fais le commandement, & je prétends être obéi.

III. PRÉCEPTE.
Il faut être de bonne intelligence avec tout le monde.

Dans toutes les choses qui regardent le service, comme dans celles qui n'y ont point de rapport, il faut vous prêter mutuellement du secours, & regarder tous ceux qui habitent un même lieu que vous, comme si c'étoit une seule personne à laquelle vous seriez chargé de rendre service, & envers laquelle vous voudriez de tout votre cœur vous acquitter de ce devoir.

Ayez pour tout le monde les mêmes égards & les mêmes attentions que vous avez pour vous-même. Partagez le bien & le mal d'un chacun. Réjouissez-vous avec ceux qui sont dans la joie, affligez-vous avec ceux qui sont dans la tristesse, assistez ceux qui sont dans le besoin, & n'attendez pas pour cela qu'ils soient réduits à une misere extrême. Obligez tout le monde à-propos; travaillez de concert comme si vous n'aviez tous qu'un même but, & comme si tous ensemble vous ne composiez qu'une même famille. Si vous tenez cette conduite, les disputes, les querelles & les dissensions n'auront jamais lieu parmi vous: l'union, la concorde & la paix répandront sur vos jours une douceur & une tranquillité que vous ne goûterez jamais sans elles.

Gens de Guerre, c'est à vous que je m'adresse en particulier. Dans la garnifon où vous vivez (1), ayez toutes fortes d'égards les uns pour les autres : ne faites aucune diftinction entre les perfonnes qui demeurent près de vous & celles qui en font éloignées ; mais d'accord avec tout le monde, prévenez-vous mutuellement par tous les bons offices qui dépendent de vous. Ne mettez aucune différence entre les grandes affaires & celles qui ne vous paroiffent d'aucune conféquence ; mais dans toutes, employez également vos foins, comme fi toutes vous regardoient perfonnellement. Ne faites acception de perfonne : voyez d'un œil égal le pauvre & le riche, le fimple & l'homme d'efprit ; ayez la même condefcendance & les mêmes égards pour tous.

Si vous êtes du nombre des forts, n'infultez point à ceux qui font foibles : fi vous êtes riches, n'ayez aucun mépris pour les pauvres. Ne tirez aucune vanité des talents que vous pourriez

───────────────

(1) Les garnifons Chinoifes different des nôtres, 1°. en ce que les foldats qui les compofent ne font point ambulants comme chez nous. Ce n'eft point tantôt un Régiment ni tantôt un autre qui garde telle ou telle ville, tel ou tel pofte ; mais les mêmes foldats demeureront dix ou vingt ans de fuite dans un même lieu. 2°. Les troupes qui compofent la garnifon font dans des lieux féparés du refte des habitans. Elles ont des efpeces de cafernes, dans l'enceinte defquelles chaque foldat a fa petite maifon d'environ dix pieds en quarré. Sur le devant de chacune de ces maifons, il y a une petite cour, & par derriere un petit jardin : la cour & le jardin font à-peu près de la même grandeur que la maifon. Il faut qu'il y ait là de quoi loger un foldat, fa femme & fes enfants ; car ici les foldats, comme le refte du peuple, font tous, ou prefque tous mariés. De plus, ces maifons ne communiquent point les unes aux autres ; elles font féparées par des murailles de la hauteur de fix à fept pieds, afin que les familles ne puiffent pas voir ce qui fe paffe les unes chez les autres, ou plutôt afin que les femmes ne foient pas vues dans la liberté de leurs ménages ; car ici c'eft une efpece de crime à un homme de regarder la femme d'un autre.

avoir. Que la modestie & l'humilité accompagnent toutes vos actions.

Confolez ceux qui font dans l'affliction, ayez de l'indulgence pour les défauts que vous appercevrez dans les autres, excufez leurs foibleffes, pardonnez fans peine les infultes que vous croyez avoir reçues. Un feul affront fupporté patiemment fuffit pour établir votre réputation. Telle eft la doctrine que je vous propofe. Si vous vous en écartez, les murmures, les querelles, les inimitiés regneront parmi vous, & la concorde, le plus défirable de tous les biens, s'éclipfera, ou peut-être difparoîtra pour toujours. Comment après cela pouvoir vivre tranquillement? Quelles douceurs pourriez-vous trouver dans la vie? De quel exemple feriez-vous pour vos enfants, pour vos petits-fils, & pour toute la poftérité? Gens de Guerre, écoutez mes ordres avec refpect, & n'héfitez point à les fuivre (1).

―――――――――

(1) Les troupes que l'Empereur a principalement en vue dans fon inftruction, font celles qui demeurent dans les garnifons de Tartarie ou des Confins. Ce font là les troupes favorites d'un Empereur Tartare Chinois; ce font, du moins, les feules qui pourroient le tirer d'affaire en cas de malheur. Auffi n'oublie-t-on rien pour les bien difcipliner, & pour entretenir parmi elles cette inclination guerriere qui eft le propre de la Nation Tartare. *Un foldat Mantchou*, difoit l'Empereur regnant, à l'occafion du peu de troupes qu'il envoyoit pour une expédition affez importante, *un foldat Mantchou en vaut dix d'une autre Nation.*

IV. PRECEPTE.

Il faut instruire ses Enfants & ses Freres cadets.

SI la conduite de vos enfants & de vos freres cadets n'est pas telle qu'elle devroit être, c'est assurément votre faute ; c'est que vous ne les avez pas instruits comme il étoit de votre devoir de le faire : ainsi, ne cherchez pas d'autre source de leur mauvaise conduite & de leurs désordres.

Un enfant qui manque d'instruction se livrera à tous ses penchants : si naturellement il est porté au bien, il peut arriver qu'il devienne honnête homme ; mais si ses inclinations le portent au mal, il sera nécessairement un mauvais sujet. C'est à vous, Peres, c'est à vous, Aînés de famille, à instruire vos enfants, à veiller sur l'éducation de vos cadets. Vous pouvez par vos sages instructions & par vos bons exemples, empêcher qu'ils ne suivent le torrent des vices qui les entraîne : vous pouvez les corriger de leurs défauts, & les faire rentrer dans la bonne voie lorsqu'ils s'en écartent.

Tout homme est naturellement porté à aimer ses semblables, à avoir du respect & de la condescendance pour ceux qui sont au-dessus de lui, ou par l'âge ou par les emplois. Il faut cultiver cette heureuse inclination ; il faut en profiter pour enseigner aux enfants la maniere dont ils doivent aimer & respecter leurs parents, celle dont ils doivent se conduire à l'égard des Magistrats ; pour leur inspirer l'obéissance aux loix & à ceux qui sont préposés pour les faire garder ; pour leur apprendre quels sont les devoirs réciproques du mari & de la femme, & des freres entr'eux ; pour leur expliquer en quoi confifte la véritable amitié; pour leur infpirer une fidélité à toute épreuve; pour leur faire connoître toute l'étendue des obligations qu'ils ont contractées, ce qu'ils doivent faire pour remplir celles de bons Citoyens, fuivant leur âge, leurs forces & leur capacité, & pour leur faire éviter jufqu'aux plus petites fautes.

Le Ciel, fuivant une ancienne maxime, *donne la faculté d'apprendre; l'étude & l'application donnent la fcience.* Celui qui fait fouvent des actions qui ne font pas bonnes, s'y accoutume; & l'habitude qu'il en contracte, lui rend le mal comme naturel. Le jeu, le vin, la débauche, la fréquentation des méchants, font les fources ordinaires de la dépravation du cœur; & quand une fois le cœur eft dépravé, on ne connoît plus de frein; la crainte des châtiments impofés par les loix, en eft un bien foible pour arrêter le défordre.

Peres, Aînés de famille, fi vous avez des fils, fi vous avez des freres qui foient tels, pouvez-vous être tranquilles? La vie peut-elle avoir des douceurs pour vous? Triftes victimes de leurs crimes, vous verrez tomber fur vous, comme fur eux, tout le poids de la févérité des loix; fans avoir eu part à leur crime, vous partagerez leur ignominie, & la honte vous fuivra par-tout. Au contraire, fi vous inftruifez bien vos enfants & vos freres, fi vous veillez fur leur conduite, fi vous mettez tous vos foins à leur donner une bonne éducation, votre front fera rayonnant de gloire, la porte même de votre maifon brillera d'un éclat qui eblouira les paffants (1).

---

(1) Ce quatrieme Précepte, comme on l'a vu, ne regarde pas feulement les peres, mais encore les aînés d'une maifon; au défaut des peres, ce font les aînés que les loix rendent refponfables des défordres de leurs cadets. Il n'eft pas rare de voir ici des Grands dépouillés de leurs

Mantchous, retenez bien ce que je viens de dire, & conformez-vous-y de toutes vos forces.

V. PRECEPTE.
Il faut cultiver la terre avec soin.

Vous qui formez le Corps des troupes, n'oubliez jamais que vous êtes entretenus aux dépens de l'Etat. A chaque Saison, à chaque Lune, chacun de vous reçoit exactement la solde déterminée pour le rang ou le poste qu'il occupe : vous avez, outre cela, des terres (1) qu'on vous a données dans la vue de

---

biens, privés de leurs charges, & quelquefois même châtiés plus sévèrement, par la seule raison que quelqu'un de leurs freres cadets est mauvais sujet. Cette rigueur me paroissoit outrée dans les commencements que j'étois à la Chine ; mais aujourd'hui je la trouve raisonnable : je la crois même nécessaire, vu le génie des Chinois ; l'intérêt & la crainte sont les deux principaux mobiles de toutes leurs actions.

(1) Après que les Tartares Mantchous se furent emparés de la Chine, l'Empereur, sans toucher aux terres du peuple, se saisit de toutes celles qui étoient incultes, qui appartenoient aux Princes & aux Grands qui avoient constamment suivi le parti des restes de la Dynastie qui venoit d'être éteinte, & celles aussi de tous ceux qui se trouverent atteints de quelque crime auprès du Vainqueur. Il en fit comme l'apanage de ceux de sa Nation auxquels il les distribua toutes. Les huit bannieres sous lesquelles sont tous les Mantchous, eurent, par les réglements qui furent faits alors, des fonds de terre déterminés, dont, à proprement parler, elles ne sont que les usufruitieres ; car le droit d'aliénation ne leur appartient pas. Un particulier pourroit bien vendre le fonds de terre dont il étoit possesseur, mais seulement à un autre particulier de la même banniere que lui. Malgré cela, les Chinois trouvoient les moyens de s'en rendre peu-a-peu les maîtres, soit en les achetant sous des noms empruntés, soit en trom-

vous faire passer la vie avec plus d'aisance & de commodités ; il faut les faire valoir de votre mieux : si vous ne les cultivez pas avec soin, elles ne vous donneront que peu de profit ; peut-être même n'en retirerez-vous aucun : si vous les laissez en friche, elles ne vous produiront rien. C'est ce que l'expérience apprend tous les jours.

Si vous vous livrez à la paresse, si vous ne préparez vos terres, si vous ne les ensemencez pas à propos, si, après les avoir ensemencées, vous vous négligez sur les autres soins qu'elles demandent, votre récolte ne sera point faite dans le temps convenable ; elle ne sauroit être bonne. Dans un temps de sécheresse, ceux qui ne sont occupés que des travaux de la campagne, qui y donnent toute leur attention, qui font tout ce qui dépend d'eux pour suppléer à ce que la nature leur refuse, ne recueillent souvent que très peu : que doit-il arriver à ceux qui ne se donnent aucun mouvement, & qui négligent les travaux les plus essentiels ? Moi-même, qui suis le grand Maître de tout ce qui est sous le ciel, & qui, comme tel, suis à l'abri plus que personne, de la disette & des maux qu'elle entraîne après elle ; moi-même, chaque année, en présence des Princes & des Grands, je laboure la terre de mes propres mains (1). Ce que j'en fais, est pour convaincre l'Univers que

---

pant de mille manieres ces nouveaux venus qui n'avoient point encore perdu leur ancienne bonne-foi, ni leur sincérité naturelle. Les Empereurs de cette Dynastie ont fait chacun des réglements pour tâcher de remédier à cet abus ; mais il paroît qu'ils n'ont pas eu tout le succès qu'ils avoient droit d'en attendre. L'Empereur regnant a publié un Edit par lequel il permet aux descendants des propriétaires de terres aliénées hors de la banniere, de les reprendre, en rendant seulement le prix du premier achat.

(1) La cérémonie du labourage de la terre, faite par l'Empereur une fois chaque année, est fort ancienne à la Chine. Elle doit son origine, je

les soins & les travaux que la terre exige, regardent tout le monde, & que tout le monde, par conséquent, doit s'y employer de toutes ses forces, puisqu'il n'est personne qui ne profite de ce qu'elle produit.

Gens de Guerre, gardez-vous bien en particulier de vous négliger sur cet article. Ouvrez le sein de la terre, préparez-la, ensemencez-la, cultivez-la, recueillez ce qu'elle vous offre ; mais que tout soit fait en son temps. Si chaque année vous êtes exacts à lui donner à propos tous les soins qu'elle demande, chaque année aussi vous aurez, par son moyen, de grands sujets de satisfaction & de joie ; non seulement elle vous fournira le nécessaire, mais encore elle vous mettra en état de nourrir vos parents, d'entretenir votre famille, & de passer agréablement la vie au milieu de l'aisance & des commodités, souvent préférables à la possession des plus riches trésors. Dans les mauvaises années, la pauvreté & la disette n'auront aucun accès chez vous, parceque vous aurez mis en réserve le surplus des années abondantes & fertiles (1).

---

pense, au respect que les Chinois ont eu de tout temps pour celui de leurs Empereurs auquel ils attribuent la perfection de l'Agriculture. *Chun,* qui vivoit environ 2257 ans avant Jesus-Christ ; *apprit aux hommes la bonne maniere de cultiver la terre,* dit l'Historien Chinois, *il leur enseigna les six manieres de planter les arbres & d'ensemencer la terre.* Chun, persécuté dans sa famille, par un frere du second lit, quitta la maison paternelle, & se fit Laboureur. Il parvint ensuite, par ses vertus & son mérite, jusqu'à être le Maître de l'Empire. Ses descendants, pour faire honneur à un Art aussi utile à la société, & qui avoit été cultivé par un aussi grand personnage, établirent cette cérémonie qu'une sage politique a conservée jusqu'aujourd'hui dans tout son éclat.

(1) On ne doit pas être surpris que l'Empereur recommande si fort aux soldats de cultiver la terre. Ils sont ici nombre parmi les Citoyens ; d'ail-

Grands de l'Empire, Magistrats, vous tous sur qui je me décharge du soin de gouverner, en détail, les peuples, instruisez tous mes sujets de mes intentions; faites en sorte que les terres soient bien cultivées, & ne souffrez pas qu'il y en ait aucune en friche.

Officiers, ayez les mêmes attentions à l'égard des troupes que vous commandez; qu'aucune famille, qu'aucune personne n'échappe à votre vigilance: il est de votre honneur, il est de votre intérêt, que tout le monde fasse son devoir: faites vous-mêmes le vôtre.

VI. PRECEPTE.

Il faut se rendre habile dans l'exercice de la fleche, tant à pied qu'à cheval.

L'ART d'attaquer & de se défendre, lorsque l'occasion l'éxige, regarde, en général, tout le monde; mais en particulier, c'est l'affaire capitale de ceux qui suivent le parti des Armes.

Dès qu'une fois vous êtes inscrit au nombre des Gens de Guerre, l'Etat est chargé de votre subsistance, & il y pourvoit avec soin (1). Conviendroit-il de négliger le principal de vos

---

leurs, à moins d'un cas pressant, on a grand soin de ne pas les occuper aux exercices militaires, lorsque la terre ou les fruits ont besoin de culture.

(1) L'Etat est chargé de fournir à chaque soldat & à sa famille une subsistance honnête. Les Cavaliers ont six onces d'argent par mois, dont la moitié leur est donnée en argent & l'autre moitié en riz; les Fantassins n'ont que quatre onces d'argent, dont la moitié leur est également payée en argent & l'autre moitié en riz; ce qui revient, pour les Cavaliers à 45 liv. & pour les Fantassins à 30 liv. de notre monnoie. Ce qu'on

devoirs, celui pour lequel feulement vous êtes entretenus à grands frais?

Etre en état de tirer de la fleche, tant à pied qu'à cheval; favoir parfaitement l'un & l'autre de ces exercices, ne peut être que l'effet d'une habitude contractée de longue main. Vous n'êtes point aftreints à des occupations étrangeres, votre état vous en difpenfe; rien par conféquent ne doit vous diftraire de ce que vous devez à l'exercice des armes (1); tout ce que vous voyez, tout ce que vous entendez vous rappelle fans ceffe vos obligations. Que feroit-ce fi, au lieu de donner tous vos foins à les remplir, vous alliez paffer dans les plaifirs & dans la débauche un temps que vous ne devez employer qu'à bander un arc & à lancer des traits? De quelle monftrueufe ingratitude ne feriez-vous pas coupables envers l'Etat?

Lancer une fleche avec dextérité a été de tous temps un art chéri des Mantchous : ce n'eft que par cette voie qu'on pouvoit anciennement fe faire un grand nom parmi nous, qu'on pouvoit même être mis au nombre des hommes. Quoiqu'on ne penfe pas tout à fait de même aujourd'hui, cepen-

---

leur donne en riz revient à la même fomme. En temps de guerre les foldats font défrayés jour par jour, & leurs femmes perçoivent, dans les villes ou villages où elles font leur féjour, une partie de la folde de leurs maris, ce qui fuffit pour leur entretien & celui de leurs familles.

(1) J'ai déja dit que les foldats avoient tout le temps qu'il falloit pour cultiver la terre : ils ont auffi celui de s'exercer aux armes; parcequ outre qu'il eft rare que les foldats ne fe foient pas défaits de leurs terres, s'ils en avoient, en faveur de ceux de la banniere qui ont eu de quoi les acheter, on ne les fatigue pas à force d'exercice ; feulement en certains temps de l'année, les Officiers Généraux les affemblent & les examinent. Ceux qui font en défaut font punis par le bâton o 1, pour parler plus jufte, par le fouet ; car le bâton eft pour les Chinois & le fouet pour les Mantchous), & quelquefois caffés, ce qu'ils craignent infiniment.

dant un Mantchou qui tireroit mal une fleche, feroit fans ceffe fujet aux reproches & aux châtiments des Officiers qui le commandent; il feroit fujet aux railleries de ceux qui le fréquentent; il feroit la honte de fa famille, & une efpece d'opprobre pour fa Nation. Dans une nuit profonde, lorfque le tambour vous annonce les différentes veilles, faites de férieufes réflexions fur un fujet fi important (1). Que chacun de vous prenne la réfolution de faire déformais tous fes efforts pour réuffir dans un art d'où fon honneur particulier & le bien de l'Etat dépendent également.

Dans tous les exercices que vous ferez, tant en public que dans votre particulier, ne foyez jamais contents que vous ne donniez au milieu du but; ne foyez nullement fatisfaits fi, lorfque vous êtes à la chaffe, vous ne percez chaque fois la bête que vous aurez tirée. C'eft par votre habileté en ce genre qu'on mefurera le degré d'eftime qu'on doit avoir pour vous. On ne vous donnera des emplois militaires qu'à proportion de votre capacité & de votre adreffe. Les Soldats deviendront Officiers, les Officiers feront élevés à des grades plus diftingués; &, tous, vous jouirez d'une réputation qui ne fera pas moins glorieufe pour vos ancêtres que pour vos defcendants. Vous n'ignorez pas quel eft le chemin qui doit vous conduire à la félicité & aux honneurs; vous favez de même quelle eft la voie qui mene aux infamies & aux miferes: fuivez l'un fans relâche; écartez-vous de l'autre avec toute l'attention dont vous êtes capables.

---

(1) Les Chinois diftinguent la nuit en cinq parties par les veilles qu'ils font battre d'intervalle en intervalle. La premiere veille eft à l'entrée de la nuit, & la derniere fe bat à l'aurore.

VII.

VII. PRÉCEPTE.

Il faut user d'économie.

L'Homme ne doit rendre aucun de ses jours inutiles : il ne doit être aucun de ses jours sans avoir de quoi le passer. Il faut qu'il ait ordinairement quelque chose de réserve pour le temps de calamité. Ce n'est qu'en se conduisant ainsi qu'on peut mériter le titre d'économe.

Les troupes sont payées aujourd'hui comme elles l'étoient autrefois; cependant, parmi les Gens de Guerre, on en trouve fort peu qui soient à leur aise. La prodigalité est la vraie cause de la misère où ils sont réduits pour la plupart. Ils savent en général qu'il est une vertu qui s'appelle économie; du reste ils se mettent peu en peine de la connoître en détail & de la pratiquer. Ils veulent être propres & brillants dans leurs habits : ils veulent dans leurs repas ce qu'il y a de meilleur, & dans leurs mets ce qu'il y a de plus exquis.

C'est ainsi que dans le cours d'une Lunaison, ils consomment la paie de plusieurs mois (1). Ils empruntent ensuite pour

---

(1) Du temps de Kang-hi, il n'étoit pas rare de voir des Grands mêmes aller à la Cour avec des bottes de toile. Aujourd'hui il n'est pas jusqu'aux moindres soldats qui ne soient tout habillés de soie, lorsqu'ils montent la garde, ou qu'ils font l'exercice. Pour ce qui est des mets exquis que l'Empereur leur reproche de vouloir dans leurs repas, il ne faut pas croire que ce soient des ragoûts finement apprêtés dont il veut parler : il veut leur dire seulement qu'ils ne doivent pas manger de la viande dans tous leurs repas ; car ici la viande est ce qu'il y a de plus exquis pour les Tartares & les Chinois de ces parties boréales. Du reste ils ne sont pas fort délicats sur le choix. Quelque viande que ce soit leur est bonne. La

E

avoir de quoi vivre; ils paient de gros intérêts, & leurs dettes s'accumulent de jour en jour; ils deviennent en peu de temps insolvables, & réduits aux dernieres extrémités. L'Etat ne cesse pas cependant de les entretenir. Leur solde est toujours exactement payée; mais elle suffit à peine pour satisfaire une partie de leurs créanciers (1). Il en est d'autres qui, non contents de dissiper mal-à-propos leurs revenus, dissipent encore, en très peu de temps, tous les fonds qu'ils ont reçus de leurs ancêtres, ces fonds que les Chefs de leurs familles avoient obtenus pour prix de leur valeur, ou qu'ils avoient amassés à la sueur de leur front, en mettant en réserve chaque année, chaque lune, chaque jour même.

Pour obvier à de si grands désordres, j'ai cru devoir vous faire un précepte de la pratique d'une vertu que votre intérêt seul devroit vous faire embrasser à tous. Soyez économes; ne faites plus désormais de folles dépenses en habits; soyez sobres dans vos repas; ne cherchez pas à avoir ce qu'il y a de plus délicat en fait de mets & de vins. Pour les mariages & les enterrements, ne faites que les dépenses qui sont absolument nécessaires (2); proportionnez tout à votre état & à vos

---

chair de cheval, de chameau, d'âne, & de chien même, est excellente à leur goût Encore la plupart de ces animaux, quand on les vend au marché, sont morts ou de vieillesse ou de maladie; car il est défendu de les tuer. Je parle des chameaux & des chevaux; il n'en est pas de même des ânes & des chiens.

(1) Ce qui ruine la plupart des Mantchous est, 1°. leur gourmandise, 2°. leurs emprunts fréquents. Ils sont obligés de payer un gros intérêt; & au lieu de travailler à éteindre leurs dettes, ils en font sans cesse de nouvelles: & ce qu'il y a d'étonnant, c'est qu'il se trouve des gens assez bons pour leur prêter, quelque insolvables qu'ils les croient.

(2) Les mariages & les enterrements sont aujourd'hui les deux gran-

facultés : c'est en se conduisant ainsi que ceux qui sont dans la pauvreté, pourront peu-à-peu acquérir des richesses, & que ceux qui sont pourvus des biens de la fortune, pourront les conserver & les augmenter.

Je finis cet article par cette sentence de nos Anciens, que je vous ordonne de bien graver dans votre esprit : *Avoir une espece de regret à un repas que l'on prend, c'est laisser un levain pour celui qui doit le suivre : porter ses habits comme malgré soi, c'est travailler à de nouveaux vêtements.* Gens de guerre, faites bien attention à ce que j'ai dit dans cet article, & conformez-vous-y de toutes vos forces.

VIII. PRÉCEPTE.

Il faut s'abstenir du vin & des liqueurs, qui enivrent (1).

DANS les repas ordinaires, dans des jours de cérémonie, dans des invitations, & dans d'autres occasions semblables, on ne sauroit se dispenser de boire du vin, j'en conviens ; mais

---

des affaires des Chinois & des Tartares-Mantchous. Les enterrements sur-tout les ruinent. Ils croioient n'avoir point d'honneur, s'ils ne procuroient pas à ceux qu'ils font enterrer une sépulture honorable, & s'ils ne mettoient pas leurs corps dans une caisse de bon bois, &c.

(1 Le vin & les autres liqueurs enivrantes, qui sont en usage dans la Chine, ne sont faites qu'avec différentes sortes de grains, comme bled, millet, riz, bled sarrazin & autres semblables : ce vin & ces autres liqueurs sont très malfaisantes, elles ont les plus pernicieux effets. La plupart de ceux qui en boivent, même sans excès ; commencent d'abord par engraisser ; mais peu à peu ils tombent dans la phthisie, perdent l'appétit de telle sorte qu'ils ne sauroient plus rien avaler, & meurent ensuite secs & décharnés comme des squelettes.

E ij

il y a des usages que l'honnêteté prescrit, & au-delà desquels il ne faut jamais aller. L'excès dans le boire renverse le naturel, & gâte les cœurs les plus droits & les mieux faits. Lorsqu'une fois un homme est adonné à la boisson, il n'est sorte de crimes dont il ne soit capable ; il y en a même qui deviennent furieux : qu'on leur dise un mot qui leur déplaise, aussitôt ils tirent le couteau (1), ou telle autre arme semblable, & courent pour égorger, ou pour se faire égorger eux-mêmes. La plupart, sans s'embarrasser de mourir ou de vivre, suivent précipitamment tout ce que leur dicte une aveugle fureur ; fureur toutefois qui n'aura point sa source dans les injures qu'ils pourront avoir reçues, mais uniquement dans le vin qu'ils auront pris avec excès.

La plupart des forfaits dont le Tribunal des crimes m'avertit chaque jour, n'ont guere été commis que par des gens plongés dans l'ivresse (2) : les prisons sont pleines des victimes de l'ivrognerie : elles regorgent de ces sortes de criminels qui, après avoir consumé tous leurs biens dans les débauches du vin, ont commis une infinité d'autres crimes, & ont entraîné

_____

(1) Les Gens de guerre, Officiers, Soldats & autres, quels qu'ils soient, n'ont droit de porter les armes que lorsqu'ils sont en faction ; hors de là rien ne les distingue des simples citoyens, si ce n'est peut-être les marques de leur dignité, lesquelles néanmoins leur sont communes avec les Mandarins de Lettres de même grade : mais il n'est défendu à personne de porter un couteau à sa ceinture ; c'est même une partie des ornements chinois & tartares.

(2) Le Tribunal des crimes a ses jours d'audiences, comme les autres Tribunaux. Il est obligé de faire à chaque fois un précis de toutes les affaires actuellement pendantes, d'annoncer le nombre des prisonniers, de spécifier leurs crimes, &c. Chaque Tribunal fait la même chose pour les affaires qui sont de son ressort. Ainsi l'Empereur est à-peu-près au fait tout ce qui se passe dans tout son Empire.

dans leur malheur leurs femmes, leurs enfants, leurs parents & leurs aînés (1). C'est en vain qu'ils témoignent alors les regrets les plus amers ; il n'est plus temps de changer de conduite, les supplices vont trancher le cours d'une vie qui n'a été qu'un tissu de déréglements & de crimes de toute espece. Il faudroit prévenir tous ces malheurs ; & on le pourroit aisément, si, après s'être une fois enivré, on faisoit de sérieuses réflexions sur le pitoyable état où l'on s'est trouvé pendant l'ivresse, sans pudeur, sans honnêteté, sans raison & sans usage libre des sens : honteux de soi-même, on rougiroit d'une premiere faute, & cette honte salutaire seroit suivie du plus ferme propos de ne boire désormais qu'avec une extrême réserve.

―――――――――――――――――――――――

(1) Lorsque quelqu'un est coupable de quelque crime, il est puni non seulement dans sa propre personne, mais encore dans celle de sa femme & de ses enfants, qu'on donne pour esclaves à quelques Seigneurs, s'ils sont de bonne famille, ou qu'on vend à qui veut les acheter, s'ils sont gens du commun. Cette loi, barbare en elle-même, est comme nécessaire : elle est une espece de frein qui arrête bien des crimes qui se commettroient sans cela. Ici les hommes ne s'embarrassent pas trop de mourir, pourvu qu'ils soient enterrés en lieu honorable, & qu'ils laissent des descendants qui les pleurent dans les temps prescrits, ils sont contents. La seule idée qu'ils pourroient être privés de ces honneurs, s'ils étoient surs que leurs femmes & leurs enfants ne dussent couler que des jours malheureux dans une honteuse servitude, les fait frémir, & les empêche de se livrer à certaines passions, qu'ils suivroient aveuglément sans cette crainte. Malgré cela il ne s'en trouve encore que trop qui se défont eux-mêmes, pour se venger de leurs ennemis, ou pour telle autre raison semblable ; mais ce sont des monstres, dont on a horreur, & que toute la nature abhorre. Je dis qu'ils se donnent la mort pour se venger de leurs ennemis, parceque, suivant les loix du pays, quand quelqu'un a été trouvé mort, on recherche tous ceux qu'on croit avoir été ses ennemis, on les interroge, on les met à la question, pour savoir d'eux si, par leurs mauvaises manieres, ils n'ont pas porté cet homme à une action si détestable, &c.

La seule crainte des châtiments imposés par les Loix, pour tous ceux qui commettent des crimes, ne devroit elle pas être plus que suffisante pour détourner de la source empoisonnée d'où dérivent la plupart de ces mêmes crimes? Cependant on ne le voit que trop; nulle considération n'est capable d'arrêter un buveur. Ce vice honteux lui ôte presque la liberté; la seule vue du vin lui fait oublier toutes ses résolutions; il s'est enivré, il s'enivrera encore. Gens de guerre, évitez un excès si capable de vous déshonorer, d'abréger vos jours & de rendre inutiles le peu de ceux que vous aurez à vivre. Peres, meres, freres, parents, amis, vous êtes tous intéressés à les détourner de ce vice; ne leur épargnez pas les exhortations, pour leur faire garder à la rigueur un précepte que la bonté & la tendresse paternelles que j'ai pour eux & pour vous m'ont suggéré.

IX. PRÉCEPTE.

Il faut éviter le jeu.

PARMI les choses qui portent un préjudice réel à l'homme, le jeu tient, sans contredit, un des premiers rangs. Nous autres Mantchous, bons & sinceres dans notre origine, attachés à nos devoirs, & uniquement occupés du soin de les remplir, nous étions bien éloignés d'avoir une telle passion: nous ne connoissions que des amusements honnêtes & innocents. Il n'en est pas de même aujourd'hui: j'apprends, avec un regret amer, qu'il s'en trouve parmi les nôtres qui jouent, & qui sont même joueurs de profession. Insensés, que prétendent-ils? quelles peuvent être leurs vues? Parmi ceux qui jouent, le plus grand nombre se ruine, & les autres, je veux dire ceux même qui gagnent, loin de s'enrichir, s'appauvrissent tôt ou tard. Il n'est donc permis à personne de jouer ; & si quelqu'un s'avise désormais de le faire, il enfreindra mes ordres, & il ne sera pas moins rebelle à ceux de la Providence ( ), qui veut que chacun soit content de son sort.

Il n'est personne ici-bas qui n'ait sa part déterminée des biens de la Nature ; mais la mesure des richesses de chacun ne dépend pas toujours des soins qu'il peut prendre pour les acquérir. L'état d'opulence & de pauvreté n'a point été laissé à notre choix : tout est réglé par la Providence. Cependant il se trouve des hommes assez stupides & assez méchants pour méconnoître cette Providence, & pour vouloir se soustraire à ses ordres absolus. Etouffant dans leurs cœurs les semences du bien que les loix humaines & celles de la nature y avoient répandues, ils soupirent après le bien d'autrui, & cherchent à l'envahir par les voies les plus illicites. Leur cupidité va si loin, qu'ils ne font bientôt plus aucune difficulté de tromper, lorsqu'ils le peuvent impunément : ils mettent en usage toutes sortes d'artifices ; ils gagnent chaque jour ; chaque jour les dépouilles des autres semblent devoir augmenter leurs trésors : mais tout cela n'est qu'une vaine apparence ; ils ne tarderont pas à être dépouillés à leur tour.

Ce qui m'étonne encore davantage, c'est d'apprendre qu'il se trouve des hommes assez imbécilles pour se laisser tromper par ces joueurs de profession. On ne seroit pas la dupe de tels frippons si l'on vouloit faire quelque attention sur leur con-

---

(1) Le caractere chinois qu'on rend par ce son Ming, & le mot Mantchou qui lui répond, peuvent s'expliquer également par le mot de *providence*, ou par celui de *destinée*, ou du *fatum* des Anciens. Il a véritablement l'une & l'autre de ces significations, tant en Chinois qu'en Tartare-Mantchou.

duite. Ils féduifent d'abord de mille manieres ceux qu'ils veulent dépouiller ; ils n'oublient rien pour leur donner infenfiblement le goût du jeu ; mais quand une fois ils les tiennent dans leurs filets, ils ne les laiffent point échapper, qu'ils ne les aient entierement ruinés.

Un homme chez qui la paffion du jeu commence à s'infinuer, d'abord, joueur timide, ne donne au jeu que peu de temps; mais bientôt devenu plus hardi, néglige fes devoirs, il abandonne fa profeffion, il ne cultive plus l'art ou le métier dont il tiroit fa fubfiftance & celle de fa famille, il n'a plus d'autre occupation ni d'autres penfées que le jeu ; il vend fes meubles, fes maifons & tout ce qu'il poffede, jufqu'à ce qu'enfin réduit à une mifere affreufe, fans reffource, fans honneur, fans réputation, il n'eft plus qu'un objet méprifable aux yeux des hommes, & un vil rebut de la nature humaine, qui fe trouve comme déshonorée de l'avoir produit.

Officiers, Soldats, Gens de guerre, qui que vous foyez, évitez un excès fi criant ; ne cherchez point à acquérir des richeffes par d'autre voie que par celle de vos travaux & de vos épargnes : vous avez vos appointements fixes, ménagez-les; ne faites point de dépenfes inutiles : vous avez des terres, cultivez-les avec foin & mettez à profit tout ce qu'elles vous rendront. Après avoir fuffifamment pourvu à votre entretien & à celui de votre famille, mettez le fuperflu en réferve pour l'avenir, & pour les temps de calamité.

Dans la crainte où je fuis que les Mantchous, mes efclaves, ne s'adonnent au jeu, j'ai voulu leur faire envifager une partie des défordres que cette funefte paffion entraîne après elle ; j'ai voulu les prévenir des dangers qu'ils courroient en s'y livrant. Inftruits de mes intentions & de leurs devoirs, ils doivent étouffer toute penfée qui pourroit leur venir, de chercher

cher à s'enrichir par une voie non moins criminelle qu'inutile; les châtiments suivront de près l'infraction à mes ordres sur cet article. Que ceux qui, par une licence inique, sont adonnés au jeu, aient à se corriger sans délai (1).

X. PRÉCEPTE.

Il faut éviter les combats & les querelles.

L'AMOUR de la vie est naturel à l'homme : le soin de la conserver est naturellement le premier de ses soins : cependant il y a des gens assez insensés pour ne pas craindre de la perdre, en se livrant aux excès d'une colere aveugle, qui leur fait oublier ce qu'ils font & ce qu'ils se doivent à eux-mêmes. Leur colere, ou, pour mieux dire, leur fureur, vient quelquefois d'une haine invétérée qu'ils n'ont pas eu soin d'étouffer comme il faut, & qui se réveille à la premiere occasion : quelquefois aussi elle leur vient pour avoir reçu quelque insulte réelle ou imagi-

(1) Les Chinois & les Mantchous qui sont aujourd hui dans la Chine, sont peut être, de toutes les nations du monde, celles qui, en apparence, ont le plus d'aversion pour le jeu. Un joueur, un homme capable de tous les crimes, & un malfaiteur averé, sont ici des termes presque synonymes. On ne laisse pas cependant que de jouer, & de jouer même avec fureur. On a fait en différents temps des ordonnances très séveres contre le jeu. Les Empereurs de cette Dynastie, par une politique semblable à celle d'un de nos Rois, qui, pour arrêter le cours du luxe qui se répandoit en France, permit aux courtisannes seulement ce qu'il défendoit aux personnes d'honneur, en défendant rigoureusement le jeu dans toute l'étendue de l'Empire, l'ont permis aux porteurs de chaise seulement, gens sans aveu, qui sont dans un mépris général ; mais cette politique n'a pas eu tout le succès qu'on s'en étoit promis. L'Empereur regnant n'a excepté personne de la loi commune.

F

naire, dont ils croient devoir se venger sur-le-champ, à quelque prix que se soit.

L'homme, dans quelque état que le Ciel l'ait fait naître, a des devoirs indispensables à remplir. Au-dessus de lui, il doit à ses Ancêtres le soin de faire à temps réglés les cérémonies préscrites, pour marque de sa reconnoissance : au-dessous, il doit à ses enfants & à ses descendants le bon exemple & les instructions. Ces deux devoirs ne sont pas d'une petite conséquence ; ils sont indispensables. Comment peut-il se faire qu'on n'y donne pas toute son attention ? On les oublie entierement en s'oubliant soi-même. La colere étouffe tout sentiment d'honneur, de bienséance & d'humanité : on ne pense plus à la conservation de sa propre vie ; comment penseroit-on à remplir ses autres obligations ?

Les disputes, les querelles & les combats ont leur principe dans l'impatience & dans l'orgueil. On ne sauroit rien souffrir ; on s'emporte pour la moindre chose ; la moindre chose blesse les cœurs naturellement inquiets & turbulents. Pour réprimer les saillies d'une colere naissante, il faut savoir prendre sur soi. Un homme qui ne sait point se modérer, qui n'est pas maître de soi, ne sauroit manquer d'être dans l'inquiétude. Celui au contraire qui se modere dans les occasions, acquiert une humeur douce, & jouit d'une tranquillité inaltérable ; il pardonne aisément les affronts même les plus outrageants ; ce que ne sauroit faire un homme qui a le trouble dans le cœur & l'inquiétude dans l'esprit.

Une autre source de querelles & de combats vient quelquefois de la mauvaise volonté de certaines gens qui vont semer la discorde & irriter des cœurs qui, par eux-mêmes, ne sont déja que trop portés à la vengeance ; ils rappellent sans cesse le souvenir d'une injure qu'on avoit déja peut-être oubliée ; ils en exagerent la grandeur ; ils parlent fans ceffe de la honte qu'il y a à la laiffer impunie ; ils fourniffent des moyens, ils animent, ils engagent à des entrevues & à des explications, où, pour l'ordinaire, après quelques paroles, on en vient aux injures, & des injures aux coups & au mépris de fa propre vie. Avec quelle attention ne devroit-on pas éviter d'être les victimes de ces pertubateurs du repos public !

Dans le fort de la difpute il ne manque guere de fe trouver quelqu'un qui exhorte à la paix, & qui fe donne pour entremetteur entre les deux partis ; mais on ne l'écoute point ; la vengeance & la colere étouffent la raifon & tous les motifs qu'elle peut fuggérer ; on court à fa propre perte, fans s'embarraffer des chagrins cuifants ni des malheurs qu'on va caufer à toute fa famille & à fa poftérité (1). Lorfque quelqu'un a été tué, il

---

(1) Les querelles & les combats dont l'Empereur parle ici, ne regardent guere que les Mantchous ; car, pour les Chinois, il eft rare qu'ils en viennent à ces fortes d'extrémités. Les vrais Chinois ne vont guere au-delà des injures, ou tout au plus de quelques coups de poings ; & encore lorfqu'ils veulent fe battre, ils ne le font point fans de longues délibérations : ils commencent par ôter leurs habits, ils les mettent proprement dans quelque endroit fûr, aimant beaucoup mieux qu'on leur déchire la peau du corps, qui ne leur coûte rien, que les vêtements qui leur coûtent de l'argent : quand celle là eft écorchée, difent-ils, on en eft quitte pour attendre patiemment la guérifon ; mais quand ceux-ci font déchirés, il faut en acheter de nouveaux.

Après que leurs vêtements font à l'abri de toute infulte, ils fe provoquent mutuellement, & fe difent, par-ci par-là, quelques injures pendant l'efpace d'un quart-d'heure ou d'une demi-heure, jufqu'à ce que quelqu'un des fpectateurs, dont la curiofité de favoir le fujet de la difpute eft déja fatifaite, s'ennuyant de ne plus rien entendre de nouveau, fe mette

faut que son meurtrier meure aussi ; c'est la Loi de l'Empire. Ne l'oubliez pas, gravez-la profondément dans votre esprit, rappellez-en le souvenir lorsque les mouvements de l'indignation & de la colere commencent à s'élever dans votre cœur : n'attendez pas pour cela que les semences de la haine aient pris racine ; n'attendez pas le moment de la dispute ; il ne seroit plus temps alors. Pensez aussi que vous n'êtes pas les maîtres de vos personnes, pour en disposer à votre gré ; elles appartiennent à l'Empire & à vos Familles ; c'est pour l'Empire & pour vos Familles que vous devez les conserver : un seul moment d'oubli vous rendroit coupables envers l'un & envers les autres.

---

en devoir de les séparer ; les champions font d'abord quelques difficultés ; mais dociles ensuite, ils se séparent & s'en vont chacun de son côté.

Les Mantchous & tous ceux qui sont sous les bannieres sont un peu plus furieux. Ils mettent quelquefois le couteau à la main, & ils s'égorgent : c'est, la plupart du temps, sans en avoir l'intention ; car aujourd'hui les mœurs chinoises les ont presque tous subjugués, & il n'y a guere de combats que parmi ce qu'il y a de plus vil, ou parmi ceux qui sont pris de vin.

LES TREIZE ARTICLES
SUR
L'ART MILITAIRE,

Ouvrage compofé en Chinois par Sun-tse, Général d'Armée dans le Royaume de Ou, & mis en Tartare-Mantchou par ordre de l'Empereur Kang-hi, l'année 27ᵉ du cycle de 60, c'eft-à-dire, l'année 1710.

PRÉFACE.

Avant que d'expofer les Ouvrages de Sun-tfe, il convient, difent les Commentateurs, de faire connoître fa perfonne, & de donner une idée de fes talents pour former les troupes & pour en entretenir la difcipline militaire. Voici en peu de mots comment ils rempliffent ce double objet, & l'Hiftoire vraie ou fuppofée qu'ils racontent de ce Général.

Sun-tfe, difent-ils, né fujet du Roi de Tfi (1), étoit l'homme le plus verfé qu'il y ait eu dans l'art militaire. L'Ouvrage qu'il a compofé & les grandes actions qu'il a faites, font une preuve de fa profonde capacité & de fon expérience confommée en ce genre. Avant même qu'il eût acquis cette grande réputation qui le diftingua depuis dans toutes les Provinces qui compofent aujourd'hui l'Empire, & dont la plupart portoient alors le nom de Royaume, fon mérite étoit connu dans tous les lieux voifins de fa patrie.

Le Roi de Ou (2) avoit quelques démêlés avec les Rois de Tchou & de Ho-lou (3). Ils étoient fur le point

---

(1) Le Royaume de Tfi étoit dans le Chan-tong.

(2) Le Royaume de Ou étoit dans le Tche-kiang. Il s'étendoit dans le Kiang-fi, & dans le Kiang nan, & occupoit une partie de chacune de ces Provinces.

(3) Le Royaume de Ho-lou étoit dans le Chan-tong. On l'appelloit plus communément le Royaume de Lou.

d'en venir à une guerre ouverte, & de part & d'autre on en faifoit les préparatifs. Sun-tfe ne voulut pas demeurer oifif. Perfuadé que le perfonnage de fpectateur n'étoit pas fait pour lui, il alla fe préfenter au Roi de Ou pour obtenir de l'emploi dans fes armées. Le Roi, charmé qu'un homme de ce mérite fe rangeât dans fon parti, lui fit un très bon accueil. Il voulut le voir & l'interroger lui-même. »Sun-tfe, lui dit-il , j'ai vu l'Ouvrage que vous avez compofé fur l'art militaire, & j'en ai été content ; mais les préceptes que vous donnez me paroiffent d'une exécution bien difficile ; il y en a même quelques-uns que je crois abfolument impraticables : vous-même, pourriez-vous les exécuter ? car il y a loin de la théorie à la pratique. On imagine les plus beaux moyens lorfqu'on eft tranquille dans fon cabinet & qu'on ne fait la guerre qu'en idée ; il n'en eft pas de même lorfqu'on fe trouve dans l'occafion. Il arrive alors qu'on regarde fouvent comme impoffible ce qu'on avoit envifagé d'abord comme fort aifé «.

Prince, répondit Sun-tfe, je n'ai rien dit dans mes Ecrits que je n'aie déja pratiqué dans les armées ; mais ce que je n'ai pas encore dit, & dont cependant j'ofe affurer aujourd'hui Votre Majefté, c'eft que je fuis en état de le faire pratiquer par qui que ce foit, & de le former aux exercices militaires quand j'aurai l'autorité pour le faire.

Je

PREFACE. 49

Je vous entends, répliqua le Roi : vous voulez dire que vous inſtruirez aiſément de vos maximes, des hommes intelligents, & qui auront déja la prudence & la valeur en partage ; que vous formerez ſans beaucoup de peine aux exercices militaires, des hommes accoutumés au travail, dociles, & pleins de bonne volonté. Mais le grand nombre n'eſt pas de cette eſpece.

N'importe, répondit Sun-tſe : j'ai dit *qui que ce ſoit*, & je n'excepte perſonne de ma propoſition : les plus mutins, les plus lâches & les plus foibles y ſont compris.

A vous entendre, reprit le Roi, vous inſpireriez même à des femmes les ſentiments qui font les Guerriers ; vous les dreſſeriez aux exercices des armes.

Oui, Prince, répliqua Sun-tſe d'un ton ferme, & je prie Votre Majeſté de n'en pas douter.

Le Roi, que les divertiſſements ordinaires de la Cour n'amuſoient plus guere dans les circonſtances où il ſe trouvoit alors, profita de cette occaſion pour s'en procurer d'un nouveau genre. Qu'on m'amene ici, dit-il, cent quatre-vingts de mes femmes. Il fut obéi, & les Princeſſes parurent. Parmi elles il y en avoit deux en particulier que le Roi aimoit tendrement ; elles furent miſes à la tête des autres. Nous verrons, dit le Roi en ſouriant, nous verrons, Sun-tſe, ſi vous nous tiendrez parole. Je vous conſtitue Général de ces nouvelles troupes. Dans toute l'étendue de mon palais vous n'avez qu'à

G

choisir le lieu qui vous paroîtra le plus commode pour les exercer aux armes. Quand elles seront suffisamment instruites, vous m'avertirez, & j'irai moi-même pour rendre justice à leur adresse & à votre talent.

Le Général, qui sentit tout le ridicule du personnage qu'on vouloit lui faire jouer, ne se déconcerta pas, & parut au contraire très satisfait de l'honneur que lui faisoit le Roi, non seulement de lui laisser voir ses femmes, mais encore de les mettre sous sa direction. Je vous en rendrai bon compte, Sire, lui dit-il d'un ton assuré, & j'espere que dans peu Votre Majesté aura lieu d'être contente de mes services; elle sera convaincue, tout au moins, que Sun-tse n'est pas homme à s'avancer témérairement.

Le Roi s'étant retiré dans un appartement intérieur, le Guerrier ne pensa plus qu'à exécuter sa commission. Il demanda des armes & tout l'équipage militaire pour ses soldats de nouvelle création; & en attendant que tout fût prêt, il conduisit sa troupe dans une des cours du palais, qui lui parut la plus propre pour son dessein. On ne fut pas long-temps sans lui apporter ce qu'il avoit demandé. Sun-tse adressant alors la parole aux Princesses : Vous voilà, leur dit-il, sous ma direction & sous mes ordres : vous devez m'écouter attentivement, & m'obéir dans tout ce que je vous commanderai. C'est la premiere & la plus essentielle des loix militaires : gardez-vous bien de l'enfreindre. Je veux que dès demain vous fas-

PREFACE.

fiez l'exercice devant le Roi, & je compte que vous vous en acquitterez exactement.

Après ces mots il les ceignit du baudrier, leur mit une pique à la main, les partagea en deux bandes, & mit à la tête de chacune, une des Princesses favorites. Cet arrangement étant fait, il commence ses instructions en ces termes: Distinguez-vous bien votre poitrine d'avec votre dos, & votre main droite d'avec votre main gauche? Répondez. Quelques éclats de rire furent toute la réponse qu'on lui donna d'abord. Mais comme il gardoit le silence & tout son sérieux: Oui, sans doute, lui répondirent ensuite les Dames d'une commune voix. Cela étant, reprit Sun-tse, retenez bien ce que je vais dire. Lorsque le tambour ne frappera qu'un seul coup, vous resterez comme vous vous trouvez actuellement, ne faisant attention qu'à ce qui est devant votre poitrine. Quand le tambour frappera deux coups, il faut vous tourner de façon que votre poitrine soit dans l'endroit où étoit ci-devant votre main droite. Si au lieu de deux coups vous en entendiez trois, il faudroit vous tourner de sorte que votre poitrine fût précisément dans l'endroit où étoit auparavant votre main gauche. Mais lorsque le tambour frappera quatre coups, il faut que vous vous tourniez de façon que votre poitrine se trouve où étoit votre dos, & votre dos où étoit votre poitrine.

Ce que je viens de dire n'est peut-être pas assez clair:

je m'explique. Un feul coup de tambour doit vous signifier qu'il ne faut pas changer de contenance, & que vous devez être sur vos gardes : deux coups, que vous devez vous tourner à droite : trois coups, qu'il faut vous tourner à gauche ; & quatre coups, que vous devez faire le demi-tour. Je m'explique encore.

L'ordre que je fuivrai eft tel : Je ferai d'abord frapper un feul coup : à ce fignal vous vous tiendrez prêtes à ce que je dois vous ordonner. Quelques moments après je ferai frapper deux coups : alors, toutes enfemble, vous vous tournerez à droite avec gravité ; après quoi je ferai frapper non pas trois coups, mais quatre, & vous acheverez le demi-tour. Je vous ferai reprendre enfuite votre premiere fituation, &, comme auparavant, je ferai frapper un feul coup. Recueillez-vous à ce premier fignal. Enfuite je ferai frapper, non pas deux coups, mais trois, & vous vous tournerez à gauche ; aux quatre coups vous acheverez le demi-tour. Avez-vous bien compris ce que j'ai voulu vous dire ? S'il vous refte quelque difficulté, vous n'avez qu'à me propofer, je tâcherai de vous fatisfaire. Nous fommes au fait, répondirent les Dames. Cela étant, reprit Sun-tfe, je vais commencer. N'oubliez pas que le fon du tambour vous tient lieu de la voix du Général, puifque c'eft par lui qu'il vous donne fes ordres.

Après cette inftruction répétée trois fois, Sun-tfe

rangea de nouveau sa petite armée ; après quoi il fait frapper un coup de tambour. A ce bruit toutes les Dames se mirent à rire : il fait frapper deux coups, elles rirent encore plus fort. Le Général, sans perdre son sérieux, leur adressa la parole en ces termes : Il peut se faire, que je ne me sois pas assez clairement expliqué dans l'instruction que je vous ai donnée. Si cela est, je suis en faute ; je vais tâcher de la réparer en vous parlant d'une maniere qui soit plus à votre portée (& sur-le-champ il leur répéta jusqu'à trois fois la même leçon en d'autres termes) : puis, nous verrons, ajouta-t-il, si je serai mieux obéi. Il fait frapper un coup de tambour, il en fait frapper deux. A son air grave, & à la vue de l'appareil bizarre où elles se trouvoient, les Dames oublierent qu'il falloit obéir. Après s'être fait quelques moments de violence pour arrêter le rire qui les suffoquoit, elles le laisserent enfin échapper par des éclats immodérés.

Sun-tse, ne se déconcerta point ; mais du même ton dont il leur avoit parlé auparavant, il leur dit : Si je ne m'étois pas bien expliqué, ou que vous ne m'eussiez pas assuré, d'une commune voix, que vous compreniez ce que je voulois vous dire, vous ne seriez point coupables : mais je vous ai parlé clairement, comme vous l'avez avoué vous-mêmes ; pourquoi n'avez-vous pas obéi ? Vous méritez punition, & une punition militaire. Parmi les Gens de Guerre, quiconque n'obéit pas aux ordres de son Général, mérite la mort : vous mourrez donc. Après ce court préambule, Sun-tse ordonna à celles des femmes qui formoient les deux rangs de tuer les deux qui étoient à leur tête. A l'instant, un de ceux qui étoient préposés pour la garde des femmes, voyant bien que le Guerrier n'entendoit pas raillerie, se détache pour aller avertir le Roi de ce qui se passoit. Le Roi dépêche quelqu'un vers Sun-tse pour lui défendre de passer outre, & en particulier de maltraiter les deux femmes qu'il aimoit le plus & sans lesquelles il ne pouvoit vivre.

Le Général écouta avec respect les paroles qu'on lui portoit de la part du Roi ; mais il ne déféra pas pour cela à ses volontés. Allez dire au Roi, répondit-il, que Sun-tse, le croit trop raisonnable & trop juste pour penser qu'il ait si-tôt changé de sentiment, & qu'il veuille véritablement être obéi dans ce que vous venez annoncer de sa part. Le Prince sait la loi ; il ne sauroit donner des ordres qui avilissent la dignité dont il m'a revêtu. Il m'a chargé de dresser aux exercices des armes cent quatre-vingts de ses Femmes, il m'a constitué leur Général ; c'est à moi à faire le reste. Elles m'ont désobéi, elles mourront. A peine eut-il prononcé ces derniers mots, qu'il tire son sabre, & du même sang-froid qu'il avoit témoigné jusqu'alors, il abat la tête aux deux qui commandoient les autres. Aussi-tôt il en met deux autres à leur place, fait battre les différens coups de tambour dont il étoit convenu avec sa troupe; & comme si ces femmes eussent fait toute leur vie le métier de la guerre, elles se tournerent en silence & toujours à propos.

Sun-tse adressant la parole à l'Envoyé: Allez avertir le Roi, lui dit-il, que ses femmes savent faire l'exercice; que je puis les mener à la guerre, leur faire affronter toute sorte de périls, & les faire passer même au travers de l'eau & du feu.

Le Roi ayant appris tout ce qui s'étoit passé, fut pénétré de la plus vive douleur. J'ai donc perdu, dit-il en poussant un profond soupir, j'ai donc perdu ce que j'aimois le plus en ce monde.... Que cet Etranger se retire dans son pays. Je ne veux ni de lui, ni de ses services.... Qu'as-tu fait, barbare?... Comment pourrai-je vivre désormais, &c.

Quelque inconsolable que le Roi parût, le temps & les circonstances lui firent bientôt oublier sa perte. Les ennemis étoient prêts à fondre sur lui; il redemanda Sun-tse, le fit Général de ses armées, & par son moyen il détruisit le Royaume de Tchou (1). Ceux de ses voisins qui lui avoient donné le plus d'inquiétudes auparavant, pénétrés de crainte au seul bruit des belles actions de

―――――――――――――――――――
(1) Le Royaume de Tchou étoit dans le Ho-nan. Kin-tcheou en étoit la Capitale.

Sun-tfe, ne penferent plus qu'à fe tenir en repos fous la protection d'un Prince qui avoit un tel homme à fon fervice.

Telle eft l'idée que les Chinois donnent de leur Héros. De l'événement qu'ils racontent, & que je viens de raconter d'après eux, foit qu'il foit réel, foit qu'il foit fuppofé, on conclut également que la févérité eft la bafe fur laquelle appuie la plus grande autorité du Général. Cette maxime, qui peut-être n'eft pas bonne chez les Nations d'Europe, eft excellente pour les Afiatiques, chez qui l'honneur n'eft pas toujours le premier mobile.

LES TREIZE ARTICLES
DE SUN-TSE.

ARTICLE PREMIER.

Fondements de l'Art Militaire.

Sun-tse dit : les troupes font la grande affaire d'un Etat; c'est d'elles que dépendent la vie ou la mort des Sujets, l'agrandissement ou la décadence de l'Empire : ne pas faire de sérieuses réflexions sur ce qui les concerne, ne pas travailler à les bien régler, c'est montrer une trop grande indifférence pour la conservation ou pour la perte de ce qu'on a de plus cher, & c'est ce qu'on ne doit pas trouver parmi nous.

Cinq choses principales doivent faire l'objet de nos continuelles méditations, & de tous nos soins (1). Semblables à

---

(1) C'est aux Militaires en général que l'Auteur adresse la parole dans tout ce qu'il dit dans son Traité, mais plus particuliérement aux Généraux & aux Officiers.

ces fameux Artistes, qui, ayant entrepris quelque chef-d'œuvre de leur Art, ont toujours présent à l'esprit le but qu'ils se sont proposé, mettent à profit tout ce qu'ils voient, tout ce qu'ils entendent, & n'oublient rien pour se procurer de nouvelles connoissances & tous les secours qui peuvent les conduire heureusement à leur fin. Si nous voulons que la gloire & les succès accompagnent nos armes, nous ne devons jamais perdre de vue la *Doctrine*, le *Ciel*, la *Terre*, le *Général* & la *Discipline* (1). La *Doctrine* nous fera naître à tous des sentiments uniformes ; elle nous inspirera une même maniere de vivre & de mourir, & nous rendra également intrépides dans les malheurs & dans la mort.

Si nous connoissons bien le *Ciel*, nous n'ignorerons point ce que c'est que ces deux grands principes Yn & Yang ; nous saurons le temps de leur union & de leur mutuel concours pour la production du froid, du chaud, de la sérénité ou de l'intempérie de l'air

La *Terre* n'est pas moins digne de notre attention que le

---

(1) Par le mot de *Doctrine* on peut entendre ici la Religion, puisque la Doctrine est en effet toute la Religion des Chinois, de ceux au moins que les ridicules superstitions de l'idolâtrie n'ont pas infectés. Cette *Doctrine*, dont l'Auteur veut parler, est celle qui apprend aux hommes une morale dictée par les lumieres de la raison.

Par le *Ciel*, l'Auteur entend la connoissance des choses purement naturelles que le Ciel offre à nos yeux sous les différents climats, dans les différentes saisons & sous les différentes températures de l'air. Il entend aussi la connoissance des deux principes *Yn* & *Yang*, par lesquels toutes les choses naturelles sont formées & par lesquels les éléments reçoivent leurs différentes modifications. En général l'*Yn* & l'*Yang* sont, dans le système de la Physique Chinoise, les deux principes qui, mis en action par un principe supérieur, qu'ils appellent *Tai-ki*, peuvent produire tout ce qui compose cet Univers.

Ciel ; étudions-la bien, & nous aurons la connoissance du haut & du bas, du loin comme du près, du large & de l'étroit, de ce qui demeure & de ce qui ne fait que passer.

La Doctrine, l'équité, l'amour pour ceux en particulier qui nous sont soumis & pour tous les hommes en général, la science des ressources, le courage & la valeur, telles sont les qualités qui doivent caractériser celui qui est revêtu de la dignité de *Général* ; vertus nécessaires, pour l'acquisition desquelles nous ne devons rien oublier : seules elles peuvent nous mettre en état de marcher dignement à la tête des autres.

Aux connoissances dont je viens de parler, il faut ajouter celle de la *Discipline*. Posséder l'art de ranger les troupes ; n'ignorer aucune des loix de la subordination & les faire observer à la rigueur ; être instruit des devoirs particuliers de chaque Officier subalterne ; savoir connoître les différents chemins par où on peut arriver à un même terme ; ne pas dédaigner d'entrer dans un détail exact de toutes les choses qui peuvent servir, & se mettre au fait de chacune d'elles en particulier ; tout cela ensemble forme un corps de discipline dont la con-

---

Par la *Terre*, l'Auteur entend probablement la connoissance de la géographie, & de la topographie de chaque lieu particulier.

La maniere dont s'expriment les Chinois est relative à leur façon d'envisager les choses. Quoique la plupart aient de l'esprit, quoique leur esprit soit pour l'ordinaire bon & juste, quoiqu'il y ait de la clarté & de la finesse dans leurs idées, cependant la maniere dont ils les rendent, est souvent une énigme qu'on a bien de la peine à déchiffrer. S'ils ont plusieurs choses à exprimer, & qu'un seul caractere les leur représente; ils l'emploient sans hésiter, ne faisant point attention que ceux qui liront leur Ouvrage, n'ayant pas comme eux la tête remplie du sujet qu'ils ont traité, ne prendront pas, peut-être, ou ne prendront qu'une partie de leur pensée. Je remarque ceci une fois pour toutes.

noiſſance pratique ne doit point échapper à la ſagacité ni aux attentions d'un Général.

Vous donc, que le choix du Prince a placé à la tête des armées, jettez les fondements de votre ſcience militaire ſur les cinq principes que je viens d'établir; la victoire ſuivra par-tout vos pas: vous n'éprouverez au contraire que les plus honteuſes défaites, ſi, par ignorance ou par préſomption, vous venez à les omettre ou à les rejetter.

Avec les connoiſſances que je viens d'indiquer, vous ſaurez quel eſt celui qui, parmi les Rois qui gouvernent le monde (1), a le plus de doctrine & de vertus (2); vous connoîtrez les grands Généraux qui peuvent ſe trouver dans les différents Royaumes. Si c'eſt en temps de guerre, vous pourrez conjecturer aſſez ſurement quel eſt celui des rivaux qui doit l'emporter; & ſi vous devez entrer vous-même en lice, vous pourrez raiſonnablement vous flatter de devenir victorieux.

Avec ces mêmes connoiſſances, vous n'ignorerez point en quel temps le Ciel & la Terre ſeront d'accord (3) pour favoriſer la ſortie des troupes auxquelles vous preſcrirez les routes qu'elles doivent tenir, & dont vous réglerez à propos toutes les marches; vous ne commencerez ni ne terminerez jamais la campagne hors de ſaiſon; vous connoîtrez le fort & le foi-

---

(1) Par *les Rois qui gouvernent le monde*, l'Auteur entend les différents Princes qui gouvernoient alors la Chine.

(2) Les mots que j'ai rendus par ceux de *doctrine* & de *vertu*, peuvent ſignifier encore ici *coutumes*, *mœurs*, *uſages*, &c.

(3) Suivant les principes de la phyſique Chinoiſe, c'eſt l'accord du ciel & de la terre qui produit la beauté des ſaiſons, &c. Par le ciel & la terre, les Chinois entendent auſſi les deux principes généraux *Yn* & *Yang*, ou, comme je l'ai deja remarqué, la matiere en état de recevoir toutes ſortes de modifications par le mouvement qui lui eſt imprimé par le *Tai-ki*

ble, tant de ceux qu'on aura confiés à vos foins, que des ennemis que vous aurez à combattre : vous faurez en quelle quantité & dans quel état fe trouveront les munitions de guerre & de bouche des deux armées : vous diftribuerez les récompenfes avec libéralité, mais avec choix, & vous n'epargnerez pas les châtiments quand il en fera befoin.

Admirateurs de vos vertus & de votre bonne conduite; les Officiers Généraux ne fe feront pas moins un plaifir délicat, qu'un rigoureux devoir de vous feconder. Ils entreront dans toutes vos vues, & leur exemple entraînant infailliblement celui des fubalternes, les fimples foldats concourront eux-mêmes de toutes leurs forces à vous affurer les plus glorieux fuccès. Vous ferez eftimé, refpecté, chéri de votre nation, & les peuples voifins viendront avec joie, fe ranger fous les étendards du Prince que vous fervez, ou pour vivre fous fes loix, ou pour obtenir fimplement fa protection (1).

C'eft encore avec ces connoiffances qu'également inftruit de ce que vous pourrez & de ce que vous ne pourrez pas, vous ne formerez aucune entreprife, fans la conduire à une heureufe fin. Vous verrez ce qui fera loin de vous comme ce qui fe paffera fous vos yeux, & ce qui fe paffera fous vos yeux, comme ce qui en eft le plus éloigné. S'il y a quelques diffentions parmi vos ennemis, vous en profiterez habilement pour attirer les mécontents dans votre parti. Les récompenfes ne feront pas plus épargnées que les promeffes & les dons.

---

(1) L'Auteur parle pour le pays & pour le temps où il vivoit. L'Empire de la Chine étoit alors divifé en plufieurs Etats, & il étoit rare qu'il n'y eût pas quelque guerre entre ceux qui les gouvernoient. Comme les intérêts étoient differents, on cherchoit à fe les procurer par des voies propres à réuffir ; une des plus fures étoit d'attirer fes voifins dans fon parti.

Si vos ennemis font plus puiſſants & plus forts que vous, vous ne les attaquerez point, vous éviterez avec un grand foin d'en venir aux mains avec eux ; vous cacherez toujours avec une extrême attention l'état où vous vous trouverez. Il y aura des occaſions où vous vous abaiſſerez, & d'autres où vous affecterez d'avoir peur. Vous feindrez quelquefois d'être foible afin que vos ennemis, ouvrant la porte à la préſomption & à l'orgueil, viennent ou vous attaquer mal-à-propos, ou ſe laiſſent ſurprendre eux-mêmes & tailler en pieces honteuſement. Vous ferez en forte que ceux qui vous font inférieurs ne puiſſent jamais pénétrer vos deſſeins. Vous tiendrez vos troupes toujours alertes, toujours en mouvement & dans l'occupation, pour empêcher qu'elles ne ſe laiſſent amollir par un honteux repos. Vous ne ſouffrirez aucune diſſention parmi vos gens, & vous n'oublierez rien pour les entretenir dans la paix, la concorde & l'union, comme s'ils ne faiſoient tous qu'une ſeule & même famille. Enfin votre ſage prévoyance vous ayant fait ſupputer juſqu'où pouvoit aller la conſommation des vivres & des autres choſes d'un uſage journalier, vous ferez toujours abondamment pourvu de tout, & après les plus glorieux exploits, vous reviendrez dans le ſein de votre famille pour y jouir tranquillement du fruit de votre victoire parmi les acclamations de vos concitoyens, qui ne ceſſeront de vous combler d'éloges, comme vous étant redevables de tous les avantages d'une douce paix. Telles font en général les réflexions que ma propre expérience m'a dictées, & que je me fais un devoir de vous communiquer.

ARTICLE II.

Des commencements de la Campagne.

SUN-TSE dit: je suppose que vous commencez la campagne avec une armée de cent mille hommes, que vous êtes suffisamment pourvu des munitions de guerre & de bouche, que vous avez deux mille chariots, dont mille sont pour la course, & les autres uniquement pour le transport (1); que jusqu'à cent lieues de vous, il y aura par-tout des vivres pour l'entretien de votre armée (2); que vous faites transporter avec soin tout ce qui peut servir au raccommodage des armes & des chariots; que les artisans & les autres qui ne sont pas du corps des soldats, vous ont déja précédé ou marchent séparément à votre suite; que toutes les choses qui servent pour des usages étrangers (3), comme celles qui sont purement pour la guerre, sont toujours à couvert des injures de l'air & à l'abri des accidents fâcheux qui peuvent arriver. Je suppose encore que vous avez mille onces d'argent à distribuer aux troupes (4) chaque

---

(1) A traduire le texte à la lettre, il faudroit dire : *Des chariots pour courir, mille; des chariots couverts de peaux, mille.*

(2) Ce passage pourroit encore être traduit de la maniere suivante: *Que vous avez toujours des vivres pour pouvoir consumer durant le trajet de mille Li,* c'est-à-dire, de cent lieues; car dix li chinoises font à-peu-près une lieue de vingt au degré.

(3) Le texte semble dire : *Les choses qui sont pour les étrangers,* plutôt que *les choses qui sont pour des usages etrangers.*

(4) Dans le temps & le pays où vivoit l'Auteur, mille onces d'argent étoient une somme très considérable. D'ailleurs, il peut se faire que Sun-tse ne veuille parler que de la paie des soldats, & qu'il ne comprenne

jour, & que leur solde est toujours payée à temps & dans la plus rigoureuse exactitude : dans ce cas vous pouvez aller droit à l'ennemi ; l'attaquer & le vaincre feront pour vous une même chose. Je dis plus : ne différez pas de livrer le combat, n'attendez pas que vos armes contractent la rouille, ni que le tranchant de vos épées s'émousse. S'il s'agit de prendre une ville, hâtez-vous d'en faire le siege ; tournez d'abord toutes vos vues de ce côté-là, dirigez là toutes vos forces : il faut ici tout brusquer ; si vous y manquez, vos troupes courent risque de tenir long-temps la campagne ; en ce cas, de combien de malheurs n'allez-vous pas devenir la funeste source ? Les coffres du Prince que vous servez s'épuiseront, vos armes perdues par la rouille ne pourront plus vous servir, l'ardeur de vos soldats se ralentira, leur courage & leurs forces s'évanouiront, les provisions se consumeront, & peut-être même vous trouverez-vous réduit aux plus fâcheuses extrémités. Instruits du pitoyable état où vous serez alors, vos ennemis sortiront tout frais, fondront sur vous, & vous tailleront en pieces. Quoique jusqu'à ce jour vous ayez joui

---

point dans ces mille onces d'argent les appointements des Officiers. Une once d'argent vaut aujourd'hui à la Chine sept livres dix sols de notre monnoie : or, mille onces d'argent pour une armée de cent mille hommes ne feroient qu'un sol & demi par tête ; ce qui, dans le temps présent, seroit très peu de chose. Il peut se faire encore que les mille onces d'argent que l'Auteur exige ne soient que par-dessus la paie ordinaire. Cette derniere conjecture, qui est la plus conforme au texte, tel que je l'ai expliqué, ne me paroît pas trop bien fondée : car l'Etat s'étant chargé de tout temps de l'entretien des femmes, des enfants, & de toute la famille de ceux qui sont à la guerre, il n'est pas vraisemblable, qu'outre le paiement ordinaire de chaque soldat, il y eût des dons journaliers tels que ceux que Sun-tse exige.

d'une

d'une grande réputation, vous ne pourrez déformais vous montrer avec honneur. En vain dans d'autres occasions aurez-vous donné des marques éclatantes de votre valeur, toute la gloire que vous aurez acquife fera effacée par ce dernier trait. Je le répete; on ne fauroit tenir les troupes long-temps en campagne, fans porter un très grand préjudice à l'Etat, & fans donner une atteinte mortelle à fa propre réputation.

Ceux qui poffedent les vrais principes de l'Art Militaire, n'y reviennent pas à deux fois. Dès la premiere campagne tout eft fini ; ils ne confument pas pendant trois années de fuite des vivres inutilement. Ils trouvent le moyen de faire fubfifter leurs armées aux dépens de l'ennemi, & épargnent à l'Etat les frais immenfes qu'il eft obligé de faire, lorfqu'il faut tranf-porter bien loin toutes les provifions. Ils n'ignorent point, & vous devez le favoir auffi, que rien n'épuife tant un Royaume que les dépenfes de cette nature; car foit que l'armée foit aux frontieres, ou qu'elle foit dans les pays éloignés, le peuple en fouffre toujours ; toutes les chofes néceffaires à la vie aug-mentent de prix, elles deviennent rares, & ceux même qui dans les temps ordinaires font le plus à leur aife, n'ont bien-tôt plus de quoi les acheter. Le Prince fe hâte de faire ramaf-fer le tribut des denrées que chaque famille lui doit (1); & la mifere fe répandant du fein des villes jufques dans les cam-pagnes, des dix parties du néceffaire on eft obligé d'en retran-cher fept. Il n'eft pas jufqu'au Souverain qui ne reffente fa part

---

(1) Le plus ancien des tributs qui fe foit levé à la Chine étoit une dîme fur toutes les terres en état d'être cultivées. Peu-à-peu les Empereurs ont impofé d'autres droits fur les métaux, fur les différentes marchandifes & fur certaines denrées. Ils ont établi des droits d'entrée pour des mar-chandifes des différentes provinces ; en un mot, ils ont aujourd'hui des Douanes fur le même pied à-peu-près que dans les Royaumes d'Europe.

I

des malheurs communs. Ses cuirasses, ses casques, ses fleches, ses arcs, ses boucliers, ses chars, ses lances, ses javelots, tout cela se détruira. Les chevaux, les bœufs même qui labourent les terres du Domaine, dépériront, & des dix parties de sa dépense ordinaire, il se verra contraint d'en retrancher six. C'est pour prévenir tous ces désastres qu'un habile Général n'oublie rien pour abréger les campagnes, & pour pouvoir vivre aux dépens de l'ennemi, ou tout au moins pour consumer les denrées étrangeres, à prix d'argent, s'il le faut.

Si l'armée ennemie a une mesure de grain dans son camp, ayez-en vingt dans le vôtre (1); si votre ennemi a cent vingt livres de fourrage pour ses chevaux, ayez-en deux mille quatre cents pour les vôtres (2). Ne laissez échapper aucune occasion de l'incommoder, faites-le périr en détail, trouvez les moyens de l'irriter pour le faire tomber dans quelque piege; diminuez ses forces le plus que vous pourrez, en lui faisant faire diversion, en lui tuant de temps en temps quelque parti,

---

(1) Le texte dit : *Si votre ennemi a un Tchoung, ayez-en vingt.* Ce Tchoung est une ancienne mesure qui contenoit dix *hou*, plus quatre boisseaux, c'est-à dire, soixante & quatre boisseaux, car un hou valoit dix boisseaux. Un boisseau de riz, par exemple, pese communément dix livres chinoises : la livre chinoise est de seize onces; & l'once chinoise est à l'once de Paris, comme dix est à neuf, ou, plus exactement, comme neuf est à huit ; car l'once de Paris vaut huit gros, & l'once de la Chine vaut neuf de ces mêmes gros. J'en ai fait moi-même l'épreuve il y a quelques années, sur des balances extrêmement justes de part & d autre.

(2) Le texte dit : *Si votre ennemi a de la paille, des herbes & du grain pour ses chevaux, la valeur d'un ché, &c.* Le ché est une mesure contenant cent vingt livres de poids ; ou autrement, le ché est une mesure qui contient dix autres mesures à-peu-près de la même grandeur qu'un boisseau chinois.

en lui enlevant de ses convois, de ses équipages, & d'autres choses qui pourront vous être de quelque utilité.

Lorsque vos gens auront pris sur l'ennemi au-delà de dix chars, commencez par récompenser libéralement tant ceux qui auront conduit l'entreprise, que ceux qui l'auront exécutée. Employez ces chars aux mêmes usages que vous employez les vôtres, mais auparavant il faut en ôter les marques distinctives qui pourront s'y trouver (1). Traitez bien les prisonniers, nourrissez-les comme vos propres soldats ; faites ensorte, s'il se peut, qu'ils se trouvent mieux chez vous qu'ils ne le seroient dans leur propre camp, ou dans le sein même de leur patrie. Ne les laissez jamais oisifs, tirez parti de leurs services avec les défiances convenables, & pour le dire en deux mots, conduisez-vous à leur égard comme s'ils étoient des troupes qui se fussent enrôlées librement sous vos étendards (2).

---

(1) *Il faut en ôter les marques distinctives qui pourront s'y trouver.* Ces marques distinctives consistoient principalement dans la couleur dont le bois des chars ou chariots étoit peint, dans certains caracteres qui y étoient gravés, & sur-tout dans un petit étendard quarré, sur lequel étoient certaines figures qui servent de distinction de quinze en quinze hommes, de dix en dix, &c. Il y en avoit même de cinq en cinq hommes ; mais ceux-ci, outre qu'ils étoient plus petits, étoient de forme triangulaire. Les uns & les autres étoient appellés du nom général *Tou*, qui signifie étendard, pavillon, drapeau, &c.

(2) Il étoit facile au vainqueur d'employer ses prisonniers aux mêmes usages que ses propres soldats, parceque ceux contre lesquels on étoit en guerre, ou pour mieux dire, parceque les parties belligérentes parloient un même langage, & ne formoient entre elles qu'une seule & même nation ; c'étoient des Chinois qui combattoient contre d'autres Chinois : je parle ici des guerres les plus ordinaires.

Si vous faites exactement ce que je viens de vous indiquer, les succès accompagneront tous vos pas, par-tout vous ferez vainqueur, vous ménagerez la vie de vos soldats, vous affermirez votre pays dans ses anciennes possessions, vous lui en procurerez de nouvelles, vous augmenterez la splendeur & la gloire de l'Etat, & le Prince ainsi que les sujets vous seront redevables de la douce tranquillité dans laquelle ils couleront déjormais leurs jours. Quels objets peuvent être plus dignes de votre attention & de tous vos efforts (1)!

---

(1) C'est de l'habileté & de la bonne conduite d'un Général que dans tout son Traité Sun-tse fait dépendre le bonheur & toute la gloire d'un Royaume. Cette maxime n'a pas lieu seulement dans les anciens Livres ; aujourd'hui même elle est encore dans toute sa vigueur. Mais comme tous les bons succès sont attribués au Général, c'est le Général aussi qui est responsable de tous les événements fâcheux. Coupable ou non coupable, qu'il y ait de sa faute, ou qu'il n'y en ait point, dès qu'il n'a pas réussi, il faut qu'il périsse, ou, tout au moins, qu'il soit châtié. Une telle conduite paroît d'abord contraire à la raison ; mais en l'approfondissant un peu, on ne la trouve plus telle, respectivement aux peuples chez qui elle a lieu. C'est en effet de la persuasion où chacun est ici que cette maxime est réduite en pratique, que dépend une partie du bon ordre qui regne dans l'Empire Chinois.

ARTICLE III.

De ce qu'il faut avoir prévu avant le combat.

Sun-tse dit : voici quelques maximes dont vous devez être pénétré avant que de vouloir forcer des villes, ou gagner des batailles.

Conserver les possessions & tous les droits du Prince que vous servez, voilà quel doit être le premier de vos soins : les agrandir en empiétant sur les ennemis, c'est ce que vous ne devez faire que lorsque vous y serez forcé.

Veiller au repos des villes de votre propre pays, voilà ce qui doit principalement vous occuper : troubler celui des villes ennemies, ce ne doit être que votre pis-aller.

Mettre à couvert de toute insulte les villages amis, voilà ce à quoi vous devez penser : faire des irruptions sur les villages ennemis, c'est ce à quoi la nécessité seule doit vous engager.

Empêcher que les hameaux, que les chaumines même des sujets de votre Souverain ne souffrent le plus petit dommage, c'est ce qui mérite également votre attention : porter le ravage dans les hameaux ou dans les chaumines de vos ennemis, c'est ce qu'une disette de tout doit seule vous faire entreprendre (1).

---

(1) Un Commentateur Chinois donne un sens un peu différent au commencement de cet Article. Quoique son explication soit conforme à l'ancienne morale chinoise, j'ai cru neanmoins ne devoir pas la suivre, parcequ'elle m'a paru ne pas rendre le véritable sens de l'Auteur, & contredire même quelques-uns de ses principes. Voici la version de cet Inter-

Ces maximes une fois bien gravées dans votre cœur, vous pouvez aller attaquer des villes, ou donner des batailles, je suis garant du succès. Je dis plus : eussiez-vous cent combats à livrer, cent victoires en seroient le fruit. Cependant ne cherchez pas à dompter vos ennemis au prix des combats & des victoires ; car s'il y a des cas où ce qui est au-dessus du bon, n'est pas bon lui-même, c'en est ici un où plus o 1 s'éleve au-dessus du bon, plus on s'approche du pernicieux & du mauvais.

Sans donner de batailles, tâchez d'être victorieux : ce sera là le cas où plus vous vous éleverez au-dessus du bon, plus vous approcherez de l'incomparable & de l'excellent. Les grands Généraux en viennent à bout en découvrant tous les artifices de l'ennemi, en faisant avorter tous ses projets, en

---

terprete. » Conserver les possessions des ennemis, est ce que vous devez faire en premier lieu, comme ce qu'il y a de plus parfait ; les détruire, doit être l'effet de la nécessité. Veiller au repos & à la tranquillité des Kun, des Lu, des Tsou & des Ou de vos ennemis ; c'est ce qui mérite toutes vos attentions : les troubler & les inquiéter, c'est ce que vous devez regarder comme indigne de vous.... Si un Général, continue l'Interprete, en agit ainsi, sa conduite ne différera pas de celle des plus vertueux personnages ; elle s'accordera avec le ciel & la terre, dont les opérations tendent à la production & à la conservation des choses plutôt qu'à leur destruction.... Le ciel n'approuva jamais l'effusion du sang humain : c'est lui qui donne la vie aux hommes ; lui seul doit être le maître de la trancher.... Voilà, ajoute-t-il, le véritable sens des paroles de Sun-tse «.

Ce que j'ai rendu par les mots de villes, villages, hameaux & chaumines, est ce que les Chinois appellent Kiun (ou Kun) Lu, Tsou & Ou. Voici l'explication littérale de chacun de ces mots. Un *Kun* est un lieu qui contient douze mille cinq cents hommes ; un *Lu* contient cinq cents familles ; un *Tsou* contient cent habitants, & un *Ou* est l'habitation de cinq familles seulement.

semant la discorde parmi ses gens, en les tenant toujours en haleine, en empêchant les secours étrangers qu'il pourroit recevoir, & en lui ôtant toutes les facilités qu'il pourroit avoir de se déterminer à quelque chose d'avantageux pour lui.

Si vous êtes forcé de faire l'attaque d'une place & de la réduire, disposez tellement vos chars (1), vos boucliers & toutes les machines nécessaires pour monter à l'assaut, que tout soit en bon état lorsqu'il sera temps de l'employer. Faites en sorte sur-tout que la reddition de la place ne soit pas prolongée au-delà de trois mois. Si, ce terme expiré, vous n'êtes pas encore venu à bout de vos fins, sûrement il y aura eu quelques fautes de votre part; n'oubliez rien pour les réparer. A la tête de vos troupes, redoublez vos efforts; en allant à l'assaut imitez la vigilance, l'activité, l'ardeur & l'opiniâtreté des fourmis (2). Je suppose que vous aurez fait auparavant les

───────────────

(1) L'Auteur parle ici des chars appellés *Lou*. Ces sortes de chars étoient à quatre roues, & pouvoient contenir à l'aise environ une dizaine de personnes. Ils étoient couverts de cuirs ou de peaux de bêtes; il y avoit tout autour une espece de galerie faite de grosses pieces de bois. Sur la couverture de cuir il y avoit de la terre pour la sûreté de ceux qui étoient dans ces chars, & pour empêcher qu'ils ne fussent incommodés par les traits, les pierres & les autres choses que lançoient les ennemis. Chacun de ces chars étoit comme une espece de petite forteresse, de laquelle on attaquoit & on se défendoit. Ils étoient sur-tout en usage dans les sieges : on s'en servoit aussi dans les batailles rangées. Dans ce dernier cas ils étoient placés à la queue de l'armée; & après une défaite, on se mettoit à l'abri derriere, & l'on s'y défendoit comme on l'auroit fait dans une place de guerre. Tant que le vainqueur n'en étoit pas maître, il ne pouvoit pas se flatter d'avoir réduit l'ennemi. C'étoit encore au milieu de ces chars qu'on plaçoit ce qu'il y avoit de plus précieux.

(2) La comparaison d'une armée à des fourmis pourra paroître déplacée

retranchements & les autres ouvrages néceffaires, que vous aurez élevé des redoutes (1) pour découvrir ce qui fe paffe chez les affiégés, & que vous aurez paré à tous les inconvénients que votre prudence vous aura fait prévoir. Si avec toutes ces précautions, il arrive que de trois parties de vos foldats vous ayez eu le malheur d'en perdre une, fans pouvoir être victorieux, foyez convaincu que vous n'avez pas bien attaqué.

Un habile Général ne fe trouve jamais réduit à de telles extrémités: fans donner des batailles, il fait l'art d'humilier fes ennemis; fans répandre une goutte de fang, fans tirer même l'épée, il vient à bout de prendre les villes: fans mettre les pieds dans les Royaumes étrangers, il trouve le moyen de les conquérir; & fans perdre un temps confidérable à la tête de fes troupes, il procure une gloire immortelle au Prince qu'il fert, il affure le bonheur de fes compatriotes, & fait que l'Univers lui eft redevable du repos & de la paix: tel eft le but auquel tous ceux qui commandent les armées doivent tendre fans ceffe & fans jamais fe décourager.

Il y a une infinité de fituations différentes dans lefquelles vous pouvez vous trouver par rapport à l'ennemi. On ne fauroit les prévoir toutes; c'eft pourquoi je n'entre pas dans un

---

à ceux qui n'ont pas fuivi ces infectes de près; mais nos Naturaliftes favent encore mieux que les Chinois, que la fourmi eft peut-être de tous les animaux celui qui a le plus d'acharnement au combat. On en voit qui, partagées en deux, ne lâchent point prife, & excitent même l'ennemi.

(1) Ce que j'ai rendu par le mot de *redoutes*, étoient des efpeces de tours faites de terres. Elles étoient plus hautes que les murailles des villes qu'on affiégeoit; du haut de ces tours, ou plutôt du haut de ces terraffes, on tâchoit de découvrir les différentes manœuvres des affiégés pour la défenfe de la place. L'Interprete Chinois les apelle des montagnes de terre.

plus

plus grand détail. Vos lumieres & votre expérience vous suggéreront ce que vous aurez à faire, à mesure que les circonstances se préfenteront ; néanmoins je vais vous donner quelques conseils généraux dont vous pourrez faire usage dans l'occasion.

Si vous êtes dix fois plus fort en nombre que n'est l'ennemi, environnez-le de toutes parts ; ne lui laissez aucun passage libre ; faites en sorte qu'il ne puisse ni s'évader pour aller camper ailleurs, ni recevoir le moindre secours. Si vous avez cinq fois plus de monde que lui, disposez tellement votre armée, qu'elle puisse l'attaquer par quatre côtés à la fois, lorsqu'il en sera temps. Si l'ennemi est une fois moins fort que vous, contentez-vous de partager votre armée en deux (1). Mais si de part & d'autre il y a une même quantité de monde, tout ce que vous pouvez faire c'est de hasarder le combat ; si au contraire vous êtes moins fort que lui, soyez continuellement sur vos gardes, la plus petite faute seroit de la derniere conféquence pour vous. Tâchez de vous mettre à l'abri, & évitez autant que vous le pourrez d'en venir aux mains avec lui : la prudence & la fermeté d'un petit nombre de gens peuvent venir à bout de lasser & de dompter même une nombreuse armée.

Celui qui est à la tête des armées peut se regarder comme le soutien de l'Etat, & il l'est en effet. S'il est tel qu'il doit être, le Royaume sera dans la prospérité ; si au contraire il n'a pas les qualités nécessaires pour remplir dignement le poste

---

(1) Le nombre dix est le terme de comparaison le plus ordinaire des Chinois. Ainsi, au lieu de traduire comme je l'ai fait : *Si vous êtes dix fois plus fort en nombre que l'ennemi, &c.* on pourroit dire : Si vous êtes à l'ennemi comme dix est à un, comme dix est à cinq, &c.

qu'il occupe, le Royaume en souffrira infailliblement, & se trouvera peut-être réduit à deux doigts de sa perte. Un Général ne peut bien servir l'Etat que d'une façon ; mais il peut lui porter un très grand préjudice de bien des manieres différentes. Il faut beaucoup d'efforts & une conduite que la bravoure & la prudence accompagnent constamment pour pouvoir réussir : il ne faut qu'une faute pour tout perdre ; & parmi les fautes qu'il peut faire, de combien de sortes n'y en a-t-il pas? S'il leve des troupes hors de saison, s'il les fait sortir lorsqu'il ne faut pas qu'elles sortent, s'il n'a pas une connoissance exacte des lieux où il doit les conduire, s'il leur fait faire des campements désavantageux, s'il les fatigue hors de propos, s'il les fait revenir sans nécessité, s'il ignore les besoins de ceux qui composent son armée, s'il ne sait pas le genre d'occupation auquel chacun d'eux s'exerçoit auparavant, afin d'en tirer parti suivant leurs talents ; s'il ne connoît pas le fort & le foible de ses gens, s'il n'a pas lieu de compter sur leur fidélité, s'il ne fait pas observer la discipline dans toute la rigueur, sil manque du talent de bien gouverner, s'il est irrésolu & s'il chancelle dans les occasions où il faut prendre tout-à-coup son parti, s'il ne sait pas dédommager à propos ses soldats lorsqu'ils auront eu à souffrir, s'il permet qu'ils soient vexés sans raison par leurs Officiers, s'il ne sait pas empêcher les dissentions qui pourroient naître parmi les Chefs : un Général qui tomberoit dans ces fautes épuiseroit d'hommes & de vivres le Royaume, déshonoreroit sa patrie, & deviendroit lui-même la honteuse victime de son incapacité (1).

―――――――――――――――――

(1 Il paroît que l'Auteur exige un trop grand détail de la part d'un Général, sur-tout lorsqu'il dit qu'il doit savoir le genre d'occupation auquel s'exerçoient tous ceux qui composent une armée, avant qu'ils fussent en-

Pour être victorieux de ses ennemis, cinq choses principalement sont nécessaires à un Général. 1°. Savoir quand il est à propos de combattre, & quand il convient de se retirer. 2°. Savoir employer le peu & le beaucoup suivant les circonstances. 3°. Montrer autant d'affection aux simples soldats qu'on peut en témoigner aux principaux Officiers. 4°. Profiter de toutes les circonstances prévues ou imprévues. 5°. Etre sûr de n'être point démenti par le Souverain dans tout ce qu'on peut tenter pour son service & pour la gloire de ses armes. Avec cela, si vous joignez à la connoissance que vous devez avoir de vous-même, & de tout ce que vous pouvez ou ne pouvez pas, celle de tous ceux qui sont sous vos ordres, eussiez-vous cent guerres à soutenir, cent fois vous serez victorieux. Si vous

---

rôlés, détail qui ne paroît pas praticable, ni même possible. Il est à présumer que Sun-tse ne prétend pas que celui qui est à la tête d'une armée connoisse nommément tous ceux qui la composent ; mais seulement il exige qu'il les connoisse en général par le ministere des Officiers subalternes. D'ailleurs, les mots chinois *San-kun*, & les mots tartares *Ilan-tchohai-kun*, qui en sont la traduction, peuvent signifier également les trois différentes classes dont une armée est composée ; c'est à dire les Officiers Généraux, les Officiers subalternes & les simples soldats. Alors l'Auteur exigeroit seulement du Général une connoissance exacte des trois ordres de son armée, désignés par les mots de San kun, qui signifient des trois Kun. Un *Kun*, à le prendre à la lettre, est proprement un assemblage de quatre mille hommes. Ainsi, dans ce sens, l'armée dont parle Sun tse ne seroit composée que de douze mille hommes. Elle seroit encore plus foible si un Kun, comme on le trouve dans quelques Dictionnaires, n'étoit que l'assemblage de deux mille cinq cents hommes ; ce seroit une armée de sept mille cinq cents hommes seulement, ce qui n'est pas vraisemblable : en général, par les mots de San-kun, dans les anciens Livres qui traitent de la guerre, on entend une armée entiere, de quelque nombre qu'elle soit composée.

K ij

ne connoiffez que ce que vous pouvez vous-même, & fi vous ignorez ce que peuvent vos gens, vous vaincrez une fois ; une fois vous ferez vaincu : mais fi vous n'avez ni la connoiffance de vous-même, ni celle de ceux à qui vous commandez, vous ne compterez vos combats que par vos défaites.

ARTICLE IV.
De la contenance des Troupes.

Sun-tse dit : Anciennement ceux qui étoient experimentés dans l'art des combats ne s'engageoient jamais dans des guerres qu'ils prévoyoient ne devoir pas finir avec honneur. Avant que de les entreprendre, ils étoient comme furs du fuccès. Si l'occafion d'aller contre l'ennemi n'étoit pas favorable, ils attendoient des temps plus heureux. Ils avoient pour principe que l'on ne pouvoit être vaincu que par fa propre faute, & qu'on n'étoit jamais victorieux que par la faute des ennemis. Ainfi, les habiles Généraux favoient d'abord ce qu'ils devoient craindre ou ce qu'ils avoient à efpérer, & ils avançoient ou reculoient la campagne, ils donnoient bataille ou ils fe retranchoient, fuivant les lumieres qu'ils avoient, tant fur l'état de leurs propres troupes que fur celui des troupes de l'ennemi. S'ils fe croyoient plus forts, ils ne craignoient pas d'aller au combat & d'attaquer les premiers. S'ils voyoient au contraire qu'ils fuffent plus foibles, ils fe retranchoient & fe tenoient fur la défenfive.

L'art de fe tenir à propos fur la défenfive ne le cede point à celui de combattre avec fuccès. Ceux qui veulent réuffir dans le premier doivent s'enfoncer jufqu'au centre de la terre. Ceux au contraire qui veulent briller dans le fecond, doivent s'élever jusqu'au neuvieme ciel (1). Sa propre conservation est le but principal qu'on doit se proposer dans ces deux cas. Savoir l'art de vaincre comme ceux qui ont fourni cette même carriere avec honneur, c'est précisément où vous devez tendre : vouloir l'emporter sur tous, & chercher à raffiner dans les choses militaires, c'est risquer de ne pas égaler les grands maîtres, c'est s'exposer à rester même infiniment au-dessous d'eux ; car c'est ici où ce qui est au-dessus du bon, n'est pas bon lui-même. Remporter des victoires par le moyen des combats a été regardé de tout temps par l'Univers entier comme quelque chose de bon : mais j'ose vous le dire, c'est encore ici où ce qui est au-dessus du bon est souvent pire que le mauvais.

Il ne faut pas que les quadrupedes aient une force extraordinaire pour porter vers la fin de l'automne la quantité de nouveaux poils dont leurs corps se chargent chaque jour : il ne faut pas avoir les yeux bien pénétrants pour découvrir les astres qui nous éclairent : il ne faut pas avoir l'oreille bien

---

(1) Le Commentateur Chinois explique cette derniere phrase de la maniere suivante. » Pour se mettre en défense contre l'ennemi, il faut être caché dans le sein de la terre, comme ces veines d'eau dont on ne sait pas la source, & dont on ne sauroit trouver les sentiers. C'est ainsi que vous cacherez toutes vos démarches, & que vous serez impénétrable... Ceux qui combattent, continue-t-il, doivent s'élever jusqu'au neuvieme ciel ; c'est-à-dire, il faut qu'ils combattent de telle sorte, que l'Univers entier retentisse du bruit de leur gloire, & que leurs belles actions soient approuvées dans le ciel même «. Le texte traduit à la lettre diroit : » Ceux qui veulent réussir dans les premiers, doivent s'enfoncer jusqu'à » la neuvieme terre.... « Quelques Auteurs Chinois conçoivent la terre composée de neuf enveloppes ou couches concentriques, comme ils conçoivent les cieux divisés en neuf spheres qui font chacune un ciel particulier.

délicate pour entendre le tonnerre lorsqu'il gronde avec fracas ; rien de plus naturel, rien de plus aisé, rien de plus simple que tout cela. Les habiles Guerriers ne trouvent pas plus de difficultés dans les combats. Ils ont tout prévu ; ils ont paré de leur part à tous les inconvénients ; ils savent la situation des ennemis, ils connoissent leurs forces, & n'ignorent point ce qu'ils peuvent faire & jusqu'où ils peuvent aller ; la victoire est une suite naturelle de leur savoir & de leur bonne conduite.

Tels étoient nos Anciens : rien ne leur étoit plus aisé que de vaincre ; aussi ne croyoient-ils pas que les vains titres de vaillants, de héros, d'invincibles, fussent un tribut d'éloges qu'ils eussent mérité. Ils n'attribuoient leur succès qu'au soin extrême qu'ils avoient eu d'éviter jusqu'à la plus petite faute.

Avant que d'en venir au combat, ils tâchoient d'humilier leurs ennemis, ils les mortifioient, ils les fatiguoient de mille manieres. Leurs propres camps étoient des lieux toujours à l'abri de toute insulte, des lieux toujours à couvert de toute surprise, des lieux toujours impénétrables. Ces Généraux croyoient que pour vaincre, il falloit que les troupes demandassent le combat avec ardeur ; & ils étoient persuadés que lorsque ces mêmes troupes demandoient la victoire avec empressement, il arrivoit ordinairement qu'elles étoient vaincues (1). C'est ainsi que d'un ton assuré ils osoient prévoir les triomphes ou les défaites, avant même que d'avoir fait un pas pour s'assurer des uns ou pour se préserver des autres.

---

(1) Selon le Commentateur, Sun-tse ne veut point dans les troupes une confiance trop aveugle, une confiance qui dégenere en présomption. Il prétend que les troupes qui demandent la victoire sont des troupes ou amollies par la paresse, ou timides, ou présomptueuses. Des troupes au contraire qui, sans penser à la victoire, demandent le combat, sont, selon lui, des troupes endurcies au travail, des troupes vraiment aguerries, des troupes toujours sûres de vaincre.

Vous donc qui êtes à la tête des armées, n'oubliez rien pour vous rendre dignes de l'emploi que vous exercez. Jettez les yeux fur les mefures qui contiennent les quantités, & fur celles qui déterminent les dimenfions : rappellez-vous les regles du calcul : confiderez les effets de la balance : examinez ce que c'eft que la victoire : faites fur tout cela de profondes réflexions, & vous aurez tout ce qu'il faut pour n'être jamais vaincus par vos ennemis.

Les confidérations fur les différentes mefures vous conduiront à la connoiffance de ce que la terre peut offrir d'utile pour vous : vous faurez ce qu'elle produit, & vous profiterez toujours de fes dons : vous n'ignorerez point les différentes routes qu'il faudra tenir pour arriver furement au terme que vous vous ferez propofé.

Par les regles du calcul vous apprendrez à diftribuer, toujours à propos, les munitions de guerre & de bouche, à ne jamais donner dans les excès du trop ou du trop peu.

La balance fera naître en vous l'amour de la juftice & de l'équité ; les récompenfes & les châtiments fuivront toujours l'exigence des cas.

Enfin, fi vous rappellez dans votre efprit les victoires qui ont été remportées en différents temps, & toutes les circonftances qui les ont accompagnées, vous n'ignorerez point les divers ufages qu'on en aura faits, & vous faurez quels font les avantages qu'elles ont procurés, ou quels font les préjudices qu'elles auront portés aux vainqueurs eux-mêmes.

Vingt onces ne firent jamais équilibre avec douze grains (1).

---

(1) Il y a dans le texte : *Un Y furpaffe un Tchou*.... Un Y eft une mefure qui contient vingt onces chinoifes. Un Tchou eft la douzieme partie du centieme d'une once. J'ai déja dit plus haut ce que c'étoit que l'once chinoife.

Si ces deux fortes de poids font placés féparément dans les deux baffins d'une même balance, les onces enleveront les grains, fans prefque aucun obftacle de la part de ceux ci. Soyez à vos ennemis ce que les onces font aux grains. Après un premier avantage n'allez pas vous endormir ou vouloir donner à vos troupes un repos hors de faifon. Pouffez votre pointe avec la même rapidité qu'un torrent qui fe précipiteroit de mille toifes de haut (1). Que votre ennemi n'ait pas le temps de fe reconnoître, & ne penfez à recueillir les fruits de votre victoire, que lorfque fa défaite entiere vous aura mis en état de le faire furement, avec loifir & tranquillité.

ARTICLE V.

De l'habileté dans le gouvernement des Troupes.

Sun-tse dit: Ayez les noms de tous les Officiers tant généraux que fubalternes ; infcrivez-les dans un catalogue à part, avec la note des talents & de la capacité de chacun d'eux, afin de pouvoir les employer avec avantage lorfque l'occafion en fera venue. Faites en forte que tous ceux que vous devez commander foient perfuadés que votre principale attention eft de les préferver de tout dommage. Les troupes que vous ferez avancer contre l'ennemi doivent être comme des pierres

---

(1) Il y a dans le texte : *Qui fe précipiteroit de la hauteur de mille Jin* ou *Jen*. Un Jen eft la mefure de huit pieds chinois. Le pied chinois moderne ordinaire eft au pied de roi, à très peu de chofe près, comme 264 eft à 266. Le pied chinois ancien eft au pied chinois moderne, comme 236 eft à 264. Cette évaluation, qui eft inutile ici, pourra peut être avoir fon utilité dans la fuite.

que

que vous lanceriez contre des œufs. De vous à l'ennemi il ne doit y avoir d'autre différence que celle du fort au foible, du vuide au plein. Attaquez à découvert, mais soyez vainqueur en secret. Voilà en peu de mots en quoi consiste l'habileté & toute la perfection même du gouvernement des troupes. Le grand jour & les ténebres, l'apparent & le secret ; voilà tout l'art. Ceux qui le possedent sont comparables au Ciel & à la Terre, dont les opérations ne sont jamais sans effet : ils ressemblent aux fleuves & aux mers dont les eaux ne sauroient tarir. Fussent-ils plongés dans les ténebres de la mort, ils peuvent revenir à la vie : comme le soleil & la lune, ils ont le temps où il faut se montrer, & celui où il faut disparoître : comme les quatre saisons, ils ont les variétés qui leur conviennent : comme les cinq tons de la musique, comme les cinq couleurs, comme les cinq goûts, ils peuvent aller à l'infini. Car qui a jamais entendu tous les airs qui peuvent résulter de la différente combinaison des tons ? Qui a jamais vu tout ce que peuvent présenter les couleurs différemment nuancées ? Qui a jamais savouré tout ce que les goûts différemment tempérés peuvent offrir d'agréable ou de piquant (1) ? On n'assigne cependant que cinq couleurs & cinq sortes de goûts.

Dans l'Art Militaire & dans le bon gouvernement des troupes, il n'y a, en général, que deux sortes de choses, celles qu'il

―――――――――――――――――――――――――

(1) Les anciens Chinois comptoient seulement cinq tons pleins, qu'ils désignoient par les noms de Koung, Chang, Kio, Tché, Yu. Ils admettoient cinq couleurs principales, qui sont le jaune, le rouge, le verd, le blanc & le noir. Ils ne connoissoient que cinq sortes de goûts fondamentaux dont ils prétendoient que tous les autres participoient. Ces cinq goûts sont le doux, l'aigre, le salé, l'amer & le piquant. Le mot que je rends par celui de piquant est Soan qui signifie ail, ou telle autre chose semblable & d'un goût approchant.

L

faut faire en secret, & celles qu'il faut faire à découvert : mais dans la pratique c'est une chaîne d'opérations dont on ne sauroit voir le bout ; c'est comme une roue en mouvement qui n'a ni commencement ni fin.

Dans l'Art Militaire chaque opération particuliere a des parties qui demandent le grand jour, & des parties qui veulent les ténebres du secret. Vouloir les assigner, cela ne se peut ; les circonstances peuvent seules les faire connoître & les déterminer. On oppose les plus grands quartiers de rochers à des eaux rapides dont on veut resserrer le lit : on n'emploie que des filets foibles & déliés pour prendre les petits oiseaux. Cependant le fleuve rompt quelquefois ses digues après les avoir minées peu-à-peu, & les oiseaux viennent à bout de briser les chaînes qui les retiennent, à force de se débattre. Quelque bonnes, quelque sages que puissent être les précautions que vous aurez prises, ne cessez pas un moment d'être sur vos gardes, veillez sur tout, pensez à tout : qu'une présomptueuse sécurité n'approche jamais de vous ni de votre camp.

Ceux-là possedent véritablement l'art de bien gouverner les troupes, qui ont su & qui savent rendre leur puissance formidable, qui ont acquis une autorité sans borne, qui ne se laissent abattre par aucun événement, quelque fâcheux qu'il puisse être ; qui ne font rien avec précipitation ; qui se conduisent, lors même qu'ils sont surpris, avec le sang froid qu'ils ont ordinairement dans les actions méditées & dans les cas prévus long-temps auparavant, & qui agissent toujours dans tout ce qu'ils font, avec cette promptitude qui n'est guere que le fruit de l'habileté, jointe à une longue expérience.

La force de ces sortes de guerriers est comme celle de ces grands arcs qu'on ne sauroit bander sans le secours de quelque machine. Leur autorité a l'effet des terribles armes qu'on lance avec des arcs ainsi bandés (1): tout plie sous leurs coups, tout est renversé. Tels qu'un globe qui présente une égalité parfaite entre tous les points de sa surface, ils sont également forts par-tout; par-tout leur résistance est la même. Dans le fort de la mêlée & d'un désordre apparent, ils savent garder un ordre que rien ne sauroit interrompre, ils font naître la force du sein même de la foiblesse, ils font sortir le courage & la valeur du milieu de la poltronnerie & de la pusillanimité. Mais savoir garder un ordre merveilleux au milieu même du désordre, cela ne se peut, sans avoir fait auparavant de profondes réflexions sur tous les événements qui peuvent arriver. Faire naître la force du sein même de la foiblesse, cela n'appartient qu'à ceux qu' ont une puissance absolue (2) & une autorité sans bornes. Savoir faire sortir le courage & la valeur du milieu de la poltronnerie & de la pusillanimité, c'est être héros soi-même, c'est être plus que héros, c'est être au-dessus des plus intrépides.

Quelque grand, quelque merveilleux que tout cela paroisse, j'exige cependant quelque chose de plus encore de ceux qui gouvernent les troupes, c'est l'art de faire mouvoir à

---

(1) L'espece d'arc dont il est parlé étoit soutenu par une machine. Il y en avoit qu'un seul homme pouvoit bander à deux mains, & c'étoient les moindres. Il y en avoit aussi où plusieurs hommes à la fois employoient leurs forces. On lançoit avec ces arcs plusieurs sortes d'armes, comme lances, javelots, traits, pierres, & autres choses semblables: on s'en sert encore aujourd'hui dans quelques campagnes contre les tigres. J'en ai vu qui m'ont paru ne pas différer de nos arbalètes, quant à la forme.

(2) Par le mot de puissance, il ne faut pas entendre ici domination, &c. mais cette faculté qui fait qu'on peut réduire en acte ce qu'on se propose. Dans l'idée de Sun-tse, un Général doit avoir cette faculté pour pouvoir exécuter tout ce qu'il envisage comme devant lui être avantageux.

son gré les ennemis. Ceux qui le poſſedent, cet art admirable, diſpoſent de la contenance de leurs gens & de l'armée qu'ils commandent, de telle ſorte qu'ils font venir l'ennemi toutes les fois qu'ils le jugent à propos : ils ſavent faire des libéralités quand il convient, ils en font même à ceux qu'ils veulent vaincre : ils donnent à l'ennemi & l'ennemi reçoit, ils lui abandonnent & il vient prendre. Ils ſont prêts à tout ; ils profitent de toutes les circonſtances ; ils ne ſe fient pas tellement à ceux qu'ils emploient, qu'ils n'en choiſiſſent d'autres pour être leurs ſurveillants ; ils ne comptent pas tellement ſur leurs propres forces, qu'ils ne mettent en uſage les autres moyens qu'ils croient pouvoir leur être utiles ; ils regardent les hommes contre leſquels ils doivent combattre, comme des pierres ou des pieces de bois qu'ils ſeroient chargés de faire rouler de haut en bas. La pierre & le bois n'ont aucun mouvement de leur nature ; s'ils ſont une fois en repos, ils n'en ſortent pas d'eux-mêmes, mais ils ſuivent le mouvement qu'on leur imprime ; s'ils ſont quarrés, il s'arrêtent d'abord ; s'ils ſont ronds, ils roulent juſqu'à ce qu'ils trouvent une réſiſtance plus forte que la force qui leur étoit imprimée.

Vous donc qui commandez les armées, faites en ſorte que l'ennemi ſoit entre vos mains comme une pierre de figure ronde, que vous auriez à faire rouler d'une montagne qui auroit mille toiſes de haut ; c'eſt en cela qu'on reconnoîtra que vous avez de la puiſſance & de l'autorité, & que vous êtes véritablement digne du poſte que vous occupez.

ARTICLE VI.

Du plein & du vuide (1).

Sun-tse dit: Une des choses les plus essentielles que vous ayez à faire avant le combat, c'est de bien choisir le lieu de votre campement. Pour cela il faut user de diligence, il ne faut pas se laisser prévenir par l'ennemi, il faut être campé avant qu'il ait eu le temps de vous reconnoître, avant même qu'il ait pu être instruit de votre marche. La moindre négligence en ce genre peut être pour vous de la derniere conséquence. En général il n'y a que du désavantage à camper après les autres.

Celui qui est chargé de la conduite d'une armée, ne doit point se fier à d'autres pour un choix de cette importance; il doit faire quelque chose de plus encore. S'il est véritablement habile, il pourra disposer à son gré du campement même & de toutes les marches de son ennemi. Un grand Général n'attend pas qu'on le fasse aller, il sait faire venir. Si vous faites en sorte que l'ennemi cherche à se rendre de son plein gré dans les lieux où vous voulez précisément qu'il aille, faites en sorte aussi de lui applanir toutes les difficultés, & de lui lever tous les obstacles qu'il pourroit rencontrer; car si vous cherchez à l'attirer dans des lieux où il lui soit comme impossible d'aller, dans des lieux mal-sains, ou dont les incon-

---

(1) Je ne vois pas trop comment le titre de cet Article s'accorde avec les choses qu'il traite. Le manuscrit tartare que j'ai entre les mains, l'intitule de la maniete suivante : Article Sixieme. *Des véritables ruses.* Les autres Commentateurs ne parlent pas plus clairement.

venients foient trop à découvert, vous ne réuffirez pas, & vous en ferez pour votre travail & pour vos peines, peut-être même pour quelque chofe de plus. La grande fcience eft de lui faire vouloir tout ce que vous fouhaitez qu'il faffe, & de lui fournir, fans qu'il s'en apperçoive, tous les moyens de vous feconder.

Après que vous aurez ainfi difpofé du lieu de votre campement & de celui de l'ennemi lui-même, attendez tranquillement que votre adverfaire faffe les premieres démarches; mais en attendant, tâchez de l'affamer au milieu de l'abondance, de lui procurer du tracas dans le fein du repos, & de lui fufciter mille terreurs dans le temps même de fa plus grande fécurité. Si, après avoir long-temps attendu, vous ne voyez pas que l'ennemi fe difpofe à fortir de fon camp, fortez vous-même du vôtre; s'il ne veut pas fe mettre en mouvement, mettez-vous-y vous-même, donnez-lui de fréquentes alarmes, faites-lui naître l'occafion de faire quelque imprudence dont vous puiffiez tirer du profit.

S'il s'agit de garder, gardez avec force: ne vous endormez point. S'il s'agit d'aller, allez promptement, allez furement par des chemins qui ne foient connus que de vous. Rendez-vous dans des lieux où l'ennemi ne puiffe pas foupçonner que vous ayez deffein d'aller. Sortez tout-à-coup d'où il ne vous attend pas, & tombez fur lui lorfqu'il y penfera le moins.

Si après avoir marché affez long-temps, fi par vos marches & contre-marches vous avez parcouru l'efpace de mille li (1) fans que vous ayez reçu encore aucun dommage, fans

---

(1) J'ai déja dit ailleurs qu'un Li chinois eft la dixieme partie d'une lieue de vingt au degré.

même que vous ayez été arrêté, concluez, ou que l'ennemi ignore vos desseins, ou qu'il a peur de vous, ou qu'il ne sait pas garder les postes qui peuvent être de conséquence pour lui. Evitez de tomber dans un pareil défaut.

Le grand art d'un Général est de faire en sorte que l'ennemi ignore toujours le lieu où il aura à combattre, & de lui dérober avec soin la connoissance des postes qu'il fait garder. S'il en vient à bout, & qu'il puisse cacher de même jusqu'aux moindres de ses démarches, ce n'est pas seulement un habile Général, c'est un homme extraordinaire, c'est un prodige (1). Sans être vu, il voit ; il entend, sans être entendu ; il agit sans bruit & dispose comme il lui plaît du sort de ses ennemis.

De plus, si, les armées étant en présence, vous n'appercevez pas qu'il y ait un certain vuide qui puisse vous favoriser, ne tentez pas d'enfoncer les bataillons ennemis. Si, lorsqu'ils prennent la fuite, ou qu'ils retournent sur leurs pas, ils usent d'une extrême diligence, & marchent en bon ordre, ne tentez pas de les poursuivre ; ou si vous les poursuivez, que ce ne soit jamais ni trop loin, ni dans les pays inconnus. Si, lorsque vous avez dessein de livrer la bataille, les ennemis restent dans leurs retranchements, n'allez pas les y attaquer, sur-tout s'ils sont bien retranchés, s'ils ont de larges fossés, & des murailles élevées qui les couvrent. Si au contraire croyant qu'il n'est pas à propos de livrer le combat, vous voulez l'éviter, tenez-vous dans vos retranchements, & disposez-vous à soutenir l'attaque & à faire quelques sorties utiles. Laissez fatiguer les ennemis, attendez qu'ils soient ou

---

(1) Le Commentateur Tartare dit : *C'est un homme extraordinaire, de la nature des esprits qui voient sans être vus, entendent, &c.*

en désordre ou dans une très grande sécurité : vous pourrez sortir alors, & fondre sur eux avec avantage. Ayez constamment une extrême attention à ne jamais séparer les différents corps de vos armées. Faites qu'ils puissent toujours se soutenir aisément les uns les autres ; au contraire faites faire à l'ennemi le plus de diversion qu'il se pourra. S'il se partage en dix corps, attaquez chacun d'eux séparément avec votre armée toute entiere ; c'est le véritable moyen de combattre toujours avec avantage. De cette forte, quelque petite que soit votre armée, le grand nombre sera toujours de votre côté. Or toutes choses étant d'ailleurs égales, la victoire se déclare ordinairement pour le grand nombre.

Que l'ennemi ne sache jamais comment vous avez intention de le combattre, ni la maniere dont vous vous préparez à l'attaquer, ou à vous défendre. S'il l'ignore absolument, il fera de grands préparatifs, il tâchera de se rendre fort de tous les côtés, il divisera ses forces, & c'est justement ce qui fera sa perte.

Pour vous, n'en faites pas de même : que vos principales forces soient toutes du même côté ; si vous voulez attaquer de front, mettez à la tête de vos troupes, tout ce que vous avez de meilleur. On résiste rarement à un premier effort, comme au contraire on se releve difficilement, quand on a d'abord du dessous. L'exemple des braves suffit pour encourager les plus lâches. Ceux-ci suivent sans peine le chemin qu'on leur montre ; mais ils ne sauroient eux-mêmes le frayer. Si vous voulez faire donner l'aile gauche, tournez tous vos préparatifs de ce côté-là, & mettez à l'aile droite ce que vous avez de plus foible ; mais si vous voulez vaincre par l'aile droite, que ce soit à l'aile droite aussi que soient vos meilleures troupes & toutes votre attention,

Ce

Ce n'est pas tout : comme il est essentiel que vous connoissiez à fond le lieu où vous devez combattre, il n'est pas moins important que vous soyez instruit du jour, de l'heure, du moment même du combat ; c'est une affaire de calcul sur laquelle il ne faut pas vous négliger. Si l'ennemi est loin de vous, sachez jour par jour le chemin qu'il fait, suivez-le pas à pas, quoiqu'en apparence vous restiez immobile dans votre camp : voyez tout ce qu'il fait, quoique vos yeux ne puissent pas aller jusqu'à lui : écoutez tous ses discours, quoique vous soyez hors de portée de l'entendre : soyez témoin de toute sa conduite, entrez même dans le fond de son cœur pour y lire ses craintes ou ses espérances.

Pleinement instruit de tous ses desseins, de toutes ses marches, de toutes ses actions, vous le ferez venir chaque jour précisément où vous voulez qu'il arrive. En ce cas vous l'obligerez à camper de maniere que le front de son armée ne puisse pas recevoir du secours de ceux qui sont à la queue, que l'aile droite ne puisse pas aider l'aile gauche, & vous le combattrez ainsi dans le lieu & au temps qui vous conviendront le plus.

Avant le jour déterminé pour le combat, ne soyez ni trop loin, ni trop près de l'ennemi. L'espace de quelques Li seulement est le terme qui doit vous en approcher le plus, & dix Li entiers sont le plus grand espace que vous deviez laisser entre votre armée & la sienne.

Ne cherchez pas à avoir une armée trop nombreuse, la trop grande quantité de monde est souvent plus nuisible qu'elle n'est utile. Une petite armée bien disciplinée est invincible sous un bon Général. A quoi servoient au Roi d'Yué, les belles & nombreuses cohortes qu'il avoit sur pied, lorsqu'il étoit en guerre contre le Roi de Ou (1) ? Celui-ci avec

---

(1) Le Royaume d'Yeé étoit dans le Tché-kiang, près de Chao-king-fou. Celui de Ou étoit dans le Kiang-nan, &c.

peu de troupes, avec une poignée de monde, le vainquit, le dompta, & ne lui laiſſa de tous ſes Etats, qu'un ſouvenir amer, & la honte éternelle de les avoir ſi mal gouvernés.

Cependant ſi vous n'aviez qu'une petite armée, n'allez pas mal-à-propos vouloir vous meſurer avec une armée nombreuſe; vous avez bien des précautions à prendre avant que d'en venir là. Quand on a les connoiſſances dont j'ai parlé plus haut, ſait s'il faut attaquer, ou ſe tenir ſimplement ſur la défenſive; on ſait quand il faut reſter tranquille, & quand il eſt temps de ſe mettre en mouvement; & ſi l'on eſt forcé de combattre, on ſait ſi l'on ſera vainqueur ou vaincu : à voir ſimplement la contenance des ennemis, on peut conclure ſa victoire ou ſa défaite, ſa perte ou ſon ſalut. Encore une fois ſi vous voulez attaquer le premier, ne le faites pas qu'auparavant vous n'ayez examiné ſi vous avez tout ce qu'il faut pour réuſſir.

En déployant vos étendards, liſez dans les premiers regards de vos ſoldats : ſoyez attentif à leurs premieres actions ; & par leur ardeur ou leur nonchalance, par leur crainte ou leur intrépidité, concluez un bon ou un mauvais ſuccès. Ce n'eſt point un préſage trompeur que celui de la premiere contenance d'une armée prête à livrer le combat. Il en eſt telle qui ayant remporté la plus ſignalée victoire, auroit été entiérement défaite, ſi la bataille s'étoit livrée un jour plutôt, ou quelques heures plus tard.

Il en doit être des troupes à-peu-près comme d'une eau courante. Si la ſource eſt élevée, la riviere ou le ruiſſeau coulent rapidement : ſi la ſource eſt preſque de niveau, on s'apperçoit à peine de quelque mouvement : s'il ſe trouve quelque vuide, l'eau le remplit d'elle-même dès qu'elle trouve la moindre iſſue qui la favoriſe : s'il y a des endroits trop pleins, l'eau cherche naturellement à ſe décharger ailleurs.

Pour vous, si en parcourant les rangs de votre armée vous voyez qu'il y ait du vuide, il faut le remplir : si vous trouvez du surabondant, il faut le diminuer : si vous appercevez du trop haut, il faut l'abaisser : s'il y a du trop bas, il faut le relever. L'eau dans son cours suit la situation du terrein dans lequel elle coule : de même, que votre armée soit rangée conformément au lieu qu'elle occupe. L'eau qui n'a point de pente ne sauroit couler ; des troupes qui ne sont pas bien conduites ne sauroient vaincre, c'est le Général qui décide de tout. S'il est habile, il tirera parti des circonstances même les plus dangereuses & les plus critiques. Il saura faire prendre la forme qu'il voudra, non seulement à l'armée qu'il commande, mais encore à celle des ennemis. Les troupes quelles qu'elles puissent être n'ont pas des qualités constantes qui les rendent invincibles ; les plus mauvais soldats peuvent changer en bien & devenir peu-à-peu d'excellents guerriers. Conduisez-vous conformément à ce principe ; ne laissez échapper aucune occasion, lorsque vous la trouverez favorable. Les cinq élémens (1) ne sont pas par-tout ni toujours également purs : les quatre saisons ne se succedent pas de la même maniere chaque année : le lever & le coucher du soleil ne sont pas constamment au même point de l'horizon : la lune n'est pas toujours également brillante. Une armée bien conduite & bien disciplinée, imite à propos toutes ces variétés.

---

(1) J'ai dit ailleurs que les Chinois admettent cinq élémens ou causes primitives dans la nature, dont toutes les choses participent plus ou moins. Ces cinq élémens sont la terre, le bois, l'eau, le feu & le métal.

ARTICLE. VII.

Des avantages qu'il faut se procurer.

Sun-tse dit : Après que le Général aura rassemblé dans un même lieu toutes les troupes qu'il doit commander, il doit mettre son attention à leur procurer des campements avantageux ; car c'est de là principalement que dépend la réussite de ses projets & de toutes ses entreprises. Cette affaire n'est pas d'une exécution aussi facile qu'on pourroit bien se l'imaginer ; les difficultés s'y rencontrent souvent sans nombre, & de toutes especes ; il ne faut rien oublier pour les applanir & pour les vaincre.

Les troupes une fois campées, il faut tourner ses vues du côté du près & du loin, des avantages & des pertes, du travail & du repos, de la diligence & de la lenteur ; c'est-à dire qu'il faut rendre près ce qui est loin, tirer profit de ses pertes même, substituer un utile travail à un honteux repos, convertir la lenteur en diligence ; c'est-à-dire encore qu'il faut que vous soyez près lorsque l'ennemi vous croit bien loin ; que vous ayez un avantage réel, lorsque l'ennemi croit vous avoir occasionné quelques pertes ; que vous soyez occupé de quelque utile travail, lorsqu'il vous croit enseveli dans le repos, & que vous usiez de toute sorte de diligence, lorsqu'il ne croit appercevoir dans vous que de la lenteur : c'est ainsi qu'en lui donnant le change, vous l'endormirez lui-même pour pouvoir l'attaquer lorsqu'il y pensera le moins, & sans qu'il ait le temps de se reconnoître.

L'art de profiter du près & du loin consiste à tenir l'ennemi éloigné du lieu que vous aurez choisi pour votre campement,

& de tous les postes qui vous paroîtront de quelque conséquence: il consiste à éloigner de l'ennemi tout ce qui pourroit lui être avantageux, & à rapprocher de vous tout ce dont vous pourrez tirer quelque avantage : il consiste encore à vous tenir continuellement sur vos gardes pour n'être pas surpris, & à veiller sans cesse pour épier le moment de surprendre votre adversaire.

De plus : ne vous engagez jamais dans de petites actions que vous ne soyez sûr qu'elles tourneront à votre avantage, & encore ne le faites point, si vous n'y êtes comme forcé : mais sur-tout gardez-vous bien de vous engager à une action générale, si vous n'êtes comme assuré d'une victoire complette. Il est très dangereux d'avoir de la précipitation dans des cas semblables ; une bataille risquée mal-à-propos, peut vous perdre entiérement : le moins qu'il puisse vous arriver, si l'événement en est douteux, ou que vous ne réussissiez qu'à demi, c'est de vous voir frustré de la plus grande partie de vos espérances, & de ne pouvoir parvenir à vos fins.

Avant que d'en venir à un combat définitif, il faut que vous l'ayez prévu, & que vous y soyez préparé depuis long-temps ; ne comptez jamais sur le hasard dans tout ce que vous ferez en ce genre : après que vous aurez résolu de livrer la bataille, & que les préparatifs en seront déja faits, laissez en lieu de sûreté tout le bagage inutile, faites dépouiller vos gens de tout ce qui pourroit les embarrasser ou les surcharger ; de leurs armes même ne leur laissez que celles qu'ils peuvent porter aisément.

Si vous devez aller un peu loin, marchez jour & nuit ; faites le double du chemin ordinaire ; que l'élite de vos troupes soit à la tête ; mettez les plus foibles à la queue. Prévoyez tout, disposez tout, & fondez sur l'ennemi lorsqu'il vous croit encore à cent Li d'éloignement: dans ce cas je vous annonce la victoire. Mais si ayant à faire cent Li de chemin avant que de pouvoir l'atteindre, vous n'en faites de votre côté que cinquante, & que l'ennemi s'étant avancé en ait fait autant; de dix parties, il y en a cinq que vous serez vaincu, comme de trois parties il y en a deux que vous serez vainqueur. Si l'ennemi n'apprend que vous allez à lui que lorsqu'il ne vous reste plus que trente Li à faire pour pouvoir le joindre, il est difficile que dans le peu de temps qui lui reste, il puisse pourvoir à tout, & se préparer à vous recevoir.

Sous prétexte de faire reposer vos gens, gardez-vous bien de manquer l'attaque, dès que vous serez arrivé. Un ennemi surpris est à demi vaincu ; il n'en est pas de même s'il a le temps de se reconnoître; bientôt il peut trouver des ressources pour vous échapper, & peut-être même pour vous perdre. Ne négligez rien de tout ce qui peut contribuer au bon ordre, à la santé, à la sûreté de vos gens tant qu'ils seront sous votre conduite; ayez grand soin que les armes de vos soldats soient toujours en bon état. Faites en sorte que les vivres soient sains, & ne leur manquent jamais ; ayez attention à ce que les provisions soient abondantes, & rassemblées à temps; car si vos troupes sont mal armées, s'il y a disette de vivres dans le camp, & si vous n'avez pas d'avance toutes les provisions nécessaires, il est difficile que vous puissiez réussir. N'oubliez pas d'entretenir des intelligences secretes avec les Ministres étrangers, & soyez toujours instruit des desseins que peuvent avoir les Princes alliés ou tributaires, des intentions bonnes ou mauvaises de ceux qui peuvent influer sur la conduite du maître que vous servez, & vous attirer des ordres ou des défenses qui pourroient traverser vos projets, & rendre par-là tous vos soins inutiles. Votre prudence & votre valeur ne sauroient tenir long-temps contre leurs cabales ou leurs mauvais conseils. Pour obvier à cet inconvénient, consultez-les dans certaines occasions, comme si vous aviez besoin de leurs lumieres : que tous leurs amis soient les vôtres : ne soyez jamais divisé d'intérêt avec eux, cédez-leur dans les petites choses, en un mot entretenez l'union la plus étroite qu'il vous sera possible (1).

Je demande de vous quelque chose de plus encore : ayez une connoissance exacte & de détail de tout ce qui vous environne ; sachez où il y a une forêt, un petit bois, une riviere, un ruisseau, un terrein aride & pierreux, un lieu marécageux & mal-sain, une montagne, une colline, une petite élévation, un vallon, un précipice, un défilé, un champ ouvert, enfin tout ce qui peut servir ou nuire aux troupes que vous commandez. S'il arrive que vous soyez hors d'état de pouvoir être instruit par vous-même de l'avantage ou du

---

(1) L'Auteur veut parler ici de ces Princes qui avoient le Gouvernement des Provinces, & qui pouvoient refuser à un Général des troupes ou des vivres, lui donner ou lui refuser passage sous le moindre prétexte. Ces sortes de Gouverneurs étoient comme de petits Souverains dans leurs Provinces. Ils dépendoient, à la vérité, du Roi ou de l'Empereur dont ils recevoient leurs Gouvernements, souvent à titre de Principauté & de Royaume même ; mais quand une fois ils en étoient pourvus, ils y exerçoient une autorité qui ne différoit guere de celle du Souverain, sur-tout dans le temps que l'Empire étoit démembré, & qu'on comptoit à la Chine plusieurs Royaumes. Ils représentoient au Roi ou à l'Empereur ce que bon leur sembloit ; & il ne leur étoit pas difficile de le faire pencher pour, ou contre les intentions & les intérêts d'un Général. Le Général, de son côté, avoit un pouvoir sans bornes dans son camp & dans son armée. C'est par ses soins qu'on levoit les troupes ; c'est lui qui taxoit ce que chaque Province devoit fournir d'hommes, d'argent & de munitions : en un mot, rien de tout ce qui avoit rapport à la guerre une fois conclue, ne se faisoit que par ses ordres.

désavantage du terrein, ayez au moins des guides sur lesquels vous puissiez compter sûrement.

Dans les occasions où il s'agira d'être tranquille, qu'il regne dans votre camp une tranquillité semblable à celle qui regne au milieu des plus épaisses forêts : lors qu'au contraire il s'agira de faire des mouvements & du bruit, imitez le fracas du tonnerre : s'il faut être ferme dans votre poste, soyez-y immobile comme une montagne : s'il faut sortir pour aller au pillage, ayez l'activité du feu : s'il faut éblouir l'ennemi, soyez comme un éclair : s'il faut cacher vos desseins, soyez obscur comme les ténebres. Gardez-vous sur toutes choses de faire jamais aucune sortie en vain : lorsque vous ferez tant que d'envoyer quelque détachement, que ce soit toujours dans l'espérance, ou, pour mieux dire, dans la certitude d'un avantage réel : pour éviter les mécontentements, faites toujours une exacte & juste répartition de tout ce que vous aurez enlevé à l'ennemi.

A tout ce que je viens de dire, il faut ajouter la maniere de donner vos ordres, & de les faire exécuter. Il est des occasions & des campements où la plupart de vos gens ne sauroient ni vous voir ni vous entendre : le tambour & le Lo (1), les étendards & les drapeaux peuvent suppléer à votre voix & à votre présence. Instruisez vos troupes de tous les signaux que vous pouvez employer. Si vous avez à faire des évolutions pendant la nuit, faites exécuter vos ordres au bruit d'un grand nombre de tambours & de Lo : si au contraire c'est pendant le jour qu'il faut que vous agissiez, employez les drapeaux & les

---

(1) Le Lo militaire est un grand bassin d'airain d'environ trois pieds de diametre, sur six pouces de profondeur. On le frappe avec un bâton de bois. Cet instrument s'entend de fort loin.

étendards pour faire favoir vos volontés. Le fracas d'un grand nombre de tambours & de Lo fervira pendant la nuit autant à jetter l'épouvante parmi vos ennemis, qu'à ranimer le courage de vos foldats : l'éclat d'un grand nombre d'étendards, la multitude de leurs évolutions, la diverfité de leurs couleurs, & la bizarrerie de leur affemblage, en inftruifant vos gens, les tiendront toujours en haleine pendant le jour, les occuperont, & leur réjouiront le cœur, en jettant le trouble & la perplexité dans celui de vos ennemis. Ainfi, outre l'avantage que vous aurez de faire favoir promptement toutes vos volontés à votre armée entiere dans le même moment, vous aurez encore celui de laffer votre ennemi, en le rendant attentif à tout ce qu'il croit que vous voulez entreprendre, de lui faire naître des doutes continuels fur la conduite que vous devez tenir, & de lui infpirer d'éternelles frayeurs.

Si quelque brave veut fortir feul hors des rangs pour aller provoquer l'ennemi (1), ne le permettez point ; il arrive rarement qu'un tel homme puiffe revenir. Il périt pour l'ordinaire, ou par la trahifon, ou accablé par le grand nombre.

Lorfque vous verrez vos troupes bien difpofées, ne manquez pas de profiter de leur ardeur : c'eft à l'habileté du Général à faire naître les occafions, & à diftinguer lorfqu'elles font favorables ; mais il ne doit pas négliger pour cela de prendre l'avis des Officiers Généraux ni de profiter de leurs lumieres, fur-tout fi elles ont le bien commun pour objet.

---

(1) Il étoit permis autrefois, dans les armées chinoifes, à quiconque vouloit fe faire un nom, de fortir du camp armé de pied en cap, & d'aller fe préfenter devant l'armée enremie. Lorfqu'il étoit à portée de fe faire entendre, il défioit à un combat de corps à corps. Les deux Champions fe battoient en préfence des deux armées ; mais on employoit autant les artifices que la force, l'adreffe ou la valeur.

Le temps & la température de l'air font des circonſtances qu'il ne faut pas négliger. Un bon Général tire parti de tout. L'air du matin & celui du foir donnent de la force. Les troupes font fraîches le matin, elles ont le foir toute leur vigueur. L'air du milieu du jour les rend foibles & languiſſantes; pendant la nuit elles font fatiguées & n'aiment que le repos, cela eſt ordinaire.

Lors donc que vous voudrez attaquer l'ennemi, choiſiſſez, pour le faire avec avantage, le temps où les foldats font cenſés devoir être foibles ou fatigués. Vous aurez pris auparavant vos précautions, & vos troupes repoſées & fraîches auront de leur côté l'avantage de la force & de la vigueur.

Si vous voyez que l'ordre regne dans les rangs ennemis, attendez qu'il foit interrompu, & que vous apperceviez quelque déſordre. Si leur trop grande proximité vous offuſque ou vous gêne, éloignez-vous afin de pouvoir les attaquer quand ils viendront de loin.

Si vous voyez qu'ils aient de l'ardeur, attendez qu'elle fe ralentiſſe, & qu'ils foient accablés fous le poids de l'ennui ou de la fatigue.

Si vous les voyez attroupés & rangés comme des cigognes, gardez-vous bien d'aller à eux.

Si, réduits au déſeſpoir, ils viennent pour vaincre ou pour périr, évitez leur rencontre. S'ils fe fauvent fur des lieux elevés, ne les y pourfuivez point; fi vous êtes vous-même dans des lieux peu favorables, ne foyez pas long-temps fans changer de fituation. Si les ennemis réduits à l'extrémité abandonnent leur camp, & veulent fe frayer un chemin pour aller camper ailleurs, ne les arrêtez pas.

S'ils font agiles & leftes, ne courez pas après eux; s'ils manquent de tout, prévenez leur déſeſpoir.

Voilà à-peu-près ce que j'avois à vous dire fur les différents avantages que vous devez tâcher de vous procurer, lorfqu'à la tête d'une armée vous aurez à vous mefurer avec des ennemis qui, peut-être auffi prudents & auffi vaillants que vous, ne pourroient être vaincus, fi vous n'ufez de votre part des petits ftratagêmes dont je viens de parler.

ARTICLE VIII.

Des neuf changements (1).

I. Sun-tse dit : Si vous êtes dans des lieux marécageux, dans des lieux où il y a à craindre les inondations, dans des lieux couverts d'épaiffes forêts ou de montagnes efcarpées, dans des lieux déferts & arides, dans des lieux où il n'y ait que des rivieres & des ruiffeaux, dans des lieux enfin d'où vous ne puiffiez aifément tirer du fecours, & où vous ne feriez appuyé d'aucune façon, tâchez d'en fortir le plus promptement qu'il vous fera poffible. Allez chercher quelque endroit fpacieux & vafte où vos troupes puiffent s'étendre, doù

---

(1) C'eft encore ici où je ne vois pas comment le titre répond aux matieres dont l'Auteur traite dans cet Article. Voici comment débute le Commentateur.

" Quoique les changements qu'on peut faire dans la conduite d'une armée foient fans nombre, on les réduit ici à neuf qui font les principaux, ceux du moins dont on peut conclure tous les autres. On appelle changement tout ce qui eft acceffoire à la conduite ordinaire des troupes, ou bien, une opération militaire à laquelle on fe détermine, à raifon de la circonftance actuelle «.

J'ai défigné, d'après le Commentateur Tattare, chaque changement par un chiffre que j'ai mis en marge.

elles puissent sortir aisément, & où vos Alliés puissent sans peine vous porter les secours dont vous pourriez avoir besoin.

II. Evitez avec une extrême attention de camper dans des lieux isolés; ou si la nécessité vous y force, n'y restez qu'autant de temps qu'il en faut pour en sortir. Prenez sur-le-champ des mesures efficaces pour le faire en sureté, & en bon ordre.

III. Si vous vous trouvez dans des lieux éloignés des sources, des ruisseaux & des puits, où vous ne trouviez pas aisément des vivres & du fourrage, ne tardez pas de vous en tirer. Avant que de décamper, voyez si le lieu que vous choisissez est à l'abri par quelque montagne au moyen de laquelle vous soyez à couvert des surprises de l'ennemi, si vous pouvez en sortir aisément, & si vous y avez les commodités nécessaires pour vous procurer les vivres & les autres provisions; s'il est tel, n'hésitez point à vous en emparer.

IV. Si vous êtes dans un lieu de mort, cherchez l'occasion de combattre. J'appelle lieu de mort ces sortes d'endroits où l'on n'a aucune ressource, où l'on dépérit insensiblement par l'intempérie de l'air, où les provisions se consument peu à peu sans espérance d'en pouvoir faire de nouvelles; où les maladies, commençant à se mettre dans l'armée, semblent devoir y faire bientôt de grands ravages. Si vous vous trouvez dans de telles circonstances, hâtez-vous de livrer quelque combat. Je vous réponds que vos troupes n'oublieront rien pour se bien battre. Mourir de la main des ennemis, leur paroîtra quelque chose de bien doux au prix de tous les maux qu'ils voient prêts à fondre sur eux, & à les accabler.

V. Si par hasard ou par votre faute votre armée se rencontroit dans des lieux pleins de défilés, où l'on pût aisément vous tendre des embûches, d'où il ne seroit pas aisé de vous sauver en cas de pourſuite, où l'on pût vous couper les vivres & les chemins, gardez-vous bien d'y attaquer l'ennemi ; mais ſi l'ennemi vous y attaque, combattez juſqu'à la mort. Ne vous contentez pas de quelque petit avantage ou d'une demi-victoire ; ce pourroît être une amorce pour vous defaire entiérement. Soyez même ſur vos gardes, après que vous aurez eu toutes les apparences d'une victoire complette.

VI. Quand vous ſaurez qu'une ville, quelque petite qu'elle ſoit, eſt bien fortifiée & abondamment pourvue de munitions de guerre & de bouche, gardez-vous bien d'en aller faire le ſiege ; & ſi vous n'êtes inſtruit de l'état où elle ſe trouve qu'après que le ſiege en aura été ouvert, ne vous obſtinez pas à vouloir le continuer, vous courriez riſque de voir toutes vos forces échouer contre cette place, que vous ſeriez enfin contraint d'abandonner honteuſement.

VII. Ne négligez pas de courir après un petit avantage lorſque vous pourrez vous le procurer ſurement & ſans aucune perte de votre part. Pluſieurs de ces petits avantages qu'on pourroît acquérir & qu'on néglige, occaſionnent ſouvent de grandes pertes & des dommages irréparables.

VIII. Avant que de ſonger à vous procurer quelque avantage, comparez-le avec le travail, la peine, les dépenſes & les pertes d'hommes & de munitions qu'il pourra vous occaſionner. Sachez à peu-près ſi vous pourrez le conſerver aiſément ; après cela vous vous déterminerez à le prendre ou à le laiſſer, ſuivant les loix d'une ſaine prudence.

IX. Dans les occaſions où il faudra prendre promptement ſon parti, n'allez pas vouloir attendre les ordres du Prince. S'il eſt des cas où il faille agir contre des ordres reçus, n'héſitez pas, agiſſez ſans crainte. La premiere & principale intention de celui qui vous met à la tête de ſes troupes, eſt que vous foyez vainqueur des ennemis. S'il avoit prévu la circonſtance où vous vous trouvez, il vous auroit dicté lui-même la conduite que vous voulez tenir.

Voilà ce que j'appelle les neuf changements ou les neuf circonſtances principales qui doivent vous engager à changer la contenance ou la poſition de votre armée, à changer de ſituation, à aller ou à revenir, à attaquer ou à vous défendre, à agir ou à vous tenir en repos. Un bon Général ne doit jamais dire : Quoi qu'il arrive, je ferai telle choſe, j'irai là, j'attaquerai l'ennemi, j'aſſiégerai telle place. La circonſtance ſeule doit le déterminer ; il ne doit pas s'en tenir à un ſyſtême général, ni à une maniere unique de gouverner. Chaque jour, chaque occaſion, chaque circonſtance demande une application particuliere des mêmes principes. Les principes ſont bons en eux-mêmes ; mais l'application qu'on en fait les rend ſouvent mauvais.

Un grand Général doit ſavoir l'art des changements. S'il s'en tient à une connoiſſance vague de certains principes, à une application uniforme des regles de l'art, à certaines loix de diſcipline toujours les mêmes, à une connoiſſance méchanique de la ſituation des lieux, &, ſi je puis m'exprimer ainſi, à une attention d'inſtinct pour ne laiſſer échapper aucun avantage, il ne mérite pas le nom qu'il porte, il ne mérite pas même de commander.

Un Général eſt un homme qui, par le rang qu'il occupe, ſe trouve au-deſſus d'une multitude d'autres hommes ; il faut par conſéquent qu'il ſache gouverner les hommes ; il faut qu'il ſache les conduire ; il faut qu'il ſoit véritablement au-deſſus d'eux, non pas ſeulement par ſa dignité, mais par ſon eſprit, par ſon ſavoir, par ſa capacité, par ſa conduite, par ſa fermeté, par ſon courage & par ſes vertus. Il faut qu'il ſache distinguer les vrais d'avec les faux avantages, les véritables pertes d'avec ce qui n'en a que l'apparence; qu'il sache compenser l'un par l'autre, & tirer parti de tout. Il faut qu'il sache employer à propos certains artifices pour tromper l'ennemi, & qu'il se tienne sans cesse sur ses gardes pour n'être pas trompé lui-même. Il ne doit ignorer aucun des pieges qu'on peut lui tendre : il doit pénétrer tous les artifices de l'ennemi de quelque nature qu'ils puissent être ; mais il ne doit pas pour cela vouloir deviner. Tenez-vous sur vos gardes, voyez le venir, éclairez ses démarches & toute sa conduite, & concluez. Vous courriez risque autrement de vous tromper & d'être la dupe ou la triste victime de vos conjectures précipitées.

Si vous voulez n'être jamais effrayé par la multitude de vos travaux & de vos peines, attendez-vous toujours à tout ce qu'il y aura de plus dur & de plus pénible. Travaillez sans cesse à susciter des peines à l'ennemi. Vous pourrez le faire de plus d'une façon ; mais voici ce qu'il y a d'essentiel en ce genre.

N'oubliez rien pour lui débaucher ce qu'il y aura de mieux dans son parti ; offres, présents, caresses, que rien ne soit omis ; trompez même s'il le faut : engagez les gens d'honneur qui sont chez lui à des actions honteuses & indignes de leur réputation, à des actions dont ils aient lieu de rougir quand elles seront sues, & ne manquez pas de les faire divulguer.

Entretenez des liaisons secretes avec ce qu'il y a de plus vicieux chez les ennemis ; servez-vous-en pour aller à vos fins, en leur joignant d'autres vicieux.

Traversez leur gouvernement, semez la dissention parmi leurs Chefs, fournissez des sujets de colere aux uns contre les autres, faites les murmurer contre leurs Officiers, ameutez les Officiers subalternes contre leurs supérieurs, faites en sorte qu'ils manquent de vivres & de munitions, répandez parmi eux quelques airs d'une musique voluptueuse qui leur amollisse le cœur, envoyez-leur des femmes pour achever de les corrompre, tâchés qu'ils sortent lorsqu'il faudra qu'ils soient dans leur camp, & qu'ils soient tranquilles dans leur camp lorsqu'il faudroit qu'ils tinssent la campagne; faites-leur donner sans cesse de fausses alarmes & de faux avis ; engagez dans vos intérêts les Gouverneurs de leurs Provinces : voilà à-peu près ce que vous devez faire, si vous voulez tromper par l'adresse & par la ruse (1).

Ceux des Généraux qui brilloient parmi nos Anciens étoient des hommes sages, prévoyants, intrépides & durs au travail. Ils avoient toujours leurs sabres pendus à leur côtés ; ils étoient toujours prêts à tout événement : s'ils rencontroient l'ennemi, ils n'avoient pas besoin d'attendre du secours pour se mesurer avec lui. Les troupes qu'ils commandoient étoient bien disciplinées, & toujours disposées à faire un coup de main au premier signal qu'ils leur en donnoient. Chez eux la lecture & l'étude précédoient la guerre & les y préparoient. Ils gardoient avec soin leurs frontieres, & ne manquoient pas de bien fortifier leurs villes. Ils n'alloient pas contre l'ennemi, lorsqu'ils étoient instruits qu'il avoit fait tous ses préparatifs pour les bien recevoir ; ils l'attaquoient par ses endroits foibles, & dans le temps de sa paresse & de son oisiveté.

Avant que de finir cet Article, je dois vous prévenir contre cinq sortes de dangers, d'autant plus à redouter qu'ils parois-

---

(1) Il n'est pas nécessaire que je dise ici que je désapprouve tout ce que dit l'Auteur à l'occasion des artifices & des ruses. Cette politique, mauvaise en elle-même, ne doit avoir aucun lieu parmi des troupes bien réglées.

sent

sent moins à craindre ; écueils funestes contre lesquels la prudence & la bravoure ont échoué plus d'une fois.

I. Le premier est une trop grande ardeur à affronter la mort; ardeur téméraire, qu'on honore souvent des beaux noms de courage, d'intrépidité & de valeur, mais qui au fond ne mérite guere que celui de lâcheté. Un Général qui s'expose sans nécessité, comme le feroit un simple soldat, qui semble chercher les dangers & la mort, qui combat, & qui fait combattre jusqu'à la derniere extrémité, est un homme qui mérite de mourir. C'est un homme sans tête, qui ne sauroit trouver aucune ressource pour se tirer d'un mauvais pas ; c'est un lâche qui ne sauroit souffrir le moindre échec sans en être consterné, & qui se croit perdu si tout ne lui réussit.

II. Le second est une trop grande attention à conserver ses jours. On se croit nécessaire à l'armée entiere ; on n'auroit garde de s'exposer : on n'oseroit pour cette raison se pourvoir de vivres chez l'ennemi ; tout fait ombrage, tout fait peur ; on est toujours en suspens, on ne se détermine à rien, on attend une occasion plus favorable, on perd celle qui se présente, on ne fait aucun mouvement; mais l'ennemi qui est toujours attentif, profite de tout, & fait bientôt perdre toute espérance à un Général ainsi prudent. Il l'enveloppera, il lui coupera les vivres, & le fera périr par le trop grand amour qu'il avoit de conserver sa vie.

III. Le troisieme est une colere précipitée. Un Général qui ne fait pas se modérer, qui n'est pas maître de lui-même, & qui se laisse aller aux premiers mouvements d'indignation ou de colere, ne sauroit manquer d'être la dupe des ennemis. Ils le provoqueront, ils lui tendront mille pieges que sa fureur l'empêchera de reconnoître, & dans lesquels il donnera infailliblement.

IV. Le quatrieme est un point d'honneur mal entendu.

Un Général ne doit pas se piquer mal-à-propos, ni hors de saison; il doit savoir dissimuler; il ne doit point se décourager après quelque mauvais succès, ni croire que tout est perdu parcequ'il aura fait quelque faute ou qu'il aura reçu quelque échec. Pour vouloir réparer son honneur légérement blessé, on le perd quelquefois sans ressources.

V. Le cinquieme enfin est une trop grande complaisance ou une compassion trop tendre pour le soldat. Un Général qui n'ose punir, qui ferme les yeux sur le désordre, qui craint que les siens ne soient toujours accablés sous le poids du travail, & qui n'oseroit pour cette raison leur en imposer, est un Général propre à tout perdre. Ceux d'un rang inférieur doivent avoir des peines; il faut toujours avoir quelque occupation à leur donner; il faut qu'ils aient toujours quelque chose à souffrir. Si vous voulez tirer parti de leur service, faites en sorte qu'ils ne soient jamais oisifs. Punissez avec sévérité, mais sans trop de rigueur. Procurez des peines & du travail, mais jusqu'à un certain point.

Un Général doit se prémunir contre tous ses dangers. Sans trop chercher à vivre ou à mourir, il doit se conduire avec valeur & avec prudence, suivant que les circonstances l'exigent. S'il a de justes raisons de se mettre en colere, qu'il le fasse, mais que ce ne soit pas en tigre qui ne connoît aucun frein. S'il croit que son honneur est blessé, & qu'il veuille le réparer, que ce soit en suivant les regles de la sagesse, & non pas les caprices d'une mauvaise honte. Qu'il aime ses soldats, qu'il les ménage; mais que ce soit avec discrétion. S'il livre des batailles, s'il fait des mouvements dans son camp, s'il assiege des villes, s'il fait des excursions, qu'il joigne la ruse à la valeur, la sagesse à la force des armes; qu'il répare tranquillement ses fautes lorsqu'il aura eu le malheur d'en faire; qu'il profite de toutes celles de son ennemi, & qu'il le mette souvent dans l'occasion d'en faire de nouvelles

ARTICLE IX.

De la conduite que les Troupes doivent tenir (1).

Sun-tse dit : Avant que de faire camper vos troupes, sachez dans quelle position sont les ennemis, mettez-vous au fait du terrein & choisissez ce qu'il y aura de plus avantageux pour vous. On peut réduire à quatre points principaux ces différentes situations.

I. Si vous êtes dans le voisinage de quelque montage, gardez-vous bien de vous emparer de la partie qui regarde le nord ; occupez au contraire le côté du midi : cet avantage n'est pas d'une petite conséquence. Depuis le penchant de la montagne, étendez-vous en sureté jusques bien avant dans les vallons ; vous y trouverez de l'eau & du fourage en abondance ; vous y serez égayé par la vue du soleil, échauffé par ses rayons, & l'air que vous y respirerez sera tout autrement salubre que celui que vous respireriez de l'autre côté. Si les ennemis viennent par derriere la montagne dans le dessein de vous surprendre, instruit par ceux que vous aurez placés sur la cime, vous vous retirerez à loisir, si vous ne vous croyez pas en état de leur faire tête ; ou vous les attendrez de pied ferme pour les combattre, si vous jugez que vous puissiez être

---

(1) Sun-tse met cet Article immédiatement après celui des neuf changements, dit un des Commentateurs, parcequ'il en est comme la suite, ou comme une espece de supplément & d'explication. Sun-tse, ajoute-t-il, appelle savoir se conduire dans les troupes, cet art par lequel, suivant les occasions, on se détermine à telle ou telle chose. Pour cela il faut être au fait du terrein, en savoir tirer parti, connoître ses propres avantages, & avoir connoissance des desseins des ennemis.

vainqueur sans trop risquer : cependant ne combattez sur les hauteurs que lorsque la nécessité vous y engagera ; sur-tout n'y allez jamais chercher l'ennemi.

II. Si vous êtes auprès de quelque riviere, approchez-vous le plus que vous pourrez de sa source ; tâchez d'en connoître tous les bas-fonds & tous les endroits qu'on peut passer à gué. Si vous avez à la passer, ne le faites jamais en présence de l'ennemi ; mais si les ennemis, plus hardis, ou moins prudents que vous, veulent en hasarder le passage, ne les attaquez point que la moitié de leurs gens ne soit de l'autre côté ; vous combattrez alors avec tout l'avantage de deux contre un. Près des rivieres même tenez toujours les hauteurs, afin de pouvoir découvrir au loin ; n'attendez pas l'ennemi près des bords, n'allez pas au-devant de lui ; soyez toujours sur vos gardes, de peur qu'étant surpris vous n'ayez pas un lieu pour vous retirer en cas de malheur.

III. Si vous êtes dans des lieux glissants & humides, marécageux & mal-sains, sortez-en le plus vîte que vous pourrez ; vous ne sauriez vous y arrêter sans être exposé aux plus grands inconvénients ; la disette des vivres & les maladies viendroient bientôt vous y assiéger. Si vous êtes contraint d'y rester, tâchez d'en occuper les bords ; gardez-vous bien d'aller trop avant. S'il y a des forêts aux environs, laissez-les derriere vous.

IV. Si vous êtes en plaine dans des lieux unis & secs, ayez toujours votre gauche à découvert ; ménagez derriere vous quelque élévation d'où vos gens puissent découvrir au loin. Quand le devant de votre camp ne vous présentera que des objets de mort, ayez soin que les lieux qui sont derriere puissent vous offrir des secours contre l'extrême nécessité.

Tels sont les avantages des différents campements ; avantages précieux, d'où dépend la plus grande partie des succès militaires. C'est en particulier parcequ'il possédoit à fond l'art des campements, que l'Empereur Hiuen-yuen triompha de ses ennemis, & soumit à ses loix tous les Princes voisins de ses Etats (1).

Il faut conclure de tout ce que je viens de dire, que les hauteurs sont en général plus salutaires aux troupes que les lieux bas & profonds, parceque c'est dans les lieux élevés qu'on trouve pour l'ordinaire cet air pur & sain qui met à couvert de bien des maladies dont on ne pourroit se préserver dans les lieux humides & bas. Dans les élévations même il y a un choix à faire; c'est de camper toujours du côté du midi, parceque c'est là qu'on trouve l'abondance & la fertilité. Un campement de cette nature est un avant-coureur de la victoire. Le contentement & la santé, qui sont la suite ordinaire d'une bonne nourriture prise sous un ciel pur, donnent du courage & de la force au soldat, tandis que la tristesse, le mécontentement & les maladies l'épuisent, l'é-

---

(1) Hiuen-yuen est un des noms qu'on donne à Hoang-ti, Fondateur de l'Empire Chinois. C'est du moins sous son regne que le Gouvernement commença à prendre la forme qu'on observe chez des peuples civilisés. Hoang-ti avoit toutes les qualités qui font les grands Princes: il étoit habile Politique & grand Guerrier. On lui attribue des préceptes sur l'Art Militaire qu'on dit avoir été excellents; mais il n'en reste aucun vestige. Il vainquit un Roi barbare nommé Tche-yeou, dit l'Historien Chinois, dans un lieu qu'on appelloit alors Tchouo-lou (c'est ce qu'on appelle aujourd'hui Tchouo-tcheou, qui n'est éloigné de Péking que de 120 li chinois, c'est-à-dire de 12 lieues de 20 au degré). Ce fut après cette expédition que Hoang-ti ou Hiuen-yuen mit tous ses soins à faire des regles sur l'Art Militaire. Dès-lors il ne manqua plus rien aux Chinois pour être la premiere Nation du monde. Le Peuple étoit fidele, sincere & respectueux; les Magistrats avoient la droiture & l'équité en partage; les Guerriers étoient prudents, vaillants & intrépides; les maladies étoient rares, &, comme on avoit l'art de les guérir, elles ne duroient pas long-temps, &c.

nervent, le rendent pufillanime & le découragent entiérement.

Il faut conclure encore que les campements près des rivieres ont leurs avantages qu'il ne faut pas négliger, & leurs inconvénients qu'il faut tâcher d'éviter avec un grand foin. Je ne faurois trop vous le répéter ; tenez le haut de la riviere, laiffez-en le courant aux ennemis. Outre que les gués font beaucoup plus fréquents vers la fource, les eaux en font plus pures & plus falubres.

Lorfque les pluies auront formé quelque torrent, ou qu'elles auront groffi le fleuve ou la riviere dont vous occupez les bords, attendez quelque temps avant que de vous mettre en marche ; fur-tout ne vous hafardez pas à paffer de l'autre côté, attendez pour le faire que les eaux aient repris la tranquillité de leur cours ordinaire. Vous en aurez des preuves certaines fi vous n'entendez plus un certain bruit fourd, qui tient plus du frémiffement que du murmure, fi vous ne voyez plus d'écumes furnager, & fi la terre ou le fable ne coulent plus avec l'eau.

Pour ce qui eft des défilés & des lieux entrecoupés par des précipices & par des rochers, des lieux marécageux & gliffants, des lieux étroits & couverts, lorfque la néceffité ou le hafard vous y aura conduit, tirez-vous-en le plutôt qu'il vous fera poffible, éloignez-vous-en le plutôt que vous pourrez. Si vous en êtes loin, l'ennemi en fera près : fi vous fuyez, l'ennemi pourfuivra, & tombera peut-être dans les dangers que vous venez d'éviter.

Vous devez encore être extrêmement en garde contre une autre efpece de terrain. Il eft des lieux couverts de brouffailles ou de petits bois ; il en eft qui font pleins de hauts & de bas, où l'on eft fans ceffe ou fur des collines ou dans des vallons, défiez-vous-en ; foyez dans une attention continuelle. Ces fortes de lieux peuvent être pleins d'embufcades ; l'ennemi peut fortir à chaque inftant, vous furprendre, tomber fur vous, & vous tailler en pieces. Si vous en êtes loin, n'en approchez pas ; fi vous en êtes près, ne vous mettez pas en mouvement que vous n'ayez fait reconnoître tous les environs. Si l'ennemi vient vous y attaquer, faites en forte qu'il ait tout le défavantage du terrein de fon côté : pour vous, ne l'attaquez que lorfque vous le verrez à découvert. Enfin, quel que foit le lieu de votre campement, bon ou mauvais, il faut que vous en tiriez parti ; n'y foyez jamais oifif, ni fans faire quelque tentative ; éclairez toutes les démarches des ennemis ; ayez des efpions de diftance en diftance, jufqu'au milieu de leur camp, jufque fous la tente de leur Général. Ne négligez rien de tout ce qu'on pourra vous rapporter, faites attention à tout.

Si ceux de vos gens que vous avez envoyés à la découverte vous font dire que les arbres font en mouvement, quoique par un temps calme, concluez que l'ennemi eft en marche. Il peut fe faire qu'il veuille venir à vous ; difpofez toutes chofes, préparez-vous à le bien recevoir, allez même au-devant de lui. Si l'on vous rapporte que les champs font couverts d'herbes, & que ces herbes font fort hautes., tenez-vous fans ceffe fur vos gardes ; veillez continuellement, de peur de quelque furprife. Si l'on vous dit qu'on a vu des oifeaux attroupés voler par bandes fans s'arrêter, foyez en défiance ; on vient vous efpionner, ou vous tendre des pieges ; mais fi, outre les oifeaux, on voit encore un grand nombre de quadrupedes courir la campagne, comme s'ils n'avoient point de gîte, c'eft une marque que les ennemis font aux aguets. Si l'on vous rapporte qu'on apperçoit au loin des tourbillons de pouffiere s'élever dans les airs, concluez que les ennemis font en marche. Dans les endroits où la pouffiere eft baffe & épaiffe, font les gens de pied ; dans les endroits où elle est moins épaisse & plus élevée, sont la Cavalerie & les chars. Si l'on vous avertit que les ennemis sont dispersés & ne marchent que par pelotons, c'est une marque qu'ils ont eu à traverser quelque bois, qu'ils ont fait des abattis, & qu'ils sont fatigués ; ils cherchent alors à se rassembler. Si vous apprenez qu'on apperçoit dans les campagnes des gens de pied & des hommes à cheval aller & venir, dispersés çà & là par petites bandes, ne doutez pas que les ennemis ne soient campés.

Tels sont les indices généraux dont vous devez tâcher de profiter, tant pour savoir la position de ceux avec lesquels vous devez vous mesurer, que pour faire avorter leurs projets, & vous mettre à couvert de toute surprise de leur part. En voici quelques autres auxquels vous devez une plus particuliere attention.

Lorsque ceux de vos espions qui sont près du camp des ennemis vous feront savoir qu'on y parle bas & d'une maniere mystérieuse, que ces ennemis sont modestes dans leur façon d'agir & retenus dans tous leurs discours, concluez qu'ils pensent à une action générale, & qu'ils en font déja les préparatifs : allez à eux sans perdre de temps ; ils veulent vous surprendre, surprenez-les vous-même. Si vous apprenez au contraire qu'ils sont bruyants, fiers & hautains dans leurs discours, soyez certain qu'ils pensent à la retraite & qu'ils n'ont nullement envie d'en venir aux mains. Lorsqu'on vous fera savoir qu'on a vu quantité de chars vuides précéder leur armée (1), préparez-

---

(1) Lorsque les Armées Chinoises alloient pour combattre, elles envoyoient une partie des chariots, fourgons & chars au devant de l'ennemi, tant pour le tromper par l'appât de quelque butin, que pour se faire une espece de rempart contre toute surprise. Lorsque ces chars étoient attaqués, il se détachoit quelqu'un pour en donner avis au gros de l'armée.

vous à combattre, car les ennemis viennent à vous en ordre de bataille. Gardez-vous bien d'écouter alors les propositions de paix ou d'alliance qu'ils pourroient vous faire, ce ne seroit qu'un artifice de leur part. S'ils font des marches forcées, c'est qu'ils croient courir à la victoire; s'ils vont & viennent, s'ils avancent en partie & qu'ils reculent autant, c'est qu'ils veulent vous attirer au combat; si, la plupart du temps, debout & sans rien faire, ils s'appuient sur leurs armes comme sur des bâtons, c'est qu'ils sont aux expédients, qu'ils meurent presque de faim, & qu'ils pensent à se procurer de quoi vivre; si passant près de quelque riviere, ils courent tous en désordre pour se désaltérer, c'est qu'ils ont souffert de la soif; si leur ayant présenté l'appât de quelque chose d'utile pour eux, sans cependant qu'ils aient su ou voulu en profiter, c'est qu'ils se défient ou qu'ils ont peur; s'ils n'ont pas le courage d'avancer, quoiqu'ils soient dans les circonstances où il faille le faire, c'est qu'ils sont dans l'embarras, dans les inquiétudes & les soucis.

Outre ce que je viens de dire, attachez-vous en particulier à savoir tous leurs différents campements : vous pourrez les connoître au moyen des oiseaux que vous verrez attroupés dans certains endroits; & si leurs campements ont été fréquents, vous pourrez conclure qu'ils ont peu d'habileté dans la connoissance des lieux. Les oiseaux peuvent vous servir encore à découvrir les pieges qu'ils vous tendent & à découvrir ceux de leurs espions qui viendroient pour reconnoître votre camp; faites attention seulement à leurs cris (1).

---

(1) L'Auteur ne dit point ici s'il veut parler des oiseaux qui sont en pleine campagne, ou seulement des oiseaux domestiques, dont on se servoit pour la garde, à-peu-près comme on se sert des chiens. Il est vraisemblable, comme le dit un Commentateur, que parmi les espions, il y

Si vous apprenez que dans le camp des ennemis il y a des festins continuels, qu'on y boit & qu'on y mange avec fracas, soyez-en bien aife; c'eft une preuve infaillible que leurs Généraux n'ont point d'autorité.

Si leurs étendards changent fouvent de place, c'eft une preuve qu'ils ne favent à quoi fe déterminer, & que le défordre regne parmi eux. Si leurs Officiers fubalternes font inquiets, mécontents, & qu'ils fe fâchent pour la moindre chofe, c'eft une preuve qu'ils font ennuyés ou accablés fous le poids d'une fatigue inutile. Si dans différents quartiers de leur camp on tue furtivement des chevaux, dont on permette enfuite de manger la chair (1), c'eft une preuve que leurs provifions font fur la fin.

Telles font les attentions que vous devez à toutes les démarches que peuvent faire les ennemis. Je fuis entré dans un détail de minuties dont la plupart vous paroîtront pour le moins inutiles; mais mon deffein eft de vous prévenir fur tout, & de vous convaincre que rien de tout ce qui peut contribuer à vous faire triompher n'eft petit. L'expérience me l'a appris, elle vous l'apprendra de même; je fouhaite que ce ne foit pas à vos dépens. Encore une fois, éclairez toutes les démarches de l'ennemi, quelles qu'elles puiffent être; mais veillez auffi fur vos propres troupes; ayez l'œil à tout, fachez tout; empêchez les vols & les brigandages, la débauche &

---

en avoit qui étoient uniquement chargés de faire attention aux mouvements, vol, chants, &c. des oifeaux qui venoient du côté de l'ennemi.

(1) De temps immémorial il a été défendu à la Chine de tuer des chevaux, des bœufs, &c. pour en manger la chair; non pas qu'ils croient que cette chair foit mauvaife, car ils la mangent très volontiers, lors même que ces animaux font morts de vieilleffe ou de maladie, mais pour des raifons politiques. En temps de guerre on ne permettroit pas de manger la chair d'aucune bête de fomme, fous quelque prétexte que ce fût.

l'ivrognerie, les mécontentements & les cabales, la paresse & l'oisiveté ; sans qu'il soit nécessaire qu'on vous en instruise, vous pourrez connoître par vous-même ceux de vos gens qui feront dans le cas ; & voici comment:

Si quelques-uns de vos soldats, lorsqu'ils changent de poste ou de quartier, ont laissé tomber quelque chose, quoique de petite valeur, & qu'ils n'aient pas voulu se donner la peine de la ramasser ; s'ils ont oublié quelque ustensile dans leur premiere station, & qu'ils ne le réclament point, concluez que ce sont des voleurs, punissez-les comme tels (1).

Si dans votre armée on a des entretiens secrets, si l'on y parle souvent à l'oreille ou à voix basse, s'il y a des choses qu'on n'ose dire qu'à demi-mot, concluez que la peur s'est glissée parmi vos gens, que le mécontentement va suivre, & que les cabales ne tarderont pas à se former : hâtez-vous d'y mettre ordre.

Si vos troupes paroissent pauvres, & qu'elles manquent quelquefois d'un certain petit nécessaire ; outre la solde ordinaire, faites-leur distribuer quelque somme d'argent : mais gardez-vous bien d'être trop libéral, l'abondance d'argent est souvent plus funeste qu'elle n'est avantageuse, & plus préjudiciable qu'utile ; par l'abus qu'on en fait, elle est la source de la corruption des cœurs & la mere de tous les vices.

Si vos soldats, d'audacieux qu'ils étoient auparavant, deviennent timides & craintifs, si chez eux la foiblesse a pris la place de la force, la bassesse, celle de la magnanimité, soyez sûr que leur cœur est gâté ; cherchez la cause de leur dépravation, & tranchez-la jusqu'à la racine.

---

(1) Les voleurs ne sont pas traités à la Chine comme ils le sont en Europe : en France, par exemple, un voleur est pendu, ou envoyé aux galeres ; à la Chine il en est quitte pour quelques coups de bâton.

Si, sous divers prétextes, quelques-uns vous demandent leur congé, c'est qu'ils n'ont pas envie de combattre, ne les refusez pas tous ; mais en l'accordant à plusieurs, que ce soit à des conditions honteuses.

S'ils viennent en troupe vous demander justice d'un ton mutin & colere, écoutez leurs raisons, ayez-y égard ; mais en leur donnant satisfaction d'un côté, punissez-les très sévérement de l'autre.

Si, lorsque vous aurez fait appeller quelqu'un, il n'obéit pas promptement, s'il est long-temps à se rendre à vos ordres, & si, après que vous aurez fini de lui signifier vos volontés, il ne se retire pas, défiez-vous, soyez sur vos gardes.

En un mot, la conduite des troupes demande des attentions continuelles de la part d'un Général. Sans quitter de vue l'armée des ennemis, il faut sans cesse éclairer la vôtre ; sachez lorsque le nombre des ennemis augmentera, soyez informé de la mort ou de la désertion du moindre de vos soldats.

Si l'armée ennemie est inférieure à la vôtre, & si elle n'ose pour cette raison se mesurer avec vous, allez l'attaquer sans délai, ne lui donnez pas le temps de se renforcer ; une seule bataille est décisive dans ces occasions. Mais si, sans être au fait de la situation actuelle des ennemis, & sans avoir mis ordre à tout, vous vous avisez de les harceler pour les engager à un combat, vous courez risque de tomber dans ses pieges, de vous faire battre, & de vous perdre sans ressource. Si vous ne maintenez une exacte discipline dans votre armée, si vous ne punissez pas exactement jusqu'à la moindre faute, vous ne serez bientôt plus respecté, votre autorité même en souffrira, & les châtiments que vous pourrez employer dans la suite, bien loin d'arrêter les fautes, ne serviront qu'à augmenter le nombre des coupables. Or si vous n'êtes ni craint ni respecté, si vous n'avez qu'une autorité foible, & dont vous ne sauriez vous servir sans danger, comment pourrez-vous être avec honneur à la tête d'une armée ? comment pourrez-vous vous opposer aux ennemis de l'Etat ?

Quand vous aurez à punir, faites-le de bonne heure & à mesure que les fautes l'exigent : quand vous aurez des ordres à donner, ne les donnez point que vous ne soyez sûr que vous ferez exactement obéi : instruisez vos troupes ; mais instruisez-les à propos ; ne les ennuyez point, ne les fatiguez point sans nécessité ; tout ce qu'elles peuvent faire de bon ou de mauvais, de bien ou de mal, est entre vos mains. Une armée composée des mêmes hommes peut être très méprisable, quand elle sera commandée par tel Général, tandis qu'elle sera invincible commandée par tel autre.

ARTICLE X.

De la connoissance du terrein (1).

SUN-TSE dit : Sur la surface de la terre tous les lieux ne sont pas égaux ; il y en a que vous devez fuir, & d'autres qui doi-

---

(1) Cet Article a une liaison nécessaire avec le précédent, dit le Commentateur : la raison qu'il en rapporte est que la marche des troupes ne sauroit se faire avec avantage, si celui qui est chargé de les conduire ne possede pas à fond la connoissance des lieux, tant de ceux qui sont dans son propre Royaume que de ceux qui sont au-delà des frontieres, & chez son ennemi même. Il me semble que pour cette raison l'Article de la connoissance du terrein auroit dû précéder celui de la marche des troupes, ou, du moins, on auroit pu ne faire qu'un article des deux, puisque les mêmes choses y sont répétées. C'est le défaut général des Auteurs Chinois de répéter souvent un même principe, un même raisonnement & les mêmes paroles.

vent être l'objet de vos recherches; tous doivent vous être parfaitement connus.

Les lieux étroits ou pleins de défilés, les lieux scabreux & entrecoupés par des précipices & des rochers, les lieux éloignés ou de difficile accès, les lieux qui n'ont point une communication libre avec un terrein plus spacieux & plus propre à vous fournir les secours dont vous pourriez avoir besoin, sont du nombre des premiers; tâchez de les connoître à fond, pour n'y pas engager votre armée mal-à-propos.

Tout lieu au contraire dans lequel il y auroit une montagne assez haute pour vous défendre de toute surprise, où l'on pourroit arriver & d'où l'on pourroit sortir par plusieurs chemins qui vous seroient parfaitement connus, où les vivres seroient en abondance, où les eaux ne sauroient manquer, où l'air seroit salubre & le terrein assez uni, un tel lieu doit faire l'objet de vos plus ardentes recherches. Mais soit que vous vouliez vous emparer de quelque campement avantageux, soit que vous cherchiez à éviter des lieux dangereux ou peu commodes, usez d'une extrême diligence, persuadé que l'ennemi a le même objet que vous.

Si le lieu que vous avez dessein de choisir est autant à la portée des ennemis qu'à la vôtre, si les ennemis peuvent s'y rendre aussi aisément que vous, il ne s'agit que de les prévenir. Pour cela faites des marches pendant la nuit; mais arrêtez-vous au lever du soleil, & s'il se peut, que ce soit toujours sur quelque éminence, afin de pouvoir découvrir au loin; attendez alors que vos provisions & tout votre bagage soient arrivés; si l'ennemi vient à vous, vous l'attendrez de pied ferme, & vous pourrez le combattre avec avantage.

Ne vous engagez jamais dans ces sortes de lieux où l'on peut aller très aisément, mais d'où l'on ne peut sortir qu'avec beaucoup de peine & une extrême difficulté; laissez un pareil camp entiérement libre à l'ennemi : s'il est assez imprudent pour s'en emparer, allez à lui ; il ne sauroit vous échapper ; vous le vaincrez sans beaucoup de travail.

Quand une fois vous serez campé avec tout l'avantage du terrein, attendez tranquillement que l'ennemi fasse les premieres démarches & qu'il se mette en mouvement. S'il vient à vous en ordre de bataille, n'allez au-devant de lui que lorsque vous verrez qu'il lui sera difficile de retourner sur ses pas.

S'il a eu le temps de tout préparer pour le combat, & que l'ayant attaqué, vous ne l'ayiez pas vaincu, il y a tout à craindre pour vous : ne revenez pas à une seconde charge ; retirez-vous dans votre camp, si vous le pouvez, & n'en sortez pas que vous ne voyiez clairement que vous le pouvez sans danger. Vous devez vous attendre que l'ennemi fera jouer bien des ressorts pour vous attirer : rendez inutiles tous les artifices qu'il pourroit employer.

Si votre rival vous a prévenu, & qu'il ait pris son camp dans le lieu où vous auriez dû prendre le vôtre, c'est-à-dire, dans le lieu le plus avantageux, ne vous amusez point à vouloir l'en déloger en employant les stratagêmes communs ; vous travaillerez inutilement.

Si la distance entre vous & lui est un peu considérable & que les deux armées soient à-peu-près égales, il ne tombera pas aisément dans les pieges que vous lui tendrez pour l'attirer au combat : ne perdez pas votre temps inutilement ; vous réussirez mieux d'un autre côté. Ayez pour principe que votre ennemi cherche ses avantages avec autant d'empressement que vous pouvez chercher les vôtres : employez toute votre industrie à lui donner le change de ce côté-là ; mais surtout ne le prenez pas vous-même. Pour cela n'oubliez jamais qu'on peut tromper ou être trompé de bien des façons. Je ne vous en rappellerai que six principales, parcequ'elles sont les sources d'où dérivent toutes les autres.

La premiere consiste dans la marche des troupes.

La seconde, dans leurs différents arrangements.

La troisieme, dans leur position dans des lieux bourbeux.

La quatrieme, dans leur désordre.

La cinquieme, dans leur dépérissement.

Et la sixieme, dans leur fuite.

Un Général qui recevroit quelque échec, faute de ces connoissances, auroit tort d'accuser le Ciel de son malheur; il doit se l'attribuer tout entier.

Si celui qui est à la tête des armées néglige de s'instruire à fond de tout ce qui a rapport aux troupes qu'il doit mener au combat & à celles qu'il doit combattre; s'il ne connoît pas exactement le terrein où il est actuellement, celui où il doit se rendre, celui où l'on peut se retirer en cas de malheur, celui où l'on peut feindre d'aller, sans avoir d'autre envie que celle d'y attirer l'ennemi, & celui où il peut être forcé de s'arrêter, lorsqu'il n'aura pas lieu de s'y attendre; s'il fait mouvoir son armée hors de propos; s'il n'est pas instruit de tous les mouvements de l'armée ennemie & des desseins qu'elle peut avoir dans la conduite qu'elle tient; s'il divise ses troupes sans nécessité, ou sans y être comme forcé par la nature du lieu où il se trouve, ou sans avoir prévu tous les inconvénients qui pourroient en résulter, ou sans une espece de certitude de quelque avantage réel; s'il souffre que le désordre s'insinue peu-à-peu dans son armée, ou si, sur des indices incertains, il se persuade trop aisément que le désordre regne dans l'armée ennemie, & qu'il agisse en conséquence; si son armée dépérit insensiblement, sans qu'il se mette en devoir d'y apporter un prompt remede; un tel Général ne peut être que la dupe des ennemis, qui lui donneront le change, par des fuites étudiées, par

des

des marches feintes, & par un total de conduite dont il ne sauroit manquer d'être la victime. Les maximes suivantes doivent vous servir de regle pour toutes vos actions.

Si votre armée & celle de l'ennemi sont à-peu-près en nombre égal & d'égale force, il faut que des dix parties des avantages du terrein vous en ayez neuf pour vous; mettez toute votre application, employez tous vos efforts & toute votre industrie pour vous les procurer. Si vous les possédez, votre ennemi se trouvera réduit à n'oser se montrer devant vous & à prendre la fuite dès que vous paroîtrez ; ou s'il est assez imprudent pour vouloir en venir à un combat, vous le combattrez avec l'avantage de dix contre un. Le contraire arrivera, si, par négligence ou faute d'habileté, vous lui avez laissé le temps & les occasions de se procurer ce que vous n'avez pas.

Dans quelque position que vous puissiez être, si pendant que vos soldats sont forts & pleins de valeur, vos Officiers sont foibles & lâches, votre armée ne sauroit manquer d'avoir du dessous ; si au contraire la force & la valeur se trouvent uniquement renfermées dans les Officiers, tandis que la foiblesse & la lâcheté domineront dans le cœur des soldats, votre armée sera bientôt en déroute ; car les soldats pleins de courage & de valeur ne voudront pas se déshonorer; ils ne voudront jamais que ce que des Officiers lâches & timides ne sauroient leur accorder, de même des Officiers vaillants & intrépides seront à coup sûr mal obéis par des soldats timides & poltrons.

Si les Officiers Généraux sont faciles à s'enflammer, & s'ils ne savent ni dissimuler, ni mettre un frein à leur colere, quel qu'en puisse être le sujet, ils s'engageront d'eux-mêmes dans des actions ou de petits combats dont ils ne se tireront pas avec honneur, parcequ'ils les auront commencés avec précipitation, & qu'ils n'en auront pas prévu les inconvénients & toutes les suites ; il arrivera même qu'ils agiront contre l'intention expreſſe du Général, ſous divers prétextes qu'ils tâcheront de rendre plauſibles ; & d'une action particuliere commencée étourdiment & contre toutes les regles, on en viendra à un combat général, dont tout l'avantage ſera du côté de l'ennemi. Veillez ſur de tels Officiers, ne les éloignez jamais de vos côtés ; quelques grandes qualités qu'ils puiſſent avoir d'ailleurs, ils vous cauſeroient de grands préjudices, peut-être même la perte de votre armée entiere.

Si un Général eſt puſillanime, il n'aura pas les ſentiments d'honneur qui conviennent à une perſonne de ſon rang, il manquera du talent eſſentiel de donner de l'ardeur aux troupes ; il ralentira leur courage dans le temps qu'il faudroit le ranimer ; il ne ſaura ni les inſtruire, ni les dreſſer à propos ; il ne croira jamais devoir compter ſur les lumieres, la valeur & l'habileté des Officiers qui lui ſont ſoumis, les Officiers eux-mêmes ne ſauront à quoi s'en tenir ; il fera faire mille fauſſes démarches à ſes troupes, qu'il voudra diſpoſer tantôt d'une façon & tantôt d'une autre, ſans ſuivre aucun ſyſtême, ſans aucune méthode ; il héſitera ſur tout, il ne ſe décidera ſur rien, par-tout il ne verra que des ſujets de crainte ; & alors le déſordre, & un déſordre général, regnera dans ſon armée.

Si un Général ignore le fort & le foible de l'ennemi contre lequel il a à combattre, s'il n'eſt pas inſtruit à fond, tant des lieux qu'il occupe actuellement, que de ceux qu'il peut occuper ſuivant les différents événements, il lui arrivera d'oppoſer à ce qu'il y a de plus fort dans l'armée ennemie ce qu'il y a de plus foible dans la ſienne, à envoyer ſes troupes leſtes & aguerries contre les troupes peſantes, ou contre celles qui n'ont aucune conſidération chez l'ennemi, à faire attaquer par où il ne faudroit pas le faire, à laiſſer périr, faute de ſecours, ceux des siens qui se trouveroient hors d'état de résister, à se défendre mal-à-propos dans un mauvais poste, à céder légérement un poste de la derniere importance ; dans ces sortes d'occasions il comptera sur quelque avantage imaginaire qui ne sera qu'un effet de la politique de l'ennemi, ou bien il perdra courage après un échec qui ne devroit être compté pour rien. Il se verra poursuivi sans s'y être attendu, il se trouvera enveloppé, on le combattra vivement ; heureux alors s'il peut trouver son salut dans la fuite : c'est pourquoi, pour en revenir au sujet qui fait la matiere de cet article, un bon Général doit connoître tous les lieux qui sont ou qui peuvent être le théâtre de la guerre, aussi distinctement qu'il connoît tous les coins & des recoins des cours & jardins de sa propre maison.

J'ai dit dans une autre occasion que l'amour pour les hommes en général, que la justice & le talent de distribuer à propos les châtiments & les récompenses étoient les fondements sur lesquels on devoit bâtir tout système sur l'art militaire ; mais j'ajoute dans cet article qu'une connoissance exacte du terrein est ce qu'il y a de plus essentiel parmi les matériaux qu'on peut employer pour un édifice aussi important à la tranquillité & à la gloire de l'Etat. Ainsi un homme que la naissance ou les événements semblent destiner à la dignité de Général, doit employer tous ses soins & faire tous ses efforts pour se rendre habile dans cette partie de l'art des Guerriers.

Avec une connoissance exacte du terrein, un Général peut se tirer d'affaire dans les circonstances les plus critiques ; il peut se procurer les secours qui lui manquent, il peut empêcher ceux qu'on envoie à l'ennemi ; il peut avancer, reculer & régler toutes ses démarches comme il le jugera à propos ; il peut disposer des marches de son ennemi & faire à son gré qu'il avance ou qu'il recule ; il peut le harceler sans crainte d'être furpris lui-même ; il peut l'incommoder de mille manieres, & parer de fon côté à tous les dommages qu'on voudroit lui caufer ; il peut enfin finir ou prolonger la campagne, felon qu'il le jugera plus expédient pour fa gloire ou pour fes intérêts.

Vous pouvez compter fur une victoire certaine fi vous connoiffez tous les tours & tous les détours, tous les hauts & les bas, tous les allants & les aboutiffants de tous les lieux que les deux armées peuvent occuper, depuis les plus près jufqu'à ceux qui font les plus éloignés, parcequ'avec cette connoiffance vous faurez (1) quelle forme il fera plus à propos de donner aux différents corps de vos troupes, vous faurez furement quand il fera à propos de combattre ou lorfqu'il faudra différer la bataille, vous faurez interpréter la volonté du Souverain fuivant les circonftances (2), quels que puiffent être les ordres que vous en auez reçus ; vous le fervirez véritablement en fuivant vos lumieres préfentes, vous ne contracterez aucune tache qui puiffe fouiller votre réputation, & vous ne ferez point expofé à périr ignominieufement pour avoir obéi. (3). Servir votre Prince, faire l'avantage de l'État

---

(1) Je parlerai des différentes formes des Armées Chinoifes en expliquant les figures qui font à la fin de l'Ouvrage.

(2) A traduire le texte à la lettre, il faudroit dire : Si vous croyez ne pas devoir rifquer le combat, ne combattez point, quelque précis que puiffent être les ordres que vous aurez reçus de livrer bataille. Si vous voyez au contraire qu'une bataille vous feroit très avantageufe, livrez-la hardiment, quoique votre Souverain vous ait ordonné de ne le pas faire. Votre vie & votre réputation ne courent aucun rifque, & vous n'aurez aucun crime devant celui dont vous enfreindrez ainfi les ordres, &c. ... J'ai déja dit ailleurs que la campagne étant une fois commencée, l'autorité du Général étoit fans borne.

(3) J'ai dit quelque part que dans les principes du Gouvernement

& le bonheur des peuples, c'eſt ce que vous devez avoir en vue ; rempliſſez ce triple objet, vous avez atteint le but.

Dans quelque eſpece de terrein que vous ſoyez, vous devez regarder vos troupes comme des enfants qui ignorent tout & qui ne ſauroient fa're un pas ; il faut qu'elles ſoient conduites ; vous devez les regarder, dis-je, comme vos propres enfants ; il faut les conduire vous même, il faut les aimer : ainſi s'il s'agit d'affronter les haſards, que vos gens ne les affrontent pas ſeuls, & qu'ils ne les affrontent qu'à votre ſuite : s'il s'agit de mourir, qu'ils meurent ; mais mourez avec eux.

Je dis que vous devez aimer tous ceux qui ſont ſous votre conduite comme vous aimeriez vos propres enfants : il ne faut pas cependant en faire des enfants gâtés ; ils ſeroient tels, ſi vous ne les corrigiez pas lorſqu'ils méritent de l'être, ſi, quoique plein d'attention d'égards & de tendreſſe pour eux, vous ne pouviez pas les gouverner, ni vous en ſervir dans le beſoin, comme vous ſouhaiteriez pouvoir le faire.

Dans quelque eſpece de terrein que vous ſoyez, ſi vous êtes au fait de tout ce qui le concerne, ſi vous ſavez même par quel endroit il faut attaquer l'ennemi, mais ſi vous ignorez s'il eſt actuellement en état de défenſe ou non, s'il s'eſt diſpoſé à vous bien recevoir, & s'il a fait les préparatifs né-

---

Chinois, un Général malheureux eſt toujours un Général coupable. Ainſi, s'il perdoit la bataille pour avoir obéi aux ordres que ſon Maître lui a donnés avant ſon départ, on le feroit périr, quelques bonnes raiſons qu'il pût alléguer. On ne diroit pas qu'il n'a fait que ſe conformer à ce qu'on lui avoit preſcrit, on diroit qu'il eſt un lâche ou un étourdi ; on diroit qu'il auroit dû interpréter la volonté de celui qui l'avoit mis à la t'te de ſes troupes ; on diroit qu'il ne ſait pas ſon métier, &c.... Car ici, plus que par tout ailleurs, le Souverain n'a jamais tort. On a même pour maxime qu'il ne ſauroit ſe tromper, &c.

cessaires à tout événement, vous ne sauriez vaincre qu'à demi.

Quoique vous ayez une pleine connoissance de tous les lieux, que vous sachiez même que les ennemis peuvent être attaqués, & par quel côté ils doivent l'être, si vous n'avez pas des indices certains que vos propres troupes peuvent attaquer avec avantage, j'ose vous le dire, vous ne sauriez vaincre qu'à demi.

Si vous êtes au fait de l'état actuel des deux armées, si vous savez en même temps que vos troupes sont en état d'attaquer avec avantage, & que celles de l'ennemi leur sont inférieures en force & en nombre, mais si vous ne connoissez pas tous les coins & recoins des lieux circonvoisins, vous vaincrez peut-être; mais, je vous l'assure, vous ne sauriez vaincre qu'à demi.

Ceux qui sont véritablement habiles dans l'art militaire font toutes leurs marches sans désavantage, tous leurs mouvements sans désordre, toutes leurs attaques à coup sûr, toutes leurs défenses sans surprise, leurs campements avec choix, leurs retraites par système & avec méthode; ils connoissent leurs propres forces, ils savent quelles sont celles de l'ennemi, ils sont instruits de tout ce qui concerne les lieux.

ARTICLE XI.

Des neuf sortes de terreins (1).

Sun-tse dit : Il y a neuf sortes de lieux qui peuvent être à l'avantage ou au détriment de l'une ou de l'autre armée. 1°. Des lieux de divison ou de dispersion. 2°. Des lieux légers. 3°. Des lieux qui peuvent être disputés. 4°. Des lieux de réunion. 5°. Des lieux pleins & unis. 6°. Des lieux à plusieurs issues. 7°. Des lieux graves & importants. 8°. Des lieux gâtés ou détruits. 9°. Des lieux de mort.

I. J'appelle lieux de division ou de dispersion ceux qui sont près des frontieres dans nos possessions. Des troupes qui se tiendroient long-temps sans nécessité au voisinage de leurs foyers sont composées d'hommes qui ont plus d'envie de perpétuer leur race que de s'exposer à la mort. A la premiere nouvelle qui se répandra de l'approche des ennemis, ou de quelque prochaine bataille, chacun d'eux fera de tristes réflexions ; la facilité du retour en tentera plusieurs, ils succomberont, & leur exemple ne fera que trop funeste pour la multitude. Ils auront d'abord des panégyristes, & ensuite

___

(1) Il y a, dit le Commentateur, neuf sortes de terreins où une armée peut se trouver ; il y a par conséquent neuf sortes de lieux sur lesquels elle peut combattre ; par conséquent encore il y a neuf manieres différentes d'employer les troupes, neuf manieres de vaincre l'ennemi, neuf manieres de tirer parti de ses avantages, & neuf manieres de profiter de ses pertes mêmes. C'est pour mieux faire sentir la nécessité de bien connoître le terrein, que Sun-tse revient plus d'une fois au même sujet, & qu'il place cet Article immédiatement après celui où il traite expressément de la connoissance du terrein.

des imitateurs: l'armée ne fera plus un feul & même corps ; elle fe divifera en plufieurs bandes, qui ne reconnoîtront chacune que les ordres particuliers de ceux qui les avoient d'abord conduites ; elles feront fourdes à la voix du Général, & bientôt elles l'abandonneront entiérement fous divers prétextes. Les plus conftants, je veux dire ceux qui n'auront pas quitté encore le gros de l'armée, feront tous d'avis différent, ils feront fans ceffe divifés ; & le Général ne fachant plus quel parti prendre, ni à quoi fe déterminer, tout ce grand appareil militaire fe diffipera & s'évanouira comme un nuage pouffé par les vents (1).

II. J'appelle lieux légers ou de légéreté ceux qui font près des frontieres, mais fur les terres des ennemis. Ces fortes de lieux n'ont rien qui puiffe fixer. On peut regarder fans ceffe derriere foi, & le retour étant trop aifé, il fait naître l'envie de l'entreprendre à la premiere occafion : l'inconftance & le caprice trouvent infailliblement de quoi fe contenter.

III. Les lieux qui font à la bienféance des deux armées, où l'ennemi peut trouver fon avantage auffi bien que nous pouvons trouver le nôtre, où l'on peut faire un campement dont la pofition, indépendamment de fon utilité propre, peut

---

(1) L'Auteur parle ici en particulier des troupes qui étoient fournies ou foudoyées par les petits Souverains des différentes provinces qui compofent aujourd'hui l'Empire, & qui étoient eux mêmes Feudataires de l'Empire. Ces Princes étoient obligés de fournir à l'Empereur des troupes toutes les fois qu'ils en étoient requis ; mais ces troupes avoient leurs Officiers particuliers dont elles dépendoient entiérement & abfolument, hors des cas d'une bataille, d'un fiege, d'un campement, & de toute autre opération militaire qui regarde le total de l'armée. Outre ces troupes, il y avoit encore des efpeces de volontaires qui pouvoient fe retirer fous le moindre prétexte, après néanmoins en avoir demandé au Général un agrément qu'il ne leur refufoit prefque jamais.

nuire

nuire au parti oppofé, & traverfer quelques-unes de fes vues ; ces fortes de lieux peuvent être difputés, ils doivent même l'être.

IV. Par les lieux de réunion, j'entends ceux où nous ne pouvons guere manquer de nous rendre, & dans lefquels l'ennemi ne fauroit prefque manquer de fe rendre auffi, ceux encore où l'ennemi, auffi à portée de fes frontieres que vous l'êtes des vôtres, trouveroit, ainfi que vous, fa fureté en cas de malheur, ou les occafions de fuivre fa bonne fortune, s'il avoit d'abord du deffus.

V. Les lieux que j'appelle fimplement lieux pleins & unis, font ceux qui, étant larges & fpacieux, peuvent fuffire également pour le campement des deux armées, mais où il n'eft pas à propos, pour d'autres raifons, que vous livriez un combat général, à moins que la néceffité ne vous y contraigne, ou que vous n'y foyez forcé par l'ennemi, qui ne vous laifferoit aucun moyen de pouvoir l'éviter.

VI. Les lieux à plufieurs iffues dont je veux parler ici, font ceux en particulier qui peuvent faciliter les différents fecours, & par où les Princes voifins peuvent aider celui des deux partis qu'il leur plaira de favorifer.

VII. Les lieux que je nomme graves & importants, font ceux qui, placés dans les Etats ennemis, préfentent de tous côtés des villes, des fortereffes, des montagnes, des défilés, des eaux, des ponts à paffer, des campagnes arides à traverfer, ou telle autre chofe de cette nature.

VIII. Les lieux où tout feroit à l'étroit, où une partie de l'armée ne feroit pas à portée de voir l'autre ni de la fecourir, où il y auroit des lacs, des marais, des torrents, ou quelque mauvaife riviere, où l'on ne fauroit marcher qu'avec de grandes fatigues & beaucoup d'embarras, où l'on ne pourroit aller que par pelotons, font ceux que j'appelle gâtés ou détruits.

R

IX. Enfin par des lieux de mort, j'entends tous ceux où l'on se trouve tellement réduit, que, quelque parti que l'on prenne, on est toujours en danger ; j'entends des lieux dans lesquels, si l'on combat, on court évidemment risque d'être battu, dans lesquels, si l'on reste tranquille, on se voit sur le point de périr de faim, de misere ou de maladie; des lieux, en un mot, où l'on ne sauroit rester & d'où l'on ne peut sortir que très difficilement.

Telles sont les neuf sortes de terreins dont j'avois à vous parler ; apprenez à les connoître, pour vous en défier, ou pour en tirer parti.

Lorsque vous ne serez encore que dans des *lieux de division*, contenez bien vos troupes ; mais sur-tout ne livrez jamais de bataille, quelque favorables que les circonstances puissent vous paroître. La vue de la Patrie & la facilité du retour occasionneroient bien des lâchetés : bientôt les campagnes seroient couvertes de fuyards.

Si vous êtes dans des *lieux légers*, n'y établissez point votre camp; votre armée ne s'étant point encore saisie d'aucune ville, d'aucune forteresse, ni d'aucun poste important dans les possessions des ennemis, n'ayant derriere soi aucune digue qui puisse l'arrêter, voyant des difficultés, des peines & des embarras pour aller plus avant, il n'est pas douteux qu'elle ne soit tentée de préférer ce qui lui paroît le plus aisé à ce qui lui semblera difficile & plein de dangers.

Si vous avez reconnu de ces sortes de lieux qui vous paroissent devoir être *disputés*, commencez par vous en emparer : ne donnez pas à l'ennemi le temps de se reconnoître, employez toute votre diligence, faites tous vos efforts pour vous en mettre dans une entiere possession; mais ne livrez point de combat pour en chasser l'ennemi. S'il vous a prévenu, usez de finesse pour l'en déloger; mais si vous y êtes une fois, n'en délogez pas.

Pour ce qui est des lieux de *réunion*, tâchez de vous y rendre avant l'ennemi ; faites en sorte que vous ayez une communication libre de tous les côtés ; que vos chevaux, vos chariots & tout votre bagage puissent aller & venir sans danger : n'oubliez rien de tout ce qui est en votre pouvoir pour vous assurer de la bonne volonté des peuples voisins, recherchez-la, demandez-la, achetez-la, obtenez-la à quelque prix que ce soit, elle vous est nécessaire ; & ce n'est guere que par ce moyen que votre armée peut avoir tout ce dont elle aura besoin. Si tout abonde de votre côté, il y a grande apparence que la disette regnera du côté de l'ennemi.

Dans *les lieux pleins & unis* étendez-vous à l'aise, donnez-vous du large, faites des retranchements pour vous mettre à couvert de toute surprise, & attendez tranquillement que le temps & les circonstances vous ouvrent les voies pour faire quelque grande action.

Si vous êtes à portée de ces sortes de lieux *qui ont plusieurs issues*, où l'on peut se rendre par plusieurs chemins, commencez par les bien connoître ; que rien n'échappe à vos recherches ; emparez-vous de toutes les avenues, n'en négligez aucune, quelque peu importante qu'elle vous paroisse, & gardez-les toutes très soigneusement.

Si vous vous trouvez dans des lieux *graves & importants*, rendez-vous maître de tout ce qui vous environne, ne laissez rien derriere vous, le plus petit poste doit être emporté ; sans cette précaution vous courriez risque de manquer des vivres nécessaires à l'entretien de votre armée, ou de vous voir l'ennemi sur les bras lorsque vous y penseriez le moins, & d'être attaqué par plusieurs côtés à la fois.

Si vous êtes dans des *lieux gâtés ou détruits*, n'allez pas plus avant, retournez sur vos pas, fuyez le plus promptement qu'il vous sera possible.

R ij

Si vous êtes dans des *lieux de mort*, n'héfitez point à combattre, allez droit à l'ennemi, le plutôt eft le meilleur.

Telle eft la conduite que tenoient nos anciens Guerriers. Ces grands hommes, habiles & expérimentés dans leur art, avoient pour principe que la maniere d'attaquer & de fe défendre ne devoit pas être invariablement la même, qu'elle devoit être prife de la nature du terrein que l'on occupoit, & de la pofition où l'on fe trouvoit : ils difoient encore que la tête & la queue d'une armée ne devoient pas être commandées de la même façon (1); que la multitude & le petit nombre ne pouvoient pas être long-temps d'accord; que les forts & les foibles, lorfqu'ils étoient enfemble, ne tardoient guere à fe défunir; que les hauts & les bas ne pouvoient être également utiles; que les troupes étroitement unies pouvoient aifément fe divifer, mais que celles qui étoient une fois divifées ne fe réuniffoient que très difficilement : ils répétoient fans ceffe qu'une armée ne devoit jamais fe mettre en mouvement qu'elle ne fût fure de quelque avantage réel, & que lorfqu'il n'y avoit rien à gagner, il falloit fe tenir tranquille & garder le camp.

Pour raffembler fous un même point de vue la plupart des chofes qui ont été dites dans ce dernier article & dans ceux qui l'ont précédé, je vous dirai que toute votre conduite militaire doit être réglée fuivant les circonftances; que vous devez attaquer ou vous défendre felon que le théâtre de la guerre fera chez vous ou chez l'ennemi.

---

(1) Le Commentateur dit : Les Anciens avoient pour maxime de ne pas attaquer la tête & la queue d'une armée avec les mêmes deffeins & la même vigueur; il difoient *qu'il falloit combattre la tête & enfoncer la queue, &c.* Je crois que le Commentateur ne prend pas ici le vrai fens de l'Auteur.

Si la guerre se fait dans votre propre pays, & si l'ennemi, sans vous avoir donné le temps de faire tous vos préparatifs, vient avec toutes ses forces pour l'envahir ou le démembrer, ou y faire des dégâts, ramassez promptement le plus de troupes que vous pourrez, envoyez demander du secours chez les voisins & chez les alliés, emparez-vous des lieux qui peuvent être utiles à l'ennemi, qui sont le plus à sa bienséance, ou sur lesquels vous jugiez qu'il ait des vues, mettez-les en état de défense, ne fût-ce que pour l'amuser & pour vous donner le temps de faire les autres préparatifs ; mettez une partie de vos soins à empêcher que l'armée ennemie ne puisse recevoir des vivres, barrez-lui tous les chemins, ou du moins faites qu'elle n'en puisse trouver aucun sans embuscades, ou sans qu'elle soit obligée de l'emporter de vive force. Les villageois, les gens de la campagne peuvent en cela vous être d'un grand secours & vous servir beaucoup plus utilement que ne feroient des troupes réglées : faites-leur entendre seulement qu'ils doivent empêcher que d'injustes ravisseurs ne viennent s'emparer de toutes leurs possessions & ne leur enlevent leurs peres, leurs meres, leurs femmes & leurs enfants. Ne vous tenez pas seulement sur la défensive, envoyez des partis pour enlever des convois, harcelez, fatiguez, attaquez tantôt d'un côté, tantôt de l'autre; forcez votre injuste agresseur à se repentir de sa témérité ; contraignez-le de retourner sur ses pas, n'emportant pour tout butin que la honte de n'avoir pu vous endommager.

Si vous faites la guerre dans le pays ennemi, ne divisez vos troupes que très rarement, ou mieux encore, ne les divisez jamais ; qu'elles soient toujours réunies & en état de se secourir mutuellement ; ayez soin qu'elles ne soient jamais que dans des lieux fertiles & abondants. Si elles venoient à souffrir de la faim, la misere & les maladies feroient bientôt plus de ravage parmi elles que ne pourroit faire dans plusieurs années le fer de l'ennemi. Procurez-vous pacifiquement tous les secours dont vous aurez besoin ; n'employez la force que lorsque les autres voies auront été inutiles ; faites en sorte que les habitants des villages & de la campagne puissent trouver leurs intérêts à venir d'eux-mêmes vous offrir leurs denrées ; mais, je le répete, que vos troupes ne soient jamais divisées. Tout le reste étant égal, on est plus fort de moitié lorsqu'on combat chez soi. Si vous combattez chez l'ennemi, ayez égard à cette maxime, sur-tout si vous êtes un peu avant dans ses Etats : conduisez alors votre armée entiere ; faites toutes vos opérations militaires dans le plus grand secret, je veux dire qu'il faut empêcher qu'aucun ne puisse pénétrer vos desseins : il suffit qu'on sache ce que vous voulez faire quand le temps de l'exécuter sera arrivé.

Il peut arriver que vous soyez réduit quelquefois à ne savoir où aller, ni de quel côté vous tourner ; dans ce cas ne précipitez rien, attendez tout du temps & des circonstances, soyez inébranlable dans le lieu où vous êtes. Il peut arriver encore que vous vous trouviez engagé mal-à-propos ; gardez-vous bien alors de prendre une honteuse fuite, elle causeroit votre perte ; périssez plutôt que de reculer, vous périrez au moins glorieusement ; cependant faites bonne contenance. Votre armée accoutumée à ignorer vos desseins, ignorera pareillement le péril qui la menace ; elle croira que vous avez eu vos raisons, & combattra avec autant d'ordre & de valeur que si vous l'aviez disposée depuis long-temps à la bataille. Si dans ces sortes d'occasions vous n'avez pas du dessous, vos soldats redoubleront de force, de courage & de valeur, votre réputation deviendra très brillante, & votre armée se croira invincible sous un Chef tel que vous.

Quelque critiques que puissent être la situation & les circonstances où vous vous trouvez, ne défespérez de rien ; c'est, dans les occasions où tout est à craindre, qu'il ne faut rien craindre ; c'est lorsqu'on est environné de tous les dangers, qu'il n'en faut redouter aucun ; c'est lorsqu'on est sans aucune ressource, qu'il faut compter sur toutes ; c'est lorsqu'on est surpris, qu'il faut surprendre l'ennemi lui-même. Instruisez tellement vos troupes qu'elles puissent se trouver prêtes sans préparatifs, qu'elles trouvent de grands avantages là où elles n'en ont cherché aucun, que sans aucun ordre particulier de votre part elles soient toujours dans l'ordre, que sans défense expresse elles s'interdisent d'elles-mêmes tout ce qui est contre la discipline.

Veillez en particulier avec une extrême attention à ce qu'on ne sème pas de faux bruits, coupez racine aux plaintes & aux murmures, ne permettez pas qu'on tire des augures sinistres de tout ce qui peut arriver d'extraordinaire (1) ; aimez vos troupes, & procurez-leur tous les secours, tous les avantages, toutes les commodités dont elles peuvent avoir besoin. Si elles essuient de rudes fatigues, ce n'est pas qu'elles s'y plaisent ; si elles endurent la faim, ce n'est pas qu'elles ne se soucient pas de manger ; si elles s'exposent à la mort, ce n'est point qu'elles n'aiment pas la vie. Faites en vous-même de sérieuses réflexions sur tout cela.

Lorsque vous aurez tout disposé dans votre armée, & que

─────────

(1) Un des Commentateurs rend le sens de l'Auteur de la maniere suivante : *Si les Devins ou les Astrologues de l'armée ont prédit le bonheur, tenez-vous-en à leur décision ; s'ils parlent avec obscurité, interprétez en bien ; s'ils hésitent, ou qu'ils ne disent pas des choses avantageuses, ne les écoutez pas, faites-les taire.* Un autre Commentateur explique en moins de mots, mais d'une maniere plus énergique, ce qu'il croit être la pensée de Sun-tse : *Dans le cas de quelque phénomene, ordonnez aux Astrologues & aux Devins de prédire le bonheur.*

tous vos ordres auront été donnés, s'il arrive que vos troupes nonchalamment assises donnent des marques de douleur, si elles vont jusqu'à verser des larmes, tirez-les promptement de cet état d'assoupissement & de léthargie, donnez-leur des festins ; faites-leur entendre le bruit du tambour & des autres instruments militaires, exercez-les, faites-leur faire des évolutions, faites-leur changer de place, menez-les même dans des lieux un peu difficiles, où elles aient à travailler & à souffrir. Imitez la conduite de Tchouan tchou & de Tsao-kouei (1), vous changerez le cœur de vos soldats, vous les accoutumerez au travail, ils s'y endurciront, rien ne leur coutera dans la suite. Les quadrupedes regimbent quand on les charge trop, ils deviennent inutiles quand ils sont forcés. Les oiseaux au contraire veulent être forcés pour être d'un bon usage. Les hommes tiennent un milieu entre les uns & les autres, il faut les charger, mais non pas jusqu'à les accabler ; il faut même les forcer, mais avec discrétion & mesure.

Si vous voulez tirer un bon parti de votre armée, si vous voulez qu'elle soit invincible, faites qu'elle ressemble au Chouai-jen. Le Chouai-jen est une espece de gros serpent qui se trouve dans la montagne de Tchang-chan (2). Si l'on frappe sur la

___

(1) Tchouan-tchou & Tsao-kouei étoient deux personnages qui ne sont guere recommandables que par leurs ruses & leur cruauté, dont il est cité quelque trait dans l'Histoire. Le premier étoit du Royaume de Ou, dans le Tché-kiang, & le second du Royaume de Lou, dans le Chan-tong. Je ne vois pas comment Sun-tse ose proposer aux Généraux qu'il veut former, de pareils hommes pour leur servir de modele. Il peut se faire qu'il y ait quelques traits de leur vie auxquels seuls il veut faire allusion, quand il recommande aux Généraux d'imiter leur conduite.

(2) Tchang-chan est une fameuse montagne dans le Chan-tong, & c'est celle dont on veut parler ici ; car il y en a dans d'autres provinces qui portent le même nom.   tête

tête de ce serpent, à l'inſtant ſa queue va au ſecours, & ſe recourbe juſqu'à la tête : qu'on le frappe ſur la queue, la tête s'y trouve dans le moment pour la défendre : qu'on le frappe ſur le milieu ou ſur quelque autre partie de ſon corps, ſa tête & ſa queue s'y trouvent d'abord réunies. Mais cela peut-il être pratiqué par une armée, dira peut-être quelqu'un ? Oui, cela ſe peut, cela ſe doit, & il le faut.

Quelques ſoldats du Royaume de Ou ſe trouverent un jour à paſſer une riviere en même temps que d'autres ſoldats du Royaume de Yue (1) la paſſoient auſſi; un vent impétueux ſouffla, les barques furent renverſées & les hommes ſeroient tous péris, s'ils ne ſe fuſſent aidés mutuellement : ils ne penſerent pas alors qu'ils étoient ennemis, ils ſe rendirent au contraire tous les offices qu'on pouvoit attendre d'une amitié tendre & ſincere. Je vous rappelle ce trait d'hiſtoire pour vous faire entendre que non ſeulement les différents corps de votre armée doivent ſe ſecourir mutuellement, mais encore qu'il faut que vous ſecouriez vos alliés, que vous donniez même du ſecours aux peuples vaincus qui en ont beſoin; car s'ils vous ſont ſoumis, c'eſt qu'ils n'ont pu faire autrement; ſi leur Souverain vous a déclaré la guerre, ce n'eſt pas leur faute. Rendez-leur des ſervices, ils auront leur tour pour vous en rendre auſſi.

En quelque pays que vous ſoyez, quel que ſoit le lieu que vous occupiez, ſi dans votre armée il y a des étrangers, ou ſi, parmi les peuples vaincus, vous avez choiſi des ſoldats pour groſſir le nombre de vos troupes, ne ſouffrez jamais que dans les corps qu'ils compoſent, ils ſoient ou les plus forts,

─────────────

(1) Le Royaume de Yue occupoit une partie du Tché-kiang, une partie du Fou-kien & une partie du Koang-ſi. J'ai parlé plus haut du Royaume de Ou.

S

ou en plus grand nombre que vos propres gens. Quand on attache plusieurs chevaux à un même pieu, on se garde bien de mettre ceux qui sont indomptés, ou tous ensemble, ou avec d'autres en moindre nombre qu'eux, ils mettroient tout en désordre; mais lorsqu'ils sont domptés, ils suivent aisément la multitude.

Dans quelque position que vous puissiez être, si votre armée est inférieure à celle des ennemis, votre seule conduite, si elle est bonne, peut la rendre victorieuse. A quoi vous serviroit d'être placé avantageusement, si vous ne saviez pas tirer parti de votre position? A quoi servent la bravoure sans la prudence, la valeur sans la ruse? Un bon Général tire parti de tout, & il n'est en état de tirer parti de tout que parcequ'il fait toutes ses opérations avec le plus grand secret, qu'il sait conserver son sang froid, & qu'il gouverne avec droiture, de telle sorte néanmoins que son armée a sans cesse les oreilles trompées & les yeux fascinés: il fait si bien que ses troupes ne savent jamais ce qu'elles doivent faire, ni ce qu'on doit leur commander. Si les événements changent, il change de conduite; si ses méthodes, ses systêmes ont des inconvénients, il les corrige toutes les fois qu'il le veut, & comme il le veut. Si ses propres gens ignorent ses desseins, comment les ennemis pourroient-ils les pénétrer?

Un habile Général fait d'avance tout ce qu'il doit faire; tout autre que lui doit l'ignorer absolument. Telle étoit la pratique de ceux de nos anciens guerriers qui se sont le plus distingués dans l'art sublime du gouvernement. Vouloient-ils prendre une ville d'assaut, ils n'en parloient que lorsqu'ils étoient aux pieds des murs. Ils montoient les premiers, tout le monde les suivoit; & lorsqu'on étoit logé sur la muraille, ils faisoient rompre toutes les échelles. Etoient-ils bien avant dans les terres des alliés, ils redoubloient d'attention & de secret. Par-tout ils conduisoient leurs armées comme un berger conduit un troupeau ; ils les faisoient aller où bon leur sembloit, ils les faisoient revenir sur leurs pas, ils les faisoient retourner, & tout cela sans murmure, sans résistance de la part d'un seul.

La principale science d'un Général consiste à bien connoître les neuf sortes de terreins, afin de pouvoir faire à propos les neuf changements. Elle consiste à savoir étendre & replier ses troupes suivant les lieux & les circonstances, à travailler efficacement à cacher ses propres intentions & à découvrir celles de l'ennemi, à avoir pour maxime certaine que les troupes sont très unies entr'elles, lorsqu'elles sont bien avant dans les terres des ennemis ; qu'elles se divisent au contraire & se dispersent très aisément, lorsqu'on ne se tient qu'aux frontieres ; qu'elles ont déja la moitié de la victoire, lorsqu'elles se sont emparées de tous les allants & les aboutissants, tant de l'endroit où elles doivent camper que des environs du camp de l'ennemi ; que c'est un commencement de succès que d'avoir pu camper dans un terrein vaste, spacieux, & ouvert de tous les côtés ; mais que c'est presque avoir vaincu, lorsqu'étant dans les possessions ennemies, elles se sont emparées de tous les petits postes, de tous les chemins, de tous les villages qui sont au loin des quatre côtés, & que par leurs bonnes manieres, elles ont gagné l'affection de ceux qu'elles veulent vaincre, où qu'elles ont déja vaincus.

Instruit par l'expérience & par mes propres réflexions, j'ai tâché, lorsque je commandois les armées, de réduire en pratique tout ce que je vous rappelle ici. Quand j'étois dans des lieux *de division*, je travaillois à l'union des cœurs & à l'uniformité des sentiments : lorsque j'étois dans des *lieux légers*, je rassemblois mon monde, & je l'occupois utilement : lorsqu'il s'agissoit *des lieux qu'on peut disputer*, je m'en emparois

S ij

le premier, quand je le pouvois ; si l'ennemi m'avoit prévenu, j'allois après lui, & j'ufois d'artifices pour l'en déloger : lorfqu'il étoit queftion *des lieux de réunion*, j'obfervois tout avec une extrême diligence, & je voyois venir l'ennemi : *dans un terrein plein & uni*, je m'étendois à l'aife & j'empêchois l'ennemi de s'étendre : *dans des lieux à plufieurs iffues*, quand il m'étoit impoffible de les occuper tous, j'étois fur mes gardes, j'obfervois l'ennemi de près, je ne le perdois pas de vue : dans des *lieux graves & importants*, je nourriffois bien le foldat, je l'accablois de careffes : dans des *lieux gâtés ou détruits*, je tâchois de me tirer d'embarras, tantôt en faifant des détours & tantôt en rempliffant les vuides : enfin dans des *lieux de mort*, je faifois voir à l'ennemi que je ne cherchois pas à vivre. Les troupes bien difciplinées ne fe laiffent jamais envelopper ; elles redoublent d'efforts dans les extrémités, elles affrontent les dangers fans crainte, elles fe défendent avec vigueur, elles pourfuivent l'ennemi fans défordre. Si celles que vous commandez ne font pas telles, c'eft votre faute ; vous ne méritez pas d'être à leur tête.

Si vous ne favez pas en quel nombre font les ennemis contre lefquels vous devez combattre, fi vous ne connoiffez pas leur fort & leur foible, vous ne ferez jamais les préparatifs ni les difpofitions néceffaires pour la conduite de votre armée ; vous ne méritez pas de commander.

Si vous ignorez où il y a des montagnes & des collines, des lieux fecs ou humides, des lieux efcarpés ou pleins de défilés, des lieux marécageux ou pleins de périls, vous ne fauriez donner des ordres convenables, vous ne fauriez conduire votre armée ; vous êtes indigne de commander.

Si vous ne connoiffez pas tous les chemins, fi vous n'avez pas foin de vous munir de guides furs & fideles pour vous conduire par les routes que vous ignorerez, vous ne parviendrez pas au terme que vous vous propofez, vous-ferez la dupe des ennemis ; vous ne méritez pas de commander.

Si vous ne favez pas combiner quatre & cinq tout à la fois (1), vos troupes ne fauroient aller de pair avec celles des Pa & des Ouang (2).

Lorfque les Pa & les Ouang avoient à faire la guerre contre quelque grand Prince, ils s'uniffoient entr'eux, ils tâchoient de troubler tout l'univers (3), ils mettoient dans leur parti le plus de monde qu'il leur étoit poffible, ils recherchoient furtout l'amitié de leurs voifins, ils l'achetoient même bien cher, s'il le falloit : ils ne donnoient pas à l'ennemi le temps de fe reconnoître, encore moins celui d'avoir recours à fes alliés & de raffembler toutes fes forces, ils l'attaquoient lorfqu'il n'étoit pas encore en état de défenfe ; auffi, s'ils faifoient le fiege d'une ville, ils s'en rendoient maîtres à coup fûr. S'ils vouloient conquérir une Province, elle étoit à eux ; quelques grands avantages qu'ils fe fuffent d'abord procurés, ils ne s'endormoient pas, ils ne laiffoient jamais leur armée s'amollir par l'oifiveté ou la débauche, ils entretenoient une exacte difcipline, ils puniffoient févérement, quand les cas l'exigeoient, & ils donnoient libéralement des récompenfes, lorfque les occafions le demandoient. Outre les loix ordinaires de la guerre, ils en faifoient de particulieres, fuivant les circonftances des temps & des lieux. Voulez-vous réuffir ? prenez pour modele

---

(1) Un des Commentateurs dit : *Si vous ne favez pas combiner quatre & cinq tout à la fois*, c'eft-à-dire, *fi vous ne favez pas tirer avantage des différentes pofitions où vous pouvez vous trouver, &c.*

(2) Les mots de *Pa & Ouang* étoient des titres qu'on donnoit aux petits Souverains Feudataires de l'Empire. Le mot *Ti* étoit le titre qu'on donnoit à l'Empereur feulement.

(3) Ils tâchoient de troubler tout l'Univers, c'eft-à-dire tout l'Empire ; car les Chinois appellent leur Empire *Tien-hia*, l'Univers, ou ce qui eft fous le Ciel.

de votre conduite celle que je viens de vous tracer; regardez votre armée comme un seul homme que vous seriez chargé de conduire, ne lui motivez jamais votre maniere d'agir; faites-lui savoir exactement tous vos avantages, mais cachez-lui avec grand soin jusqu'à la moindre de vos pertes; faites toutes vos démarches dans le plus grand secret; éclairez toutes celles de l'ennemi, ne manquez pas de prendre les mesures les plus efficaces pour pouvoir vous assurer de la personne de leur Général; tâchez de l'avoir vif ou mort (1); ne divisez jamais vos forces; ne vous laissez jamais abattre à la vue d'un danger, quelque grand qu'il puisse être; soyez vainqueur, ou mourez glorieusement.

Dès que votre armée sera hors des frontieres, faites en fermer les avenues; déchirez la partie du sceau qui est entre vos mains (2), ne souffrez pas qu'on écrive ou qu'on reçoive

---

(1) Le Texte dit expressément, *Faites tuer leur Général*; mais les Commentateurs adoucissent un peu l'expression; du reste cette maxime est encore en grand crédit aujourd'hui chez les *Tartares-Chinois*. Dès le commencement de la campagne, ils tendent à se rendre maîtres des Chefs du parti ennemi, & à les avoir morts ou vifs, ou par force ou par artifice. La raison qu'ils apportent pour excuser cette coutume, c'est, disent-ils, *que nous ne combattons jamais que contre des rebelles*. C'est de ce nom qu'ils appellent tous ceux de leurs voisins qui ne veulent pas reconnoître l'Empereur pour leur légitime Souverain.

(2) Les Généraux avoient entre les mains la moitié d'un des sceaux de l'Empire, dont l'autre moitié restoit entre les mains du Souverain ou de ses Ministres; & quand ils recevoient des ordres, ces ordres n'étoient scellés que une moitié de sceau, laquelle ils joignoient avec la leur, pour s'assurer qu'ils n'étoient pas trompés; mais quand une fois cette moitié de sceau étoit déchirée ou rompue, ils n'avoient plus d'ordres à recevoir. Les inconvénients qui étoient arrivés par des ordres souvent contraires aux intérêts de l'Etat & aux véritables intentions du Souverain, obligerent à cette coutume. Ils pensent qu'un Général choisi par un Prince éclairé, est un

des nouvelles (1); affemblez votre Confeil dans le lieu deftiné

homme fur lequel on a droit de compter. Il eſt à préfumer, difent-ils, qu'il fera tout ce qui dépendra de lui pour venir à bout de fes fins. Il eſt fur les lieux, il voit tout, il fait tout, ou par lui même ou par fes Emiffaires: on peut donc croire raifonnablement qu'il eſt beaucoup mieux en état de juger fainement des chofes que ne peut l'être un Miniſtre qui n'eſt peut-être jamais forti de la fphere de la Cour, & qui a fouvent des intérêts différents de ceux de fon Souverain & de l'Etat. Tel eſt le raifonnement que font les Chinois.

(1) Une autre maxime que la politique chinoife regarde comme d'une extrême importance, c'eſt celle par laquelle il eſt défendu à ceux qui font à l'armée d'écrire rien de ce qui fe paffe fous leurs yeux à leurs parents & à leurs amis. Par-là les Officiers Généraux font les maîtres d'écrire au Souverain tout ce qu'ils veulent, & de la maniere dont ils le jugent à propos. Ils ne courent point rifque de voir leur réputation entamée par des relations déguifées ou fauffes, faites fouvent fans connoiffance de caufe par des Officiers fubalternes, qui leur pretent des intentions qu'ils n'ont jamais eues, des deffeins mal concertés auxquels ils n'ont jamais penfé, & un total de conduite qui n'a de réalité que dans leur imagination.

Tous les Officiers Généraux ont droit de s'adreffer immédiatement à l'Empereur; il y a même des temps & des circonftances où ils doivent le faire par obligation. Quand ils ont quelque fait à annoncer, ou à faire paffer quelque nouvelle jufqu'à la Cour, ils conviennent auparavant entre eux de la maniere dont ils doivent s'y prendre pour ne pas taire ce qu'il eſt à propos de dire, ou pour ne pas dire ce qu'il faudroit cacher. Il eſt difficile qu'ils puiffent tous s'accorder à tromper leur maître dans une chofe de conféquence; ainfi l'on peut penfer raifonnablement que l'Empereur eſt à peu-près au fait du vrai: mais comme il n'y a que lui qui le fache hors de l'armée, il n'en fait paffer au public que ce qu'il juge à propos. Il fait compofer des nouvelles plus ou moins favorables, fuivant les circonftances; il fe fait féliciter par les Princes, les Grands & les principaux Mandarins de l'Empire, fur des fuccès chimériques dont il s'applaudit aux yeux de fes fujets; on les infere dans les faftes pour fervir un jour de matériaux à l'hiftoire de fon regne. Si les armées, après plufieurs campagnes, font enfin victorieufes, tous les fuccès annoncés en détail paffent

à honorer les Ancêtres (1), & là, en préfence de tout le monde, proteftez-leur que vous êtes difpofé à ne rien faire dont la honte puiffe rejaillir fur eux; après cela allez à l'ennemi.

Avant que la campagne foit commencée, foyez comme une jeune fille qui ne fort pas de la maifon; elle s'occupe des

---

pour conftants; il fait la paix; ou, comme ils difent ici, il pardonne aux peuples vaincus, leur fait des dons pour fe les attacher, & leur fait promettre une foumiffion inviolable & éternelle. Si au contraire fes troupes ont été vaincues, il en eft quitte pour faire couper quelques têtes, en difant qu'on l'a trompé. Il envoie de nouveaux Généraux avec des fommes confidérables pour réparer les pertes paffées, &, après une campagne, tout eft foumis, tout eft rentré dans l'ordre. Le fecret de tout cela n'eft fu que de quelques Grands du Confeil fecret de Sa Majefté, & le refte de l'Empire eft toujours perfuadé que le grand Maître qui gouverne la Chine n'a qu'à vouloir pour dompter le refte de l'Univers. Les Officiers & les Soldats fe trouvent récompenfés à leur retour, on les vante comme des héros, il ne leur vient pas même en penfée de contredire leurs panégyriftes. Telle eft la politique que les Chinois mettent en pratique aujourd'hui. En étoit-il de même autrefois? il y a grande apparence; c'eft cependant ce que je n'oferois garantir.

(1) L'ufage des Chinois, tant anciens que modernes, a toujours été d'avoir chacun chez foi un lieu deftiné à honorer les Ancêtres. Chez les Princes, les Grands, les Mandarins, & tous ceux qui font à leur aife & qui ont un grand nombre d'appartements, c'eft une efpece de chapelle domeftique dans laquelle font les portraits ou les tablettes de tous leurs aïeux, depuis celui qu'ils comptent pour le chef de la famille jufqu'au dernier mort, ou feulement le portrait ou la tablette du chef, comme repréfentant tous les autres. Cette chapelle ou falle n'a abfolument point d'autre ufage. Toute la famille s'y trouve dans des temps déterminés pour y faire les cérémonies d'ufage: elle s'y transporte encore toutes les fois qu'il s'agit de quelque entreprife de conféquence, de quelque faveur reçue, de quelque malheur effuyé, en un mot, pour avertir les Ancêtres & leur faire part des biens & des maux qui font arrivés.

affaires du ménage, elle a soin de tout préparer, elle voit tout, elle entend tout, elle sait tout, elle ne se mêle d'aucune affaire en apparence. La campagne une fois commencée, vous devez avoir la promptitude d'un lievre qui, se trouvant poursuivi par des chasseurs, tâcheroit, par mille détours, de trouver enfin son gîte, pour s'y réfugier en sureté.

Ceux qui sont à l'étroit & qui n'ont que les appartements nécessaires pour loger les vivants, se contentent de placer dans un des fonds de leur chambre intérieure, s'ils en ont plusieurs, la simple tablette qui est censée représenter les Aïeux, à laquelle ils rendent leurs hommages & devant laquelle ils font toutes les cérémonies dont je viens de parler. Dans les camps & armées des anciens Chinois, le Général avoit dans sa tente, ou près de sa tente, un lieu destiné pour la tablette des Ancêtres. Il s'y transportoit, à la tête des Officiers Généraux, 1°. en commençant la campagne; 2°. lorsqu'il commençoit le siege de quelque place; 3°. à la veille d'une bataille, & enfin, toutes les fois qu'il y avoit apparence de quelque grande action. Là, après les prosternations & les autres cérémonies, il avertissoit ou donnoit avis de ce qui étoit sur le point d'arriver. Il protestoit à haute voix que dans toute sa conduite il ne feroit rien de contraire à l'honneur, à la gloire & à l'intérêt de l'Etat, & qu'il n'oublieroit rien pour se montrer digne descendant de ceux dont il tenoit la vie. Chaque Chef de Corps en faisoit de même à la tête de ceux qu'il commandoit, & dans son propre quartier. C'est peut-être à cette cérémonie que les Chinois ont donné le nom de serment militaire : j'aurai occasion d'en parler dans la suite.

T

ARTICLE XII.

Précis de la maniere de combattre par le feu.

SUN-TSE dit : Les différentes manieres de combattre par le feu se réduisent à cinq. La premiere consiste à brûler les hommes ; la seconde, à brûler les provisions ; la troisieme, à brûler les bagages ; la quatrieme, à brûler les magasins ; & la cinquieme, à brûler l'attirail (1).

Avant que d'entreprendre ce genre de combat, il faut avoir tout prévu, il faut avoir reconnu la position des ennemis, il faut s'être mis au fait de tous les chemins par où il pourroit s'échapper ou recevoir du secours, il faut s'être muni des choses nécessaires pour l'exécution du projet, il faut que le temps & les circonstances soient favorables.

Préparez d'abord toutes les matieres combustibles (2) dont

---

(1) Les Commentateurs expliquent ainsi les cinq manieres de combattre par le feu. La premiere consiste, disent-ils, à mettre le feu dans tous les lieux où sont les ennemis, tels que le camp, les villages, les campagnes, & généralement tous les lieux dont ils pourroient tirer du secours. La seconde consiste *à brûler les provisions*, c'est-à dire, les herbages, les légumes, & les autres choses semblables qui servent à la nourriture des hommes, & les fourrages, grains, &c. dont on nourrit les chevaux & les autres bêtes de somme. La troisieme consiste *à brûler les bagages*, c'est-à-dire, les chariots, l'argent, les ustensiles, &c. La quatrieme consiste *à bruler les magasins*, c'est-à-dire, tous les amas de grains. La cinquieme consiste *à bruler l'attirail*, c'est-à-dire, les chevaux, les mulets, les armes, les étendards, &c.

(2) Ces matieres combustibles, disent les Commentateurs, sont la poudre à canon, les huiles, les graisses, les herbes seches, telles que l'armoise, les joncs, & autres semblables.

vous voulez faire usage : dès qu'une fois vous aurez mis le feu, faites attention à la fumée. Il y a le temps de mettre le feu, il y a le jour de le faire éclater : n'allez pas confondre ces deux choses. Le temps de mettre le feu est celui où tout est tranquille sous le Ciel, où la sérénité paroît devoir être de durée. Le jour de le faire éclater est celui où la lune se trouve sous quelqu'une de ces quatre constellations, Ki, Pi, Y, Tchen (1). Il est rare que le vent ne souffle point alors, & il arrive très souvent qu'il souffle avec force.

Les cinq manieres de combattre par le feu demandent de votre part une conduite qui varie suivant les circonstances : ces variations se reduisent à cinq. Je vais les indiquer, afin que vous puissiez les employer dans les occasions.

1°. Dès que vous aurez mis le feu, si, après quelque temps, il n'y a aucune rumeur dans le camp des ennemis, si tout est tranquille chez eux, restez vous-même tranquille, n'entreprenez rien ; attaquer imprudemment, c'est chercher à se faire battre. Vous savez que le feu a pris, cela doit vous suffire : en attendant vous devez supposer qu'il agit sourdement ; ses effets n'en seront que plus funestes. Il est au-dedans ; attendez qu'il

---

(1) La constellation chinoise *Ki* est composée de quatre étoiles, dont la premiere est celle du pied du Sagittaire, deux autres sont e k δ de son arc, & la quatrieme est y à la pointe australe de sa fleche. La constellation *Pi* est composée de deux principales étoiles, dont l'une est à la tête d'Andromede, & l'autre à l'extrémité de l'aile australe de Pégase. La constellation *Y* est composée de vingt-deux étoiles, tant de la Coupe que de l'Hydre. La constellation *Tchen* est composée de quatre étoiles, dont l'une est à l'aile australe, la seconde à la patte, la troisieme au bec, & la quatrieme au devant de l'aile boréale du Corbeau.

Il y a toujours du vent, disent les Commentateurs de Sun-tse, lorsque la lune est sous quelqu'une de ces constellations : cela peut être vrai pour le pays où ils écrivent.

éclate & que vous en voyez des étincelles au-dehors, vous pourrez aller recevoir ceux qui ne chercheront qu'à se sauver.

2°. Si peu de temps après avoir mis le feu, vous voyez qu'il s'éleve par tourbillons, ne donnez pas aux ennemis le temps de l'éteindre, envoyez des gens pour l'attiser, disposez promptement toutes choses, & courez au combat.

3°. Si malgré toutes vos mesures & tous les artifices que vous aurez pu employer, il n'a pas été possible à vos gens de pénétrer dans l'intérieur, & si vous êtes forcé à ne pouvoir mettre le feu que par dehors, observez de quel côté vient le vent; c'est de ce côté que doit commencer l'incendie; c'est par le même côté que vous devez attaquer. Dans ces sortes d'occasions, qu'il ne vous arrive jamais de combattre sous le vent.

4°. Si pendant le jour le vent a soufflé sans discontinuer, regardez comme une chose sûre que pendant la nuit il y aura un temps où il cessera: prenez là-dessus vos précautions & vos arrangements.

5°. Un Général qui, pour combattre ses ennemis, sait employer le feu toujours à propos, est un homme véritablement éclairé: un Général qui sait se servir de l'eau pour la même fin, est un excellent homme (1). Cependant il ne faut employer l'eau qu'avec discrétion. Servez-vous-en, à la bonne heure; mais que ce ne soit que pour gâter les chemins par où les ennemis pourroient s'échapper ou recevoir du secours.

---

(1) Je ne vois pas trop à quel propos Sun-tse parle ici de l'eau. Les Commentateurs, au lieu d'éclaircir sa pensée, ne font que l'embrouiller. Ils disent, par exemple, qu'il ne faut point inonder les provisions des ennemis, qu'il ne faut pas inonder les ennemis eux-mêmes, & citent là-dessus plusieurs exemples, & en particulier celui d'une inondation faite par un de leurs Généraux, laquelle fit seule périr plus de monde qu'il n'en auroit péri dans plusieurs batailles rangées.

Les différentes manieres de combattre par le feu, telles que je viens de les indiquer, sont ordinairement suivies d'une pleine victoire, dont il faut que vous sachiez recueillir les fruits. Le plus considérable de tous, & celui sans lequel vous auriez perdu vos soins & vos peines, est de connoître le mérite de tous ceux qui se seront distingués, c'est de les récompenser en proportion de ce qu'ils auront fait pour la réussite de l'entreprise. Les hommes se conduisent ordinairement par l'intérêt (1); si vos troupes ne trouvent dans le service que des peines & des travaux, vous ne les emploierez pas deux fois avec avantage.

Faire la guerre est en général quelque chose de mauvais en soi. La nécessité seule doit la faire entreprendre. Les combats, de quelque nature qu'ils soient, ont toujours quelque chose de funeste pour les vainqueurs eux-mêmes; il ne faut les livrer que lorsqu'on ne sauroit faire la guerre autrement.

Lorsqu'un Souverain est animé par la colere ou par la vengeance, qu'il ne lui arrve jamais de lever des troupes : lorsqu'un Général trouve qu'il a dans le cœur les mêmes sentiments, qu'il ne livre jamais de combats. Pour l'un & pour l'autre ce sont des temps nébuleux : qu'ils attendent les jours de sérénité pour se déterminer & pour entreprendre.

S'il y a quelque profit à espérer en vous mettant en mouvement, faites marcher votre armée; si vous ne prévoyez aucun avantage, tenez-vous en repos : eussiez-vous les sujets les plus légitimes d'être irrité, vous eût-on provoqué, insulté même, attendez, pour prendre votre parti, que le feu de la

---

(1) Cette maxime est vraie dans toute son étendue pour le pays où vivoit l'Auteur. Je pense qu'il n'en est pas tout-à-fait de même pour l'Europe. Le seul amour de la gloire formeroit à peine là un médiocre guerrier : chez nous il forme les héros.

colere fe foit diffipé, & que les fentiments pacifiques s'élevent en foule dans votre cœur : n'oubliez jamais que votre deffein, en faifant la guerre, doit être de procurer à l'Etat la gloire, la fplendeur & la paix, & non pas d'y mettre le trouble, le défordre & la confufion. Ce font les intérêts de la Nation & non pas vos intérêts perfonnels que vous défendez. Vos vertus & vos vices, vos belles qualités & vos défauts rejailliffent également fur ceux que vous repréfentez. Vos moindres fautes font toujours de conféquence ; les grandes font fouvent irréparables, & toujours très funeftes. Il eft difficile de foutenir un Royaume que vous aurez mis fur le penchant de fa ruine; il eft impoffible de le relever, s'il eft une fois détruit (1) : on ne reffufcite pas un mort. De même qu'un Prince fage & éclairé met tous fes foins à bien gouverner, ainfi un Général habile n'oublie rien pour former de bonnes troupes, & pour les employer à la gloire, à l'avantage & au bonheur de l'Etat.

---

(1) L'Auteur parle ici des dynafties, lefquelles, une fois détruites, ne remontent plus fur le trône, parceque, pour l'ordinaire, le nouveau Conquérant éteint toute la race de celui qu'il vient de détrôner.

ARTICLE XIII.

De la maniere d'employer les dissentions & de mettre la discorde (1).

Sun-tse dit : Si ayant sur pied une armée de cent mille hommes, vous devez la conduire jusqu'à la distance de mille li (cent lieues), il faut compter qu'au dehors, comme au-dedans (2), tout sera en mouvement & en rumeur. Les villes & les villages dont vous aurez tiré les hommes qui composent vos troupes ; les hameaux & les campagnes dont vous aurez tiré vos provisions & tout l'attirail de ceux qui doivent les conduire ; les chemins remplis de gens qui vont & viennent, tout cela ne sauroit arriver qu'il n'y ait bien des familles dans la désolation, bien des terres incultes, & bien des dépenses pour l'Etat.

Sept cents mille familles dépourvues de leurs chefs ou de leurs soutiens, se trouvent tout-à-coup hors d'état de vaquer à leurs travaux ordinaires (3) ; les terres privées d'un pareil

---

(1) Un des Commentateurs, voulant expliquer ce titre, dit : Pour faire la guerre avec avantage, il faut nécessairement se servir des dissentions & de la discorde : il faut savoir les faire naître ; il faut en profiter habilement. C'est l'art le plus utile, mais il est plein de difficultés ; il n'y en a point de pareil dans le métier de la guerre ; il n'y en a point auquel un Général doive plus d'attention. Quelques-uns des Commentateurs ont intitulé cet Article, *De la maniere d'employer les Espions*, prétendant que, dans l'Art Militaire, savoir tirer parti des espions, est ce qu'il y a de plus utile pour un Général.

(2) *Au dedans, comme au dehors*, c'est-à-dire dans les villes comme dans les campagnes.

(3) *Anciennement*, dit le Commentateur qui explique ce calcul de Sun-

nombre de ceux qui les faisoient valoir, diminuent, en proportion des soins qu'on leur refuse, la quantité comme la qualité de leurs productions. Les appointements de tant d'Officiers, la paie journaliere de tant de soldats & l'entretien de tout le monde creusent peu-à-peu les greniers & les coffres du Prince comme ceux du peuple, & ne sauroient manquer de les épuiser bientôt.

Être plusieurs années à observer ses ennemis, ou à faire la guerre, c'est ne point aimer le peuple, c'est être l'ennemi de l'Etat ; toutes les dépenses, toutes les peines, tous les travaux & toutes les fatigues de plusieurs années n'aboutissent le plus souvent, pour les vainqueurs eux-mêmes, qu'à une journée de triomphe & de gloire, celle où ils ont vaincu. N'employer pour vaincre que la voie des sieges & des batailles, c'est ignorer également & les devoirs de Souverain & ceux de Général ; c'est ne pas savoir gouverner ; c'est ne pas savoir servir l'Etat.

Ainsi, le dessein de faire la guerre une fois formé, les troupes étant déja sur pied & en état de tout entreprendre, ne dédaignez pas d'employer les artifices. Commencez par vous mettre au fait de tout ce qui concerne les ennemis ; sachez exactement tous les rapports qu'ils peuvent avoir, leurs liaisons & leurs intérêts réciproques ; n'épargnez pas les grandes sommes d'argent ; n'ayez pas plus de regret à celui que vous ferez passer chez l'Etranger, soit pour vous faire des créatures, soit pour vous procurer des connoissances exactes, qu'à celui que vous emploierez pour la paie de ceux qui sont enrôlés sous vos étendards : plus vous dépenserez,

---

tse, on divisoit le peuple de huit en huit familles. Dans chaque huitaine de famille, il y en avoit une qui étoit inscrite pour la guerre ; les sept autres lui fournissoient tout ce qui lui étoit nécessaire tant en hommes qu'en equipages.

plus

plus vous gagnerez ; c'est un argent que vous placez, pour en retirer un gros intérêt. Ayez des espions par-tout, soyez instruit de tout, ne négligez rien de ce que vous pourrez apprendre ; mais quand vous aurez appris quelque chose, ne la confiez pas indiscrettement à tous ceux qui vous approchent. Quand il s'agira d'employer quelque ruse, comptez beaucoup plus sur les mesures que vous aurez prises pour la faire réussir, que sur le secours des Esprits que vous aurez invoqués (1).

Quand un habile Général se met en mouvement, l'ennemi est déja vaincu : quand il combat, il doit faire lui seul plus que toute son armée ensemble ; non pas toutefois par la force de son bras, mais par sa prudence, par sa maniere de commander, & sur-tout par ses ruses. Il faut qu'au premier signal une partie de l'armée ennemie se range de son côté pour combattre sous ses étendards : il faut qu'il soit toujours le maître d'accorder la paix & de l'accorder aux conditions qu'il jugera à propos. Le grand secret de venir à bout de tout consiste dans l'art de savoir mettre la division à propos ; division dans les villes & les villages, division dans le dedans, division entre les inférieurs & les supérieurs, division de mort,

---

(1) Les Commentateurs ne sont pas d'accord sur le sens de cette derniere phrase. Les uns l'expliquent comme je l'ai expliquée ; les autres disent qu'elle doit s'entendre de la maniere suivante, & l'expliquent ainsi : *Quand il s'agit d'employer quelque ruse, cachez tellement vos desseins & les mesures que vous aurez prises pour les faire réussir, que les Esprits eux-mêmes ne puissent pas les pénétrer*, &c. Une troisieme interprétation dit : *Lorsque vous emploierez quelque artifice, ce n'est pas en invoquant les Esprits, ni en prévoyant à-peu près ce qui doit ou peut arriver, que vous le ferez réussir; c'est uniquement en sachant sûrement, par le rapport fidele de ceux dont vous vous servirez, la disposition des ennemis, eu égard à ce que vous voulez qu'ils fassent*, &c.

V

division de vie. Ces cinq sortes de divisions ne sont que les branches d'un même tronc. Celui qui sait les mettre en usage est un homme véritablement digne de commander ; c'est le trésor de son Souverain & le soutien de l'Empire.

J'appelle division dans les villes & les villages, ou simplement division au dehors, celle par laquelle on trouve le moyen de détacher du parti ennemi les habitants des villes & des villages qui sont de sa domination, & de se les attacher de maniere à pouvoir s'en servir surement dans le besoin. J'appelle division dans le dedans celle par laquelle on trouve le moyen d'avoir à son service les Officiers qui servent actuellement dans l'armée ennemie. Par la division entre les inférieurs & les supérieurs, j'entends celle qui nous met en état de profiter de la mésintelligence que nous aurons su mettre entre les différents corps qui composent l'armée que nous aurons à combattre. La division de mort est celle par laquelle, après avoir fait donner de faux avis sur l'état où nous nous trouvons, nous faisons courir des bruits injurieux à l'ennemi, lesquels nous faisons passer jusqu'à la Cour de son Souverain, qui, les croyant vrais, se conduit en conséquence envers ses Généraux & tous les Officiers qui sont actuellement à son service. La division de vie est celle par laquelle on répand l'argent à pleines mains envers tous ceux qui ayant quitté le service de leur légitime Maître, ont passé de votre côté, ou pour combattre sous vos étendards, ou pour vous rendre d'autres services non moins essentiels.

Si vous avez su vous faire des créatures dans les villes & les villages des ennemis, vous ne manquerez pas d'y avoir bientôt quantité de gens qui vous seront entiérement dévoués : vous saurez par leur moyen les dispositions du grand nombre des leurs à votre égard : ils vous suggéreront la maniere & les moyens que vous devez employer pour gagner ceux de leurs compatriotes dont vous aurez le plus à craindre ; & quand le temps de faire des sieges sera venu, vous pourrez faire des conquêtes, sans être obligé de monter à l'assaut, sans coup férir, sans même tirer l'épée.

Si les ennemis qui sont actuellement occupés à vous faire la guerre, ont à leur service des Officiers qui ne soient pas d'accord entr'eux : si de mutuels soupçons, de petites jalousies, des intérêts personnels les tiennent divisés, vous trouverez aisément les moyens d'en détacher une partie ; car quelque vertueux qu'ils puissent être d'ailleurs, quelque dévoués qu'ils soient à leur Souverain, l'appât de la vengeance, celui des richesses ou des postes éminents que vous leur promettrez, suffiront de reste pour les gagner ; & quand une fois ces passions seront allumées dans leur cœur, il n'est rien qu'ils ne tentent pour les satisfaire.

Si les différents corps qui composent l'armée des ennemis ne se soutiennent pas entr'eux, s'ils sont occupés à s'observer mutuellement, s'ils cherchent réciproquement à se nuire, il vous sera aisé d'entretenir leur mésintelligence, de fomenter leurs divisions ; vous les détruirez peu à peu les uns par les autres, sans qu'il soit besoin qu'aucun d'eux se déclare ouvertement pour votre parti ; tous vous serviront sans le vouloir, même sans le savoir.

Si vous avez fait courir des bruits, tant pour persuader ce que vous voulez qu'on croie de vous, que sur les fausses démarches que vous supposerez avoir été faites par les Généraux ennemis : si vous avez fait passer de faux avis jusqu'à la Cour & au Conseil même du Prince contre les intérêts duquel vous avez à combattre : si vous avez su faire douter des bonnes intentions de ceux même dont la fidélité à leur Prince vous sera le plus connue, bientôt vous verrez que chez les ennemis les soupçons ont pris la place de la confiance, que les récompenses ont été substituées aux châtiments & les châtiments aux récompenses; que les plus légers indices tiendront lieu des preuves les plus convainquantes pour faire périr quiconque sera soupçonné. Alors leurs meilleurs Officiers, leurs Ministres les plus éclairés se dégoûteront, leur zele se ralentira; & se voyant sans espérance d'un meilleur sort, ils se réfugieront chez vous, pour se délivrer des justes craintes dont ils étoient perpétuellement agités, & pour mettre leurs jours à couvert. Leurs parents, leurs alliés ou leurs amis seront accusés, recherchés, mis à mort. Les brigues se formeront, l'ambition se réveillera, ce ne seront plus que perfidies, que cruelles exécutions, que désordres, que révoltes de tous côtés. Que vous restera-t-il à faire pour vous rendre maître d'un pays dont les peuples voudroient déja vous voir en possession (1)?

Si vous récompensez ceux qui se seront donnés à vous pour se délivrer des justes craintes dont ils étoient perpétuellement agités, & pour mettre leurs jours à couvert; si vous leur donnez de l'emploi, leurs parents, leurs alliés, leurs amis seront autant de sujets que vous acquerrez à votre Prince. Si

---

(1) Les avantages qu'on assure devoir être la suite & les effets des artifices qu'on suggere ici sont réels: on pourroit le prouver par une foule d'exemples tirés de l'Histoire Chinoise; mais ils ne concluent rien, ce me semble, pour les autres parties du monde, où chaque Royaume semble faire une Nation à part. La plupart des guerres que les Chinois ont faites, ont été contre d'autres Chinois; c'étoit une partie de la Nation qui combattoit contre l'autre: en conséquence, il paroissoit souvent assez indifférent pour le corps entier de cette même Nation, que la victoire se déclarât pour tel ou tel parti. La cessation de la guerre & des maux qu'elle entraîne nécessairement étoit l'objet de ses vœux, & il reconnoissoit pour maître celui dont il avoit lieu d'attendre de meilleurs traitements, après l'extinction entiere de ceux auxquels le trône pouvoit revenir par droit de succession; ainsi, les malheureux & les vaincus étoient traités de rebelles.

vous répandez l'argent à pleines mains, si vous traitez bien tout le monde, si vous empêchez que vos soldats ne fassent le moindre dégât dans les endroits par où ils passeront, si les peuples vaincus ne souffrent aucun dommage, assurez-vous qu'ils sont déja gagnés, & que le bien qu'ils diront de vous attirera plus de sujets à votre Maître & plus de villes sous sa domination, que les plus brillantes victoires.

Soyez vigilant & éclairé ; mais montrez à l'extérieur beaucoup de sécurité, de simplicité & même d'indifférence ; soyez toujours sur vos gardes, quoique vous paroissiez ne penser à rien ; défiez-vous de tout, quoique vous paroissiez sans défiance ; soyez extrêmement secret, quoiqu'il paroisse que vous ne fassiez rien qu'à decouvert ; ayez des espions par-tout ; au lieu de paroles, servez-vous de signaux ; voyez par la bouche, parlez par les yeux : cela n'est pas aisé ; cela est très difficile. On est quelquefois trompé lorsqu'on croit tromper les autres. Il n'y a qu'un homme d'une prudence consommée, qu'un homme extrêmement éclairé, qu'un sage du premier ordre qui puisse employer à propos & avec succès l'artifice des divisions. Si vous n'êtes point tel, vous devez y renoncer ; l'usage que vous en feriez ne tourneroit qu'à votre détriment.

Après avoir enfanté quelque projet, si vous apprenez que votre secret a transpiré, faites mourir sans rémission, tant ceux qui l'auront divulgué que ceux à la connoissance desquels il sera parvenu. Ceux-ci ne sont point coupables encore à la vérité, mais ils pourroient le devenir. Leur mort sauvera la vie à quelques milliers d'hommes, & assurera la fidélité d'un plus grand nombre encore.

Punissez sévérement, récompensez avec largesse : multipliez les espions, ayez-en par tout, dans le propre Palais du Prince ennemi, dans l'Hôtel de ses Ministres, sous les tentes de ses Généraux ; ayez une liste des principaux Officiers qui font à fon fervice ; fachez leurs noms, leurs furnoms, le nombre de leurs enfants, de leurs parents, de leurs amis, de leurs domeftiques ; que rien ne fe paffe chez eux que vous n'en foyez inftruit.

Vous aurez vos efpions par-tout : vous devez fuppofer que l'ennemi aura auffi les fiens. Si vous venez à les découvrir, gardez vous bien de les faire mettre à mort ; leurs jours doivent vous être infiniment précieux. Les efpions des ennemis vous ferviront efficacement, fi vous mefurez tellement vos démarches, vos paroles & toutes vos actions, qu'ils ne puiffent jamais donner que de faux avis à ceux qui les ont envoyés.

Enfin un bon Général doit tirer parti de tout ; il ne doit être furpris de rien, quoi que ce foit qui puiffe arriver. Mais par-deffus tout, & préférablement à tout, il doit mettre en pratique les cinq fortes de divifions. S'il a le véritable art de s'en fervir, j'ofe l'affurer, il n'eft rien qu'il ne puiffe. Défendre les Etats de fon Souverain, les agrandir, faire chaque jour de nouvelles conquêtes, exterminer les ennemis, fonder même de nouvelles Dynafties, tout cela peut n'être que l'effet des artifices employés à propos. Le grand Y-yn (1) ne vivoit-

---

(1) Y-yn, qu'on appelloit auffi Y-tche, étoit Miniftre du dernier des Empereurs de la Dynaftie Hia. Cet Empereur étoit l'objet de l'exécration de tous fes fujets. Le fage Y yn l'avoit exhorté fouvent à changer de conduite, mais toujours inutilement. Rebuté de voir que malgré tous fes foins & tout fon zele, tant pour le bien public, que pour l'honneur & la gloire de fon Prince, l'Empire alloit toujours en décadence, il fe retira de la Cour, pour ne mener déformais qu'une vie privée. Il paffoit fes jours à la campagne, où il cultivoit la terre de fes propres mains. Ce fut dans cette folitude que Tcheng-tang, Prince du pays de Chang, lui fit favoir fes intentions pour le bien de l'Empire, & l'engagea à retourner à la Cour, où il travailla efficacement à la fondation d'une nouvelle Dynaftie, qui eft celle de Chang, du nom de la Principauté où regnoit Tcheng-tang. Cette révolution arriva l'an 1770 avant Jéfus-Chrift.

il pas du temps des Hia ? c'eſt par lui cependant que s'établit la Dynaſtie Yn. Le célebre Lu-ya (1) n'étoit-il pas ſujet des Yn, lorſque, par ſon moyen, la Dynaſtie Tcheou monta ſur le Trône ? Quel eſt celui de nos livres qui ne faſſe l'éloge de ces deux grands hommes ? L'Hiſtoire leur a-t-elle jamais donné les noms de traîtres à leur Patrie, ou de rebelles à leurs Souverains ? Bien loin de là, elle en parle toujours avec le plus grand reſpect. Ce ſont, dit-elle, des Héros, des Princes vertueux, de ſaints perſonnages (2).

Voilà tout ce qu'on peut dire en ſubſtance ſur la maniere d'employer les diviſions, & c'eſt par où je finis mes réflexions ſur l'Art des Guerriers.

───────────

(1) Lu-ya, plus connu ſous le nom de Tai-koung, étoit un des Principaux Officiers de l'Empire ſous Tcheou, dernier Empereur de la Dynaſtie Yn, laquelle fut entiérement éteinte vers l'an 1122 avant Jéſus Chriſt. C'eſt aux Conſeils à la prudence, à la ſageſſe & aux vertus de ce Tai-koung que Ou-ouang doit la gloire qu'il eut d'avoir réuni en ſa faveur tous les cœurs des ſujets de la Dynaſtie qu'il éteignit.

(2) Un des Commentateurs explique cette phraſe de la maniere ſuivante : *Que les noms de fourbe, de traître ou de rebelle ne vous epouvantent point ; tout dépend de vos ſuccès. Quelque bonnes que ſoient vos intentions, ſi vous avez du deſſous & que vos deſſeins échouent, vous ſerez en horreur à la poſtérité, vous paſſerez pour un ambitieux, pour un perturbateur du repos public, & pour quelque choſe de pis encore, pour un rebelle ; mais au contraire ſi vous reüſſſſez, on vous préconiſera comme un ſage, comme le pere du peuple, comme le reſtaurateur des Loix & le ſoutien de l'Empire ; Y-yn & Lu ya en ſont une preuve. Mais, à l'exemple de ces grands hommes, n'ayez que des intentions droites, n'entreprenez rien que de conforme à la juſtice, &, comme eux, vous vous ferez une réputation qui ne mourra jamais, &c.* La plupart des maximes qui ſont répandues dans cet article des diviſions, ſont condamnables, comme contraires à la probité & aux autres vertus morales dont les Chinois eux-mêmes font profeſſion ; mais ces mêmes Chinois ſe croient tout permis, quand il s'agit d'opprimer des ennemis qu'ils regardent comme des rebelles. Cependant ils ne ſont pas tous du même avis à cet égard.

LES

LES SIX ARTICLES
SUR
L'ART MILITAIRE,

Ouvrage composé en Chinois sur les Mémoires d'Ou-tse, Général d'Armée dans le Royaume d'Ouei, & mis en Tartare-Mantchou par les ordres de l'Empereur Kang-hi, l'année Keng-yn, 27ᵉ du cycle de 60, c'est-à-dire, l'an 1710.

x

PRÉFACE.

LES Commentateurs des six Articles sur l'Art Militaire commencent par donner une idée de l'Auteur avant que d'entreprendre d'expliquer son Ouvrage. Voici à-peu-près ce qu'ils en disent.

Ou-tſe ayant mis des habits de Lettré (1), alla se présenter à Ouen-heou, Roi d'Ouei (2), dans le dessein de lui offrir quelques Mémoires qu'il avoit composés sur l'Art Militaire. Le Roi d'Ouei feignit d'abord de ne vouloir

---

(1) Les Chinois apportent deux raisons sur le déguisement d'Ou-tſe en Lettré. Les uns disent que ce grand Capitaine étoit véritablement un des plus fameux Lettrés de son temps ; du moins paroît il, par son Ouvrage, qu'il étoit fort versé dans l'Histoire ancienne & moderne : ils ajoutent que l'Ouvrage qu'il avoit composé étoit le fruit de ses lectures & de ses profondes réflexions, plutôt que de son expérience. Les autres disent qu'il se présenta en habit de Lettré, parceque dans le temps où il vivoit, c'étoit l'habillement sous lequel on pouvoit paroître avec plus de décence, en faveur duquel on avoit un accès libre par-tout, & avec lequel on pouvoit parler hardiment en présence des Souverains, qui étoient eux-mêmes pleins de respect pour les personnes de cette profession. L'habillement des Lettrés étoit majestueux, sur-tout dans les jours de cérémonie, ou lorsqu'ils se montroient en public. D'ailleurs Ouen heou étoit amateur des Lettres, & il suffisoit de les cultiver pour être bien venu auprès de lui.

(2) Ouen-heou, Roi d'Ouei, étoit de la Famille Impériale de Tcheou : on l'appelle aussi Ouen-kong. Il gouvernoit son Royaume ou sa Principauté d'Ouei dans le temps qu'Ouei lié-ouang étoit sur le Trône Impérial, c'est-à-dire, vers l'an 425 avant J. C. qu'on compte pour la premiere année de Ouei lié-ouang.

Le Royaume d'Ouei étoit dans le Ho-nan, près de Kai-fong-fou. Ouei-che, pere d'Ouen-kong, fut le fondateur de cette Principauté. Quoique

pas accepter l'hommage du prétendu Lettré. « Que me
» préfentez-vous, lui dit-il? je n'aime point la guerre,
» ni rien de tout ce qui peut avoir quelque rapport avec
» elle ». Ou-tſe, ſans ſe déconcerter, répliqua hardiment : J'ai ramaſſé (1), avec des peines & des ſoins infinis,
le détail des plus belles actions des grands hommes ; je les
ai ſuivis eux-mêmes dans toute leur conduite ; j'ai tâché
de pénétrer juſqu'aux principes qui les faiſoient agir : ce
travail pénible, rebutant même, je ne l'ai entrepris que
dans l'eſpérance qu'il pourroit vous être de quelque utilité ; & vous voudriez, Prince, me priver du fruit que
je m'étois promis ! vous voudriez vous-même vous priver de tous les avantages qui pourroient vous revenir des
profondes réflexions que les exemples des ſiecles paſſés
pourroient faire naître dans votre eſprit ! Non, vos pa-

Ouei-che ne fût d'abord qu'un rebelle, Ouei-lié-ouang, pour s'accommoder aux temps & aux circonſtances, le confirma dans ſa poſſeſſion, & le
déclara Prince d'Ouei. Ce nouveau Prince ne jouit pas long-temps de ſa
dignité, car il mourut la même année, & eut pour ſucceſſeur Ouen-kong,
autrement dit Ouen-heou, du nom de ſa dignité de Heou. Ce Prince étoit
recommandable par ſa vertu, ſa valeur, & en particulier par ſa bonne foi &
par ſon exactitude à tenir la parole qu'il avoit une fois donnée.

(1) Il ne paroît pas que les Mémoires que Ou-tſe vouloit préſenter au
Roi d'Ouei ſubſiſtent encore. Celui de ſes Ouvrages qui eſt intitulé, *les ſix
Articles ſur l'Art Militaire*, n'eſt probablement qu'un aſſemblage des préceptes de ce grand Général, accommodé par quelque Lettré poſtérieur.
Quoi qu'il en ſoit, c'eſt un Ouvrage fort eſtimé, & qui a l'approbation générale, non ſeulement des Chinois, mais des Mantchous eux-mêmes, qui
l'étudient, l'expliquent & le commentent en leur Langue.

roles ne font pas pour cette fois les interpretes de vos fentiments.

Vous n'aimez rien, dites-vous, de tout ce qui a quelque rapport à la guerre; cependant il n'eft aucun temps de l'année où l'on n'égorge par vos ordres une grande quantité d'animaux de différentes efpeces : on en prépare les cuirs, on les teint en rouge ; pourquoi cela ? Vous-même, Prince, n'en avez-vous pas à votre ufage, lefquels, chamarrés de différentes couleurs, re-préfentent en particulier des figures de Rhinocéros (1) ? C'eft de ces fortes d'habillements qu'on vous voit ordi-nairement revêtu. Vous les portez en hiver, vous les portez en été ; ce font vos habits de toutes les faifons. En hiver ils ne vous garantiffent pas du froid, en été ils ne fauroient vous mettre à couvert de la chaleur. Vous ne fauriez précifément les porter par amour de la pro-preté, encore moins par délicateffe : à quel ufage les deftineriez-vous donc ?

Vous avez des étendards & des drapeaux, dont les uns ont deux toifes quatre pieds de long & les autres une

---

(1) Les bêtes féroces font en général le fymbole de la guerre ; mais le Rhinocéros l'eft encore plus particuliérement. Il eft de plus le fymbole de la valeur, en ce qu'étant beaucoup plus petit que l'Eléphant, il vient à bout cependant de le vaincre & de le tuer, non par la force, difent les Chinois, car l'Eléphant eft plus fort que lui, mais par la valeur & la rufe. En cela, ajoutent-ils, il eft le vrai modele d'un bon guerrier, qui doit réu-nir toutes ces qualités.

toife deux pieds (1). Vos chariots font lourds & pefants; les roues qui les traînent ne font point ornées de rayons ; elles ne font qu'un maffif énorme deftiné à foutenir les plus grands poids. Votre équipage n'eft ni lefte ni propre ; rien de tout ce qui le compofe ne fauroit flatter agréablement la vue ; au contraire, tout en eft défagréable, tout tient un peu de la férocité.

Ce n'eft point pour les exercices de la chaffe que vous difpofez ainfi toutes ces chofes ; elles ne pourroient que vous incommoder. Quels font donc les ufages auxquels vous les deftinez ? Commenceriez-vous quelque campagne fans avoir fait de tels préparatifs, au rifque de revenir fur vos pas ? Non, Prince, vous feriez auparavant tout ce que vous faites, & vous chercheriez dans votre Royaume, ce que peut-être vous ne faites pas aujourd'hui avec affez d'attention, vous chercheriez, dis-je, dans votre Royaume des perfonnes en état de fe fervir avec avantage de votre autorité & de tout ce que vous daigneriez leur confier.

C'eft, Prince, à ce dernier article en particulier que vous devez tous vos foins. Si vous entreprenez la guerre, fi vous n'employez pas ceux qui l'entendent & qui font habiles dans cet art, vous vous trouverez vis-à-vis de

―――――――――――――――――――――――

(1) La toife chino'fe qu'on appelle Tchang, étoit compofée alors, comme aujourd'hui, de dix pied; mais le pied d'alors pouvoit être plus court que notre pied de Roi d'environ un pouce & quelques lignes.

PRÉFACE.

l'ennemi comme une poule devant un castor, ou comme une chienne vis-à-vis d'un tigre. Quelques efforts que puissent faire la poule & la chienne en combattant contre de tels adversaires, elles seront mises en pieces dans le premier assaut.

Dans le Royaume de Tcheng-sang (1) regnoit autrefois un Prince vertueux & vrai Philosophe, il crut n'avoir pas besoin d'entretenir continuellement des troupes, il licencia celles qu'il avoit sur pied ; il perdit la couronne pour lui & pour ses descendants.

Le Roi de Yeou avoit au contraire un grand nombre de gens à sa solde. Ses sujets étoient presque tous soldats, il étoit lui-même très habile dans tous les exercices militaires ; mais il négligea l'étude de son propre cœur, il ne se mit point en peine d'acquérir les connoissances qui ornent & perfectionnent l'esprit. Après avoir essuyé bien des malheurs, il périt misérablement avec ces mêmes troupes, sur lesquelles seules il croyoit devoir s'appuyer.

Un Prince éclairé sait mettre à profit ces exemples. Il évite les deux excès : au dedans il travaille à perfectionner son cœur & à enrichir son esprit ; il s'applique au dehors à former des guerriers & à se rendre expérimenté

---

(1) Le Royaume de Tcheng sang étoit dans le Chen-si ; sa capitale étoit où est aujourd'hui Ngao hou hien.

lui-même dans tout ce qui concerne l'art de la guerre. Alors un tel Souverain est toujours en état d'attaquer ou de se défendre, & l'on ne sauroit le prendre au dépourvu. Il profite de l'occasion quand elle se présente ; & ce qu'il est nécessaire qu'il fasse dans un temps, il ne le differe point à un autre. Il sait que ne pas aller à la rencontre de l'ennemi, lorsque les circonstances l'exigent, est une aussi grande faute que de ne pas se trouver en état de défense lorsqu'on est attaqué. Dans l'un & l'autre de ces cas on court risque d'être perdu sans ressource, pour peu qu'on se néglige: en vain redoublera-t-on dans la suite d'attention & d'efforts ; en vain usera-t-on de tous les stratagêmes, on ne sauroit réparer une faute qui de sa nature est irréparable. Il est rare qu'une bonne occasion se présente deux fois ; il en est telle qui ne se représente jamais. Appliquer les plus excellents remedes à quelqu'un dont la mort auroit déja fermé les yeux, c'est lui témoigner une tendresse hors de saison.

Le Roi qui avoit écouté jusqu'alors avec une extrême attention le discours du Militaire éloquent, se leve tout-à-coup, prend le carreau sur lequel il avoit coutume de s'asseoir, le porte de sa propre main dans la Salle destinée à honorer ses Ancêtres ; il ordonne à la Reine d'aller elle-même remplir une coupe de vin & de la lui apporter.

apporter. Il offre cette coupe, en verfe la liqueur, & déclare Ou-tfe grand Général de fes troupes.

Le nouveau Général ne fut pas long-temps fans fe faire connoître, & fon nom répandit par-tout la terreur. Soixante & feize fois il fut obligé de combattre, foixante & quatre fois il fut pleinement victorieux, & douze fois feulement il ne fut ni vainqueur ni vaincu; la plus célebre de fes victoires fut celle qu'il remporta près du fleuve Si-ho. Il étendit les limites des Etats de fon Maître jufqu'à la diftance de mille Li. Ce n'eft qu'à la valeur & à la bonne conduite de ce grand homme que Ouen-heou fut redevable de tous fes fuccès.

LES SIX ARTICLES
D'OU-TSE.

ARTICLE PREMIER.

Du Gouvernement de l'Etat par rapport aux Troupes.

Ou-tse dit: Anciennement ceux qui avoient le gouvernment de l'Etat, regardoient l'instruction du peuple comme la premiere & la plus essentielle de toutes leurs obligations. Ils n'oublioient rien pour rendre leurs sujets doux & polis. Ils s'appliquoient sur-tout à empêcher qu'il n'y eût aucune dissention parmi eux; mais si, malgré leur extrême vigilance & tous leurs soins, le feu de la discorde s'allumoit dans l'Etat, ils régloient leur conduite suivant les quatre circonstances dans lesquelles cela pouvoit arriver principalement.

En premier lieu, s'il y avoit quelques semences de troubles avant qu'on eût levé des troupes, on avoit pour maxime invariable de n'en point mettre sur pied.

Secondement, si, lorsque les troupes étoient déja sur pied,

il y avoit quelques commencements de division, on ne vouloit pas qu'on commençât la campagne.

En troisieme lieu, si, la campagne étant déja commencée, la discorde commençoit aussi, on prétendoit qu'il ne falloit pas tenter le sort d'un combat.

Quatriémement, enfin si dans le temps même du combat il arrivoit qu'il y eût quelque mésintelligence ou parmi les Généraux, ou parmi les différentes troupes qui composoient l'armée, on tenoit pour principe certain qu'il ne falloit pas remporter une entiere victoire (1). Telles sont les regles que nos Anciens se prescrivoient, telles sont celles qu'un Prince éclairé doit suivre. Qu'il instruise le peuple, qu'il entretienne l'esprit de concorde & d'union, il peut après cela commencer la grande affaire (2). Qu'il se garde bien de prêter jamais l'oreille aux basses paroles de la flatterie, & aux discours des hommes peu éclairés ou peu vertueux. S'il doit entreprendre la grande affaire, il se transportera d'abord dans la Salle des-

---

(1) J'ai déja remarqué ailleurs que les Armées Chinoises étoient anciennement composées des troupes que fournissoient en partie les différents Princes feudataires de l'Empire. Il n'est pas étonnant que dans le temps même du combat, il pût s'élever quelques troubles & quelques sujets de division ou parmi les Généraux, ou parmi les Soldats. La maxime qu'ils avoient de ne pas remporter une victoire entiere est fondée apparemment sur la juste crainte où ils devoient être de la défection de quelques-uns des corps qui composoient l'armée, & qu'au lieu de combattre de concert l'ennemi commun, ils ne tournassent leurs armes les uns contre les autres. L'ennemi n'étant pas entiérement vaincu, on avoit toujours à craindre de sa part; on devoit être par conséquent sur ses gardes; ce qui donnoit le temps de tout pacifier.

(2) Par *la grande affaire*, il faut entendre la guerre; c'est de ce nom qu'on l'appelle communément dans la plupart des livres qui traitent de l'Art Militaire, & en particulier dans celui d'Ou-tse.

tinée à honorer ses Ancêtres (1), comme pour les avertir de ce qu'il doit faire, il consultera les sorts (2), il cherchera dans les révolutions célestes s'il trouve du favorable & du désavantageux ; & si tout est de bon augure, il entreprendra hardiment.

Un Roi qui veut bien gouverner, doit aimer tendrement ses peuples ; ce n'est pas assez, il doit faire en sorte que jusqu'au moindre de ses sujets, tous soient persuadés de sa tendresse pour eux ; alors, quelque chose qu'il puisse leur commander, il sera toujours sûr d'être obéi, sans répugnance de la part d'un seul ; leur fît-il affronter les plus grands périls, ils y courront avec joie : les fatigues, les peines, la mort même n'auront rien de rebutant, rien d'effrayant pour eux : ils ne craindront point de perdre la vie, quand ils l'exposeront pour le bien de l'Etat ; & le peuple regardera comme indigne de vivre celui qui, par foiblesse ou par lâcheté, auroit pris la fuite devant l'ennemi.

Ou-tse dit : La doctrine fait rapporter les choses à leurs principes, elle connoît la liaison qu'elles ont entr'elles, & voit comment il faut faire pour agir conséquemment. La vertu influe sur les actions, elle les rend dignes d'éloges & de récompenses : la prévoyance rejette le mauvais pour lui substituer le bon, elle tire parti de tout : la nécessité fait naître les ressources ; c'est à la nécessité que l'agriculture & les arts doivent leur origine.

────────────────────────────

(1) Une coutume très ancienne parmi les Chinois, est celle *d'avertir* les Ancêtres de ce qu'on doit entreprendre d'un peu considérable, pour implorer leur protection, & les remercier ensuite des succès que l'on a reçus.

(2) *Il consultera les sorts.* Par les *sorts*, ils entendent les Koua ou figures mystérieuses de Fou-hi ; ils entendent aussi l'inspection de la tortue. Il y a dans le texte : *Il consultera la grande tortue* ; cette espèce d'animal est la base d'une foule de superstitions Chinoises ; il seroit trop long de les détailler ici.

Celui dont les actions ne font ni réglées par la doctrine, ni foutenues par la prévoyance, ni foumifes à la néceffité, ni conduites par la vertu, attirera infailliblement fur foi toutes fortes de difgraces & de malheurs, & mettra le défordre dans l'Etat, s'il eft du nombre de ceux qui le gouvernent, ou s'il y occupe quelque pofte éminent.

Le Sage fuit la doctrine, fe dirige par la prévoyance, fe regle par la vertu, obéit à la néceffité. Il fe plaît dans tout ce qui peut fomenter en lui l'amour des autres hommes; il ne s'écarte en rien de ce que prefcrivent les ufages & les bonnes mœurs: avec ces qualités fondamentales on s'éleve; fans elles on fe détruit. Lorfque Tcheng-tang (1) voulut entreprendre la perte de Kie (2), il fut encouragé dans fon projet, follicité, preffé même & aidé par les Grands & par les Peuples qui étoient foumis aux Hia (3). Lorfque Ou-ouang en-

---

(1) Tcheng-tang étoit defcendant, à la treizieme génération, d'un des Miniftres de Chun qui s'appelloit Sie, lequel à caufe de fes vertus & de fa bonne conduite, obtint le pays de Chang à titre de Principauté. Tous fes defcendants gouvernerent fucceffivement ce petit Etat jufqu'à Tcheng-tang, que la voix unanime des Grands & du Peuple plaça à la tête de tout l'Empire. Tcheng-tang eft connu fous plufieurs noms; on l'appelle quelquefois Tien-y, d'autre fois Ly, & le plus fouvent Tang-ouang. C'eft fous ce dernier nom qu'il eft célébré dans la plupart des livres. C'eft un des plus grands perfonnages qu'il y ait eu à la Chine. Il eft recommandable fur-tout par fa vertu. Il eft fondateur de la feconde Dynaftie.

(2) Kie a été le dernier Empereur de la Dynaftie Hia, laquelle avoit eu le grand Yu pour fondateur. Ce Kie étoit un monftre de cruautés & de débauches; c'eft le Néron de la Chine. Il perdit l'Empire avec la vie, à Nan-tchao, dans le Ho-nan, où Tcheng-tang l'avoit pourfuivi. Ce fut l'an mil fept cent foixante & fix avant Jéfus-Chrift qu'arriva cet événement remarquable dans l Hiftoire Chinoife.

(3) Hia eft la premiere des Dynafties qui ait tranfmis l'Empire par voie de fucceffion. Elle a commencé par le grand Yu, deux mille deux cents fept ans

treprit la perte de Tcheou-ouang (1), les sujets mêmes des Yn le comblerent d'éloges, l'aiderent de leurs conseils & le secoururent, en lui présentant la force de leurs bras (2). Tchengtang & Ou-ouang réussirent l'un & l'autre dans leurs projets, parceque leurs vertus & leur bonne conduite les avoient rendus les favoris du Ciel & les délices des hommes.

Ou-tse dit : Pour affermir un Royaume & le rendre inébranlable dans les constitutions fondamentales de son Gouvernement, il faut avoir de bonnes troupes ; & pour avoir de bonnes troupes, il faut les former à la discipline, à la vertu, aux manieres & aux bonnes mœurs : il faut leur apprendre à rougir ; car quiconque sait rougir, ne fait jamais rien qui puisse le couvrir de honte aux yeux des hommes ; il évite même jusqu'à l'ombre du mal. Parmi les troupes ainsi formées, il faut choisir, tant Officiers que soldats, ceux qui auront le plus de talents & qui vous paroîtront plus propres aux exer-

---

avant Jésus-Christ, & a fini à Kie, l'an mil sept cent soixante & six avant l'Ere Chrétienne : ainsi elle a regné l'espace de quatre cents quarante-un ans, pendant lesquels elle a donné dix sept Empereurs.

(1) Tcheou-ouang est le dernier des Empereurs de la seconde Dynastie nommée Chang ou Yn. Ce Prince se rendit l'esclave des volontés d'une femme qui étoit un monstre en cruautés. Tous ses sujets l'eurent en horreur, & le jour qui devoit décider par une bataille du sort de l'Empire, ses propres soldats se tournerent contre ceux qui lui restoient encore fideles, & passerent ensuite du côté de Ou-ouang, qui dès lors fut proclamé Empereur, &c.

(2) La Dynastie Yn est la même que la Dynastie Chang. Elle a commencé l'an mil sept cent soixante & six avant Jésus Christ ; & après avoir donné vingt-huit Empereurs dans l'espace de six cents quarante-quatre ans, elle a fini par Tcheou-ouang. Elle porta le nom de Chang depuis Tchengtang jusqu'à Pan-keng, dix-septieme Empereur de cette Famille. Elle prit celui d'Yn à l'occasion du changement de la Cour qui fut transportée à Potcheou.

cices militaires ; ce font les feuls que vous devez envoyer contre l'ennemi ; ils combattront avec honneur, & ne reviendront que pour vous offrir leurs fuccès. Les plus foibles doivent refter pour la garde du Royaume & de tous les poftes qui en dépendent : ils pourront en même temps vaquer aux exercices de la vie civile, & augmenter le nombre des bons citoyens.

Il eft aifé de vaincre lorfqu'on livre des batailles : l'on ne remporte point de victoire fi l'on fe contente de garder. Cependant, quelque Royaume du monde que ce foit, je n'en excepte aucun, s'il eft en guerre, & qu'il ait gagné jufqu'à cinq grandes batailles, il eft néceffairement dans le défordre ; fi quatre fois feulement il a été victorieux, il eft furement en mauvais état ; fi trois fois il a triomphé de fes ennemis, le Souverain qui le gouverne n'ira de pair qu'avec les Pa (1) : il égalera les Ouang, fi deux fois feulement il a été victorieux. Mais fi, après la premiere victoire, tous fes ennemis font foumis, il mérite le titre de Ti ; il peut gouverner l'Univers. Parmi ceux qui ont remporté un grand nombre de victoires, il s'en trouve fort peu qui foient parvenus à être les maîtres du monde ; on en trouve beaucoup qui ont perdu leur Empire & la vie même.

Ou-tfe dit : Dans le gouvernement des troupes il y a cinq chofes auxquelles il faut faire une extrême attention, parcequ'il y a cinq raifons principales pour lefquelles on fe détermine ordinairement à faire la guerre.

La premiere eft l'amour de la gloire & le defir de fe faire un nom. La feconde eft l'envie de fe procurer certains avan-

───────────────

(1) Le titre de Pa revient à celui de Marquis ou de Comte. Le titre de Ouang revient à celui de Prince. Le titre de Ti n'eft donné qu'aux Empereurs de la Chine ; il fignifie Empereur fuprême.

tages, sans lesquels on se persuade qu'on ne sauroit vivre tranquillement & avec honneur. La troisieme est lorsqu'on a changé de bien en mal. La quatrieme, lorsqu'il y a quelques dissentions intestines ou des troubles dans l'intérieur du Royaume; & la cinquieme, lorsqu'on se trouve réduit aux dernieres extrémités. Les troupes qu'on leve pour quelqu'une de ces raisons, peuvent être appellées chacune d'un nom particulier. J'appelle les premières, les troupes qui doivent avoir la vertu pour guide. J'appelle les secondes, les troupes qui doivent être bien disciplinées; j'appelle les troisiemes, les troupes téméraires; j'appelle les quatriemes, des troupes cruelles; j'appelle les cinquiemes, des troupes opiniâtres.

Des troupes qui, dociles aux corrections qu'on leur fait, ne retombent plus dans les fautes qu'on leur a reprochées, sont surement des troupes vertueuses.

Des troupes dont un Général punit hardiment les fautes, quelles qu'elles puissent être, & quel que soit le rang qu'occupent ceux qui les ont commises, & qui, même en punissant, a l'approbation du plus grand nombre, sont sans contredit des troupes bien disciplinées.

Des troupes qu'on aura assemblées dans des mouvements de colere, d'indignation ou de vengeance, sont des troupes téméraires.

Des troupes qui, sans aucune raison légitime & par l'appât seulement de quelque vil intérêt, s'assemblent pour combattre & mettent le trouble dans l'Etat, sont des troupes véritablement cruelles.

Des troupes enfin qui, dans le temps où le peuple gémit sous la tyrannie de ceux qui le gouvernent, où les vivres n'abondent nulle part & où le Royaume est sur le penchant de sa ruine, achevent de le détruire en mettant en mouvement gros de la Nation, sont des troupes plus qu'opiniâtres.

Ces

Ces cinq fortes de troupes doivent être gouvernées d'une maniere particuliere à chacune.

Il faut éclairer, par de fages inftructions, les troupes qui ont la vertu en recommandation; il faut leur apprendre les manieres & les leur faire obferver (1).

Il faut empêcher que les troupes bien difciplinées n'aient une trop haute opinion d'elles-mêmes; il faut les humilier.

Il faut parler aux troupes téméraires; il ne faut pas ceffer de les exhorter, qu'on ne leur ait infpiré de la docilité.

Il faut employer toutes fortes de ftratagêmes pour adoucir les troupes cruelles; il faut les gagner par artifices.

Il faut employer l'autorité & toute la rigueur des Loix avec les troupes opiniâtres : il ne faut rien oublier pour les exterminer, fi l'on ne peut pas les ramener à leur devoir par d'autres voies.

Ou-heou (2) dit un jour à Ou-tfe: Je ferois bien aife d'apprendre de vous trois chofes de la derniere importance pour moi. La premiere, comment il faut employer les troupes; la feconde, comment on doit gouverner les hommes en général; & la troifieme, par quels moyens on peut parvenir à affermir un Royaume d'une maniere inébranlable. Je vais vous fatisfaire, répondit Ou-tfe. Les grands Rois, ceux qui fe font le plus diftingués dans les anciens temps, mettoient tous leurs foins à cultiver la vertu; vertueux eux-mêmes, ils vouloient que les Grands & tous ceux qui les approchoient le fuffent auffi : ils n'oublioient rien pour les rendre tels. Ils établirent d'abord d'excellentes loix de fubordination, & fe firent

---

(1) L'expreffion Chinoife Ly, que j'ai rendue par celle de *maniere*, a un fens beaucoup plus étendu. On pourroit l'expliquer par urbanité, politeffe, attention à remplir tous les devoirs de fon état, &c.

(2) Ou-heou étoit le fils de Ouen-heou, Roi de Ouei.

Z

un devoir capital de les observer. Ils assignerent aux Magistrats, leurs obligations envers le peuple, & aux peuples, ce qu'ils devoient aux Magistrats. Ils firent d'excellents établissements en tous genres, & ils eurent toujours égard aux circonstances. Ils disposoient tellement les choses, qu'ils étoient toujours prêts à tout événement, & à couvert de toute surprise.

Hoan-koung, Roi de Tsi (1), imita leur exemple; il avoit continuellement sur pied cinquante mille hommes de troupes réglées, tous gens choisis, tous gens intrépides, qui ne demandoient qu'à aller à l'ennemi, & auxquels il n'arriva jamais de reculer. Il fut craint & respecté de ses voisins, & fut le premier des Rois de son temps.

Ouen koung, Roi de Tchin, avoit quarante mille hommes sous les armes; c'étoit l'élite de ses sujets: ils étoient toujours disposés aux plus grandes entreprises. Aussi, ni l'inquietude, ni les chagrins n'approcherent jamais du Trône de cet excellent Prince (2).

Mou-koung, Roi de Tsin, n'eut jamais que trente mille

---

(1) Ce Hoan-koung, Roi de Tsi, s'est rendu recommandable par son bon gouvernement, par les victoires qu'il remporta sur les Tattares & par la prise de Y-koung, Prince de Ouei, qui s'étoit révolté contre Hoei-ouang, dix-septieme Empereur de la Dynastie des Tcheou. Après s'être rendu l'arbitre & presque le maître de la plupart des petits Souverains de son temps, il mourut sur la fin de la neuvieme année de Siang ouang, c'est-à-dire, six cents quarante-deux ans avant Jésus Christ, après avoir regné glorieusement l'espace de quarante-trois ans.

(2) Ouen-koung fut regardé comme un des plus grands Princes de son temps; il sauva Siang-ouang, qui, sans lui, auroit perdu l'Empire l'an six cent trente-six avant Jésus-Christ. Il étoit recommandable sur-tout par sa prévoyance; il savoit si bien prendre ses mesures, que lorsqu'il entreprenoit quelque chose, il étoit presque sûr de la conduire toujours avec succès.

hommes sur pied ; mais comme il eut soin de les former à tous les exercices de la guerre, il les rendit robustes, vaillants & intrépides. Il fut respecté, il fut craint, & vainquit plus d'une fois ses ennemis (1).

Voilà, Prince, quels sont les modeles sur lesquels vous devez vous former ; réfléchissez sur leur conduite, vous y trouverez une excellente réponse à la question que vous m'avez faite. Cependant je vous d'rai en général qu'un Roi qui est maître d'un grand Etat, doit faire consister le principal de ses soins à bien gouverner ses peuples, en faisant de bons réglements pour tout ce qui regarde le civil. Dès qu'une fois le corps du peuple est bien réglé, & peut vivre tranquillement à l'abri des Loix, il est temps de tourner ses vues du côté des troupes ; & voici, à mon avis, comment on peut y procéder.

Les hommes qui composent une Nation n'ont pas tous le même génie, la même industrie, les mêmes talents ni les mêmes inclinations. Il s'en trouve parmi eux qui ont de l'audace, du courage, de l'ardeur, de la force, de la magnanimité, de la valeur, & autres qualités semblables qui les distinguent du reste du peuple ; ce sont ceux qu'on doit choisir pour en composer le corps général de la Milice. Ce n'est pas tout, il y a un autre choix à faire, qui n'est pas d'une moindre importance ; le voici :

Outre ceux qui ont été reconnus capables de porter les armes, il faut encore avoir un autre corps de troupes divisé en cinq classes.

---

(1) Mou-koung a rendu son nom illustre par les victoires qu'il remporta sur les Tartares Occidentaux, auxquels il enleva douze villes considérables, dont les dépendances augmenterent de plus de mille Li la Principauté de Tsin. Ce grand homme mourut la tren ieme année du regne de Siang-ouang, c'est-à-dire, six cents vingt-un ans avant Jésus-Christ.

La premiere fera compofée de ceux qui ont de la force, de la valeur, & qui, faciles à s'enflammer, font capables des plus hautes entreprifes.

La feconde contiendra ceux qui favent faire ufage de la force qu'ils peuvent avoir, quelle qu'elle foit, qui ne l'emploient qu'avec fuccès, qui aiment le métier de la guerre, & qui ne refpirent que les combats.

La troifieme claffe renfermera tous ceux qui, doués d'une agilité naturelle & d'une extrême foupleffe de corps, peuvent fe tranfporter d'un lieu à un autre dans un très court efpace de temps, peuvent grimper fur les montagnes, defcendre dans les précipices, laffer même les chevaux à la courfe, fupporter toutes fortes de fatigues, fans en être incommodés, fans avoir même befoin de chercher dans le repos à réparer leurs forces.

La quatrieme claffe fera de ceux qui, ayant poffédé autrefois des charges, foit dans la Magiftrature, foit ailleurs, les ont perdues par leur mauvaife conduite, ou en ont été ignominieufement dépouillés en punition de leurs fautes : des gens de cette efpece voudront à coup sûr fe rendre recommandables par quelque fait extraordinaire ; ils voudront s'attirer la bienveillance du Prince, défarmer fa colere & fe frayer de nouveaux fentiers vers les honneurs qu'ils ont perdus.

La cinquieme claffe ne doit être compofée que de ceux qui, ayant eu à défendre quelque ville ou quelques poftes importants, les ont perdus, foit en les défendant mal, foit en les cédant à l'ennemi, fans y être contraints par la néceffité : revenus de leur crainte, & honteux de leur lâcheté, ils feront tous leurs efforts pour effacer, par des actions de bravoure, la tache ignominieufe dont ils s'étoient eux-mêmes fouillés.

Les cinq claffes que je viens d'affigner doivent être compofées chacune de trois mille hommes ; ce nombre fuffit pour rendre une armée invincible. S'agit-il de combattre ? c'eft eux qu'il faut d'abord oppofer à l'ennemi. Faut-il faire le fiege de quelque ville ? s'agit-il d'enlever quelque pofte ? c'eft eux encore qui doivent faire les premieres tentatives ; il faut leur céder l'honneur des premiers exploits.

Voilà donc, dit Ou-heou, comment il faut compofer le corps de la Milice ; mais apprenez-moi, je vous prie, quels font les moyens qu'il faut employer pour faire en forte que de telles troupes ne foient fujettes à aucun changement, ni à des viciffitudes fâcheufes. Je voudrois favoir auffi s'il y a quelque moyen d'être toujours victorieux de fes ennemis, & d'empêcher qu'ils ne viennent jamais inquiéter notre Royaume. Pouvez-vous me fatisfaire fur toutes ces demandes ? Oui, Prince, répondit Ou-tfe ; & vous viendrez à bout de tou cela, fi vous voulez fuivre exactement ce que je vais vou: enfeigner.

Un Roi doit commencer par acquérir la fageffe : s'il a la fa geffe en partage, il choifira parmi ceux de fes fujets qui exercent la profeffion des armes ce qu'il y a de plus vertueux pour les placer à la tête des autres. Ceux qui n'ont qu'une vertu commune, ou qui n'en ont point du tout, ne doivent jamais exercer des emplois qui leur donneroient quelque autorité ; c'eft bien affez pour eux qu'ils fervent l'Etat en obéiffant à ceux qui doivent les commander. Faites-en de même, votre armée ne fe démentira point, vos troupes ne fortiront jamais de cet état de vigueur qu'elles auront de leur nature, fi elles font telles que je vous les ai défignées.

En fecond lieu, fi vous faites en forte que le peuple travaille avec joie, qu'il foit toujours content, qu'il foit plein de foumiffion & d'obéiffance pour les Magiftrats, qu'il puiffe les envifager comme autant de peres, foyez sûr que vous conferverez vos Etats, qu'ils feront floriffants, & que l'ennemi n'en approchera jamais, fur-tout fi vous vous conduifez de telle sorte que vos sujets louent toutes vos actions, qu'ils ne voient rien au-dessus de ce qui s'observe dans votre Royaume, qu'ils blâment au contraire les différents usages des Royaumes voisins ou ennemis. Si lorsque vous avez entrepris quelque chose d'extraordinaire, il ne s'est point répandu de faux bruits parmi le peuple, & si l'on interprete en bien toutes vos actions, soyez sûr que vous ne serez jamais vaincu.

Un jour que Ouen-heou avoit assemblé son Conseil, pour délibérer sur une affaire de grande importance, il arriva qu'on n'y put rien déterminer, par le peu de décision ou le défaut de lumieres de ceux qui le composoient. Le Prince, de retour dans son appartement, ne donna aucune marque qu'il fût peu satisfait; il avoit au contraire un air serein & riant plus que de coutume; Ou-tse s'en apperçut, & ne pouvant dissimuler ses sentiments, il lui dit, d'un ton qui sentoit le reproche: Prince, il faut que je vous rappelle un trait d'histoire qui vient de se présenter tout-à-coup à mon esprit.

Tchoang-ouang, Roi de Tchou, assembla un jour les Etats de son Royaume, pour des affaires de la derniere importance; il lui arriva précisément ce qui vient d'arriver à Votre Majesté, & l'on ne se détermina à rien. Le Roi, après avoir quitté l'assemblée, avoit le visage comme enflammé de colere. Chen-koung, un de ceux qui approchoient le plus près de sa personne, & qui lui parloit avec liberté, lui témoigna sa surprise de le voir ainsi altéré. Il est indigne d'un grand Prince, lui dit-il, de se montrer ainsi fâché. Quel si grand sujet a pu faire disparoître ainsi votre sérénité ordinaire? Ce que je viens de voir, ce que je viens d'entendre, répondit le Roi. J'ai toujours ouï dire que les sages ne manquerent jamais dans le monde, que, quelque mal gouverné que soit un Royaume, il y a toujours quelques hommes habiles, quelques personnages vertueux, quelques hommes éclairés & de bon conseil;

qu'on m'amene celui qui pourroit être leur Maître, & fur-le-champ je le fais Prince du titre de Ouang : qu'on m'indique feulement quelqu'un qui foit digne d'être leur ami, & je le décorerai du titre de Pa. Je n'ai pas le talent de bien gouverner, j'en fuis convaincu ; ceux qui compofent mon Confeil & les Grands de mes Etats n'ont pas les lumieres fuffifantes pour m'éclairer : hélas ! que va devenir le Royaume de Tchou ? Voilà, Prince, pourfuivit Ou-tfe, ce qui fit naître une jufte indignation dans le cœur de Tchoang-ouang. Pour vous, vous n'êtes pas de même : on diroit que la joie regne dans votre cœur : vous paroiffez bien-aife ; & moi je fuis pénétré de la crainte la plus vive. A ces mots Ouen-heou changea de couleur.

ARTICLE II.
Combien il eft important de bien connoître fes Ennemis.

Ou-heou, inquiet fur l'état préfent de fes affaires, s'ouvrit un jour à Ou-tfe, & lui dépeignit fon embarras en ces termes : Les chofes en font aujourd'hui à un tel point, que je ne fais quel parti je dois prendre : mes Etats font tellement fitués, que parmi les Princes mes voifins il n'en eft aucun qui ne me caufe de juftes alarmes.

J'ai à l'occident le Royaume de Tfin, dont je me trouve fort incommodé : au midi, j'ai le Roi de Tchou, qui me traverfe dans tous mes deffeins : le Roi de Tfi me menace du côté de l'orient ; il fait continuellement des incurfions fur mes Etats : par derriere, je fuis barré par le Roi d'Yen : le Roi de Han m'empêche de faire un feul pas en avant : celui de Tchao me refferre du côté du nord ; enfin je fuis fans-ce obſédé par quelqu'un de ces ſix Royaumes (1), dont les troupes peuvent attaquer mes Etats, qu'elles obſervent ſans ceſſe des quatre côtés. A en juger par les apparences, je ne ſuis pas trop en ſureté ; & je vous avoue que je commence à craindre quelque funeſte revers. Ne pourriez-vous pas trouver le moyen de me mettre à l'abri de toute inſulte, & de me tirer d'affaire avec honneur, ſuppoſé qu'ils viennent à m'attaquer tous à la fois?

Il eſt une crainte, dit Ou-tſe, qui eſt la ſource du repos & de la tranquillité d'un Etat : or, Prince, puiſque vous craignez, je regarde tous ceux qui auroient la témérité de vous attaquer, comme s'ils étoient déja vaincus, & votre Royaume me paroît auſſi en ſureté que dans le temps de la plus profonde paix. Cependant, puiſque vous voulez une réponſe de moi, je vous dirai deux mots ſur chacun de vos voiſins, moins pour vous apprendre à les vaincre, que pour vous les faire connoître : *Un ennemi connu eſt plus qu'à demi vaincu.*

Le Royaume de Tſi (2) eſt grand, il eſt puiſſant ; mais ſa grandeur & ſa puiſſance ne ſont point ſtables, elles manquent par les fondements, & un rien peut les faire écrouler ; d'ailleurs ſes troupes ſont plus lourdes que fortes, plus peſantes que vigoureuſes.

Le Royaume de Tſin (3) a un grand nombre de ſoldats ſur pied ; mais tous ſes ſoldats ne ſauroient compoſer une véritable armée ; ce ſont pour l'ordinaire de petits corps en grand nombre à la vérité, mais ſi fort diperſés qu'on ne peut les réunir lorſqu'il en eſt beſoin. Il eſt aiſé de les battre en détail.

---

(1) Tous ces Royaumes voiſins de celui d'Ouei ne ſont autres que les différentes Provinces qui environnent le Ho-nan.

(2) Le Royaume de Tſi étoit dans le Chan-tong.

(3) Le Royaume de Tſin étoit dans le Chen-ſi.

Le Royaume de Tchou (1) eſt préciſément le contraire de celui de Tſin ; ſes troupes ne font enſemble qu'un ſeul & même corps; elles ſe tiennent toujours réunies, elles ne ſavent ce que c'eſt que de ſe diviſer pour faire diverſion; auſſi gardent-elles difficilement une exacte diſcipline.

Le Royaume de Yen (2) n'a des troupes ſur pied que pour garder ſes propres Etats. Il ſe tient ſur la defenſive, & ne ſe met en mouvement que lorſqu'il eſt attaqué.

Les trois Tſin (3) ont de fort bonnes troupes, on ne ſauroit en diſconvenir ; mais ils ne penſent nullement à remuer : les embarras de la guerre ne ſont pas de leur gout.

Ceux qui compoſent le Royaume de Tſi ſont opiniâtres & de mauvais naturel; ils ſont riches & opulents, mais leurs richeſſes ſont mal partagées. Les Grands, à l'exemple de leur Roi, ſont indolents, mols, faſtueux & ſuperbes : le Peuple foulé ne cherche que l'occaſion de ſecouer le joug ſous lequel il gémit. Ce Royaume eſt étendu, le Gouvernement eſt partagé entre beaucoup de perſonnes; mais comme les récompenſes leur ſont mal diſtribuées, que leurs appointements ſont mal payés, qu'on n'y a nul égard au mérite, il y regne une méſintelligence générale & une ſi grande déſunion, qu'une même perſonne n'eſt ſouvent pas d'accord avec elle-même. Par devant ils ſont peſants, par derriere c'eſt la légéreté même, & dans leur plus grande peſanteur, ils n'ont pas la

─────────────

(1) Le Royaume de Tchou étoit dans le Hou-kouang.

(2) Le Royaume de Yen étoit dans la Province de Pé-tché-ly. Le Royaume de Tchao étoit partie dans le Chan-tong & partie dans le Pé-tché ly. Le Royaume de Han étoit dans le Chan-ſi.

(3) *Par les trois Tſin*, il entend ſans doute le Royaume de Tchao, de Han & les autres qui compoſoient alors la Chine proprement dite.

moindre solidité (1) ; en un mot , il n'y a rien qui soit fixe chez eux, rien n'y est de durée.

Vous n'aurez pas de peine à les vaincre , si, partageant votre armée en trois corps, vous allez hardiment au combat. N'employez d'abord que les deux tiers de vos troupes, dont une partie tombera sur leur gauche tandis que l'autre donnera sur leur droite ; de ce qui vous restera , vous en ferez une espece de camp de réserve pour vous en servir au besoin.

Ceux de Tsin ne paroissent pas d'abord pouvoir être domptés aisément: ils sont naturellement forts & robustes. Leur pays est entrecoupé par un grand nombre de montagnes & de rivieres, leur gouvernement est exact & sévere , les récompenses & les châtiments y sont distribués à propos, il n'est aucun d'eux qui ne soit porté d'affection aux exercices militaires ; souvent même on les voit se partager en plusieurs corps d'armée, & aller porter la guerre de différents côtés ; du reste ils sont opiniâtres & ne savent ce que c'est que de se céder mutuellement. Voulez-vous les vaincre ? présentez-leur l'appât de quelque gain ou de quelque rapine avantageuse , ils s'y laisseront prendre , ils y courront avec avidité, ils auront promptement des troupes sur pied, ils commenceront la campagne, mais ils ne la tiendront pas long-temps. Chacun d'eux n'ayant en vue qu'un intérêt propre , à peine auront-ils mis quelque village à contribution , à peine se feront-ils emparés de quelques troupeaux, ou de telle autre chose semblable que vous aurez voulu leur livrer, qu'ils penseront à s'en retourner

---

(1) Je crois qu'on pourroit rendre ces dernieres lignes de la maniere suivante : *A l'extérieur ils sont graves ; mais au fond c'est l'inconstance même*, &c. Je ne sais ce qu'il peut entendre par cette pesanteur & cette légéreté.

chez eux. En vain leurs Généraux voudront leur donner des ordres, ils ne feront plus écoutés : ce ne fera plus une véritable armée, ce feront différents partis, ce feront plufieurs petits corps qui, n'écoutant plus la voix de la raifon ni celle de l'équité, ne fe conduiront plus que par les loix du caprice ou d'un petit intérêt préfent. Voilà leur maniere de faire la guerre.

Dès que vous les faurez ainfi divifés, faites aller contre eux celles de vos troupes que vous aurez mifes en embufcade ; ne vous amufez pas à vouloir tailler en pieces ceux des ennemis qui pourront fe rencontrer fous vos pas : allez droit à leur camp, vous y furprendrez leurs Généraux & la plupart de leurs Officiers, qui, fe trouvant comme abandonnés & hors d'état de défenfe, fe rendront à vous prefque auffi-tôt : les chefs une fois pris, il n'y a pas à craindre que le refte puiffe fe rallier aifément ; vous pouvez les regarder comme s'ils étoient déja vos prifonniers & vos vaffaux (1).

Ceux du Royaume de Tchou font naturellement foibles ; leur pays eft large, leur maniere de gouverner eft pleine de minuties ; ils ont un nombre prodigieux de loix ; ce qui rend le peuple trifte & craintif. Les troupes qu'ils ont actuellement fur pied font toutes réunies ; mais cela ne fauroit durer. Commencez par les harceler : allez les attaquer chez eux : affoibliffez leur puiffance le plus que vous pourrez : emparez-vous de leurs villages & de celles de leurs villes qui font fans défenfe ; mais ne faites aucun mal à ceux qui les habitent. Après quelques légeres contributions, affranchiffez-les de toutes ces loix minutieufes qui les gênent ; bientôt ils feront vos amis, & vous en procureront d'autres, par les éloges qu'ils feront de leurs vainqueurs. Quand vous irez contre eux, n'em-

───────────

(1) Je ne vois pas trop comment ce que l'Auteur dit ici de ceux de Tfin s'accorde avec un gouvernement exact & févere, tel qu'il le leur donne.

A a ij

portez rien avec vous qui puisse vous embarrasser : allez & revenez sur vos pas : retournez & revenez encore. Il n'est pas nécessaire que vous livriez un seul combat ; vous viendrez à bout de les vaincre & de vous les soumettre en les harcelant.

Ceux qui composent le Royaume de Yen sont bons & sinceres : ils sont pour la plupart doux & attentifs à remplir leurs devoirs : ils aiment la vertu & estiment la valeur ; mais ils n'ont pas d'industrie, & leurs lumieres sont courtes. Ils ne forment aucun projet ni pour l'agrandissement de leur Royaume ni pour toute autre chose : ils se contentent de garder leurs possessions, sans penser à envahir celles de leurs voisins. Observez-les, agacez-les, serrez-les de près, faites-les mouvoir, engagez-les dans de petites actions, bientôt vous les aurez réduits. Leurs Généraux sont indéterminés, leurs soldats sont craintifs : au seul aspect de vos chars armés en guerre & de votre cavalerie, la peur les saisira, vous les vaincrez sans difficulté.

Les trois Tsin, qu'on appelle autrement le Royaume du milieu (ou la Chine), ne sauroient vous nuire en aucune façon. Ceux qui l'habitent ne respirent que la paix ; leur gouvernement est fort uni : le peuple n'est point propre à la guerre ; le seul bruit des armes leur resserre le cœur & les fait trembler. Ils n'ont pas de bons Généraux : ceux qui sont destinés pour le commandement de leurs armées sont tous sans expérience ; d'ailleurs on en fait peu de cas & leurs appointements sont très modiques : leurs troupes savent assez bien la théorie de la guerre ; mais comme elles ne sont pas d'humeur à exposer leur vie, vous n'avez pas à craindre de grandes actions de leur part. La maniere de les combattre avec succès n'est pas difficile : après avoir rangé votre armée en bataille, soyez prêt à combattre ; mais ne commencez pas, laissez à l'ennemi le soin de faire les premieres tentatives. Si vous voyez qu'il soit en trop grand nombre pour oser l'attaquer, reculez un peu, mais en bon ordre. S'il vous pourfuit, attendez qu'il ait rompu fes rangs : alors vous vous tournerez tout-à-coup contre lui. Si, après qu'il vous aura pourfuivi quelque temps, il fe défifte & retourne fur fes pas, pourfuivez-le à votre tour, & ne le quittez point que vous ne l'ayez entiérement défait.

Parmi les troupes dont une armée eft compofée, il y a toujours quelques braves, quelques hommes plus forts & plus robuftes que les autres ; il y a toujours quelques hommes agiles & d'une légéreté plus qu'ordinaire, il y a toujours quelques hommes d'une intrépidité à toute épreuve. Ces hommes diftingués des autres par quelqu'une des qualités que je viens de nommer, doivent l'être auffi par les bons traitements & les récompenfes : ils font l'ame d'une armée, c'eft d'eux en partie que dépendent tous les fuccès ; ainfi il faut qu'un Roi, il faut qu'un Général fache les employer fuivant leurs talents.

Les braves doivent refter dans les rangs : par leur contenance & leur maniere d'agir ou de combattre, ils infpireront du courage & de la valeur aux plus lâches même.

Ceux qui ont de la force & qui font robuftes, doivent avoir leur place parmi les travailleurs : faudra-t-il creufer des canaux, des puits ou des foffés ? faudra-t-il planter ou arracher des pieux ? faudra-t-il abattre des portes ou des murs ? ce font eux qu'il faut commander ; ils fe feront obéir par la multitude, & viendront à bout de tout ce qu'ils entreprendront.

Ceux qui font agiles & légers à la courfe, doivent fans ceffe courir ; ils doivent harceler les ennemis, les provoquer, les infulter, & leur enlever fans ceffe quelques provifions ou quelques partis.

Les intrépides doivent être employés aux chofes extraordinaires : qu'ils aillent enlever les étendards des ennemis jufqu'au milieu de leurs rangs, jufqu'au centre de leur armée ; qu'ils portent la terreur & la mort fous la tente même de leurs Généraux. De tels hommes doivent vous être chers : il faut que vous leur témoigniez votre attachement & votre tendreffe en les flattant, en leur donnant des éloges, en leur faifant des dons, en les avançant dans les grades militaires : il faut que vos bienfaits s'étendent fur toutes leurs familles; il faut que leurs peres & meres, que leurs femmes & leurs enfants ne puiffent jamais regretter leur préfence : il faut quelquefois leur applanir le chemin du retour, en leur accordant une honnête retraite : il faut que, rendus à leur famille, ils puiffent briller encore parmi leurs concitoyens, & fe diftinguer dans les charges ou dignités civiles, comme ils l'ont fait dans les emplois militaires. Les fujets d'un Royaume ou le mérite fera ainfi récompenfé, travailleront tous à fe rendre dignes des bienfaits du fage Roi qui les gouverne. Le peuple fera un compofé de vertueux & de fages, & l'armée fera une affemblée de héros.

Cependant comme l'efpérance des récompenfes & des honneurs peut engager à faire le bien, il faut que la crainte des châtiments & de l'ignominie puiffe empêcher de faire le mal : c'eft pourquoi un bon Général doit être inftruit jufques dans le plus petit détail, de tout ce qui concerne ceux de fes Officiers ou de fes foldats qui fe font diftingués des autres par quelqu'une des qualités dont je viens de parler; il faut qu'il fache tout leur bon & tout leur mauvais, & qu'il ait fans ceffe l'œil fur eux, afin que s'ils viennent à s'égarer, il puiffe les reprendre ou les punir, fuivant la qualité de leurs fautes. Voilà, Prince, la réponfe à la queftion que vous m'avez faite. Cela eft très bien, dit Ouen-heou.

Ou-tfe dit : Abftraction faite de tout le refte, il y a huit manieres de combattre l'ennemi, en confidérant la fituation où il peut fe trouver lorfque vous l'attaquerez, & où vous pourrez vous trouver vous-même.

Premiérement : pendant les rigueurs d'un froid très piquant, ou bien lorsqu'il souffle quelque vent impétueux, soyez toute la nuit sur pied, travaillez de toutes vos forces, rompez les glaces, passez les rivieres, qu'aucune difficulté ne vous arrête; faites en sorte de pouvoir attaquer dès le grand matin. Les ennemis qui vous croiront encore bien loin, ne seront point sur leurs gardes : uniquement occupés à se garantir des injures de l'air, ils ne penseront à rien moins qu'à combattre. Le désordre où ils se trouveront à votre arrivée ne leur permettra pas même de se mettre en état de défense ; vous les enfoncerez, vous les battrez, vous les aurez à discrétion.

Secondement : pendant les plus grandes chaleurs de l'été, lorsque le soleil semble devoir tout embraser, mettez-vous en marche dès le soir, ne vous arrêtez pas de toute la nuit, ne prenez ni repas ni repos ; précipitez vos pas jusqu'au terme que vous vous êtes proposé.

En troisieme lieu : après que les armées auront été long-temps à s'observer, si les vivres commencent à vous manquer, si les troupes sont menacées de quelque grand malheur, & si vous ne voyez aucune issue pour vous tirer d'embarras, allez au combat.

Quatriémement : si les provisions sont épuisées au point qu'on en soit venu jusqu'à manger les chevaux ; si au défaut de riz on n'a pas même des herbages, & que de plus un ciel constamment couvert annonce des pluies qui doivent durer quelque temps, hâtez-vous d'aller au combat.

En cinquieme lieu : si vos troupes, en moindre nombre que celles des ennemis, sont outre cela campées en des lieux peu avantageux ; si les maladies regnent parmi les hommes ou parmi les chevaux ; si, pressé de toutes parts, vous n'avez raisonnablement aucun secours à attendre, il faut absolument en venir aux mains ; risquez le sort d'une bataille.

Sixiémement : quoique le soleil soit déja prêt à se coucher, si tout-à-coup il vous vient des avis certains que l'ennemi n'est pas loin, qu'il a fait un long trajet, & que son intention est de se trouver le lendemain en présence, & de vous attaquer ; ne perdez pas un moment ; allez le surprendre lorsqu'il est sans armes & sans boucliers & qu'il ne pense qu'à se délasser de ses fatigues, à préparer son repas ou à se livrer au sommeil.

En septieme lieu : si chez les ennemis il y a des Généraux dont ils ne fassent pas grand cas ; si leurs Officiers ne sont pas estimés, & qu'en conséquence les soldats n'osent pas se produire, allez au combat.

Huitiémement enfin : avant que les ennemis aient rangé leur armée en bataille, avant même qu'ils aient campé, lorsqu'ils auront passé en partie par quelque défilé ou par des endroits escarpés, attendez-les au passage, combattez les.

Telles sont les occasions & les circonstances où vous ne devez point hésiter d'en venir aux mains & d'attaquer le premier ; j'ose vous répondre d'un heureux succès.

Un bon Général ne doit pas se contenter de savoir quand il doit attaquer, il faut qu'il sache aussi quand & comment il doit battre en retraite & éviter tout combat. Il y a six sortes de circonstances où il faut bien se donner de garde de vouloir se mesurer avec l'ennemi.

La premiere : si vos ennemis sont maîtres d'un pays vaste & bien peuplé ; si malgré la multitude des hommes qui l'habitent, la plupart y vivent à leur aise ou dans l'abondance, & si leurs armées sont nombreuses & bien entretenues, le meilleur parti que vous ayez à prendre, est d'éviter tout combat, & de ne pas même entreprendre la guerre.

La

La seconde : si vos ennemis sont gouvernés par un bon Roi, par un Roi qui gagne le cœur de ses sujets en les comblant de bienfaits, vous ne gagneriez rien en combattant ; vos victoires mêmes vous deviendroient funestes : le plus sûr & le meilleur pour vous est de vous retirer.

La troisieme : des ennemis chez qui la vertu est récompensée & le vice puni, sans aucune distinction, sont des ennemis que vous devez redouter : ils ne se contentent pas d'aimer la justice en toutes choses, ils pratiquent ce qu'elle enseigne. Qu'obtiendrez-vous par les armes que vous ne puissiez obtenir par la négociation ?

La quatrieme : si vos ennemis sont tels qu'ils mettent à la tête des autres ceux qui se sont rendu recommandables par quelque belle action, qu'ils donnent les emplois importants aux sages qu'ils peuvent avoir parmi eux, qu'ils choisissent pour les expéditions ceux qui ont une capacité reconnue ; évitez leur rencontre, n'ayez rien à démêler avec eux.

La cinquieme : en général, ne combattez jamais avec des ennemis plus nombreux & mieux armés que vous.

La sixieme : si vos ennemis peuvent recevoir du secours de quelques-uns de leurs voisins, s'ils sont sous la protection de quelque grand Prince, s'ils ont beaucoup d'alliés, n'hésitez pas à prendre le parti de la retraite ou à faire la paix ; c'est le parti le plus sûr & le plus glorieux pour vous. Pour tout dire en deux mots, connoissez parfaitement toutes les difficultés que vous auriez à vaincre, n'ignorez aucun des risques que vous pourriez courir d'être vaincu : c'est sur ces connoissances que vous devez prendre votre parti.

Ou-heou dit : En voyant les dehors de l'ennemi, je voudrois pouvoir connoître ce qu'il a déterminé dans le secret de son Conseil ; lorsqu'il vient à nous pour nous attaquer ou pour s'emparer de quelques-unes de nos possessions, je voudrois savoir au juste quelles sont les véritables raisons qui l'ont déterminé, quelles sont les mesures qu'il a prises, & ce que je dois faire pour rompre ses desseins : pourriez-vous m'apprendre le moyen d'en venir à bout ?

Je vais tâcher de vous satisfaire, répondit Ou-tse.

Si les ennemis s'avancent tranquillement de votre côté, & avec nonchalance ; s'il paroît qu'ils ne sont en garde sur rien ; si vous voyez leurs drapeaux & leurs étendards flotter, sans ordre & sans distinction, tantôt d'un côté, tantôt de l'autre ; si leurs cavaliers & leurs fantassins semblent s'entretenir en chemin, ne cherchez pas à pénétrer leurs desseins, ils n'en ont aucun ; un seul des vôtres peut en battre dix des leurs. S'ils entrent dans vos possessions avant l'arrivée des Gouverneurs de Province qui doivent leur amener des troupes ; si leurs Généraux ne se sont point abouchés ensemble pour concerter un dessein général d'attaque ; si leur Roi n'est pas d'accord avec ses Grands ; s'il y a de la mésintelligence dans leur Conseil ; s'ils entreprennent quelque chose avant que de s'être fortifiés dans leur camp ; si avant que d'avoir fait les circonvallations & dressé les palissades, le grand nombre de leurs soldats témoigne de la crainte, que vous importe d'en savoir davantage ? combattez hardiment, vous ne sauriez être vaincu.

Ou-heou dit à Ou-tse : Je veux savoir de vous quelles sont en général les circonstances les plus propres pour combattre l'ennemi.

Il est aisé de vous satisfaire, répondit Ou-tse. Pour combattre l'ennemi avec avantage, il faut commencer par le bien connoître ; je veux dire qu'il faut que vous sachiez en quoi il peut manquer dans la conduite des troupes, & que vous soyez au fait de tous les embarras où il peut se trouver, afin de pouvoir en profiter pour l'exécution de vos desseins. Ainsi lorfque l'ennemi viendra de loin, dans le temps que fes troupes font le plus fatiguées, avant qu'il ait rangé fon armée en bataille, attaquez-le. Vous pouvez l'attaquer encore un peu avant le temps du repos, pendant qu'il fe difpofe à prendre fes repas : il faut l'attaquer lorfque vous le faurez dans un état de mifere ou d'extrême fatigue, lorfqu'il n'aura pas pour lui l'avantage du terrein, lorfqu'il aura laiffé paffer le temps favorable pour lui, & qu'il s'obftinera à pourfuivre des projets qu'il devroit abandonner; lorfqu'ayant à paffer par des endroits peu fpacieux, la tête de fon armée ne fauroit être fecourue par le refte de fes troupes ; lorfqu'ayant eu une riviere à paffer, il n'y a que la moitié de fon armée qui foit en-deçà, tandis que le refte cherche encore un paffage de l'autre côté; lorfque leurs drapeaux & leurs étendards font pêle-mêle & fans diftinction; lorfqu'ils changent la difpofition où ils étoient auparavant; lorfqu'il y a de la méfintelligence entre les Généraux & les troupes qu'ils commandent. Dans toutes ces circonftances, allez avec intrépidité contre des ennemis qui ne fauroient vous réfifter ; ne perdez pas un moment de temps ; il n'y a pas à délibérer; leur fituation, l'état préfent où ils fe trouvent, tout vous promet un heureux fuccès.

ARTICLE III.

Du gouvernement des Troupes.

Ou-heou dit à Ou-tſe : Dites-moi, je vous prie, par où il faut commencer, & ce qu'il faut faire pour bien gouverner les troupes.

Ou-tſe répondit : Pour bien gouverner les troupes, il faut avant toutes choſes ſavoir clairement ce que c'eſt que les quatre ſortes de légéretés, les deux ſortes de gravités, & l'unique & véritable force.

Qu'entendez-vous par-là, reprit Ou-heou ? donnez-m'en une explication claire. Je vais tâcher de vous ſatisfaire, répondit Ou-tſe. Légéreté des chevaux ſur la ſurface de la terre, légéreté des chars ſur les chevaux, légéreté des hommes dans les chars, légéreté des ſoldats dans le combat ; telles ſont les quatre ſortes de légéretés qu'il faut connoître & ſe procurer.

Savoir quels ſont les lieux difficiles & ſcabreux, pour les éviter ; connoître les chemins pleins & unis, pour les ſuivre, c'eſt rendre la terre aiſée ſous les pieds des chevaux.

Avoir un grand ſoin des chevaux, ne manquer jamais de leur donner la paille & les grains dans les temps convenables, c'eſt rendre les chars légers ſur leurs corps ; graiſſer à propos les roues, c'eſt rendre le poids des hommes moins péſant ſur les chars.

Les armes bien affilées, les cuiraſſes à l'épreuve de tous les traits, rendent le ſoldat léger dans le combat. Récompenſer à propos le mérite, punir les fautes, & les punir ſuivant leur griéveté, & ſans acception de perſonne, voilà les deux ſortes de gravités. Vous les poſſéderez au point qu'il faut, ſi les récompenses sont données avec libéralité, & si les châtiments sont distribués avec rigueur. Etre ferme & inébranlable quand il s'agit de faire observer la discipline, voilà l'unique & véritable force. Si vous avez toutes ces qualités, vous serez à la tête d'une armée invincible.

Que faut-il faire encore, dit Ou-heou, pour s'assurer de la victoire ?

Gouvernez bien vos troupes, répondit Ou-tse, & vous vaincrez. Quoi! reprit le Prince, ne faut-il pas outre cela avoir une bonne armée? ne faut-il pas avoir un grand nombre de gens de guerre, ou tout au moins en avoir autant que les ennemis peuvent en avoir eux-mêmes? Cela n'est pas nécessaire, répondit Ou-tse : eussiez-vous une armée composée d'un million d'hommes, si vous ne savez pas distinguer & récompenser le mérite, si vous n'employez pas les châtiments, si lorsque vous faites battre sur les bassins, vos troupes ne s'arrêtent pas, si elles n'avancent pas au signal que leur en donneront les tambours, ne comptez pas sur elles, vous n'avez rien à en espérer, vous serez vaincu.

Bien gouverner les troupes, c'est pouvoir les mettre en mouvement, ou les tenir dans l'inaction toutes les fois qu'on le veut ; c'est savoir & pouvoir les faire marcher sans obstacles, les faire reculer sans danger, &, soit qu'elles avancent ou qu'elles reculent, les contenir de façon qu'elles gardent toujours leurs rangs ; c'est savoir mettre les différents corps qui composent votre armée dans une telle disposition qu'ils puissent tous, sans en excepter aucun, obéir aux signaux d'un même étendard toutes les fois que vous le jugerez à propos ; c'est, dans un cas de déroute, savoir rallier promptement ceux qui seroient débandés, ou qui auroient fui ; c'est savoir faire rentrer dans le devoir ceux qui s'en seroient écartés ; c'est savoir maintenir les soldats dans la joie, sans pourtant autoriser le désordre ; c'est savoir leur inspirer la crainte en même temps que la confiance ; c'est savoir les occuper continuellement sans les fatiguer ; c'est faire en sorte de mériter le glorieux t‘tre de leur pere, & de leur inspirer les tendres sentiments de fils.

Ou-tse dit : Tout homme de guerre doit regarder le champ de bataille comme le lieu où il doit finir ses jours : s'il cherche à vivre, il périra ; si au contraire il ne craint pas de mourir, sa vie est en sûreté. Des guerriers prêts à combattre peuvent se comparer à des nautonniers qui seroient dans un vaisseau percé, ou à des gens qui se trouveroient dans une maison que le feu seroit sur le point de réduire en cendres, s'ils ne se donnent toutes sortes de mouvements pour éteindre l'incendie. Ceux qui sont dans l'un ou l'autre de ces cas, n'attendent pas & ne perdent pas le temps à délibérer sur ce qu'il faudroit faire ; ils agissent, ils travaillent de toutes leurs forces, ils n'esperent pas qu'il leur vienne des secours extraordinaires pour les tirer d'embarras ; ce n'est que dans leur courage, dans leur adresse & dans leur activité qu'ils esperent trouver leur salut. Tels doivent être les Guerriers au moment du combat : en attendant l'ennemi il faut tout prévoir ; quand on est en présence il faut faire usage de ce qu'on a prévu, il faut vaincre ou mourir.

Ou-tse dit : Un Guerrier sans aucun talent pour son art est un homme mort : un Guerrier sans expérience est un homme vaincu : c'est pourquoi, instruire les soldats, les exercer souvent, sont les deux points essentiels du gouvernement des troupes. Ayez un homme qui soit parfaitement instruit de tout ce qui concerne l'art militaire, il peut en peu de temps en rendre dix autres aussi habiles que lui : dix peuvent en former cent : cent en formeront mille : mille peuvent facilement en former dix mille. Si dans votre armée il y a dix mille hommes de bonnes troupes, il ne tiendra qu'à vous de la rendre telle qu'elle ne soit composée que d'excellents guerriers, quelque nombreuse qu'elle puisse être. Rapprocher les objets éloignés, & les envisager comme s'ils étoient présents ; dans le temps de l'abondance, prévoir celui de la disette & s'y préparer ; faire prendre promptement & sans embarras une forme circulaire à des troupes qui seroient rangées en quarré ; savoir les faire arrêter tout à coup lorsqu'elles sont dans le plus fort de l'action ; pouvoir les faire mettre en mouvement avec diligence & sans confusion, dans le temps même qu'elles ne respirent que le repos ; les faire passer quand on le veut & comme on le veut de la droite à la gauche & de la gauche à la droite ; pouvoir changer dans un moment la disposition totale de son armée, sans le moindre désordre, c'est être en état de commander. Ce n'est qu'à ces conditions qu'on peut se flatter d'avoir des soldats bien instruits & bien exercés dans l'art qu'ils professent, & d'avoir d'excellents guerriers.

Ou-tse dit : Tous les hommes dont une armée est composée ne peuvent pas être employés indifféremment à tout : il y a un choix à faire, & un Général doit y avoir égard. Voici, à mon avis, ce qu'il est à propos d'observer.

Les hommes de petite taille peuvent se servir avec avantage de la pertuisane & de la lance : ce sont les armes qui leur conviennent. Les fleches & les javelots doivent être destinés à ceux qui sont d'une taille avantageuse. Ceux qui ont du courage doivent être chargés des drapeaux & des étendards. Ceux qui ne sont susceptibles d'aucune crainte doivent porter les tambours & les bassins. Le soin des chevaux & de tout ce qui les concerne doit être confié à ceux qui sont d'une complexion foible, ou qui n'ont aucune force de corps ; il faut les envoyer au fourrage & à la découverte des lieux. Ceux qui ont des lumieres & un jugement sain doivent être consultés dans tout ce qu'on entreprend, ils doivent traiter les affaires. Outre ce que je viens de dire, il faut encore que vous vous conduisiez de telle façon que tous les habitants des villages qui sont voisins des lieux où vous avez établi votre camp, que tous les paysans des campagnes d'alentour soient dans vos intérêts; ils peuvent vous être d'un grand secours, ou vous porter un préjudice considérable, par les avis faux ou vrais, par les instructions bonnes ou mauvaises qu'ils sont en état de vous donner. Il faut que votre armée soit tellement rangée que tous les corps qui la composent puissent mutuellement se défendre & se secourir au premier besoin. Il faut que tout le monde soit attentif au son des tambours & des bassins, & obéisse promptement à tous les signaux qui seront donnés.

Les signaux ordinaires du tambour seront, le premier pour ordonner les préparatifs, le second pour obliger chaque corps à se placer dans le quartier qu'on lui aura assigné, le troisieme pour inviter au repas, le quatrieme pour obliger à endosser la cuirasse & à se revêtir de ses armes; lorsqu'on entendra le cinquieme, on formera les rangs & l'on se tiendra prêt à marcher; & au sixieme on déploiera les étendards, on se mettra en marche, ou on commencera l'action.

Ou-heou demanda à Ou-tse: Peut-on savoir surement quand il est à propos de faire avancer les troupes & quand il faut les arrêter? Ou-tse lui répondit: Ne couvrez jamais le foyer du ciel: ne vous élevez point jusques sur la tête du dragon. J'appelle foyer du ciel les vallées profondes ou les gorges qui sont entre des montagnes; gardez-vous bien d'y conduire jamais votre armée. J'appelle tête du dragon le haut de ces montagnes escarpées dont la cime va se perdre dans les nues; n'entreprenez point d'y faire monter vos troupes.

Il faut absolument que les dragons noirs soient à la gauche, & les tigres blancs à la droite. Les oiseaux rouges doivent être placés

placés à la tête, & les Esprits qui préfident aux armes à la queue : le centre est la place des sept Etoiles (1) ; par leur influence & par leur arrangement, elles mettront en mouvement tout ce qui les environne. Il faut qu'en les voyant, tous les corps de l'armée sachent ce qu'ils doivent faire.

Si, lorsqu'on est sur le point de combattre, le vent souffle du côté qui vous est opposé, ne sortez pas de vos lignes ; ou si vous en êtes déja sorti, tâchez d'y rentrer pour attendre que le vent ait cessé ou qu'il vous soit devenu favorable. Le vent contraire est un ennemi beaucoup plus dangereux que celui qui est armé de fleches & de dards.

Ou-heou demanda à Ou-tse : Comment faut il pourvoir à la nourriture des hommes & des chevaux, lorsqu'on est en campagne ?

Ou-tse répondit : Je vais vous apprendre comment il faut faire pour avoir de bons chevaux : je satisferai dans un autre temps au reste de la demande que vous me faites.

Les chevaux, pour être bons, doivent être entretenus proprement. Il faut qu'ils soient dans des lieux où il y a de bons pâturages. En hiver, il faut les tenir à l'abri des grands froids, & en été ils ne doivent pas être exposés aux excessives chaleurs. En tout temps leur nourriture ne doit être que suffisante. S'il y a du trop, ils deviennent paresseux & indociles ; s'il y a du trop peu, ils deviennent foibles & languissants : dans l'un ou l'autre de ces deux excès, ils sont également inutiles. Il

---

(1) Tout ce qui est dit dans cette phrase ne regarde que les drapeaux ou étendards sur lesquels étoient peints les dragons noirs, les tigres blancs, les oiseaux rouges, les Esprits qui président aux armes & les sept étoiles. Ceux qui avoient sur leurs habillements ou sur leurs boucliers les mêmes symboles étoient rangés sous les étendards dont ils portoient les marques, & aux signaux desquels ils obéissoient.

faut qu'il y ait un temps réglé pour les faire paître, & un temps fixe pour les abreuver. Il ne faut laisser passer aucun jour sans les bouchonner & les étriller. Il faut sur-tout que leur crinicre & leur queue soient toujours en bon état. La propreté sert beaucoup à empêcher qu'ils ne contractent des maladies; elle les entretient frais & dispos, & les rend propres à tout. Il faut accoutumer leurs oreilles à toute sorte de bruit, & leurs yeux à toute sorte d'objets. Des chevaux indociles & ombrageux causent quelquefois la perte de toute une armée. Ne les faites pas courir hors de propos : donnez-leur un pas qui tienne le milieu entre le trot & le galop : qu'ils soient formés à prendre tous les mouvements que vous voudrez leur donner : qu'ils puissent avancer ou reculer, tourner à droite ou à gauche selon que vous le leur indiquerez. Il faut que les hommes soient accoûtumés aux chevaux, & que les chevaux connoissent les hommes ; qu'un même cheval ait toujours une même bride, une même selle, un même mords. Ne changez aucune de ces choses sans nécessité ; qu'elles soient toujours propres, en bon état & bien assorties. S'il arrive quelquefois que, le jour étant sur son déclin, vous vous trouviez encore éloigné du gîte, ne pressez pas pour cela vos chevaux. Il vaut mieux que les hommes souffrent quelque chose, que les chevaux soient harassés. Il est même à propos, dans ces sortes d'occasions, que tout le monde mette pied à terre, & qu'on mene les chevaux par la bride (1); car plus vous les ménagerez, mieux ils vous

___

(1) C'est une coutume à la Chine de délasser les bêtes de somme, chevaux, mulets & autres, en les faisant aller & venir à pas comptés pendant environ une demi-heure de temps, sur-tout si c'est après une course un peu longue. Si on n'usoit pas de cette précaution, les bêtes seroient bientôt hors de service.

Les Chinois de même que les Tartares ne ferrent pas leurs chevaux.

serviront, quand il s'agira de combattre l'ennemi. Si vous observez ce que je viens de dire, les mêmes chevaux pourront vous suffire à traverser le monde entier, s'il est nécessaire.

ARTICLE IV.
Du Général d'Armée.

Ou-tse dit : Pour être en état de commander les armées, il ne faut pas être moins habile dans les Lettres que dans les Armes ; il faut savoir tirer parti du foible comme du fort. Il n'est personne qui ne se croie en état de donner des avis aux Généraux ; il n'est personne qui ne parle des qualités qu'il doit avoir ; mais la plupart le font sans connoissance de cause, & regadent la valeur comme ce qu'il y a de plus essentiel pour celui qui est à la tête des troupes.

Qu'un Général ait de la valeur, à la bonne heure ; mais s'il n'a que cette qualité, je ne crains pas de le dire, il n'est point digne de commander. La valeur seule n'est pas assez prévoyante, elle va toujours en avant, & ne considere pas assez ses véritables intérêts ; elle présume trop d'elle-même, & se met trop aisément au-dessus de toute espece de crainte ; elle n'est pas assez attentive, & croiroit se dégrader si elle prenoit de certaines précautions, fussent-elles dictées par la sagesse elle-même. Cependant il y a cinq articles auxquels un Général doit toute son attention. Le premier consiste dans la maniere de gouverner en général ; le second, dans la maniere de faire les dispositions & les préparatifs nécessaires ; le troisieme, dans la diligence à exécuter ce qu'on entreprend ; le quatrieme, dans l'exactitude à employer tous les moyens & à garder tous les usages ; & le cinquieme, dans la maniere de prendre son parti dans les différentes occasions qui peuvent se présenter.

La maniere de gouverner doit être telle qu'on puisse donner ses ordres, les faire exécuter par l'armée entiere avec la même facilité qu'on trouveroit à ne commander que quelques personnes. Les préparatifs feront tels qu'ils doivent être, si dès le premier jour de votre marche jusqu'à celui qui finira la campagne, vous ne cessez jamais d'être en état de faire face à l'ennemi, & de le combattre, quelque part que vous puissiez le rencontrer, & dans quelque circonstance que ce puisse être.

Les projets une fois concertés, les mesures une fois prises, il ne faut aucun délai dans l'exécution : rien ne doit plus arrêter ; on ne doit plus craindre ni les fatigues, ni les peines, ni les dangers, ni la mort même.

Par l'exactitude à employer tous les moyens & à garder tous les usages, je n'entends autre chose ici, si ce n'est qu'il faut toujours faire observer exactement la discipline militaire ; qu'il ne faut jamais s'endormir à l'abri de ses prospérités ; qu'après la victoire même la plus complette, il faut être prêt à se mesurer avec de nouveaux ennemis & à recommencer le combat.

La maniere de prendre son parti dans les différentes occasions ne sauroit se déterminer. C'est aux lumieres & à la prudence du Général qu'il faut s'en rapporter. Que les châtiments & les récompenses soient fixes : que les fautes restent rarement impunies ; mais qu'une belle action soit toujours récompensée. Dès qu'un Général a reçu de son Souverain l'ordre de se mettre à la tête de ses troupes, il ne doit rentrer chez lui qu'après la défaite entiere des ennemis. Il n'a plus de maison, il n'a plus ni parents ni amis ; le camp, ses soldats doivent lui tenir lieu de tout. S'il meurt à la tête de ses troupes, le jour de sa mort sera un jour de triomphe pour lui & pour tous ceux qui lui appartiennent.

Ou-tſe dit: Il y a quatre ſortes d'attentions à faire pour celui qui eſt à la tête d'une armée. La premiere regarde le temps, la ſeconde le lieu, la troiſieme les circonſtances, & la quatrieme l'état où les troupes ſe trouvent actuellement.

Dix mille Officiers, cent mille Soldats, toute une armée, de quelque nombre qu'elle ſoit compoſée, ſe trouvent à la diſpoſition d'un ſeul homme; & ce ſeul homme, c'eſt le Général. Quel temps plus favorable pour montrer ſes vertus, pour faire paroître au grand jour ſes belles qualités, pour illuſtrer ſa patrie, pour immortaliſer ſon nom & celui de ſon Roi? C'eſt le temps de ſe ſurpaſſer lui-même, &, ſi j'oſe le dire, de ſe mettre au-deſſus de l'humanité.

Les chemins ne ſont pas toujours unis, les routes ne ſont pas toujours ſures; il y a des plaines & des montagnes, des lieux ſcabreux & des terreins aiſés; il y a des précipices & des défilés, des lieux arides & des lieux marécageux: un Général doit les connoître, pour en tirer tout le parti qui lui paroîtra le plus convenable & le plus avantageux. Rien ne doit lui échapper.

Les circonſtances ne doivent point être l'effet du haſard; un habile Général ſait les faire naître à point nommé. Il ſait l'art de commander & de ſe faire obéir; il ſait ſe faire aimer & craindre en même temps; & comme il a l'eſtime des ſiens, on lui ſuppoſe les vues les plus profondes dans tout ce qu'il entreprend, n'y eût-il de ſa part aucun deſſein prémédité: il ſait l'art d'en impoſer à l'ennemi, de ſemer la diſcorde parmi les Officiers généraux tant de l'armée qu'il doit combattre que des villes qu'il veut conquérir, celui de faire en ſorte que les ſubalternes les mépriſent, de mettre la diviſion entre leurs ſoldats, &, en un mot, celui de diſpoſer d'eux tous à ſon gré.

Un Général peut raiſonnablement ſe flatter des plus heureux ſuccès, s'il a fait en ſorte que ſes troupes ſoient bien exercées

& propres à toutes les évolutions, s'il les a rendu ennemies de l'oisiveté & du repos, s'il les a rendu capables de souffrir la faim, la soif & la plus extrême fatigue sans se décourager; si les chars, tant ceux qui sont armés que ceux qui sont pour le bagage, sont toujours en bon état; s'ils ont, par exemple, de bonnes roues, de solides ferrements, & si tout ce qui les compose est assez fort pour résister aux secousses des chemins les plus mauvais; si les barques, tant celles qui sont pour le transport des vivres & des munitions, que celles qui sont pour combattre, ont de bons avirons & de bons gouvernails, si elles sont fortes & bien lestées, si elles peuvent servir pour les différentes évolutions; si les chevaux peuvent être d'un bon service, c'est-à-dire, s'ils sont bien dressés, s'ils sont dociles au frein, & s'ils prennent tous les mouvements qu'on voudra leur donner. Celui qui sait avoir toutes ces attentions, & qui entre dans tous ces détails, comme pour se délasser, a quelques-unes des qualités qui constituent un bon Général. Mais il ne les a pas toutes encore: il faut de plus qu'il ait de la majesté, de la bravoure, de la vertu & de l'humanité; s'il est tel, il sera obéi, respecté, estimé, aimé des siens; il sera craint & redouté des ennemis: ses moindres volontés seront des ordres; tous ses combats seront des victoires; il sera le soutien de son Prince, la gloire de son regne, l'auteur de la tranquillité publique, & la terreur de ses ennemis.

Ou-tse dit: Les bassins & les tambours doivent parler aux oreilles, les drapeaux & les étendards doivent parler aux yeux, les récompenses & les châtiments doivent parler aux cœurs. Si le son des bassins & des tambours ne désigne pas clairement quels sont les ordres de celui à qui tout doit obéir, si les couleurs & les différents arrangements des drapeaux & des étendards n'instruisent pas suffisamment ceux dont ils doivent être suivis, si les châtiments & les récompenses n'ont rien qui puiſſe piquer l'émulation ou inſpirer la crainte; quelque puiſſant que ſoit un Royaume, quelque nombreuſe que ſoit une armée, on ne doit s'attendre qu'à des défaites & à des malheurs. Un bon Général doit donner ſes ordres d'une maniere claire & préciſe, ſans ambiguité ni confuſion : inſtruite de ſes volontés, l'armée entiere doit s'ébranler au premier de ſes ſignaux ; tous ceux qui la compoſent doivent être diſpoſés à toutes ſortes de marches & d'évolutions, ils doivent être prêts à affronter la mort & à la recevoir avec joie pour l'honneur de la Patrie & la gloire du Souverain.

Ou-tſe dit: Un des points les plus eſſentiels pour le bon gouvernement des troupes, lorſqu'elles ſont à la veille de quelque grande action, ou lorſqu'elles ſont ſimplement en campagne, eſt de connoître à fond ceux contre leſquels on doit combattre. Il faut qu'un Général ſoit au fait de toutes les qualités, bonnes ou mauvaiſes, de ſon adverſaire ; il faut qu'il ait une attention continuelle à obſerver toutes ſes démarches, car c'eſt ſur elles qu'il doit régler ſa propre conduite : il faut qu'il ſache mettre à profit la moindre de ſes fautes, la plus petite de ſes inadvertences.

Si le Général ennemi eſt d'un tempérament qui le porte à la préſomption & à l'étourderie, il faut lui tendre des pieges, il faut ſans ceſſe lui donner le change ; s'il eſt avare, & qu'il préfere les richeſſes à l'honneur, les petits avantages à la gloire de ſe faire un nom, il faut le ſéduire par les promeſſes & le corrompre par l'argent ; s'il eſt ſans prévoyance, & que ſon camp ne ſoit pas abondamment pourvu de tout, il ne faut point en venir aux mains avec lui, il faut le laiſſer ſe morfondre & le réduire aux abois ; s'il ſouffre que les Officiers Généraux ſoient orgueilleux & dans l'abondance, tandis que les ſubalternes gémiſſent ſous le poids de la miſere & manquent preſque de tout, s'il laiſſe murmurer impunément & qu'il souffre les dissentions & les inimitiés qui pourroient naître parmi eux, il faut achever de les diviser; si, lorsqu'il s'agit d'avancer ou de reculer, il est comme en suspens, sans savoir à quoi se déterminer, il faut lui fournir de nouveaux sujets de crainte & l'engager par-là à de fausses démarches; s'il n'est pas aimé des troupes, s'il n'a pas leur confiance, & qu'à peine il en soit obéi & respecté, il faut faciliter les moyens de désertion à tous ceux qui pourroient avoir envie de l'abandonner, & faire naître cette envie dans le cœur même de ses plus fideles soldats. S'il est campé dans des lieux unis, tâchez de l'en faire sortir, & conduisez-le, pour ainsi dire, dans des lieux scabreux; quand vous l'y verrez engagé, donnez sur lui avec toutes vos forces, & ôtez-lui tous les moyens de pouvoir retourner sur ses pas; s'il est campé dans des lieux bas, d'où l'eau n'ait aucune issue pour pouvoir s'écouler, & qu'il vienne quelque pluie abondante, achevez de l'inonder; s'il est campé dans de fertiles campagnes où il ait à souhait grains & fourrage, profitez du premier vent pour tout consumer par le feu; enfin s'il est campé depuis long-temps dans un même lieu, & que ce soit la paresse ou la crainte qui l'y retienne, allez le prendre au dépourvu, vous l'enfoncerez sans peine.

C'est fort bien, dit Ou-heou; mais si je ne sais point dans quel état sont les ennemis, si j'ignore entiérement quelles sont les qualités bonnes ou mauvaises de leurs Généraux, que dois-je faire pour m'en instruire? Je suppose que les deux armées sont déja en présence & qu'elles s'observent mutuellement.

Voici, répondit Ou-tse, comment vous pourrez en venir à bout.

Parmi ceux qui ne sont pas entiétement de l'ordre inférieur, il faut choisir ceux qui auront le plus de courage, le plus d'ardeur, & qui sont prêts à tout entreprendre pour se faire un nom ou pour avancer leur fortune: composez-en un petit corps

&

& envoyez le contre les ennemis, non dans le dessein de les vaincre par le moyen de ce petit nombre de braves que vous leur opposerez, mais seulement pour les connoître & pour les essayer. De votre côté soyez continuellement sur vos gardes, ayez l'œil à tout, que rien ne vous échappe : il faut que votre petit corps d'élite avance, recule, attaque, se défende & fasse généralement toutes les évolutions nécessaires pour faire développer tous les talents des ennemis, ou pour les mettre dans l'occasion de montrer leur peu d'habileté ; vous pourrez alors faire les observations suivantes.

Si, à la premiere alarme que vous leur ferez donner, les ennemis ne font pas un bruit tumultueux dans leur camp ; s'ils ne sortent pas de leurs lignes ou de leurs retranchements, & s'ils se donnent le temps de pouvoir tout considérer à loisir ; si, lorsque vous leur donnez l'appât de quelque avantage, ils font semblant de ne pas s'en appercevoir ; si lorsqu'ils sont sortis de leurs lignes vous voyez qu'ils marchent en silence & en bon ordre, que leurs rangs sont bien formés & serrés à propos, & que loin de se laisser prendre aux pieges qu'on pourroit leur tendre, ils en dressent eux-mêmes pour attirer l'ennemi, soyez sûr que ce sont de bonnes troupes qui ont à leur tête d'excellents Généraux : ne vous pressez pas de les attaquer ; vous courriez risque d'avoir du dessous. Si au contraire, dès que vos gens auront paru, les ennemis sont surpris de votre petit nombre, & courent à vous pour tenter de vous vaincre ou de vous enlever ; s'ils ne gardent aucun ordre dans leur marche ; s'ils vont avec une entiere sécurité & sans prendre les précautions que la prudence exige, n'hésitez point sur ce que vous avez à faire ; un pareil ennemi ne peut être que vaincu ; eût-il à sa disposition les armées les plus nombreuses, il ne sauroit vous résister.

Dd

ARTICLE V.

De la maniere de prendre son parti dans les différents changements qui peuvent arriver.

Ou-heou dit : Si une armée dans laquelle il n'y auroit que de bons chars, d'excellents chevaux, des Généraux habiles & des troupes bien aguerries, rencontrant tout-à-coup l'ennemi, est mise en déroute, & se trouve dans un désordre affreux, sans presque s'en être apperçue ; que faut-il faire dans un cas pareil ?

Ou-tse répondit : Il faut distinguer les différents temps où ce malheur peut arriver. Si c'est pendant la nuit que les ennemis soient venus vous surprendre, il faut recourir promptement aux tambours, aux trompettes & aux bassins : si c'est en plein jour, il n'y a pas à délibérer, c'est aux drapeaux, aux étendards & aux pavillons que vous devez mettre le premier de vos soins : tous ces instruments doivent vous servir pour donner vos ordres ; il faut par conséquent qu'ils soient à portée d'être vus ou entendus de tout le monde ; il faut qu'ils soient, pour ainsi dire, à vos côtés. Faites donner les différents signaux auxquels vos troupes doivent être accoutumées, ralliez-les promptement ; & s'il se trouve quelqu'un qui montre de la négligence à obéir, qu'il soit mis à mort sur-le champ : dans une telle circonstance, vous ne devez votre salut qu'à votre sévérité ; l'indulgence à laquelle vous pouvez être porté dans d'autres occasions, causeroit ici votre perte. Votre armée une fois ralliée, combattez en bon ordre.

Je comprends, dit Ou-heou. Mais si, lorsque je m'y attendrai le moins, je vois tout-à-coup venir contre moi une armée très nombreuse, que faut-il que je fasse pour n'en être pas accablé ?

Ou-tſe répondit: Il faut diſtinguer les lieux où vous vous trouverez alors : ſi vous êtes dans des lieux vaſtes & ſpacieux, il faut vous retirer à petit bruit, & aller camper ailleurs : ſi vous êtes dans des lieux étroits, il faut vous retrancher, & attendre que l'ennemi vienne pour vous forcer; en ce cas, dix contre un combattent à armes égales. En général, ce n'eſt que dans des lieux étroits, ſcabreux & de difficile accès, qu'une petite armée peut ſe meſurer avec une armée nombreuſe, & que dix mille hommes peuvent combattre contre cent mille.

Je ſuis au fait, reprit Ou-heou. Je me ſuppoſe à préſent dans une poſition toute ſinguliere; la voici: Je ſuis à la tête d'une nombreuſe armée, compoſée d'excellentes troupes; mais je ſuis campé de façon que derriere moi ſont des montagnes eſcarpées; à gauche, je ne vois que des précipices ; à droite, j'ai des fleuves & des rivieres, & je n'ai devant moi que des lieux profonds & marécageux, pleins de dangers. Les ennemis ont élevé de fortes redoutes de diſtance en diſtance, ils ſont bien armés & bien retranchés. Si je veux retourner ſur mes pas, c'eſt comme ſi je voulois tranſporter des montagnes : ſi je veux avancer, c'eſt comme ſi je courois à ma perte. Les vivres ne me manquent point encore, mais enfin je ne ſaurois demeurer long-temps dans une pareille ſituation ſans m'expoſer à me voir réduit à ce qu'il y a de plus affreux. Dites-moi, je vous prie, ce qu'il faudroit que je fiſſe en pareil cas.

Ou-tſe dit : Il n'eſt pas aiſé, Prince, de ſatisfaire à la queſtion que vous me faites. Vous vous ſuppoſez dans les plus terribles embarras où un Général puiſſe jamais ſe trouver: cependant comme ce que vous venez de dire peut arriver, voici comment vous pourriez vous tirer de ce mauvais pas, ſi vous aviez le malheur ou l'imprudence de vous y engager.

Il faudroit commencer par faire une revue générale de vos troupes ; vous les partageriez enfuite en cinq corps, qui feroient comme autant de petites armées qu'il faudroit faire défiler en même temps par autant de chemins particuliers. Il eft vraifemblable que les ennemis ne fauroient alors à quoi s'en tenir, ni quel parti prendre : ils vous fupoferoient des vues que vous n'auriez peut-être pas ; ils craindroient d'être attaqués, & chercheroient à deviner par quel côté ; ils n'oferoient vous attaquer les premiers, parcequ'ils ignoreroient vos deffeins ; & vous pourfuivriez ainfi tranquillement votre route, foit pour aller au combat, foit pour battre en retraite, & vous tirer d'un lieu où vous pourriez fi facilement périr vous & toute votre armée.

Dans ces circonftances, fi vous croyez pouvoir vous battre avec fuccès, n'engagez aucun combat fans avoir fait les réflexions fuivantes. Si vous devez vaincre, ce ne fera ni par la bonté de votre cavalerie, ni par la valeur de vos troupes ; votre bonne conduite, votre prudence, votre habileté peuvent feules vous donner la victoire : ainfi, fi les ennemis font continuellement fur leurs gardes, s'ils connoiffent toute l'importance des poftes qu'ils occupent, s'ils maintiennent une exacte difcipline parmi les foldats, contentez-vous d'abord de leur envoyer quelques détachements pour les harceler & les engager par là à vous montrer ce qu'ils peuvent entreprendre. A cette rufe ajoutez-en une autre ; envoyez-leur des députés, écrivez-leur des lettres pour les amufer par la voie des négociations : s'ils fe laiffent prendre à cet artifice, allez les combattre lorfqu'ils s'y attendront le moins : fi au contraire ils font dans de juftes défiances, s'ils refufent d'entrer en pourparler, s'ils ne veulent pas recevoir les lettres que vous leur aurez écrites, s'ils les brûlent fans vouloir même les lire auparavant ; fi voyant que les gens que vous leur aurez envoyés ne font que des efpions, ils les traitent comme tels & les font mourir en conféquence ; n'allez pas témérairement contre de tels ennemis, ne précipitez rien, donnez-vous le temps de tout prévoir & de pourvoir à tout. Si le hafard ayant fait naître l'occafion de quelque action particuliere, il fe trouve que vos gens aient eu du deffous, gardez-vous bien d'en venir à une action générale, évitez même avec un grand foin jufqu'au plus petit combat, jufqu'à l'efcarmouche: fi au contraire vos troupes ont été victorieufes, faites auffi-tôt battre la retraite, empêchez-les d'aller à la pourfuite des fuyards : fi les ennemis font femblant de prendre la fuite, ou cherchent par d'autres voies à vous attirer au combat, allez à eux en ordre de bataille, mais au petit pas. S'ils viennent à vous dans l'intention de vous forcer au combat, préparez-vous à les bien recevoir ; difpofez tellement votre armée, que tous les corps qui la compofent puiffent fe foutenir mutuellement; alors vous pourrez vous battre en toute fureté & vous tirer avec honneur du mauvais pas ou vous vous trouverez engagé.

C'eft fort bien, reprit Ou-heou : mais voici une autre fuppofition que je fais. Mon armée fe trouve vis-à-vis de celle de l'ennemi qui veut me forcer à un combat que j'ai deffein d'éviter ; la terreur s'eft emparée du cœur de mes foldats ; je voudrois me retirer & je ne trouve aucun chemin : comment fortir de cet embarras ?

C'eft, répondit Ou-tfe, en ufant de ftratagêmes, que vous pouvez, en pareil cas, vous fauver. Les circonftances, votre fituation, votre crainte même pourront vous les fuggérer : cependant il faut avoir égard au nombre de vos troupes. Si elles font fupérieures à celles des ennemis, tâchez de vous ouvrir un paffage au travers de leurs bataillons ; fi au contraire elles font moins nombreufes, retranchez-vous le mieux que vous pourrez; ufez d'artifices, donnez le change, attendez le refte du temps & des occafions.

Me voici, dit Ou-heou, dans une fituation encore plus fâcheufe. Je me trouve engagé dans mille périls ; je ne vois autour de moi que précipices, que montagnes efcarpées, que vallées profondes, que gorges, que défilés ; & par furcroît de malheur une armée beaucoup plus nombreufe que la mienne fe montre tout-à-coup aux environs : que dois-je faire ?

Ne perdez pas un moment de temps, répondit Ou-tfe: précipitez vos pas, foit que vous vouliez atteindre ou éviter l'ennemi. Si la rencontre des deux armées s'eft faite fubitement, & qu'il faille en venir aux mains, fans qu'il foit poffible de l'éviter, faites pouffer de grands cris à vos foldats : que le bruit des tambours, des trompettes & de tous les inftruments de guerre fe joigne aux henniffements des chevaux pour effrayer ou pour faire illufion à l'ennemi ; envoyez vos tireurs de fleches légeres & vos arbalétriers pour faire les premieres décharges ; foutenez-les, renouvellez-les, ayez fans ceffe des gens aux aguets qui obfervent tout, & qui vous rendent compte de tout ; envoyez-en d'autres pour enlever des vivres & des bagages: faites en forte que l'ennemi puiffe fe perfuader qu'il y a plufieurs armées à fes trouffes ; en l'attaquant de plufieurs côtés à la fois, vous le déconcerterez entiérement.

Mais, reprit Ou-heou, fi mon armée fe trouve entre deux montagnes fort élevées & dans un chemin fort étroit, que dois-je faire?

Il faut, répondit Ou-tfe, que vos meilleures troupes foient à la tête des autres, que votre cavalerie & vos chars armés foient placés féparément & en état de faire face à tout en cas d'attaque, que vos pavillons & vos étendards foient déployés, mais fans être élevés. Dans cette difpofition, attendez de pied ferme que l'ennemi veuille entreprendre quelque chose. S'il n'ose avancer & que vous ayez lieu de croire qu'il ne sait à quoi se déterminer, faites marcher promptement l'élite de vos troupes, ne lui donnez pas le temps de se reconnoître, poussez-le au-delà des montagnes ; alors faites agir votre cavalerie & vos chars pour lui inspirer la crainte & le mettre entiérement en déroute.

Voilà, dit Ou-heou, la maniere de se tirer d'affaire lorsqu'on est engagé dans des défilés. Mais si, me trouvant avec mon armée dans des lieux humides, entrecoupés par des ravines & des ruisseaux, dans des lieux pleins de marais, de vase ou de boue ; si mes chevaux & mes chars sont tellement embourbés qu'ils ne puissent m'être d'aucun secours ; & si, par surcroît de malheur, n'ayant ni bateaux ni radeaux ni autres choses semblables, j'apprends tout-à-coup que l'ennemi vient à moi, dans la disposition de me combattre ; quel parti dois-je prendre pour me tirer d'embarras ?

Prince, répondit Ou-tse, laissez alors vos chevaux & vos chars se tirer tranquillement d'affaire du mieux qu'ils le pourront. Pour vous, à la tête de ce que vous aurez de troupes légeres, avancez promptement du côté où vous découvrirez quelque hauteur. Si vous n'en appercevez aucune, faites attention au courant des ruisseaux, remontez vers leur source, vous ne tarderez pas à voir quelques côteaux ou quelques lieux plus élevés que les autres : rendez-vous-y le plutôt qu'il vous sera possible ; & quand vous y serez arrivé, portez votre vue aussi loin qu'elle pourra s'étendre ; examinez la contenance des ennemis ; donnez les signaux nécessaires à vos troupes, tant à celles qui vous auront suivi, qu'à celles qui seront encore dans l'embarras. Si vous voyez que les ennemis s'engagent dans des lieux semblables à ceux que vous venez de quitter, attendez que la moitié de leur armée se soit mise hors d'état de pouvoir fecourir l'autre ; alors allez tailler en pieces celle qui fera le plus à votre portée.

Ou-heou dit : Si le ciel conftamment couvert fe décharge par une fi grande abondance de pluie qu'il foit impoffible de faire agir les chevaux & les chars, & que, dans ces circonftances, l'ennemi venant des quatre côtés, la terreur & la confternation fe répandent dans mon armée, quel eft le parti que je dois prendre ?

Il ne faut pas attendre, répondit Ou-tfe, que vous foyez inondé pour penfer à faire agir les chevaux & les chars : dès les premieres pluies mettez les uns & les autres dans une pofition avantageufe ; faites-leur occuper les lieux élevés. Si vous avez manqué à cette précaution, à une premiere faute n'en ajoutez pas une feconde, en voulant tirer parti de ce qui ne peut que vous nuire ou vous incommoder ; mettez tous vos foins à dégager vos chevaux & vos chars, & par le moyen des plus forts aidez les plus foibles, afin que tous enfemble vous puiffiez gagner les hauteurs : quand vous y ferez parvenu, attendez fans inquiétude jufqu'à ce que ceux que vous aurez envoyés à la découverte des chemins viennent vous rendre compte de leur commiffion ; alors, ou vous irez attaquer l'ennemi, ou vous vous tiendrez fimplement fur la défenfive, fuivant que la prudence vous le fuggérera. Si l'ennemi décampe le premier, fuivez-le pas à pas jufqu'à ce que vous ayez trouvé une occafion favorable pour le combattre avec fuccès.

Je n'ai plus qu'une queftion à vous faire, dit Ou-heou. Ce n'eft plus contre une armée entiere que je dois combattre, c'eft contre une infinité de petits partis ; ce n'eft plus contre des troupes aguerries qui m'attaquent à découvert, c'eft contre différentes bandes de voleurs qui m'enlevent tantôt des beftiaux, tantôt des équipages, tantôt des provifions, & toujours

jours quelque chose : comment venir à bout de pareils brigands ?

Le parti le plus sûr que vous puissiez prendre, répondit Ou-tse, c'est d'être continuellement sur vos gardes; il faut de plus que vos bestiaux ne s'écartent pas trop loin hors du camp; il faut que les équipages soient toujours sous les yeux de l'armée entiere; il faut que ceux que vous enverrez au fourrage soient toujours bien soutenus, & que ceux qui les soutiennent soient toujours prêts à tout événement; il faut outre cela mettre des troupes en embuscade avec ordre de n'attaquer les partis ennemis que lorsque ceux-ci, chargés de butin, prendront à la débandade le chemin du retour; vous les mettrez aisément en pieces dans un temps où ils penseront à peine à se défendre, & où ils se trouveront entre deux feux.

Ou-tse dit : Après que vous vous serez rendu maître de quelque ville, voici comment vous devez vous conduire. Assemblez les principaux Officiers de votre armée, mettez-vous à leur tête, & rendez-vous dans le lieu où s'assemblent les Magistrats pour traiter les affaires ou juger les citoyens. Là, avec un air de bonté & d'affabilité propre à gagner les cœurs, donnez vos ordres en présence des chefs & des principaux du lieu ; faites-leur voir que le premier de vos soins est d'empêcher que les soldats ne se livrent au penchant qu'ils ont à commettre les crimes qu'ils se croient comme permis dans ces sortes d'occasions; défendez sous de rigoureuses peines qu'on ne fasse aucun dégât, qu'on n'enleve rien de force; que les maisons des citoyens soient comme sacrées, qu'on ne tue pas même leurs animaux domestiques, qu'on n'arrache aucun arbre, qu'on ne détruise aucun bâtiment, qu'on ne brûle aucun magasin. Faites assigner, par les Magistrats mêmes du lieu, des logements pour vos troupes ; tenez-vous-en d'abord à ce qu'ils auront déterminé, sauf à vous de faire ensuite les changements qui vous paroîtront néceſſaires lorſque vous ſerez un peu mieux inſtruit. Dans la diſtribution des emplois & des graces, n'oubliez pas entiérement les gens du pays : en un mot, que les vaincus puiſſent ſe féliciter en quelque ſorte de vous avoir pour vainqueur (1).

ARTICLE VI.

Des véritables moyens d'avoir de bonnes troupes.

Ou-heou demanda : Suffit-il pour avoir de bonnes troupes, de faire obſerver une exacte diſcipline, de punir ſévérement, & de récompenſer avec libéralité ?

Prince, répondit Ou-tſe, je n'entreprendrai pas de faire l'énumération de tous les cas & de toutes les circonſtances où les récompenſes doivent avoir lieu, ni de ceux où vous devez employer les châtiments. Faire uſage à propos des uns & des autres eſt un article très important, & auquel vous devez toute votre attention. Cependant ce n'eſt pas ſur cela ſeulement que vous devez vous appuyer; il y a trois points eſſentiels d'où dépendent également la bonté de vos troupes & tous vos ſuccès.

Le premier : c'eſt de faire de ſi bonnes loix, que, dès qu'elles ſeront promulguées, tous ceux qu'elles regardent s'y ſoumettent avec plaiſir.

Le ſecond : c'eſt de faire en ſorte que dès qu'il y aura la

___

(1) Quoique les differentes queſtions de Ou-heou & les réponſes du Général aient été faites en différents temps, j'ai cru pouvoir les lier comme ſi elles avoient été faites dans une même converſation. Il y a ſimplement dans le texte, Ou-heou dit, Ou-tſe dit, &c Du reſte je n'ai rien ajouté aux idées de l'Auteur, je les ai expliquées comme l'ont fait ceux des Commentateurs que j'ai conſtamment ſuivis dans tout le cours de cet Ouvrage.

moindre apparence de guerre, vos soldats ne soupirent qu'après le moment du départ, & que dès qu'ils seront rassemblés en corps d'armée, ils soient dans la plus grande joie quand ils se croiront à la veille d'un combat.

La troisieme enfin : c'est de disposer tellement le cœur de vos Guerriers, que ni leur éloignement au-delà des frontieres, ni leur séjour dans les lieux où ils pourront manquer de tout, ne puissent leur faire perdre courage ou ralentir leur ardeur, & qu'ils n'envisagent jamais la mort, de quelque part ou de quelque façon qu'elle leur vienne, que comme un sujet de joie & de triomphe pour le Prince, pour la Patrie, pour le Général, pour eux-mêmes, & pour tout ce qui leur appartient.

Ou-heou ne répliqua pas ; mais après avoir quitté Ou-tse, il fit donner ordre à tous les gens de guerre qui étoient dans ses Etats, d'avoir à se rendre dans un certain temps dans le lieu qu'il leur détermina. Il fut obéi ; & quand l'assemblée fut formée, il s'y rendit en personne, & la fit partager en trois classes. La premiere étoit de ceux qui s'étoient rendu recommandables par quelque belle action, ou par leur habileté dans l'Art Militaire. La seconde étoit composée seulement de ceux qui avoient montré de la bonne volonté, & qui, sans s'être distingués par aucun trait particulier de bravoure ou de capacité, avoient cependant toujours été très assidus à remplir leurs devoirs, & n'avoient jamais commis de faute contre le service. La troisieme renfermoit tous ceux qui n'avoient encore donné aucune preuve de ce qu'ils pouvoient ou savoient faire dans l'exercice de leur profession (1).

---

(1) Il est à présumer que l'assemblée dont il s'agit ici, n'étoit composée que des Guerriers de l'ordre supérieur, c'est-à dire, des Officiers. Il ne paroît pas probable que le Roi voulût donner un festin à tous ceux qui avoient porté les armes. Quoi qu'il en soit, on conçoit quelle est l'idée de l'Auteur, & cela suffit.

On servit un repas magnifique, auquel le Roi ne dédaigna pas d'aſſiſter avec toute ſa Cour. Tout y étoit ſomptueux, tout y étoit délicat, tout y inſpiroit la joie. Il y avoit cependant une grande différence dans la maniere dont les convives furent placés & ſervis.

Ceux de la premiere claſſe étoient aux tables ſupérieures, leſquelles dreſſées ſur une eſtrade fort élevée, & ornées avec beaucoup d'art & de goût, offroient un ſpectacle des plus brillants : les mets qu'on y ſervit étoient variés, abondants, & délicatement apprêtés.

Au bas de ces premieres tables, ſur une eſtrade moins élevée, étoient ceux de la ſeconde claſſe. Il s'en falloit bien que leurs tables fuſſent auſſi propres & auſſi bien ſervies que celles de leurs voiſins, mais rien ne leur manquoit de ce qui pouvoit ſatisfaire leur appétit.

Au bas de ces deux rangs de tables, on avoit dreſſé quelques ais aſſez mal rangés, où ceux de la troiſieme claſſe eurent ordre de ſe placer. Il n'y avoit rien que de très commun dans les mets qu'on leur ſervit, & encore n'y en avoit-il pas abondamment.

Pendant tout le temps du feſtin, le Roi alloit de table en table, excitant les uns à manger, les autres à boire, & diſant des paroles obligeantes à tous ceux en particulier qui avoient fait quelques belles actions ; il les leur rappelloit agréablement ; il leur demandoit des éclairciſſements ſur leurs familles, ſur le nombre de leurs enfants, ſur leurs talents, &c. & après leur avoir fait eſpérer qu'il alloit penſer ſérieuſement à leur fortune, il leur fit diſtribuer, en attendant ces récompenſes, de quoi ſe réjouir avec leurs parents & leurs amis, & leur fit à tous quelques petits préſents. Avant que de les renvoyer, il voulut ſavoir de leurs propres bouches ſi, depuis qu'ils étoient au ſervice, ils n'avoient pas été oubliés dans la distribution des graces, & s'il n'étoit jamais arrivé que quelqu'une de leurs belles actions eût été sans récompense. Ceux qui se trouverent dans le cas furent sur-le-champ dédommagés avec usure, & tous se retirerent pénétrés de joie, de satisfaction & de reconnoissance.

La fête n'auroit pas été complette, si les femmes de tous ces braves avoient été oubliées. Le Roi y avoit pourvu, en ordonnant pour elles un festin particulier, après lequel on leur fit de sa part de petits présents conformes à leur état & à leur sexe.

L'attention de ce grand Prince ne se borna pas à honorer les illustres Guerriers vivants; il voulut encore que ceux qui n'étoient plus, eussent aussi quelque part à ses bienfaits : il se fit donner une liste de tous ceux qui étoient morts au service depuis qu'il étoit monté sur le Trône; il en fit extraire les noms de ceux en particulier qui avoient perdu la vie ou en défendant la Patrie, ou en combattant contre l'ennemi, ou seulement à l'armée, dans le simple exercice de leur emploi : il voulut avoir une connoissance détaillée de tout ce qui concernoit les peres, meres, freres, fils & parents de tous ces braves militaires; & proportionnément au genre de mérite & à la nature des services rendus, il assigna des titres & des pensions annuelles, non moins utiles à tous ceux qui devoient en jouir, que glorieuses à la mémoire de ceux qui en étoient l'occasion.

Après cette cérémonie & ces beaux réglements, trois années s'étoient à peine écoulées, que le Roi de Tsin pensa à la guerre : il envoya une armée formidable pour passer la riviere Si ho & attaquer les Etats de Ouei, qui étoient gouvernés avec tant de sagesse par Ou heou.

Dès que la nouvelle s'en fut répandue, il y eut un empressement général & une joie universelle dans tous les ordres de l'Etat. Les Grands & le peuple, les femmes même, tout étoit en mouvement, tout étoit en action : les uns aiguisoient leurs épées & leurs dards, les autres nettoyoient leurs casques & leurs boucliers, les meres exhortoient leurs enfants, les femmes leurs maris, l'artisan travailloit aux machines & aux instruments ; le simple citoyen préparoit les denrées & les provisions : dans la seule capitale dix mille hommes se trouverent en état d'entrer en campagne avant même que le Roi eût donné ses ordres pour assembler les troupes.

Charmé d'une telle conduite & d'un empressement si universel de la part de ses sujets, Ou-hcou fit appeller Ou-tse, & lui dit : Général, j'ai profité de vos instructions ; jugez-en par l'ardeur qu'on témoigne par-tout pour mon service ; mettez-vous promptement à la tête de mes troupes, elles seront de cinquante mille hommes effectifs ; allez combattre les Tsin, & faites-les repentir de leur témérité.

Prince, répondit Ou-tse, il en est des hommes comme de l'air que nous respirons ; rien n'est plus sujet aux changements & aux vicissitudes, rien ne demande davantage d'être connu & éprouvé. L'air est quelquefois pur & léger, quelquefois pesant & mal-sain ; il est tantôt froid & tantôt chaud, suivant les saisons & les vents qui soufflent. Les hommes sont pleins d'ardeur, de courage & de bonne volonté dans un temps ; ils sont paresseux, timides & indolents dans un autre. Un feu subit qui paroît d'abord devoir briller long-temps, s'éteint quelquefois bien vîte, & ne laisse pour tout vestige qu'une fumée obscure. S'habiller d'une même maniere dans toutes les saisons, aller & venir, voyager ou se tenir tranquille chez soi, indifféremment en hiver comme en été, sans avoir égard au temps ni aux circonstances, c'est ce que les personnes sensées ne font jamais : vouloir mener à l'ennemi, sans faire aucun choix, tous ceux qui montrent de la bonne volonté, c'est être imprudent, c'eſt être téméraire. Voudriez-vous, Prince, que votre Général ſe rendît la fable du Royaume de Ouei, qu'il devînt l'objet des railleries de vos ennemis, qu'il ſe perdît de réputation à la face de tout l'Univers, & qu'il expoſât vos Etats à devenir la proie de ceux qui n'ont rien tant à cœur que de les envahir ? Non ; ce n'eſt certainement pas ce que vous prétendez. Attendons une autre occaſion pour mettre à l'épreuve la bonne volonté de ceux de vos ſujets qui n'ont point encore porté les armes ; attendons que nous ayons le temps de les former dans l'exercice de pluſieurs campagnes, dans l'attaque ou la défenſe de quelque ville, ou dans l'enceinte d'un camp. Il faut aujourd'hui tout bruſquer : les ennemis entrent dans vos Etats ; ne leur donnez pas le temps de faire des conquêtes : ce n'eſt point avec cette multitude d'hommes ſans expérience, & dont la plupart ignorent peut-être encore les premiers éléments de la diſcipline militaire & de l'art des Guerriers, que vous pourrez en venir à bout. S'ils veulent me ſuivre, j'y conſens ; mais qu'il me ſoit permis d'emmener encore avec eux quelques corps de vieux ſoldats accoutumés à braver les dangers & la mort : un ſeul d'entre eux en vaut cent des autres, il peut devenir formidable à un millier d'ennemis ; & l'exemple de ce petit nombre peut vous former autant de héros que vous aurez de ſoldats.

Ou-heou fit attention à ce diſcours du Général, & lui permit de faire tout ce qu'il jugeroit à propos.

Ou-tſe ſe contenta d'ajouter aux troupes que le Roi avoit déja déſignées, & qui étoient actuellement ſur pied, cinq cents chars bien armés, & trois mille hommes de cavalerie : il ſe met à la tête de l'armée, part, atteint l'ennemi, le combat & remporte ſur lui une victoire complette. Son armée n'étoit que de cinquante & quelques mille hommes, tandis que celle des Tſin, ſes ennemis, étoit de cinq cents mille. De pareils succès, avec des forces si disproportionnées, ne sont dus qu'à l'art sublime de savoir gagner les cœurs.

Avant le combat Ou-tse harangua son armée en ces termes.

Officiers, soldats, vous tous qui êtes rangés sous mes étendards, écoutez-moi. Vous allez vaincre, mais pour vaincre suivez l'ordre que je vais vous prescrire. Vous qui combattez dans les chars, ne vous attaquez qu'aux chars des ennemis, pour les briser ou pour les enlever. Cavaliers, ne taillez en pieces d'autres corps ennemis que ceux qui seront à cheval. Fantassins, n'enfoncez d'autres bataillons que ceux qui combattront comme vous à pied. Si vous renversez cet ordre, nulle gloire particuliere à attendre, nul avantage à espérer. Ou-tse fut obéi, & la victoire qu'il remporta fut célébrée dans tout l'Univers (1), qui en parle encore aujourd'hui avec admiration.

---

(1) Par l'Univers, on entend la Chine entiere, alors divisée en plusieurs Royaumes qui avoient leurs Souverains particuliers.

LES

LES CINQ ARTICLES
DU SE-MA-FA;
OU
PRINCIPES DE SE-MA
SUR L'ART MILITAIRE,

Ouvrage composé en Chinois par Se-ma, Général d'Armée, & mis en Tartare-Mantchou par les ordres de l'Empereur Kang-hi, l'année Keng-yn, 27ᵉ du cycle de 60, c'est-à-dire, l'an 1710.

PREFACE.

EN lisant le Se-ma-fa, j'y ai trouvé des choses qui m'ont paru intéressantes : c'est ce qui m'a déterminé à traduire ce livre. Il ne contient rien de plus que les deux autres ; mais le sujet y est traité d'une maniere différente.

On ne doit pas s'attendre à y trouver des idées neuves, une méthode exacte & suivie, des descriptions curieuses de campements & de batailles, ni aucun de ces détails dont ceux qui ont écrit sur la Tactique des Grecs & des Romains ont embelli leurs Ouvrages. Ici, c'est un ancien Chinois qui parle, & c'est à des Chinois qu'il parle. Son ton, sa maniere, tout est dans le goût de ceux de sa Nation ; aussi jouit-il d'une estime universelle. Il ne m'appartient point d'apprécier son mérite, la matiere qu'il traite n'est pas de mon ressort. Je prie le Lecteur François de ne pas le juger à la rigueur, & de rejetter sur moi tout ce qui pourroit se trouver dans cet Ouvrage de peu conforme aux principes de l'Art. Quoique j'aie fait tout mes efforts pour rendre les pensées de l'Auteur, il est probable qu'il y en avoit plusieurs que je n'aurai pas exactement rendues. C'est l'inconvénient qui arriver à tous ceux qui écrivent sur des matieres qu'ils n'entendent pas. Cela étant, medira-t-on, pourquoi avez-vous écrit sur la guerre ? C'est, répondrai-je, parceque des

PREFACE.

personnes respectables, dont les prieres sont pour moi des ordres, l'ont voulu.

La Doctrine Militaire du grand Se-ma, exposée dans son Ouvrage, disent les Commentateurs, est suffisante pour former d'excellent Guerriers. Ceux qui servent dans les armées, & ceux qui les commandent, peuvent également en tirer leur profit. C'est un puits tout creusé ; il n'y a qu'à savoir y puiser : c'est un fourneau où sont déja les matieres combustibles ; il n'y a plus qu'à y mettre le feu & à s'en servir : c'est un vaisseau mis à flot & déja tout préparé ; il ne faut plus que le diriger & le conduire, &c.

Se-ma, ajoutent les mêmes Commentateurs, a écrit cinq articles sur l'Art Militaire ; ils sont si clairement énoncés & d'une pratique si utile, qu'en les étudiant, on s'instruit de tout ce qu'il y a de plus essentiel, & qu'en suivant ce qu'il indique, on est aisément vainqueur de tous ses ennemis.

Un jour que Se-ma donna commission à Tchouang-kia, un des Officiers Généraux de son armée, de se trouver devant Yen-tsin, cet Officier, par négligence ou par quelque autre motif qui n'étoit pas légitime, n'exécuta pas à point nommé l'ordre qu'il avoit reçu ; il arriva plutard qu'il ne devoit. Se-ma le fit venir en sa présence, & le fit mettre à mort à la tête de l'armée, sans égard à la qualité dont le coupable étoit revêtu, ni à ses parents,

PREFACE.

qui étoient en crédit & en faveur, ni aux follicitations de tout ce qu'il y avoit de diftingué dans fes troupes. Cet exemple de févérité fût la caufe primitive de toutes fes victoires, car il n'y eut aucun des fiens qui ofât dans la fuite enfreindre les regles de la difcipline, & fon feul nom devint la terreur des ennemis.

Le nom de Se-ma eft celui de la dignité dont ce Général étoit revêtu. Ainfi on l'appelle communément Se-ma, comme qui diroit le Général p·r exellence. Son vrai nom eft Jang-kiu, & Se-ma-fa eft le titre de fon Ouvrage.

LES CINQ ARTICLES
DE SE-M A.

ARTICLE PREMIER.

De l'Humanité, &c.

LES anciens Sages, les premiers Législateurs, regarderent *l'humanité* comme le principe universel qui devoit faire agir les hommes : ils fonderent sur la *justice* l'art sublime du gouvernement : ils établirent *l'ordre*, pour diriger la justice : ils donnerent des regles *de prudence*, pour fixer l'ordre : ils consacrerent la *droiture*, pour servir de mesure à tout (1). Pour ranimer *l'huma-*

---

(1) Les cinq vertus que les Chinois regardent comme capitales, & qui font la base sur laquelle ils appuient leur morale, leur politique & leur gouvernement, sont ce qu'ils appellent *jen, y, ly, tche, sin*; c'est-à-dire, *jen* l'humanité, *y* la justice, *tche* la prudence, ou le sage discernement réduit en pratique ; *ly*, que j'ai rendu par *ordre*, signifie aussi coutumes, mœurs, usages consacrés, politesse, cérémonies, &c. *sin*, que j'ai rendu par *droiture*, signifie aussi confiance, bonne foi, fidélité, &c.

nité qui s'éteignoit peu-à-peu dans le cœur des hommes, pour faire regner la *justice* dont on violoit les immuables loix, pour rétablir *l'ordre*, que les passions fougueuses troubloient sous les plus légers prétextes, pour faire valoir la *prudence* dont on méprisoit les regles, pour soutenir la *droiture* qu'on affectoit de méconnoître, ils furent contraints d'établir *l'autorité*; & pour assurer & affermir l'autorité, pour la venger & la défendre, ils eurent recours à la *guerre*. Ils avoient de *l'humanité*, ils étoient *justes*, ils aimoient *l'ordre*, ils avoient de la *prudence* & de la *droiture*, & ils firent la *guerre*. On peut donc faire la guerre, on peut combattre, on peut envahir des villes, des provinces & des royaumes. Vû l'état où sont actuellement les hommes, il n'y a plus de doutes à former à cet égard. Mais avant que d'en venir à ces extrémités, il faut être bien assuré qu'on a l'humanité pour principe, la justice pour objet, la droiture pour regle. On ne doit se déterminer à attenter à la vie de quelques hommes, que pour conserver la vie d'un plus grand nombre : on ne doit vouloir troubler le repos de quelques particuliers, que pour assurer la tranquillité publique : on ne doit nuire à certains individus, que pour faire du bien à l'espece : on ne doit vouloir que ce qui est légitimement dû, ne le vouloir que parcequ'il est dû, & ne l'exiger que comme il est dû. Il résulte de-là que la nécessité seule doit nous mettre les armes à la main. Or, si l'on ne fait la guerre que par nécessité, & avec les conditions que je viens d'indiquer, on aimera ceux même contre qui l'on combat, on saura s'arrêter au milieu des plus brillantes conquêtes, on sacrifiera la valeur à la vertu, on oubliera ses propres intérêts pour rendre aux peuples, tant vainqueurs que vaincus, leur premiere tranquillité & le repos dont ils jouissoient auparavant.

Quand on a l'humanité pour principe, on n'entreprend pas la guerre hors de saison, on ne l'entreprend pas sans de légitimes raisons. On l'entreprendroit hors de saison si l'on faisoit marcher les troupes pendant le temps des semailles ou de la récolte, pendant les grandes chaleurs de l'été, ou pendant les rigueurs de l'hiver, pendant le temps du grand deuil (1), ou pendant celui de quelque calamité publique, comme lorsque des maladies contagieuses font de grands ravages parmi le peuple, ou lorsque, par l'intempérie de l'air ou le dérangement des saisons, la terre, soit de votre côté, soit du côté de l'ennemi seulement, refuse aux hommes ses dons les plus ordinaires. La guerre se feroit sans de légitimes raisons, si on l'entreprenoit avant que d'avoir fait tous ses efforts pour obtenir par des voies pacifiques ce qu'on veut se procurer par la force des armes; si, sous divers prétextes, qui ne peuvent être que frivoles, on refusoit opiniâtrément toute médiation; si enfin on ne prenoit conseil que de soi-même, pour suivre les impulsions de quelque passion secrete, de vengeance, de colere ou d'ambition.

La guerre est par rapport au peuple ce qu'une violente maladie est par rapport au corps. L'une demande autant de précautions que l'autre: dans les maladies, il y a le moment d'appliquer les remedes, le temps de les laisser agir, & celui où ils doivent produire leurs effets. Dans la guerre, il y a le temps de la commencer, le temps de la pousser, & celui de la suspendre ou de la terminer. Ne pas faire ces distinctions, ou, si on les fait, n'y avoir pas les égards nécessaires,

---

(1) Par le grand deuil on entend ici les trois années pendant lesquelles toutes les affaires sont interdites à celui auquel la mort a enlevé son pere ou sa mere. Comme ce terme est un peu long, on l'a restreint à cent jours sous la dynastie présente. Ainsi, si le Roi de l'un des deux partis se trouve dans les circonstances du grand deuil, ce seroit, suivant la doctrine chinoise, une très grande indécence que de faire la guerre.

c'est

c'est n'avoir aucun objet réel, c'est vouloir tout perdre, c'est n'avoir point d'humanité.

Si vous avez de l'humanité, vous saurez, vous sentirez que tout affligé est respectable ; vous n'ajouterez pas affliction sur affliction, douleur sur douleur, infortune sur infortune. Dans ces sortes d'occasions, vous ne devez point avoir d'ennemis : quels sentiments devez-vous donc avoir pour vos propres gens, pour vos amis mêmes ?

Si vous avez de l'humanité, loin de vous refuser à tout accommodement raisonnable, vous vous prêterez, sans aucune difficulté, à tous ceux qui ne seront pas évidemment contraires à la gloire de votre regne, ou aux intérêts réels de votre peuple ; vous n'oublierez rien pour les faciliter, vous en chercherez les occasions, vous les ferez naître.

Anciennement on ne poursuivoit pas les fuyards au-delà de cent pas ; on n'infligeoit aucune peine à ceux qui, par maladie ou par foiblesse, se rendoient plus tard que les autres dans les lieux désignés. Dans les marches ordinaires, on n'alloit pas de suite au-delà de trois jours, & chaque journée ne surpassoit pas le nombre de 90 li (neuf lieues). Lorsqu'on étoit arrivé au terme, & que le corps d'armée étoit formé, on publioit les loix de la discipline, on inculquoit à chacun les devoirs particuliers qu'il devoit remplir ; on instruisoit, on exerçoit, on animoit à bien faire ; on n'oublioit rien pour se faire écouter & obéir. Pénétrés des tendres sentiments qu'inspire l'*humanité*, les Chefs mettoient toute leur attention à préserver le soldat des maladies, à le mettre à couvert de la disette & des autres incommodités, à lui ôter tout sujet légitime de mécontentement & de murmure. N'ayant que la *justice* pour regle, ils punissoient les fautes ; mais ils les punissoient sans cruauté, sans emportement, sans colere. Pleins d'amour pour l'*ordre*, ils le gardoient scrupuleusement, jusques dans les plus petites choses, & faisoient en sorte que la multitude n'eût pas de satisfaction plus grande que celle de pouvoir les imiter. Après que l'armée étoit rangée en bataille, au premier coup de tambour, au premier signal, tout étoit prêt pour l'attaque. Les Généraux & les subalternes, les Officiers & les soldats, remplis d'estime les uns pour les autres, fruits de leur droiture réciproque, se croyoient mutuellement invincibles ; &, de l'accord des cinq vertus capitales, l'*humanité*, la *justice*, l'*ordre*, la *prudence* & la *sincérité* ou la confiance mutuelle, résultoit une sixieme, la vertu propre aux gens de guerre, la *valeur*. Ceux qui les premiers s'érigerent en Souverains, prirent le Ciel & la Terre pour modeles de leur Gouvernement. Le Ciel domine sur la Terre, il la couvre, il l'éclaire, il l'embellit, il la fertilise. La Terre reçoit du Ciel sa force & la vertu qu'elle a de faire valoir ses propriétés & de les mettre en œuvre pour la production de toutes choses. C'est elle qui leur distribue, avec une économie merveilleuse, les différents sucs dont elles ont besoin pour se former, se nourrir & parvenir à leur point de perfection : elle n'est jamais oisive ; elle travaille insensiblement, mais sans discontinuer ; elle travaille lentement, mais avec fruit.

Les anciens Sages rassemblerent les hommes qui ne vivoient point encore en société, les mirent à couvert, les instruisirent, leur firent connoître leurs devoirs réciproques, firent naître les talents, les développerent, & en déterminerent l'application ; ils fixerent des usages, préposerent des Magistrats & des Officiers pour les faire observer, se mirent à la tête d'eux tous, eurent des sujets, & furent Rois. Dès lors les regles de subordination, les récompenses & les châtiments furent établis. Il falloit mettre un frein aux passions, il falloit animer la vertu & détourner du vice. On détermina divers genres de supplices & de punitions, on assigna des prééminences, on imagina des dignités & des honneurs. On créa une nouvelle espece de biens & de richesses, par l'idée & la valeur qu'on attacha à certains métaux; biens de convention, richesses idéales, au moyen desquels on pouvoit se procurer les biens solides, les véritables richesses, tout ce qui étoit nécessaire à la vie & à l'entretien. On établit des titres pour servir de distinction entre les différents genres de mérite, & entre les différents degrés dans chaque genre: dès-lors il y eut des Princes, des Grands, des Mandarins & des Officiers de tous les Ordres: dès-lors il y eut des Provinces entieres données à titre de Souveraineté à ceux qui, par la qualité & l'importance de leurs services, avoient concouru d'une maniere extraordinaire au bien de la société. Comme tous ces établissements étoient à l'avantage de l'humanité, il falloit, par principe même d'humanité, empêcher qu'ils ne dégénérassent; il ne falloit rien oublier pour les maintenir dans leur pureté primitive; il fallut par conséquent corriger les infracteurs; il fallut punir les réfractaires: de là les dégradations & les humiliations, les privations des dignités & des revenus, les notes d'infamie & les proscriptions; de là enfin les guerres.

Les guerres ne sont donc venues au secours des hommes que comme un remede à de plus grands maux, que comme un remede inévitable. Mais dans les premiers temps, que de précautions ne prenoit-on pas avant que de les entreprendre! Dès qu'un Ouang, un Heou, un Po, ou tel autre petit Souverain feudataire de l'Empire, de quelque titre qu'il fût décoré, s'étoit rendu coupable de quelque crime, on le déféroit au Ty (à l'Empereur), comme au Maître absolu, qui avoit droit de le corriger, de le châtier, de le déposséder, & même de le mettre à mort, si le cas le requéroit. L'Empereur de son côté, pour n'être pas trompé par de hardis calomniateurs, & pour ne pas agir témérairement, en s'en rapportant à des délateurs paffionnés ou indifcrets, envoyoit fecrétement des Commiffaires pour s'informer de la vérité. Si après toutes les informations & les recherches les plus exactes, il étoit prouvé que l'accufé étoit véritablement coupable, alors il l'avertiffoit, & l'exhortoit à réparer fes fautes & à changer de conduite : il ne souffroit pas qu'on fît en fon honneur les chanfons ordinaires, pendant le temps des affemblées générales ; il en faifoit chanter au contraire de propres à le faire rentrer en lui-même, & dans lefquelles, fous le nom de quelque Prince fuppofé, on blâmoit tous les écarts dont on prétendoit le corriger.

Une conduite fi douce de la part du Souverain, envers des vaffaux qu'il pouvoit châtier rigoureufement, engageoit plufieurs à fe reconnoître & à rentrer de bonne foi dans les devoirs dont ils s'étoient écartés : alors ils rentroient en poffeffion de leurs Etats. Ceux au contraire qui perfiftoient opiniâtrément dans le mal, étoient dépoffédés & punis proportionnément à ce dont ils s'étoient rendu coupables. Rien n'étoit plus *humain*, rien n'étoit plus *équitable* que la maniere dont on fe comportoit dans ces fortes d'occafions : tout s'y paffoit avec *ordre*, tout s'y faifoit avec *prudence*, & la *droiture* la plus exacte réuniffoit tous les cœurs. Le Souverain appelloit à la Cour celui qu'il vouloit châtier : s'il obéiffoit exactement & fans délai, & fi fa faute n'étoit pas du nombre de celles qui ne méritent aucun pardon, après quelque légere punition, on le retenoit pour l'employer, fans diftinction, à tout ce qu'on jugeoit à propos, en ne lui donnant d'autre titre que celui de courtifan *apprentif de fes devoirs* (1). Il

---

(1) J'ai rendu les mots chinois *hiao li* par ceux d'apprentif de fes devoirs. *Hiao* veut dire *apprendre*, & *li* fignifie, cérémonies, ufages, mœurs,

demeuroit ainsi sans grade & sans emploi fixe, jusqu'à ce qu'il eût donné des preuves suffisantes de repentir, jusqu'à ce que, par de nouveaux mérites, il eût effacé les taches dont il s'étoit souillé, jusqu'à ce qu'enfin il se fût rendu digne de recevoir de nouveaux bienfaits. S'il n'obéissoit pas, ou si, sous divers prétextes, il cherchoit à éluder les ordres qu'on lui avoit donnés, l'Empereur le déclaroit rebelle; mais cette déclaration se faisoit avec tant d'appareil & de lenteur, que le coupable avoit encore tout le temps de rentrer dans le devoir.

On indiquoit une assemblée générale, on assignoit le jour où tout le monde devoit être rendu; &, ce jour arrivé, l'Empereur, à la tête de ses Vassaux, des Princes, des Grands de tous les Ordres, & des cent principaux Mandarins de l'Empire, se rendoit au lieu déterminé pour cette cérémonie. Là il détailloit les fautes de celui contre lequel on alloit procéder. Il disoit : " Le Prince, Ouang, Heou ou Po, de tel
" endroit, a désobéi à mes ordres, il a manqué à ses princi-
" paux devoirs, à telle ou telle de ses obligations envers moi
" ou envers le Peuple qui lui est confié; il a abandonné la
" vertu pour se livrer au vice; il a renversé l'ordre établi par
" le Ciel; il a donné, sans raison légitime, des sujets de cha-
" grin à ceux qui, par leurs vertus ou par leurs talents, ne
" méritoient que des récompenses, ou tout au moins que des

---

devoirs, &c. La punition dont on parle ici est de temps immémorial, elle est encore en usage aujourd'hui à l'égard des Mandarins que l'Empereur ne veut pas perdre entièrement. On les casse de leur emploi, & on les laisse dans quelque tribunal, ou sous la direction de quelque Grand, qui s'en sert comme bon lui semble pour le service de Sa Majesté. Des Mandarins ainsi punis ne manquent pas d'être bientôt rétablis; mais il faut pour cela que ceux à qui ils ont été confiés rendent un bon témoignage de leur conduite.

» éloges ou des encouragements, & telles autres choses sem-
» blables, après lesquelles il ajoutoit: Au surplus, il n'a écouté
» ni mes avis ni mes menaces, & il persiste dans ses crimes
» comme dans sa désobéissance. Je vous en avertis, vous
» qui, en vertu des dignités & des charges dont vous êtes
» honorés, devez concourir avec moi au maintien des Loix
» & au bon ordre de l'Empire, afin que nous prenions de
» concert les mesures les plus efficaces pour remédier au
» mal «.

Après que l'Empereur avoit ainsi parlé, cette auguste assemblée concluoit unanimement à la mort du rebelle, & au châtiment de tous ceux qui lui étoient dévoués, s'ils n'abandonnoient promptement son parti. On adressoit en commun une courte priere au suprême Empereur du Ciel, aux Esprits du soleil, de la lune, des étoiles, à tous les Esprits de la terre en général, & à ceux qui président aux générations en particulier. On s'adressoit aussi aux Ancêtres de tous les Rois, des Princes, des Grands & des Mandarins, pour les avertir de ce qu'on alloit faire, & on disoit: » Ce n'est que malgré nous que
» nous nous déterminons à renverser, à détruire & à verser
» du sang: que la faute en soit sur celui qui nous met dans
» cette triste nécessité; nous sommes certains de ses crimes &
» de son obstination; sa rébellion est manifeste: nous devons
» au Ciel, aux Esprits, à vous-mêmes & à tout l'Empire, de
» détruire ce qui mérite si peu d'être conservé, & de mettre à
» mort celui qui est si peu digne de vivre «.

Ce discours fini, l'Empereur nommoit les Généraux; il choisissoit parmi ses Vassaux ceux qui devoient aller en personne contre le rebelle; il déterminoit le nombre & la qualité des troupes que chacun devoit fournir; il assignoit le temps précis où la campagne devoit commencer; & avant que de congédier l'assemblée, il leur donnoit à tous les instructions suivantes.

» Vous êtes devenus les instruments des vengeances du Ciel :
» n'allez pas vous-mêmes, par vos propres crimes, encourir
» la disgrace de ce même Ciel que vous devez venger.
» Combattez avec courage, mais avec discrétion ; combattez
» de toutes vos forces, mais sans cruauté ; en un mot, épar-
» gnez le sang, le plus qu'il vous sera possible, sans nuire à
» votre dessein. Voici en particulier ce que je vous recom-
» mande, & ce que vous devez prescrire à tous ceux qui
» seront sous vos ordres, afin qu'ils l'observent dans l'occa-
» sion. Quand vous serez entrés dans les terres qui sont sous
» la domination du rebelle, pleins de respect pour les Esprits
» qui y président, vous ne ferez rien qui puisse les déshonorer
» ou les attrister. S'il se trouve des représentations de quel-
» qu'un d'eux, vous ne les briserez point : vous ne mar-
» cherez point à travers les terres où il y a du riz, ni sur
» celles qui produisent les autres choses nécessaires à la vie :
» vous ne dégraderez pas les forêts, vous n'abattrez pas les
» arbres qui portent du fruit, & vous ne foulerez pas les plantes
» & les herbes utiles. Vous ne nuirez point aux six sortes d'ani-
» maux domestiques (1); vous n'emploierez pas la force pour
» vous en procurer l'usage, encore moins pour vous les appro-
» prier : vous n'enleverez point les istruments du labourage, les
» ustensiles, ni rien de ce qui est nécessaire à un ménage.
» Quand vous aurez pris quelque ville, vous n'en détruirez
» pas les murailles, vous veillerez à la conservation de toutes
» les choses qui sont faites avec art, & au salut du citoyen.
» Quelque part que vous vous rencontriez, vous ne mettrez

___

(1) Les Chinois comptent six sortes d'animaux domestiques : 1°. le cheval, l'âne, le mulet & toute bête de somme : 2°. le bœuf, &c. 3°. le mouton, &c. 4°. le chien, le chat, &c. 5°. la poule, l'oie, & tous les oiseaux de basse-cour : 6°. le cochon.

» jamais le feu pour confumer les campagnes ou les maifons :
» vous donnerez du fecours aux vieillards & aux enfants ;
» vous n'attaquerez point ceux qui font hors d'état de fe dé-
» fendre. Après un combat, vous aurez un foin particulier
» des bleffés, vous les ferez panfer exactement, & vous leur
» procurerez tous les autres foulagements qui dépendront de
» vous. Ceux des ennemis que vous trouverez avec des blef-
» fures, doivent éprouver les mêmes attentions de votre part,
» jufqu'à ce qu'ils foient parvenus à une parfaite guérifon ;
» alors vous les renverrez chez eux, en leur donnant libéra-
» lement de quoi vivre pendant la route, afin qu'ils fervent de
» confolation à leurs parents, & qu'ils foient auprès de leurs
» compatriotes des preuves non équivoques de votre huma-
» nité. Si vous rencontrez quelque parti ennemi, vous ne le
» combattrez pas, vous favoriferez même fa fuite, pour peu
» qu'il foit difpofé à la prendre. Votre principal objet eft
» d'aller droit au rebelle : atteignez-le le plutôt que vous le
» pourrez ; combattez-le de toutes vos forces ; prenez-le mort
» ou vif : dès qu'il fera en votre puiffance, que tout acte
» d'hoftilité ceffe, & qu'on me donne promptement avis de
» tout.

Voilà comment on fe comportoit autrefois avant que d'entreprendre la guerre. Dans la maniere dont on procédoit pour la conclure, pour la déclarer, pour s'y préparer, pour la commencer, pour la finir, il n'y avoit rien qui fe reffentît de la paffion ; tout, au contraire, y refpiroit l'humanité. Ce n'etoit qu'après avoir épuifé toutes les autres reffources qu'on en venoit à cette dure néceffité ; ce n'étoit que pour maintenir l'ordre, que pour faire obferver les loix & fleurir la vertu ; ce n'étoit que pour délivrer le peuple de toute vexation, pour lui faciliter l'ufage légitime des commodités de la vie, & pour lui procurer cette douce tranquillité qui favorife

l'induftrie

l'industrie & le travail, & qui fait que chacun est content de son sort ; ce n'étoit enfin que parcequ'on y étoit obligé, & qu'il n'y avoit aucun moyen de s'en dispenser : aussi dès que celui qui en étoit l'occasion avoit été pris ou mis à mort, dès que les principaux coupables avoient été punis, la paix étoit rendue à l'Univers, & le peuple vaincu se faisoit un devoir & un plaisir de se soumettre aveuglément à un vainqueur dont il étoit sûr qu'il ne recevroit que de bons traitements & des bienfaits : tout rentroit alors dans l'ordre. On nommoit un nouveau Prince pour remplacer celui qu'on venoit de détrôner, & l'on travailloit efficacement à réformer tous les abus : on obvioit, autant qu'il étoit possible, aux inconvénients, aux prétextes & à tout ce qui pouvoit donner occasion à de nouveaux troubles : on déterminoit des cérémonies & une musique : on assignoit au nouveau Souverain le rang qu'il devoit tenir dans l'Empire ; &., en lui désignant les neuf sortes de crimes dont il devoit avoir grand soin de purger ses Etats, & les neuf especes de châtiments qu'il devoit employer pour les punir, on lui faisoit entendre que s'il se trouvoit lui-même coupable, on le traiteroit, sans rémission, de la même maniere dont on vouloit qu'il traitât les autres, puisque c'étoit la loi générale de l'Empire. Sur cela on publioit de nouveau les articles suivants, dont on donnoit une nouvelle copie authentique à chacun des Princes qui avoient des terres à titre de Souveraineté.

1°. Quiconque, fier de sa puissance, de son autorité ou de sa force, opprimera les innocents, ou exercera quelque injustice envers les foibles ; *qu'il soit privé de tout emploi & dépouillé ignominieusement de tout ce dont il n'a pas eu honte d'abuser.*

2°. *On châtiera irrémissiblement par des supplices proportionnés tous ceux qui troubleront la tranquillité publique ou qui causeront quelques dommages aux citoyens qui vivent selon les loix.*

3° C'est dans le *Tan* (1) & sur l'*Autel* qu'on doit décider du sort de ceux qui, durs & injustes chez eux, étendent leur dureté & leur injustice jusques chez leurs voisins, soit en empiétant sur leurs terres, soit en molestant leurs sujets.

4°. Qu'on soit exact à nettoyer les campagnes & les grands chemins de tous ceux qui peuvent y faire du dégât, ou les infester par leurs brigandages.

5°. Entrez à main armée dans les terres de tous ceux qui se croyant assez forts pour résister, ont refusé d'obéir aux ordres supérieurs.

6°. On doit faire rentrer en lui-même un Prince qui auroit fait mourir quelqu'un de ses proches, & exiger de lui les réparations convenables.

7°. On doit exterminer celui qui, de quelque maniere que ce puisse être, auroit procuré la mort à son légitime maître.

8°. On doit rompre toute communication avec ceux qui ne suivront pas les usages établis, qui enfreindront les loix, ou qui mettront quelque obstacle pour empêcher que le gouvernement n'ait son cours ordinaire.

9°. On éteindra toute la race de ceux qui, ne suivant aucune regle, se conduisent, au-dehors & au-dedans, en brutes plutôt qu'en hommes (2).

---

(1) Le *Tan*, dit un Commenrateur, étoit un autel dressé dans le lieu où se tenoient les assemblées des Princes Vassaux de l'Empire. Sur cela je crois que c'étoit à l'assemblée générale à décider du sort de ceux, &c.

(2) Par ceux qui *se conduisent en brutes plutôt qu'en hommes*, il faut entendre, dit un Commentateur, tous ceux qui, sans être envoyés par aucune autorité légitime, s'assemblent par troupes & se répandent dans les campagnes & dans les villages pour y piller, détruire & commettre toutes sortes de crimes ; ceux encore qui détruisent les sépultures, qui entrant dans les maisons y renversent les lieux destinés à honorer les Ancêtres, & consacrés aux Esprits qui président aux générations, &c. J'ai souligné

Ainsi finissoit la cérémonie, après laquelle chacun se retiroit, pour se disposer à l'exécution de ce qui avoit été résolu d'un commun consentement.

ARTICLE II.

Précis des devoirs particuliers du Fils du Ciel (1).

CE n'est point par flatterie que, d'un commun consentement, on a donné au Chef souverain de toute la Nation le nom sublime de Fils du Ciel : on a voulu faire entendre que de même que le Ciel travaille, sans discontinuer, à fournir à la Terre tout ce qui lui est nécessaire pour concourir à la production de toutes les choses dont elle renferme le principe dans son sein, ainsi celui qui est chargé de gouverner l'Empire, doit être occupé sans cesse à lui procurer tout ce qui peut contribuer à le maintenir dans l'ordre & dans la splendeur. Le Ciel & la Terre conservent entre eux un accord admirable ; il en doit être de même de l'Empereur & de ses Sujets. Le Ciel répand ses influences sur la Terre ; la Terre les

─────────

les neuf especes de punitions assignées aux neuf différentes sortes de crimes, afin qu'on y fît attention. Je crois que ces loix particulieres n'étoient données aux Vassaux de l'Empire, à toutes les déclarations de guerre qui se faisoient, que pour les engager à se tenir sur leurs gardes, & pour leur donner le droit de punir par eux-mêmes, sans qu'il fût besoin de recourir à l'Empereur, ceux de leur sujets ou de leurs voisins qui se trouveroient dans le cas.

(1) Il ne s'agit dans cet Article que des devoirs particuliers de l'Empereur à l'égard des gens de guerre, qui sont appellés du nom général de Sujets. Autrefois, comme je l'ai dit dans une autre occasion, tous les Sujets étoient tenus, de sept en sept familles, de fournir, suivant l'accord fait entre elles, hommes, chevaux, chariots, &c.

reçoit & en profite : l'Empereur doit éclairer par ses instructions & exciter par ses exemples ; les Sujets doivent écouter avec docilité & suivre avec exactitude. Le Ciel ne se montre pas le même à tous les lieux de la terre indifféremment ; il répand ses bienfaits sur les uns, en même temps qu'il fait sentir ses rigueurs sur les autres. Le Souverain doit mettre une juste différence entre ceux de ses Sujets qui se conduisent différemment. Il en est qui sont dignes de récompense ; il en est aussi qui ne méritent que des châtiments. Qu'il n'épargne pas ceux-ci ; qu'il soit libéral envers les autres.

Tout Fils du Ciel qu'il est, l'Empereur a lui-même ses instructions à suivre & ses exemples à imiter. Ses instructions sont dans les maximes établies par les Sages qui l'ont précédé ; il trouvera ses exemples dans la conduite de ces mêmes Sages qui ont gouverné avec tant de succès l'Empire qu'ils lui ont transmis. Si l'Empereur se conforme à ses modeles, les Sujets se conformeront aux leurs. Si le Souverain ne manque pas à ses prédécesseurs, les Sujets ne manqueront point à leur Souverain. Tous les devoirs réciproquement observés, voilà le terme. L'instruction & les exemples de la part du Souverain ; la docilité & l'exactitude de la part des sujets, voilà les chemins qui y conduisent.

Les loix de la subordination sont celles que les anciens Sages inculquerent avec le plus de soin. Pour les faire observer & en rendre la pratique d'éternelle durée, ils les établirent sur les fondements les plus solides, c'est-à-dire, sur la vertu, sur l'intérêt propre, sur la nécessité. La vertu les fit estimer, l'intérêt propre les fit accepter, la nécessité les fit suivre. La même chaîne qui lie les Sujets à leur Souverain, lie le Souverain à ses Sujets : elle tient au même objet par ses deux bouts, le commandement & l'obéissance. Le commandement doit être absolu, mais éclairé ; il doit avoir de l'humanité, mais avec discrétion ;

il doit être plein de douceur, mais d'une fermeté à toute épreuve. L'obéissance doit être spontanée avec affection, prompte avec exactitude, fidelle avec constance. Un Souverain & des Sujets qui manqueroient de ces qualités respectives, manqueroient également leur but.

Chez nos Anciens le commandement n'étoit jamais au-dessus des forces de l'obéissance, & l'obéissance se prêtoit volontiers à toute sortes de commandement ; la vertu ne mettoit point obstacle à la justice, & la justice ne nuisoit pas à la vertu ; la simple capacité ne portoit point envie à l'industrie, & l'industrie honoroit la capacité ; la valeur ne méprisoit pas la force, & la force n'opprimoit pas la valeur : toutes les vertus, tous les talents, toutes les qualités étoient de concert, & s'entr'aidoient mutuellement pour parvenir ensemble à la même fin.

On ne donnoit des ordres que pour pourvoir au bien commun, on ne les donnoit qu'à propos, on les faisoit exécuter avec regle : l'obéissance répondoit au commandement : on n'envoyoit pas de troupes contre un Royaume où les loix étoient en vigueur ; & quand on faisoit la guerre, on ne s'enrichissoit pas aux dépens des vaincus : la vertu étoit d'accord avec la justice. Loin d'opprimer ses Sujets, le Souverain distinguoit leurs différents genres de mérites, il les employoit, il les honoroit, il les récompensoit à proportion ; l'envie ne pouvoit avoit lieu, l'industrie & la capacité s'aidoient l'une & l'autre, & brilloient chacune d'un double éclat. Les Magistrats, dans l'enceinte des villes & des villages, les Généraux à l'armée & dans le camp, punissoient les fautes, sans distinction des coupables. Les vertus civiles florissoient au-dedans, les qualités guerrieres brilloient au-dehors ; le bon ordre regnoit par-tout, la valeur & la force concouroient à le faire observer.

Eclairés par les instructions du Souverain, animés par ses

exemples, les Sujets de tous les Ordres se portoient d'eux-mêmes à pratiquer la vertu, à suivre les loix, à se conformer aux usages, à contribuer de tout leur pouvoir à l'avantage & au bonheur de la société. Les Magistrats, les Officiers, tous ceux à qui le Souverain confioit quelque portion de son autorité, n'étoient pas des hommes que le hasard ou la faveur eussent élevés ; c'étoient des hommes connus, des hommes éprouvés, des hommes long-temps exercés, des hommes enfin proposés par des Sages qui déterminoient en quelque sorte le choix qu'on en faisoit. Comme c'est d'un tel choix qu'on faisoit dépendre la gloire & le bonheur de l'Etat, le Prince y donnoit toute son attention, & n'oublioit rien de ce qu'il falloit pour le faire avec succès. Ainsi, soit en paix, soit en guerre, tout prospéroit dans l'Empire ; suite naturelle du bon gouvernement.

Lorsque la nécessité faisoit recourir aux armes, & qu'il falloit ou combattre des ennemis, ou punir des rebelles, on mettoit tous ses soins à ce que la guerre ne fût pas de longue durée. On la terminoit en peu de temps, parceque personne n'avoit intérêt à en prolonger le cours : on combattoit sans animosité, parcequ'on ne combattoit que pour venger les loix & le bon ordre : on se dispensoit même de combattre, quelques préparatifs qu'on eût faits & quelque favorable que fût l'occasion, si, par artifice, ou autrement, on pouvoit engager les ennemis ou les rebelles à rentrer dans le devoir ; & cette victoire étoit réputée la plus glorieuse, parcequ'elle étoit la victoire propre de la justice, & le triomphe de l'humanité.

Du temps du grand Yu (1) tout se concluoit dans l'enceinte

---

(1) Pour épargner au Lecteur la peine d'aller chercher ailleurs, je répéterai ici ce que j'ai dit peut être plus d'une fois. Le grand Yu est le fondateur de la première Dynastie Chinoise connue sous le nom de *Hia*. Il monta sur

même du Palais. C'est là que les Chefs faisoient le serment de venger le Ciel & les Ancêtres; & quoique le commun des Sujets ignorât ce qui se passoit, il n'étoit aucun d'eux qui ne se prêtât à tout ce qu'on exigeoit, parcequ'il n'étoit aucun d'eux qui ne fût persuadé de l'amour paternel dont l'Empereur étoit pénétré pour eux tous.

Les Empereurs de la Dynastie Hia, successeurs du grand Yu, après avoir délibéré dans le Conseil sur ce qu'ils avoient à faire, donnoient leurs ordres en conséquence, disposoient tout pour la guerre; & après que les préparatifs en étoient achevés, alors seulement on avertissoit les gens de guerre d'avoir à se tenir prêts, & on exigeoit d'eux le serment ordinaire. Mais comme il n'étoit personne qui ne fût convaincu de la tendre affection de ces grands Princes pour les peuples qui leur étoient soumis, & de la droiture de leurs intentions dans tout ce qu'ils entreprenoient, il n'étoit personne aussi qui voulût en savoir plus qu'on ne vouloit lui en dire. L'unique sollicitude de chacun étoit dans l'attention extrême qu'il avoit, & dans les soins qu'il se donnoit afin de ne manquer à rien de tout ce qu'il falloit pour exécuter avec succès les ordres qui émanoient de l'autorité suprême.

---

le trône l'an 2207 avant J. C. Il a eu dix sept successeurs de sa race, laquelle perdit l'Empire l'an 1766 avant J. C. Les Chang succéderent aux Hia l'an 1766 avant J. C. & ce fut le fameux Tcheng tang qui fut le premier Empereur de cette seconde Dynastie, que l'on connoît également sous le nom de *Yn*, & qui fut éteinte par les Tcheou, l'an 1122 avant J. C. Ou-ouang est le premier de cette troisieme Dynastie qui fut reconnu Empereur. Lorsqu'on parle en général des trois premieres Dynasties, on entend principalement ceux qui en ont été les fondateurs, & ceux de leurs descendants qui les ont imités dans la maniere de gouverner l'Empire; car dans chacune de ces trois Dynasties il y a eu de méchants Princes, qu'on ne prétend pas certainement donner pour modeles, &c.

Sous la Dynaſtie des Yn, les Empereurs donnoient leurs ordres comme ils le jugoient à propos : ils mettoient des armées ſur pied, quand ils les croyoient néceſſaires : ils les faiſoient entrer en campagne dans le temps qu'ils déterminoient eux-mêmes; & après que le camp avoit été tracé, les troupes, avant que de s'y enfermer, prêtoient le ſerment ordinaire, en dehors de la porte, à meſure qu'elles ſe préſentoient pour entrer. Mais comme on étoit perſuadé dans tout l'Empire que le Souverain n'avoit d'autre but, dans tout ce qu'il faiſoit, que le bien réel de ſes ſujets, on étoit également ſatisfait de tout ce qu'on lui voyoit entreprendre, & l'on ſe portoit à tout avec un plaiſir égal, dès qu'il s'agiſſoit de lui obéir.

Pendant que les Tcheou gouvernoient l'Empire, il n'y avoit que les Généraux qui fiſſent le ſerment. Ils le faiſoient à la tête de l'armée, immédiatement avant le combat; ils le faiſoient ſur le tranchant de leurs épées, & ils le faiſoient comme des victimes qui ſe dévouoient ſans retour pour le ſalut public. Leur intrépidité paſſoit juſques dans le cœur du moindre ſoldat; & le peuple, ſous cette Dynaſtie, fut un peuple de guerriers.

Les ſerments, de quelque nature qu'ils puiſſent être, ne doivent avoir lieu que pour les choſes du premier ordre & de la derniere importance. On en exigeoit anciennement des gens de guerre, non pas tant pour s'aſſurer de leur fidélité, que pour les convaincre qu'il n'y avoit rien au-deſſus de ce à quoi on alloit les employer. On vouloit les engager à ſe porter à cette grande affaire avec toute l'attention, tous les ſoins, toute l'ardeur & tous les égards qu'elle mérite, puiſque c'eſt d'elle que dépendent également le bonheur & le malheur de l'humanité. Avant que de l'entreprendre, les Souverains, les Généraux, les Officiers, les Soldats, le Peuple même, tous doivent y voir de la justice & de la nécessité, afin que, de quelque maniere qu'elle se termine, les générations qui suivront ne puissent pas leur imputer à crime le sang qui va couler, ni les larmes qu'on va faire répandre.

Tels étoient les usages que l'on observoit sous les trois premieres Dynasties. La fin qu'on se proposoit étoit la même, mais on y arrivoit par différentes voies. Sous les Hia, la vertu étoit parvenue à son plus haut point de perfection : l'humanité & l'amour de l'ordre étoient gravés dans tous les cœurs, les Tribunaux n'étoient occupés que du soin de distribuer des récompenses. Sous les Yn, on fut obligé d'employer la rigueur; on fit fleurir les loix en châtiant ceux qui les transgressoient; les exécutions des criminels ne se firent que dans les marchés publics; la justice fut exacte & inflexible. Les récompenses & les châtiments eurent également lieu sous les Tcheou : on distribuoit les dons dans l'enceinte des Tribunaux, en présence des Grands & des principaux Mandarins : on infligeoit les peines à la vue de la multitude, au milieu des places publiques : la vertu, le mérite, les belles actions avoient leurs récompenses; les vices, de quelque nature qu'ils fussent, avoient leurs châtiments. Les Hia gouvernerent en peres tendres; les Yn, en juges séveres; les Tcheou, en Souverains équitables. Le but des uns & des autres étoit de faire pratiquer le devoir; ils prirent différents moyens pour y parvenir. Un Empereur éclairé peut & doit trouver son modele dans quelqu'un des grands Princes de ces trois premieres Dynasties : les circonstances le détermineront pour le choix.

Avoir trop de troupes sur pied est un désavantage égal à celui d'en avoir trop peu : un sage Souverain fait prendre un juste milieu. Il faut qu'il y en ait assez en tout temps pour faire aisément le service & pour la garde des principales villes. Dans les cas imprévus, ce nombre suffira, en attendant, pour repousser ou pour amuser un injuste agresseur. Les soldats ne doivent être armés ni trop à la légere ni trop pesamment : leurs armes ne doivent être ni trop longues ni trop courtes. La longueur des armes en rend le maniement difficile ; leur briéveté en borne trop l'usage. Si elles sont trop longues, elles deviennent préjudiciables par l'embarras qu'elles causent ; si elles sont trop courtes, elles deviennent inutiles. Des soldats trop pesamment armés n'ont plus de force pour combattre ; elle est employée toute à soutenir le poids dont ils sont chargés : des soldats qui sont armés trop à la légere, ne peuvent ni enfoncer l'ennemi, ni lui résister ; ils sont bientôt renversés ou mis en fuite. La maniere la plus avantageuse d'être armé, est celle qui nous met en état d'attaquer l'ennemi en même temps que nous pouvons nous garantir des coups qu'il nous porte. Les armes doivent avoir un poids fixe & une mesure déterminée. Ce poids & cette mesure doivent être proportionnés à la taille & aux forces du commun des hommes.

Les chars ne doivent pas être par-tout ni toujours de même; il doit y en avoir de différentes formes, suivant les différents usages auxquels on les destine. Sous les trois premieres Dynasties, il y avoit les chars *à crochets*, les chars *à tête de tigre*, les chars *précurseurs*, les chars *accouplés*, & les chars *à tête de dragon*. Chaque espece de char avoit, outre cela, des marques distinctives particulieres déterminées par le Souverain lui-même. Sous les Hia c'étoit une figure d'homme noir qu'on représentoit sur les étendards : sous les Yn ce furent des nuages, & sous les Tcheou on y peignoit des portions d'une terre jaune. Les Hia furent bienfaisants comme l'astre qui nous éclaire ; les Yn furent redoutables comme le tigre, & les Tcheou furent actifs comme le dragon. Le discernement, l'application à leurs devoirs, & les circonstances les rendirent tels. Les uns & les autres travailloient de toutes leurs forces à former de bons guerriers ;

mais ils ne leur donnoient pas pour cela la préférence sur les autres membres de l'Etat. Ils savoient que lorsque les gens de guerre sont en nombre suffisant, dociles, bien choisis, robustes & bien disciplinés, l'Empire est à coup sûr dans un état de vigueur & de force propre à tout entreprendre, & que le peuple peut jouir tranquillement de tous les avantages de la paix; mais ils savoient aussi que s'il y a un grand nombre de troupes, & qu'elles soient sans talents, sans valeur, vicieuses & mal disciplinées, alors le peuple s'épuise, devient pauvre, hors d'état de remplir ses principales obligations, vicieux même, & quelquefois rebelle. C'est pourquoi ils avoient un grand soin d'instruire ceux qui suivoient le parti des armes, de leur inspirer la vertu, de les former à la discipline, d'empêcher qu'ils ne fussent à charge aux citoyens, qu'ils ne nuisissent au peuple, qu'ils n'épuisassent inutilement les provisions, qu'ils ne dépeuplassent les campagnes, qu'ils n'employassent les bêtes de somme dans les temps où elles sont nécessaires pour la culture des terres; en un mot, ils savoient éviter les deux extrémités, ils ne vouloient ni trop ni trop peu de troupes, ils n'en vouloient point d'inutiles, & ils n'en vouloient que parcequ'ils ne pouvoient pas ne pas en avoir. Ils avoient pour maxime que l'ordre est la base de tout, & ils le faisoient observer. Ils avoient des regles déterminées, au moyen desquelles les gens de guerre se préparoient à marcher sans confusion, à combattre sans désordre, à vaincre sans cruauté, à triompher sans orgueil, & ils les faisoient garder : ils mettoient une juste différence entre les différents corps de troupes qu'ils avoient sur pied, ils leur donnoient un arrangement convenable; ils faisoient en sorte que, lorsqu'on tenoit la campagne, les fantassins ne fussent pas obligés de marcher jusqu'à se fatiguer, que les chars ne fussent pas chargés jusqu'à pouvoir être endommagés, que les chevaux ne travaillassent pas jusqu'à être haraſſés. Ils diſpoſoient tellement les choſes, que tout le monde devoit être prêt à obéir ſur-le-champ aux ordres qu'on pouvoit donner dans les occaſions même les plus imprévues : ils vouloient que les mieux diſciplinés d'entre les ſoldats fuſſent toujours à la tête des autres pour leur ſervir de modeles : ils vouloient enfin qu'une armée, en quelque poſition qu'elle pût ſe trouver, fût toujours dans l'abondance des vivres, des munitions & de toutes les choſes néceſſaires ; qu'elle fût toujours prête à faire face à l'ennemi, & à le combattre avec avantage ; que le ſervice ſe fît en tout avec l'exactitude la plus ſcrupuleuſe ; que les différents corps n'euſſent entre eux aucune altércation, aucun ſujet de jalouſie ; qu'ils fuſſent tous de concert pour atteindre le même but, & pour procurer enſemble le bonheur, la gloire & la tranquillité de l'Empire.

Ces ſages Souverains donnerent toujours aux lettres la préférence ſur les armes. Perſuadés que les richeſſes faiſoient diſparoître les qualités guerrieres pour leur ſubſtituer le luxe, la molleſſe & tous les vices qui en dépendent, ils ne ſouffroient point de Guerriers opulents. Convaincus que les richeſſes & l'autorité, lorſqu'elles ſont jointes à la force, peuvent cauſer les plus grands maux, peuvent ébranler l'Empire juſque dans ſes fondements, ils ne donnerent aux plus diſtingués d'entre les Guerriers qu'un crédit limité, que des titres purement honorifiques, qu'une abondance ſans ſuperflu.

Ceux qui portent les armes ſont ſans ceſſe expoſés à s'écarter du ſentier qui conduit à la vertu ; ceux qui profeſſent les lettres doivent les y diriger : les Guerriers négligent ſouvent les cérémonies, & s'écartent des uſages établis ; les Lettrés doivent les y rappeller : les armes ſe plaiſent dans l'agitation & le tumulte ; les lettres aiment le repos & la paix : celles-là portent à la férocité ; celles-ci adouciſſent les mœurs. Tels étoient les principes ſur leſquels nos anciens Rois régloient leur conduite. Aussi la vertu ne restoit jamais cachée ; on la produisoit au grand jour : les talents n'étoient point enfouis ; on tiroit parti de tout : la valeur & les brillantes qualités qui l'accompagnent, n'étoient ni orgueilleuses ni téméraires ; la modestie & la prudence les conduisoient.

Sous le Grand Yu, on n'avoit ni récompenses ni châtiments déterminés ; la *vertu* étoit à son plus haut point de perfection, & le peuple s'y portoit de lui-même. Sous les Hia ses Successeurs, on détermina des récompenses, on ne fixa rien sur les châtiments ; le peuple devenu moins simple & plus instruit eut besoin d'être excité ; la *saine doctrine* fut entiérement développée & éclaircie dans tous ses points. On prit une route opposée sous les Yn. On établit des punitions, on fit pratiquer la vertu & fuir le vice, par la seule crainte des châtiments ; l'*autorité* fut respectée, elle profita de tous ses droits. Les Tcheou imiterent les uns & les autres ; ils instruisirent, ils encouragerent, ils inspirerent de la crainte, ils donnerent des récompenses, ils infligerent des peines ; & les avantages qu'ils procurerent à l'Empire égalerent en peu de temps tous ceux de leurs sages prédécesseurs.

Ces trois illustres Dynasties se soutinrent avec gloire, autant de temps qu'elles suivirent tout ce que leurs fondateurs leur avoient transmis de doctrine & de réglements politiques pour le gouvernement de l'Empire ; mais dès qu'une fois, sous des Princes foibles, on commença à s'écarter de ce qui avoit été établi, & à négliger tantôt une coutume & tantôt une autre, les loix allerent en décadence, les mœurs se corrompirent ; on forma des brigues, il y eut des complots & des révoltes, jusqu'à ce qu'enfin une une nouvelle race vint s'asseoir sur un trône qui étoit si mal occupé, & en exclut pour toujours ceux qui n'étoient pas dignes de le remplir. Quels exemples pour un Souverain que ceux que nous ont laissé les fondateurs & les premiers Rois de ces trois célebres Dynasties ! ils sont dignes de tous nos éloges, ils sont dignes de l'admiration de tous les hommes; ils doivent être imités par ceux qui, tenant sur la terre la place du Ciel, doivent donner des loix à l'Univers. Sous ces grands Princes, la vertu, le mérite & tous les talents étoient connus, étoient honorés, étoient employés avec toutes les distinctions qui leur convenoient; & c'est pour cela que bien loin de s'éteindre ou de s'affoiblir, ils prenoient chaque jour de nouvelles forces, chaque jour ils brilloient d'un nouvel éclat. Le peuple n'étoit ni paresseux ni contraint; il travailloit assidument, mais librement & avec joie. Les gens de guerre n'étoient jamais oisifs; leurs occupations se succédoient les unes aux autres avec ordre & sans discontinuer, ils empêchoient qu'il n'y eût du désordre dans les villes, ils mettoient à couvert les campagnes, ils veilloient à la sureté des grands chemins. Les uns & les autres menoient une vie laborieuse, mais exempte d'inquiétude & de peines; les uns & les autres remplissoient leurs devoirs, parceque ceux qui étoient à leur tête, parceque les Souverains eux-mêmes remplissoient les leurs avec exactitude.

ARTICLE III.

Précis des Devoirs particuliers de ceux qui commandent (1).

L'AUTORITÉ respective est la base sur laquelle est appuyé tout ce qui a rapport au Gouvernement, & c'est de l'usage qu'on en fait que dépendent tous les succès, quels qu'ils puissent être. Ainsi, régler & affermir l'autorité, est le premier & le plus important de tous les devoirs, & ce doit être l'objet des premieres attentions d'un Général.

Savoir connoître & apprécier une bonne action quelle qu'elle soit; distinguer, parmi les fautes que l'on commet, celles qui peuvent avoir des suites d'avec celles qui ne sont d'aucune conséquence, & faire réparer à propos les unes & les autres; avoir une fermeté à toute épreuve quand il s'agit de faire observer la discipline; instruire & exercer, sans aucune exception, tous ceux qui doivent être employés; fermer toutes les voies de désertion à ses propres soldats, les ouvrir au contraire & les faciliter aux soldats ennemis; recevoir avec bonté tous ceux du parti opposé, & pouvoir s'en servir comme de ses propres gens; profiter des lumieres de tous ceux qui sont en état de donner de bons conseils, & avoir l'art de pénétrer leurs véritables sentimens, lors même que par quelque motif de crainte, de politique ou d'intérêt, ils n'oseroient les déclarer

---

(1) Cet Article, disent les Commentateurs, est très renommé parmi les gens de guerre : on le donne ici tel qu'il a été composé par Se-ma lui-même. Il est incontestablement de lui, ainsi que les deux suivants. Ceux qui embrassent le parti des armes doivent y faire une attention particuliere, & mettre à profit toutes les maximes qui y sont énoncées

à découvert; favoriser l'industrie & tous les talents militaires; récompenser la valeur, punir la lâcheté, exciter l'émulation, étouffer les murmures, faire mouvoir tout le monde à son gré, comme on le veut & quand on le veut, c'est avoir établi l'autorité. Mais pour en venir à bout, il faut gagner les cœurs, s'attirer l'estime & se concilier une respectueuse crainte : il faut faire en sorte que tous ceux qui composent une armée soient unis de sentiments comme de conduite, qu'ils se regardent mutuellement comme le soutien les uns des autres, qu'ils n'aient tous qu'un même objet, qu'ils soient prêts à tout sacrifier pour obéir au Général. Le Général lui-même doit obéir aux loix & à tout ce qu'elles prescrivent ; il doit être éclairé, juste, impartial, plein de droiture, désintéressé, & il ne doit rien entreprendre que pour l'avantage commun. Par avantage commun, il faut entendre celui qui rejaillit, ou sur le corps général de la nation, ou simplement sur le total de l'armée. Un tel avantage est de tous le plus réel, le plus solide & le plus glorieux. Il n'est point sujet aux recherches toujours périlleuses pour ceux qui en sont l'objet, aux traits empoisonnés de l'envie, aux critiques calomnieuses, aux vicissitudes & aux renversements. Il est étayé par la multitude, protégé par le Souverain, il se soutient par lui-même.

Un Général éclairé est comme un flambeau ardent qui répand au loin son éclat, & à la lueur duquel les Officiers des différents ordres conduisent sûrement tous ceux qui leur sont soumis. Un Général juste & sans partialité détruit tout sujet de mécontentement & de murmures, il se fait aimer, lors même qu'il inflige des peines & des châtiments. Un Général plein de droiture fait rougir à propos, ne craint point de reconnoître ses fautes & n'a pas honte de les avouer ; il travaille efficacement à les réparer. Un Général désintéressé n'épargne ni ses soins ni ses peines, sacrifie tout au bien de la patrie, n'est

jamais

jamais la dupe des artifices de l'ennemi, n'enfante point des projets d'ambition, ne cherche point à s'enrichir, ne se laisse pas corrompre par l'appât des honneurs & des richesses; il est à l'épreuve de tout. Un Général qui réunit dans sa personne toutes ces qualités, est sans contredit un bon Général : il sait que le moindre relâchement dans la discipline peut avoir des suites très funestes, & il empêche qu'il ne s'y en introduise : il sait que, malgré toutes ses attentions, il est presque impossible qu'il ne se glisse quelque abus ; il est en état de les voir & il ne craint pas de les corriger : il sait que punir trop sévérement les petites fautes, est un aussi grand mal que celui de punir trop légérement les grandes ; qu'une attention trop scrupuleuse à les punir toutes, est un aussi grand inconvénient que celui de n'en punir aucune ; que laisser dans l'oubli ceux qui se sont distingués par leurs belles actions, c'est éteindre l'ardeur guerriere, & étouffer en quelque sorte l'amour de la gloire ; & qu'exalter, faire valoir & payer pour ainsi dire toute action militaire qui n'a rien qui ne soit du devoir commun, c'est avilir la valeur & déprimer le vrai mérite. Ces deux excès étant également préjudiciables, il les évite l'un & l'autre, il prend un juste milieu ; il punit & récompense à propos.

Sous un ciel favorable les provisions se font aisément, la joie regne dans tous les cœurs : sur un terrein avantageux les troupes peuvent se ranger à l'aise, elles peuvent se garantir de tous les accidents fâcheux. Quand on est en même temps sous un ciel favorable & sur un terrein avantageux, on peut tout mettre à profit. La salubrité de l'air, la facilité des évolutions, l'usage libre des armes, l'abondance & la bonté des aliments, l'aisance & la commodité, le contentement général, tout cela dépend des lumieres de celui qui commande, & de son attention à tirer parti du *ciel* & de la *terre*. Une armée qui se trouveroit exposée à une chaleur brûlante ou à un froid trop rigoureux, à des vents impétueux ou à des pluies excessives, qui se verroit resserrée dans des lieux étroits & de difficile issue, ou qui se trouveroit dans des lieux stériles, mal-sains & où il y auroit à souffrir la faim, la soif & une disette de tout, n'est guere réduite à quelqu'une de ces extrémités que par la faute de son Général, qui n'a pas eu *du ciel & de la terre* (1) toutes les connoissances qu'il auroit dû se procurer pour remplir dignement son emploi.

Un bon Général doit avoir reconnu tous les postes importants, s'en être emparé, & les faire garder avec soin : il doit disposer ses troupes de telle sorte que celles qui ne combattent qu'avec des armes courtes (2), soient toujours soutenues par celles dont les armes peuvent atteindre au loin : il doit faire couvrir les unes & les autres par les arbalétriers, & par tous ceux en général qui peuvent lancer des fleches ou des javelots : il doit ranger ses soldats de façon que cinq ne fassent qu'un, & qu'un seul soit pour ainsi dire quintuple de lui-même ; c'est ainsi qu'il doit les faire combattre en les faisant circuler, & en les renouvellant sans cesse, pour avoir sans cesse des hommes toujours frais. Cinq hommes inséparablement unis, n'ayant qu'une même façon d'agir & de vivre, qu'un même but, qu'un même intérêt, ne voyant, ne parlant, n'entendant, ne sen-

---

(1) *La connoissance du ciel & de la terre*, dont il est parlé dans cet Article, n'est autre chose que la connoissance du climat particulier des lieux où le Général doit faire camper son armée. Celui qui commande les troupes doit savoir, dit Se-ma, en quel temps les pluies, les vents, les orages, les frimats, le chaud & le froid sont les plus ordinaires, afin de ne pas exposer son armée mal à propos. Voilà ce que les Chinois appellent *la connoissance du ciel*. Par *la connoissance de la terre*, ils entendent ce que nous entendons nous mêmes par les mots de géographie, topographie, &c.

(2) Les armes *longues & courtes* dont parle l'Auteur, & qui étoient

tant qu'en commun, n'étant affectés que des mêmes objets, & n'ayant, pour ainsi dire, que les mêmes passions, ne trouveront rien qui soit au-dessus de leur portée ; ils se soutiendront dans les marches, ils s'animeront dans les combats, ils s'éclaireront dans les doutes, ils se soulageront dans les peines, ils s'encourageront dans les craintes, ils se serviront mutuellement de frein contre les vols, les rapines, les brigandages, & contre toute action illicite & déshonorante.

Le Général a ses idées propres, les Officiers & les Soldats ont les leurs qui leur sont propres aussi : si elles diffèrent entre elles, rien ne réussira ; si elles s'accordent, tout ira bien. Faire préparer des magasins d'armes & de vivres, disposer des chevaux, des chariots & des bêtes de somme, assigner les postes & les emplois, ranger les troupes, les instruire & les exercer, les rendre promptes, lestes & vaillantes ; envoyer des espions chez les ennemis, en avoir dans son propre camp pour ne rien ignorer de ce qui s'y passe : tout cela regarde le Général. Mettre la main à l'œuvre, travailler avec ardeur & sans se rebuter, souffrir sans murmure la faim, la soif & la fatigue ; exécuter avec fidélité tous les ordres reçus, s'exposer sans crainte à tous les dangers dès qu'il s'agit d'obéir, remplir avec exactitude

---

en usage de son temps, sont de cinq sortes, dont les noms sont *Mou*, *Y*, *Yeou*, *Kou*, *Tchi*.

Le *mou* étoit fait avec du bois de bambou, un de ses bouts étoit armé de fer ; il étoit long de douze pieds. Le *y*, autrement dit *y-mo*, étoit une espece de lance ou de pique longue de vingt pieds ou de vingt pieds quatre pouces. Le *yeou*, ou autrement dit *yeou-mo*, étoit une espece de demi-pique longue de douze pieds. Le *kou* étoit une arme dont la longueur étoit de six pieds quatre pouces ; le fer en étoit plat & de la largeur de deux pouces. Le *tchi* étoit une arme dont il y avoit deux especes. Celles de la premiere étoient longues de vingt-quatre pieds, & celles de la seconde n'avoient que douze pieds de longueur.

jufqu'au plus petit de fes devoirs, c'eft l'affaire des Subalternes & des Soldats. Le Général & les troupes qu'il commande ne font entre eux tous qu'un feul & même corps. Une armée eft comme un grand arbre, le Général en eft le tronc, les Officiers & les Soldats en font les branches.

Pour bien conduire une armée, pour la commander dignement, il faut de toute néceffité employer la *vertu*, la *valeur* & *l'art*; la *vertu*, dans la maniere de faire la guerre en général; la *valeur*, dans les batailles & les combats; l'*art*, dans la difpofition & l'arrangement des troupes. Il faut employer les hommes à ce qu'ils aiment d'inclination; il faut leur fournir les moyens de déployer leurs talents & de les faire valoir; il faut prendre en tout le contrepied de l'ennemi.

Le *Ciel*, les *Avantages*, le *Bon*, font trois chofes auxquelles on doit une attention particuliere. Choifir tellement le jour où l'on doit faire quelque opération importante, qu'on ne puiffe jamais être forcé de le changer ; faire fes marches de telle maniere qu'elles foient toujours fures & fans obftacles; favoir faifir le moment de la victoire, c'eft avoir fait attention au *Ciel*. Avoir en abondance toutes les provifions néceffaires en tout temps & en tout lieu, couler foi & les fiens des jours fains, dans un contentement qu'on ne craint point de perdre, c'eft avoir pourvu aux vrais *Avantages*. Maintenir le gros de l'armée dans une pofition toujours favorable & toujours prête à tout événement, garder toutes les loix d'une exacte difcipline, quelque part & dans quelques circonftances qu'on fe trouve, avoir fu infpirer un empreffement général à tout faire, à le faire fans crainte & avec foin, avoir mis toutes chofes en état d'aller comme d'elles-mêmes, en confervant un ordre toujours égal, c'eft avoir trouvé le *Bon*.

On peut dire en général qu'une armée nombreufe eft une armée forte; mais on peut dire auffi qu'une armée trop nombreufe est difficile à entretenir, à ranger, à conduire, à faire mouvoir, & que ce n'est qu'avec des peines infinies qu'on peut contenir une armée trop forte dans les bornes étroites de la discipline & du devoir. La principale force d'une armée consiste moins dans le nombre que dans le choix.

Une armée est toujours assez forte quand elle a des chars légers, des cavaliers agiles & adroits, des fantassins robustes & expérimentés, quand tous ceux qui la composent sont dociles & bien exercés, quand au-dedans elle est toujours en bon ordre, quand au-dehors elle est toujours en état de faire toutes les évolutions à propos, quand elle peut aller & venir, s'étendre & se replier comme elle le veut & quand elle le veut. L'ignorance de bien des choses qu'il faudroit savoir, le relâchement dans la discipline, un trop grand train, des embarras de toutes les especes se trouvent, pour l'ordinaire, dans une armée trop nombreuse. Que de monde ne faut-il pas pour avoir l'œil à tout, pour avoir soin de tout ! Quel espace de terrein pour tant d'hommes, pour tant d'animaux, pour tant de chars, pour tant de provisions, pour tant de bagages ! Que d'hommes uniquement destinés à garder, à préparer, à consumer, à vivre, & souvent même à détourner, à intimider, à débaucher, à nuire de mille façons ! Comment un Général peut-il voir d'un même coup d'œil son armée entiere ? Comment peut-il en disposer à son gré ? Quelle attention peut-il faire à toutes les marques distinctives des différents corps qui la composent ? Comment dans deux instants successifs peut-il donner deux ordres différents & quelquefois contraires, suivant que les circonstances l'exigent ? Il voit sa faute, il veut la réparer; il apperçoit le mal, il veut s'en préserver : cela ne lui est pas possible : la machine est en mouvement, il faut qu'elle aille.

Rien n'est plus funeste pour une armée que lorsque la désobéissance aux Chefs, la désunion entre les membres, les soupçons, les défiances mutuelles, les craintes mal fondées, la nonchalance, la paresse, & les autres passions se sont emparées de la plupart des cœurs. Le désordre, & un désordre général, en est la suite ; les pertes & les échecs continuels en sont les tristes effets. Qu'on étouffe l'orgueil dans son principe, qu'on éteigne la lâcheté dans sa source, on aura paré à tout.

L'orgueil s'engendre de la vanité, & la vanité de l'amour-propre : la lâcheté vient de la crainte, & la crainte vient d'une fausse prévoyance portée à l'excès ; mais l'orgueil & la lâcheté produisent toutes sortes de vices qui entraînent après eux tous les malheurs. Un Général qui a de la vanité, cherche les applaudissements. Plein de lui-même, il se persuade qu'il n'y a de bons projets que ceux qu'il a enfantés, de bonnes mesures que celles qu'il prend, de bons desseins que ceux qu'il conduit, de bonnes routes que celles qu'il s'est tracées. Qui oseroit le contredire ? Même dans ses plus grands écarts on le flatte, on lui prodigue les adulations. Les fautes les plus lourdes ne le détromperont pas, il les ignore. Eh ! comment pourroit-il les connoître ? on les lui cache avec soin, & il se les dissimule à lui-même. Bientôt sa vanité dégenere en pétulance & en orgueil ; il ne voit plus rien, il n'entend plus rien, il ne fait plus rien ; il se rend odieux, on le déteste, on le fait échouer, on le trahit, tout est perdu sans ressource.

Le défaut contraire produit les mêmes effets. Un Général qui ne croit pouvoir compter sur rien, qui n'a point assez bonne opinion de ce que peuvent les siens, ni de ce qu'il peut lui-même, qui porte une fausse prévoyance à l'excès, a nécessairement le cœur toujours à l'étroit. Il croit voir par-tout de justes sujets de se défier ; il soupçonne sans fondement, il est minutieux, indécis, craintif, pusillanime ; rien ne lui échappe, tout lui fait peur ; les arbres des champs lui paroissent des armées, il voit sous l'herbe rampante des soldats en embufcade ; un mot échappé, un fimple regard feront pour lui des fignaux certains de trahifon ou de révolte.

Que peuvent faire des troupes commandées par un tel homme ? de quoi font-elles capables ? Lâches comme lui, elles ne chercheront qu'à mettre leurs jours en fureté. A la premiere occafion, ou par une fuite précipitée, ou en baiffant devant l'ennemi des armes qu'elles devroient employer à le combattre, fans égard à quoique ce foit, fans regret & même fans honte, elles facrifieront ignominieufement leur propre honneur, celui de la Patrie, de leur Prince & de leurs Ancêtres. A ces vices dignes d'un opprobre éternel, je veux dire à l'orgueil & à la lâcheté, celui qui commande doit oppofer les vertus dont il n'emprunte que trop fouvent le mafque : la magnanimité & la prudence.

Qu'un Général foit magnanime, qu'il foit prudent, il fera hardi fans témérité, fier fans préfomption, ferme fans opiniâtreté, exact fans petiteffe, attentif fans défiance, circonfpect fans foupçon ; il connoîtra le grand & le petit, le fort & le foible, le peu & le beaucoup, le pefant & le léger, le loin & le près ; il faura ranger fans confufion, & combiner toujours à propos, fuivant les circonftances, le temps & les lieux, les *trois*, les *cinq* & les *deux* de toutes efpeces (1) ; il cherchera la véritable gloire, il remplira tous fes devoirs fans

―――――――――――

(1) Les mots que j'ai foulignés font les propres termes chinois traduits à la lettre. J'ai mieux aimé employer une façon de parler barbare, que de m'expofer à ne pas donner le vrai fens de l'original ; car j'avoue que je n'entends guere ce qu'il veut dire par les *trois*, les *cinq*, & les *deux de toutes efpeces*. Les Commentateurs fe contentent de dire que les *foldats, en quelque nombre & quels qu'ils puiffent être, feront toujours rangés comme ils doivent l'être, fi le Général eft tel qu'on vient de le dépeindre*. Ces Auteurs s'expliquent les uns par les autres, car ils ont tous les mêmes principes ou à-peu-près.

oftentation comme fans crainte ; il fera véritablement digne de commander.

Dans quelque pofition qu'une armée puiffe fe trouver, il faut que celui qui la commande ait toujours des efpions qui l'inftruifent fidellement de ce qui fe paffe *au loin* ; il faut qu'il voie par lui-même *tout ce qui eft à portée d'être vu* ; il faut qu'il fe fouvienne fans ceffe que s'il a les armes à la main, c'eft *la juftice* qui les lui a confiées, & que s'il emploie des hommes pour combattre contre d'autres hommes, c'eft *l'humanité* qui le lui commande : il doit toujours avoir préfent à l'efprit, que la réuffite de fes entreprifes & de toutes fes opérations militaires dépendra de l'attention qu'il aura eue au *temps*, pour les commencer, & des mefures qu'il aura prifes, fuivant fes *forces* & fes *provifions*, pour les conduire à une heureufe fin : il ne doit jamais oublier que pour vaincre un ennemi, il faut le connoître, & qu'on ne le connoît bien que lorfqu'on fait tout ce dont il peut être capable. Il faut fur-tout qu'il fe foit mis en état de n'être jamais pris au dépourvu, & de n'avoir à fe défier de qui que ce foit. Avant de vous mettre en campagne, répandez les bienfaits à pleines mains, infpirez la confiance publique : quand vous ferez à l'armée, élargiffez le cœur de vos foldats, faites regner l'abondance : lorfque vous combattrez, portez la terreur & l'effroi, ne redoutez rien pour vous-même.

Dans l'enceinte du Royaume, foyez débonnaire & ne refpirez que concorde, paix & douceur ; à l'armée, faites obferver la difcipline & ne craignez pas de punir ; dans les combats, cherchez à qui porter des coups, & ne craignez pas d'en recevoir.

A la ville foyez honnête, bon, vertueux & tendre : à l'armée foyez actif, exact, plein de reffources, vigilant, induf-
trieux,

trieux, diffimulé même, & rufé s'il le faut : foyez ardent, infatigable, vaillant & intrépide les armes à la main.

Ce n'eft qu'à ce prix que vous ferez digne en quelque façon de commander une armée ; mais vous mériterez le magnifique titre de grand Général, fi vous rangez vos troupes *avec art*, fi vous les poftez *avec avantage*, fi vous les faites combattre *à propos*, fi vous les inftruifez *en détail*, fi vous les gouvernez avec *fermeté*, fi vous récompenfez avec *éclat*, fi vous gardez avec *vigilance*, fi vous fupputez avec *exactitude*.

Vous aurez l'*art de bien ranger les troupes*, fi vous combinez tous les différents corps dont elles font compofées, de façon qu'ils ne puiffent jamais fe nuire les uns aux autres, fi vous les mettez en état de pouvoir toujours fe fecourir promptement, fe remplacer facilement, fe foutenir mutuellement ; fi vous faites en forte qu'ils puiffent agir en tout temps & fe détacher fans inconvénient au premier fignal qui leur fera donné, fans que leurs voifins en fouffrent le moindre dommage ; fi vous les mettez à portée & en fituation de voir tout ce qu'il faut voir, d'entendre tout ce qu'il faut entendre & de faire tout ce qu'il faut faire ; fi vous les placez de maniere à fe fervir mutuellement d'aiguillon à bien faire & de barriere contre la molleffe, les murmures, les cabales, les défertions, la lâcheté & toute la foule des vices dont les gens de guerre, à la honte de ceux qui les commandent, ne fe fouillent que trop fouvent.

Votre armée fera poftée *avec avantage* fi elle fe trouve dans des lieux un peu élevés, d'où l'on puiffe découvrir au loin, des quatre côtés, qui foient fains, fertiles, où il y ait de bonne eau & de gras pâturages, d'où vous puiffiez fortir librement & fans craindre aucune embufcade, & où vous foyez toujours le maître de vous battre ou de refufer le combat, sans qu'on puisse jamais vous forcer à prendre un parti que vous croiriez ne devoir pas tourner à votre profit.

Le temps, l'heure, le moment, quelques petites circonstances, suffisent souvent pour assurer la victoire; ainsi, savoir choisir ce temps, cette heure, ce moment, savoir profiter de ces circonstances pour engager, continuer & finir le combat, c'est *combattre à propos*. Je pourrois entrer ici dans un détail immense, mais votre sagacité suppléera à ce que je n'oserois dire; quelques exemples suffiront pour vous faire comprendre ma pensée. Le matin ou le soir, lorsque le soleil donne dans les yeux des ennemis, à toute heure de la journée, lorsqu'un vent impétueux souffle du côté qui leur est opposé, lorsque la jonction de leurs différents corps d'armée ne s'est point encore faite, avant qu'ils aient reçu les renforts des troupes qu'ils attendent, lorsqu'ils ont besoin de repos, lorsqu'ils ne sont point sur leurs gardes, lorsqu'ils ont souffert de la faim ou de la soif, lorsque quelqu'un de leurs Officiers Généraux, dont le mérite vous est connu, est absent ou malade, attaquez sans hésiter. Qu'une téméraire impétuosité ne vous fasse point oublier ce que vous vous devez à vous-même, & ce que vous devez à tous ceux que vous commandez; qu'une ardeur aveugle ne vous fasse point oublier ce que vous devez à l'humanité. Combattez vaillamment, mais avec mesure: ne réduisez pas au désespoir un ennemi qui peut encore vous nuire, contentez-vous d'un avantage médiocre, pourvu qu'il soit sûr, sans en chercher de plus considérable, qui seroit douteux. Faites sonner la retraite avant la nuit: ne permettez pas qu'on poursuive les fuyards par bandes détachées ou par pelotons, au-delà du terme que vous aurez assigné, & ce terme doit être court. Après le combat, donnez à vos soldats le repos dont ils ont besoin, mais ne les laissez pas dans une entiere sécurité; faites que tout ſoit diſpoſé, comme ſi le lendemain vous deviez combattre encore. Quand vous ſaurez que les ennemis ſont bien loin de vous, vous ferez alors ce qui eſt d'uſage en pareille occaſion.

Inſtruire en détail les troupes, c'eſt leur dire cent fois, c'eſt leur répéter ſans ceſſe ce qu'elles doivent faire & ce qu'elles doivent éviter, c'eſt les exercer à toutes les évolutions militaires, c'eſt les endurcir au travail, à la fatigue & aux peines de toutes eſpeces ; c'eſt, en deux mots, les mettre en état de n'ignorer aucun de leurs devoirs, & de ſe faire une douce habitude de les remplir.

Gouverner avec fermeté, c'eſt employer toutes ſortes de moyens légitimes pour maintenir le bon ordre ; c'eſt ſacrifier ſes intérêts perſonnels, ſa vie même, s'il le faut, pour faire garder la loi ; c'eſt par conſéquent gouverner ſans crainte, ſans reſpect humain, ſans paſſion ; c'eſt exiger de chacun l'accompliſſement de ſes devoirs, mais l'exiger avec les égards que demandent la juſtice, la prudence & l'humanité, c'eſt-à-dire ſans dureté, ſans caprice, ſans opiniâtreté, ſans acception de perſonne.

Un Général ainſi ferme trouvera d'abord bien des difficultés à ſurmonter, on lui oppoſera bien des obſtacles, on blâmera ſa conduite, on le calomniera, on l'accuſera même, on tâchera de le noircir dans l'eſprit du Souverain ou de ſes Miniſtres, on lui fera des crimes de ce qui n'eſt en lui que vertu & pur zele pour le bien de ſon Maître & de la Patrie. Mais qu'il ne s'éffraie point, qu'il ne ſe laiſſe point abattre, qu'il ſoit toujours le même, ſimple dans ſon exactitude, inébranlable dans ſon uniformité. Bientôt il ſurmontera tout, tout lui deviendra facile, tout pliera ſous les moindres ſignes de ſa volonté, & ceux même qui lui étoient le plus contraires, qui l'avoient le plus décrié, qui l'avoient pris pour l'objet

Ll ij

ordinaire de leurs médifances ou de leurs railleries, dociles comme les autres, fe prêteront à tout, fe foumettront à tout, & lui donneront, comme les autres, les juftes éloges qu'il mérite.

Récompenfer avec éclat, c'eft reconnoître le mérite, les talents, les belles actions; c'eft les faire valoir, c'eft les relever, c'eft flatter l'homme par fon endroit fenfible, c'eft l'animer à bien faire, c'eft l'encourager.

La valeur des récompenfes dépend de l'idée qu'on s'en forme. Attachez des diftinctions aux chofes les plus fimples, elles deviendront l'objet des recherches des plus grands hommes : n'accordez ces diftinctions qu'à ceux qui les ont méritées, elles feront d'un prix ineftimable, il n'eft rien qu'on ne faffe pour les obtenir. Lors donc que quelqu'un de vos gens fe fera diftingué par quelque haut fait, ou par quelque action extraordinaire, ne vous contentez pas de lui donner de ftériles louanges, de le proclamer dans l'enceinte du camp, de lui faire affigner quelque modique penfion, ou de l'élever à quelque grade fupérieur à celui qu'il occupoit; il ne faut pas effleurer fimplement fon cœur, il faut le pénétrer. Il faut qu'il puiffe fe flatter que la gloire qu'il acquiert n'eft point une gloire éphémere que le même jour voit, pour ainfi dire, naître & mourir : il faut qu'il ait la confolation de la voir rejaillir fur fes Ancêtres, & l'efpérance qu'elle fe perpétuera dans fes defcendants.

Pour cela, voici à-peu-près ce que vous pouvez faire. Dans les lettres que vous écrivez au Souverain, pour l'avertir juridiquement, & lui rendre compte de ce qui fe paffe (1), dites lui :

---

(1) Ce que l'Auteur fuggere ici eft fondé fur un ufage très ancien dans l'Empire, & qu'on a établi par un raffinement de politique, pour mettre l'honneur du Général & de ceux qu'il commande au jugement du feul Souverain, & celui du Souverain à la difcrétion du Souverain lui-même, & pour em-

Un tel... fils d'un tel... de telle province... de telle ville... de tel village... commandant tel corps... Officier de telle garde, ou simple soldat, a fait telle chose... de telle & telle maniere... malgré tels & tels obstacles qu'il a surmontés, &c. Pour le récompenser, je lui ai donné telle prérogative, telle marque de distinction... je l'ai élevé à telle place qui est la seule vacante que j'ai trouvé digne de lui, &c. J'en avertis Votre Majesté, afin que par la plénitude de sa puissance elle fasse en grand ce que je n'ai pu faire qu'en petit & en attendant, &c. Rien n'est impossible à des Guerriers qui s'attendront à être ainsi récompensés, sur-tout si le Prince ajoute aux bienfaits qui sont de coutume en pareille occasion, celui de donner de sa propre

---

pêcher que le public ne soit trompé par une foule de relations indiscretes dont les Auteurs, ou par ignorance, ou par prévention, ou par mauvaise volonté, sont presque toujours hors d'état de connoître le vrai. Cet usage consiste à empêcher que dès qu'une fois l'armée est en campagne, aucun de ceux qui la composent ne puisse écrire des lettres particulieres à qui que ce soit. Le Général & ceux de son Conseil ont seuls le privilege de faire passer des nouvelles, & encore ne peuvent-ils les faire passer qu'à l'Empereur, ou au tribunal de la guerre, pour rendre compte de leur conduite, & de tout ce qui est arrivé d'un peu intéressant. Ils écrivent pour l'ordinaire une lettre commune, laquelle est livrée ensuite au tribunal qui préside à l'Histoire pour être insérée tout au long dans les fastes de l'Empire ; c'est pourquoi ils n'écrivent rien qu'ils ne l'aient auparavant bien pesé & bien discuté entre eux. Il est difficile que tant de têtes s'accordent pour déguiser un fait particulier, sur-tout s'il est de quelque importance. S'il arrive que quelqu'un pense différemment des autres, il a le droit d'écrire secrétement à Sa Majesté pour l'informer de ce qu'il croit nécessaire. Celui qui en vient là doit être extrêmement sur ses gardes, car il risque le tout pour le tout. Si ces informations sont exactes, ceux qui en ont donné de fausses feront très certainement châtiés ; mais si dans son procédé l'on découvre de l'étourderie, de la mauvaise foi, ou quelque passion secrete, il est perdu lui-même sans ressource.

main quelqu'une de ces *inscriptions honorables* (1) qui font l'ornement d'une maison & la gloire de toute une famille.

Garder avec vigilance, c'est avoir pourvu de son mieux à tous les postes, importants ou non, sans vous fier trop à l'apparence; c'est les maintenir à l'abri des insultes de l'ennemi, en vous ménageant la facilité de les secourir à la premiere attaque qu'on voudroit en faire; c'est avoir distribué des espions, en aussi grand nombre & en autant de lieux qu'il faut, pour être averti de tout, toujours à temps & toujours à propos; c'est être toujours prêt à tout; c'est être dans une attention continuelle, c'est veiller, pour ainsi dire, lors même qu'on dort.

Supputer avec exactitude, c'est savoir jour par jour tout ce qui peut se consumer & ce qui se consume réellement de mu-

---

(1) J'ai traduit le mot de *pien* par ceux d'*inscriptions honorables*. On en pourra substituer de plus propres, quand on saura ce que c'est que *pien*. Le *pien* consiste en trois, quatre, cinq ou six lettres chinoises, qui caractérisent directement la personne qu'on veut louer, ou qui expriment allégoriquement les qualités, les vertus ou belles actions de celui qui en est l'objet. L'Empereur écrit de sa propre main ces lettres ou caracteres, en gros cadeau; on les grave sur le bois ou sur l'airain, & on les encadre suivant les facultés de celui qui en fait les frais, c'est-à-dire le plus magnifiquement qu'il est possible. On détermine un jour pour la cérémonie de la translation du *pien*. Ce jour arrivé, des Mandarins, suivis d'un nombreux cortege, vont, au son des instruments, le porter jusqu'à la maison de celui qui a été jugé digne de cette faveur; là ils sont attendus par d'autres Mandarins, sur lesquels ils se déchargent, en arrivant, de ce précieux dépôt, & ceux-ci le placent avec beaucoup de respect dans l'endroit propre de sa destination, lequel est pour l'ordinaire le plus apparent de la maison. Voici un exemple qui fera connoître quel est le goût de ces *pien*. Je prends celui que j'ai continuellement sous les yeux, je veux dire celui dont l'Empereur Kang-hi honora le P. Parennin. Il ne consiste qu'en trois lettres qui sont *ho-loung-koang*; ce qui signifie, *foyer où se réunissent les rayons de lumiere qui partent du dragon*. Le dragon est chez les Chinois un animal mystérieux auquel ils at-

nitions de guerre & de bouche, & de provisions de toutes les especes; c'est les avoir tellement préparées, combinées & disposées, que, dans quelque circonstance qu'on se trouve, on n'en puisse jamais manquer, on en ait toujours en abondance; c'est savoir le temps précis, l'heure, le moment où les ennemis doivent recevoir des secours d'hommes, d'argent ou de munitions, pour y mettre obstacle, & les lui enlever même, suivant que les circonstances le permettront; c'est savoir en combien de temps on emportera tel ou tel poste, on arrivera dans tel ou tel endroit, on pourra faire telle ou telle opération, on rencontrera l'ennemi dans tel ou tel embarras, dans telle ou telle fâcheuse circonstance; c'est enfin

---

tribuent les plus grandes merveilles; il est aussi le symbole de l'Empereur. Ainsi, ce court éloge *ho-loung-koang*, peut signifier que celui pour qui il a été composé brilloit de la lumiere même du dragon, c'est à-dire qu'il avoit une pénétration, une sagacité, un brillant, & une maniere totale d'esprit qui le distinguoient du commun des hommes : il peut signifier aussi que l'Empereur, représenté par le dragon, l'honoroit de sa familiarité la plus entiere, & avoit répandu sur lui les bienfaits à pleines mains; bienfaits de la premiere espece, puisqu'ils sont représentés par les rayons du dragon, qui représentent eux-mêmes tout ce qu'on peut imaginer de plus sublime. Ces trois caracteres *ho-loung koang*, qui forment le *pien*, sont écrits de suite, à côté l'un de l'autre, & non pas l'un sous l'autre. Dans le même cadre, au côté droit du *pien*, mais un peu au-dessous, est écrit en petits caracteres le nom chinois du P. Parennin, & au côté gauche sont écrits les années du regne, mois & jour auxquels cette distinction a été accordée. Au bas on a imprimé le sceau de Sa Majesté. Rien n'inspire plus de respect que ces sortes d'inscriptions, sur-tout si elles ont des *toui-tse* faits par quelque Prince ou par quelque Ministre, ou simplement par quelque habile Lettré. Ces *toui-tse* ne sont autre chose que l'explication du *pien*. Ils sont écrits en long, un caractere sous l'autre, & encadrés à-peu-près comme le *pien*, dont ils sont les pendants.

avoir si bien pris ses mesures, que tout arrive précisément comme on l'a prévu, & dans le temps qu'on l'a prévu.

La durée d'une chose, d'une affaire, d'un usage & de tout en général, est la mesure la plus juste de sa bonté. Tout ce qui n'est pas bon ne sauroit durer long-temps ; tout ce qui n'est pas juste ne peut manquer d'être bientôt détruit : ainsi, dans le militaire comme dans le civil, nous devons regarder comme sacré tout ce que nous tenons encore de nos Anciens ; son existence est une preuve de sa justice, sa durée nous garantit sa bonté. Il ne faut donc jamais faire d'innovation, il faut suivre les routes battues, à moins qu'un changement total dans les mœurs & dans la constitution des choses ne vous contraigne de changer aussi : dans ce cas ne faites rien de vous-même, ne faites rien sans un mûr examen, sans de longues & de fréquentes délibérations.

La connoissance anticipée de tous les dangers auxquels on est exposé, en est comme le préservatif : l'attente où l'on a été des peines qu'on souffre, en adoucit les rigueurs ; les dispositions où l'on a tâché de se mettre pour surmonter toutes sortes de fatigues & de travaux, relevent le courage, donnent des forces, & font qu'on ne se laisse point abattre. Il faut donc, avant que d'exiger le serment de vos troupes, les prévenir sur tout, les instruire clairement de tout, & ne leur laisser rien ignorer de tout ce à quoi leur profession les engage. Leur patience & leur courage seront par-là à l'épreuve de tout ; elles ne se démentiront point dans l'occasion, elles se toujours les mêmes.

Les bons présages inspirent la joie & la confiance ; la joie & la confiance doivent regner dans votre camp, dans le cœur de chacun de vos soldats : il faut donc interpréter favorablement tout ce qui peut arriver d'extraordinaire ; il faut empêcher
qu'on

qu'on ne tire des augures finiftres, tant des accidents qui font l'effet vifible de quelque caufe naturelle, que de ceux dont on ignore la caufe. Les meilleurs de tous les préfages, les plus furs, fans contredit, d'un avenir heureux, font la juftice de votre caufe, les mefures que vous aurez prifes, la droiture de vos intentions, votre habileté, l'expérience & la valeur de vos Capitaines, la docilité & l'exactitude de vos foldats, & l'union intime de tous ceux qui compofent votre armée.

L'uniformité du Gouvernement maintient toutes chofes dans leur état natutel; elle eft la bafe du bon ordre & la fource des heureux fuccès. Il faut donc que votre maniere de gouverner foit toujours la même, qu'elle ne foit fujette à aucun changement, & que vous foyez fûr d'être approuvé par le grand nombre toutes les fois que vous voudrez la mettre en pratique, dans quelque circonftance que ce puiffe être. N'admettez donc rien qui foit hors de la portée du commun des hommes, rien d'injufte, rien de rebutant, rien de trop difficile. Soyez diligent à inftruire, clair & précis dans les ordres que vous donnez, conftant à exiger, exact & inflexible à faire exécuter. N'ayez jamais d'humeur, jamais de caprice, jamais de vue d'intérêt propre. Soyez toujours affable, toujours bienfaifant, toujours plein de cette tendreffe effective que perfonne ne peut révoquer en doute.

L'homme... l'homme : la droiture... la droiture : l'interruption... l'interruption : la vigilance .. la vigilance : que ces quatre mots ne fortent jamais de votre mémoire (1).

---

(1) Je n'ai rien trouvé dans les Commentateurs qui donnât l'explication de ces quatre termes répétés. Ils fe contentent de dire que fi l'on en fait ufage à propos, après en avoir bien compris le fens, il n'eft rien qu'on ne puiffe faire réuffir, comme au contraire que tout eft perdu fans reffource, fi l'on vient à en abufer.

Quand vous serez sur le point de commencer le combat, tâchez d'émouvoir vos gens par les motifs qui vous paroissent les plus propres à faire impression sur eux; étudiez leur cœur, connoissez ce qu'ils aiment, afin de pouvoir les conduire uniformément; déterminez l'espace de terrein que chaque corps doit occuper, la maniere dont il peut s'étendre & celle dont il peut se resserrer; assignez un terme au-delà duquel il ne soit plus permis d'avancer, & un autre jusqu'où l'on puisse reculer, pour revenir ensuite sur ses pas. Donnez le change à l'ennemi par des signaux trompeurs, ou par des situations simulées; allez vous-même de rang en rang, pour voir si tout est dans l'ordre : ces précautions vous mettront en état de lire jusques dans le fond du cœur de tous vos soldats. Si vous jugez qu'ils souhaitent avec ardeur d'en venir aux mains, ne perdez pas un moment de temps, faites donner le dernier signal, & combattez. Si au contraire vous appercevez de la crainte, de la langueur ou de l'indifférence, saisissez le premier prétexte plausible, & demeurez dans l'inaction jusqu'à un temps plus favorable.

Naturellement l'homme cherche à imiter; s'il voit faire le bien, il se porte de lui même à le faire ; s'il voit faire le mal, il s'y livre & le fait comme ses modeles. Il n'est personne qui ne souhaite de jouir d'une bonne réputation ; il n'est personne qui ne souhaite de se faire un nom. Si vous voulez que vos gens trouvent du plaisir à se bien conduire, menez vous-même une conduite irréprochable : si vous voulez qu'ils travaillent de toutes leurs forces à s'acquérir une réputation honorable, à se faire un nom du côté de la valeur & des autres vertus guerrieres, donnez-leur-en vous-même l'exemple; faites des actions extraordinaires, surpassez-vous, pour ainsi dire, dans tout ce qui est de votre devoir, dans tout ce qui peut faire l'admiration des hommes. Dans tout ce que vous ferez, soit en bien, soit en mal, soyez convaincu que vous aurez toujours une foule d'imitateurs, qui ne tarderont pas de devenir eux-mêmes des modeles.

Quelque attentif que soit un Général, quelque bien qu'il se conduise, il arrive quelquefois que le désordre se met parmi les troupes qu'il commande : pour y remédier, il n'y a pas de moyens plus surs & plus efficaces que ceux que je vais vous suggérer. Ils sont au nombre de sept ; je ne fais que les indiquer ; vos propres réflexions vous apprendront assez l'usage que vous devez en faire. 1°. *L'humanité*, 2°. *la fermeté*, 3°. *la droiture*, 4°. *l'uniformité*, 5°. *la justice*, 6°. *les changements*, 7°. *l'application*. *L'humanité*, pour abattre tous les mouvements d'indignation, de colere & de vengeance qui s'élevent, dans ces sortes d'occasions, dans le cœur d'un Général, & pour empêcher qu'il ne porte la rigueur jusqu'à une sévérité outrée, ou même jusqu'à la cruauté. *La fermeté*, pour ne pas se laisser abattre par la crainte ou par les difficultés ; quelles qu'elles puissent être, & pour ne pas se laisser vaincre par les sollicitations & les intrigues des protecteurs. *La droiture*, pour se mettre au-dessus des préjugés & pour ne pas prendre le change dans l'appréciation des fautes, & dans la perquisition de ceux qui les ont commises. *L'uniformité*, pour qu'on sache à quoi s'en tenir par rapport à vous, pour pouvoir agir surement & efficacement, pour ôter tout prétexte aux soupçons, aux artifices, aux dissimulations, aux craintes mal fondées. *La justice*, pour attribuer à chacun ce qui lui est dû, le crime au coupable, l'innocence à l'innocent, les châtiments aux faux délateurs, les récompenses à ceux qui donnent de bons avis. *Les changements*, pour couper la trame des cabales & des complots, pour mettre des murs de division entre les coupables, pour préserver de la contagion ceux qui pourroient s'en laisser infecter, pour donner aux

complices l'occasion de se déceler les uns & les autres, par là
crainte mutuelle d'être prévenus. *L'application*, pour ne pas
se laisser endormir ou surprendre, pour prendre toutes les mesures nécessaires & ne rien omettre de tout ce qui peut contribuer à éteindre des étincelles qui pourroient causer le plus
furieux embrasement, si elles étoient négligées, ou pour
étouffer l'incendie, s'il est déja commencé.

Ce que je viens de dire suffit de reste pour vous mettre en
état d'examiner vous-même & d'appliquer à propos les sept
moyens de remédier aux troubles, aux révoltes, aux murmures, aux cabales, aux dissentions intestines & à toutes sortes
de désordres, de quelque nature qu'ils soient.

Outre les regles générales de discipline qui sont communes à tous les gens de guerre, un bon Général peut & doit
quelquefois en établir de particulieres qui soient proportionnées à la nature des troupes qu'il commande, à leur nombre,
au temps, au lieu & aux circonstances : elles doivent être
claires, en petit nombre, évidemment avantageuses & de
facile exécution : elles doivent avoir le bon ordre & le bien
commun pour objet : elles doivent regarder indistinctement
tout le monde : il faut qu'il y ait des peines exemplaires & ir-
révocables pour les infracteurs, quel que soit le rang qu'ils
occupent. L'observation ou l'infraction de ces regles dépendent également du Général : si ceux qui composent son armée
sont convaincus de son humanité, de sa justice, de sa capacité, de son exactitude à observer les loix & à remplir tous
ses devoirs particuliers, de sa droiture, de sa bonne foi, de son
impartialité & de toutes ces précieuses qualités qui font qu'un
même homme est tout à la fois bon citoyen & grand homme
de guerre, pleins de confiance & de respect, ils n'auront pas
de plus doux plaisir que celui de lui obéir en tout ce qu'il
jugera à propos de leur commander. Mais si, au contraire, ils

jugent avec fondement que celui qui eſt à leur tête eſt un homme ſans vertu, ſans probité, ſans mœurs, ou un homme vain, faſtueux & ſuperbe, qui, plein d'eſtime pour lui-même, ne daigne pas même conſulter les ſages dont il auroit honte de ſuivre les avis, ou un homme colere, emporté, vindicatif, cruel, à qui rien ne plaît, que tout irrite, & qui pour le moindre prétexte ſe porte aux plus violents excès, ou un homme peu attentif, négligent, avide d'un petit intérêt particulier, qu'il cherchera dans toutes les occaſions, au détriment même de l'intérêt commun, ils lui obéiront, parcequ'il a l'autorité en main ; mais ce ſera d'une obéiſſance forcée dont ils chercheront à ſecouer le joug le plutôt qu'il leur ſera poſſible; ou ſi, par un malheur encore plus grand, ils aiment à obéir à un tel chef, c'eſt une preuve qu'ils lui reſſemblent. Dans ce cas je regarde l'Etat à deux doigts de ſa perte ; il ne ſauroit manquer d'y avoir bientôt une révolution. C'eſt à vous, qui commandez les armées, à empêcher, par votre bonne conduite, que la poſtérité ne puiſſe jamais vous faire l'odieux reproche d'avoir contribué au bouleverſement de votre Patrie : c'eſt de vous que le Souverain & les Peuples qui lui ſont confiés ont droit d'attendre, celui-là une partie de la gloire de ſon regne, & ceux-ci une partie de leur félicité.

ARTICLE IV.

De la majesté des Troupes (1).

LA majesté dans les troupes est une certaine maniere de se montrer & d'agir, qui leur concilie le respect & la confiance de tous ceux qui se sont déchargés sur elles du soin de les protéger & de les défendre, en même temps qu'elle imprime la terreur & la crainte dans l'esprit de tous ceux qu'elles doivent dompter ou combattre. Ainsi, pour qu'une armée ait cette majesté si nécessaire aux vues qu'elle se propose, *il faut de la fierté dans la contenance, de la fermeté dans le gouvernement, de la proportion dans les forces, de la modération dans la conduite, de l'uniformité dans les sentiments.*

Par *fierté dans la contenance*, il ne faut point entendre cet extérieur dédaigneux & méprisant, ce maintien fastueux & superbe, ce ton de voix brusque & élevé, ces manieres insultantes, ce total en un mot plus propre à révolter qu'à imposer, plus propre à se faire mépriser qu'à se faire craindre, plus propre à se rendre l'objet des plus sanglantes railleries qu'à se concilier le respect & l'estime. Une telle fierté ne se trouve guere que dans le faux brave, ou le fanfaron. Celle dont je parle est d'une toute autre nature : c'est une fierté noble, qui, sans mépriser personne, sans vouloir se mettre au-dessus de qui que ce soit, jouit néanmoins de cette supériorité & de cette prééminence qu'on ne refusa jamais au vrai mérite, & qui sont l'effet nécessaire d'une conduite tracée par la gravité, par la décence, par les bonnes mœurs, & par l'amour de la véritable gloire & de l'austere devoir.

A *la fierté de la contenance*, telle que je viens de la défi-

---

(1) Les Commentateurs disent que cet Article regarde en particulier les fantassins.

gner, il faut joindre *la fermeté dans le gouvernement*. Par *fermeté dans le gouvernement*, je n'entends point une sévérité outrée, qui ne fait grace à personne, qui ne distingue rien, qui érige les plus petites fautes en crimes capitaux, les plus légers manquements en fautes grieves, les oublis involontaires en manquements prémédités. Une telle fermeté, loin de concourir à affermir le gouvernement, ou à le décorer, n'est propre qu'à l'avilir ou à le détruire. Elle est un vice dans celui qui commande; & j'exige de lui une vertu. Faire observer la discipline en la rendant aimable & de facile exécution; faire remplir tous les devoirs en les faisant respecter jusques dans les moindres choses; ne rien permettre qui puisse être contraire à l'ordre établi; punir sans rémission les coupables, mais les punir de maniere qu'ils ne puissent attribuer qu'à la loi, & nullement à vous, le châtiment qu'ils éprouvent, de maniere même qu'en ne les épargnant pas, ils puissent vous savoir gré d'une punition méritée : voilà ce que je veux dire par *fermeté dans le gouvernement*.

Il y aura une juste *proportion dans les forces*, s'il n'est aucune sorte de combat que l'armée ne puisse livrer, s'il n'est aucune sorte d'armes avec lesquelles elle ne puisse attaquer ou se défendre, s'il n'est aucun corps chez l'ennemi auquel elle ne puisse opposer un autre corps de même nature, si le nombre des soldats est suffisant pour l'exécution de ce qu'on médite, si la quantité d'Officiers tant généraux que subalternes, n'est ni en excès ni en défaut, si les différents corps sont tellement composés, sont tellement exercés, sont tellement distribués, sont en tel nombre & tellement pourvus, qu'ils fassent un total bien assorti & en état de tout entreprendre & de tout exécuter dans les occasions où il faudra les employer.

La *modération dans la conduite* est une vertu qui prend sa source dans la tranquillité de l'ame. Qu'on réprime la fougue des passions, qu'on s'accoutume à envisager de sang froid tous les accidents de la vie, qu'on se tienne toujours en garde contre toute impression fâcheuse, qu'on se défie sans cesse des premieres impulsions d'une colere aveugle, qu'on se donne le loisir de tout peser, de tout balancer, & l'on jouira de cette tranquillité d'ame dont la modération en toutes choses sera le fruit.

L'uniformité dans les sentiments naît de l'estime réciproque des Officiers qui sont persuadés de la capacité de leur Général, des soldats qui ont confiance dans les talents de leurs Officiers : un Général qui croit pouvoir compter sur les uns & sur les autres, forme une armée dans laquelle regnent de concert la tranquillité, le bon ordre, la confiance & l'unanimité.

La science de la guerre se réduit à certains principes, ces principes à certaines regles, & ces regles à certains usages déterminés. La science fait connoître les principes, & apprend l'art de les appliquer : de l'application & de la connoissance des principes, se forment les loix militaires, & les regles de la discipline : les loix militaires, & les regles de la discipline qui peuvent se varier à l'infini, sont fixées à certains usages dont la pratique a paru renfermer plus de convenance & d'utilité. Il faut donc connoître les principes afin de pouvoir en faire l'application ; il faut savoir les loix militaires & les regles de la discipline afin de pouvoir les observer ; il faut être au fait des usages consacrés afin de pouvoir s'y conformer sans réserve.

La maniere de s'assembler, de former les rangs, de se tenir droit ou assis, de se courber, de se relever, d'avancer, de reculer, d'attaquer & de se défendre, doit être le principal objet de l'attention, tant de ceux qui commandent que de ceux qui obéissent ; de ceux qui commandent, afin qu'ils aient égard au temps, au lieu & aux différentes circonstances, afin de ne donner jamais leurs ordres hors de propos ; de ceux qui obéissent,

fent, afin qu'ils puiffent exécuter promptement & avec intelligence tout ce qui leur fera commandé.

Après que les différents corps feront chacun au pofte qu'il doit occuper, & que les rangs feront formés, on ne doit plus entendre aucune forte de bruit. Tout le monde doit être attentif, fe tenir gravement debout, & être tellement difpofé, qu'au premier mouvement qu'il faudra faire, qu'à la premiere évolution qu'on commandera, on puiffe obéir promptement, avec aifance & fans confufion. S'il s'agit d'avancer vers l'ennemi, il faut que le fignal défigne clairement par quel côté la marche doit fe faire. On doit marcher avec gravité, mais fans pefanteur, délibérément, mais fans précipitation : on ne doit faire qu'un nombre de pas déterminés, après lefquels il faut s'arrêter & fléchir les genoux, comme fi on vouloit s'affeoir ; en s'accroupiffant dans cette pofture, on attendra de nouveaux fignaux.

Si les ennemis commencent à s'ébranler, il faut refter immobiles & fe donner le temps de les voir venir. Le courage & la crainte entrent également par les yeux : il faut que la vue ait le loifir de reconnoître ceux qu'elle doit choifir pour victimes, & qu'elle puiffe faifir leur image pour la dépouiller de tout ce qui paroît en elle de redoutable. Des troupes qui font fans terreur à l'afpect de ceux qu'elles doivent combattre, font des troupes qui ne reculeront pas ; des troupes qui fans fe troubler voient avancer l'ennemi & ne font aucun mouvement pour le prévenir où fe mettre en défenfe, font des troupes qui combattront avec ordre.

Les troupes de la gauche & celles de la droite doivent être au corps de l'armée ce que les ailes font aux oifeaux. C'eft par le moyen de leurs ailes que ceux-ci ont la facilité de fe tranfporter rapidement d'un lieu à un autre, & de prendre, en fendant les airs, toutes les directions & toutes les routes qu'ils jugent à propos : c'est par le moyen des troupes qui font à la droite, & de celles qui font à la gauche, qu'une armée doit être fufceptible de prendre fur-le-champ telle combinaifon qu'il plaira au Général de lui affigner. L'agilité & la force des oifeaux font ordinairement en proportion avec la grandeur & la force de leurs ailes; il en doit être de même d'une armée; on doit former fes deux ailes avec les troupes les plus leftes, les plus aguerries & les mieux difciplinées. Les troupes *pefantes*, celles, par exemple, qui font cuiraffées, doivent former le corps, & la cavalerie doit environner le tout.

Lorfqu'il fera temps de commencer le combat, le Général haranguera en peu de mots, & donnera fes ordres. Les troupes avanceront à pas comptés, tant pour ne pas perdre haleine, que pour conferver leur fang froid; & la cavalerie fera retentir les airs par le bruit de fes inftruments, & par fes cris, auxquels fe joindront les henniffements des chevaux. Alors ceux qui font armés pefamment, s'ébranlent & portent les premiers coups. Le Général doit être très attentif à cette premiere charge. La contenance des fiens, celle des ennemis lui diront s'il y a quelque changement à faire dans la difpofition de fon armée. Sans rien changer au corps, il fera prendre aux ailes telle forme qu'il jugera néceffaire, & pourra difpofer d'une partie de la cavalerie, pour foutenir ceux qui pourroient avoir befoin d'un prompt fecours, pour n'être pas contraints à plier fous les efforts des ennemis. De quelque maniere & en quelque temps que les troupes, en préfence de l'ennemi, s'avancent pour le combattre, ou attendent qu'il leur porte les premiers coups, elles ne doivent jamais fe tenir directement en face, ni dans une pofition qui foit tout-à-fait droite; mais tournées en demi-quart, la tête baiffée & le corps un peu penché, elles feront promptement, mais fans précipitation, gravement, mais sans pesanteur, les différentes évolutions qui leur seront commandées.

Le casque & la cuirasse ne doivent être ni trop étroits ni trop pesants. S'ils serrent trop la tête & le corps, ou s'ils surchargent l'un & l'autre d'un poids inutile, de l'homme le plus agile, ils en font un homme lourd, & diminuent à coup sûr, dans tous ceux qui sont ainsi gênés, les forces, l'adresse & la valeur. Un soldat dont la tête & le corps ne sont pas à l'aise, & qui est affecté de quelque douleur sourde, n'est pas la moitié de lui-même, il ne sauroit combattre avec avantage.

Pour faire avancer vers l'ennemi, on frappera sur le tambour un nombre de coups déterminé, & à quelque intervalle l'un de l'autre : pour engager le combat, on frappera sur le tambour, mais précipitamment & à coups redoublés : pour arrêter la marche ou faire cesser le combat, on frappera sur le *Lo* : s'il s'agit de revenir sur ses pas, c'est le tambour qui en donnera le signal ; & l'intervalle qu'on mettra entre les différents coups sera la mesure du nombre de pas que l'on doit faire & que le Général aura déterminé. Il n'y a pas de meilleur moyen ni qui soit plus simple pour maintenir l'ordre & empêcher qu'une retraite qui n'a rien que de très honorable, n'ait l'air d'une fuite, & n'en acquiere quelquefois la réalité, par la confusion où l'on doit être nécessairement dans une marche inégale ou trop précipitée, ou par les attaques imprévues des ennemis, qui, persuadés que vous fuyez, voudront par des efforts redoublés achever entiérement votre défaite.

S'il arrive que pendant la nuit on veuille faire quelque coup de main que les circonstances auront déterminé, ou s'il est à propos d'aller surprendre l'ennemi dans son camp, pour l'attaquer lorsqu'il sera le moins en état de défense, il faut que les hommes mettent dans leur bouche le bâillon qui est destiné à cet usage, & qu'ils portent toujours pendu à leur cou pour s'en servir dans l'occasion ; il faut aussi qu'on mette à celle des chevaux le frein qui les empêche de hennir.

Si pendant les marches forcées il arrive que les troupes aient besoin de se rafraîchir ou de prendre quelque nourriture, on doit le leur permettre : mais qu'elles le fassent sans s'arrêter, si cela se peut; ou s'il faut nécessairement qu'on s'arrête, que ce ne soit que pour un très court espace de temps.

Si ceux qui sont à la tête ont quelques avis nécessaires à donner à ceux qui les suivent, ou quelque chose à faire savoir au Général, qu'ils disent ce qu'ils ont à dire, mais à voix basse, à ceux du premier rang ; ceux du premier rang le diront sur le même ton à ceux du second, ceux du second à ceux du troisieme, & ainsi de suite, jusqu'à ce que l'avis soit parvenu, & que le Général soit instruit.

Personne ne doit tourner la tête pour voir ce qui se passe derriere soi : ce point, qui est de la derniere importance, & dont l'infraction seroit sujette aux plus terribles inconvénients, doit être observé très rigoureusement, sur-tout pendant le temps du combat. Porter les coups de la mort ou les recevoir, vaincre ou mourir, c'est là l'alternative pour laquelle il n'y a plus de choix à faire. Ainsi toute l'attention, tous les efforts ne doivent être dirigés que vers ce grand objet; & l'on ne doit discontinuer d'aller toujours en avant qu'après qu'un signal contraire l'aura ordonné.

Dans quelque circonstance que ce puisse être, même pendant la plus grande ardeur du combat, on doit toujours accorder la vie à ceux qui la demanderont en s'avouant vaincus. On doit également recevoir au nombre des siens quiconque se sera rendu volontairement, ou aura été pris, ou aura déserté de chez l'ennemi. Un bon Général peut tirer un excellent parti de ces sortes de gens, en les incorporant dans ses propres troupes, conformément à leurs talents & au rang qu'ils occupoient quand ils étoient dans leur propre pays, ou quand ils combattoient sous les étendards de leur Prince.

Quand le Général donne ses instructions pour l'ordre de bataille, il doit le faire clairement, sans la moindre ambiguité, absolument, en peu de mots & dans l'instant qui précede celui où doit commencer le combat. Il est essentiel que rien de ce qui doit se passer chez vous ne puisse transpirer chez l'ennemi. Votre plan une fois donné, agissez conformément & ne le changez que lorsque vous verrez évidemment qu'il y auroit du danger à le suivre. Si, après avoir tout disposé & avoir donné les derniers ordres, il arrive que la bataille soit différée, il faut changer tout les arrangements projettés & en faire de nouveaux, dont on n'instruira les troupes que lorsqu'on sera sur le point d'en venir aux mains.

Les soldats ne doivent jamais prendre le repas immédiatement avant de se battre; il ne faut pas non plus qu'il y ait un intervalle de temps trop considérable entre la bataille & le repas. Le premier de ces deux excès rendroit vos guerriers pesants, paresseux, indolents & comme engourdis; & le second les affoibliroit, & diminueroit leur courage en proportion de la diminution de leurs forces. Voici comment on peut éviter l'un & l'autre inconvénient le jour de la bataille. Cinq ou six heures avant qu'elle commence, il faut que tout le monde prenne sa réfection. Généraux, Officiers & Soldats, tous doivent commencer & finir en même temps: tous, ce jour-là seulement, doivent avoir les mêmes mets & la même boisson, puisque tous vont courir les mêmes risques & essuyer les mêmes fatigues.

Il ne faut jamais que les troupes soient dans la perplexité. Si vous avez des raisons pour croire que l'ennemi pense à vous attaquer ou se dispose à le faire, & des raisons qui paroissent prouver qu'il ne pense point à en venir aux mains, ne restez pas dans le doute ; déterminez-vous à livrer la bataille, & attaquez le plus promptement qu'il vous sera possible : vous combattrez avec plus d'avantage que l'ennemi, parceque vous aurez pris des précautions qu'il n'aura pas le temps de se procurer. Lorsqu'il vous verra fondre sur lui, il ne pensera qu'à se défendre, & il le fera d'abord avec confusion : votre premier soin alors sera de vous emparer de tous les postes importants & de le chasser de tous ceux dont il pourroit se servir à votre détriment.

Tout doit être bien réglé dans une armée, tout doit y être bon, tout doit y être fort : ainsi des soldats bien nourris, bien disciplinés, récompensés, & punis à propos, excités par le bon exemple des Officiers, pleins de confiance dans leurs Généraux, n'ayant qu'un même cœur, qu'une même volonté, & ne tendant qu'à un même but, seront des hommes robustes, vaillants & intrépides, contents de leur sort, prêts à tout entreprendre & toujours en état d'exécuter avec succès ce qu'il y a de plus difficile & de plus périlleux. Des chevaux qu'on ne nourrira que de bons pâturages, qu'on n'abreuvera que d'une eau bien douce & bien claire, qui ne pâtureront jamais qu'aux mêmes heures & en quantité toujours égale, qu'on ne fatiguera jamais hors de propos, qu'on soignera toujours avec les mêmes attentions, auxquels on fera faire chaque jour des courses modérées, ou qu'on assujettira à quelque travail constant, seront des chevaux vigoureux, dont on pourra tirer, dans l'occasion, les services les plus essentiels. Les chars & en général toutes les machines qu'on emploie, tant pour le combat, que pour le transport des vivres, des munitions & de tout ce qui est nécessaire à une armée, auront toute la solidité nécessaire pour les usages auxquels ils sont destinés, & ils vous procureront tous les avantages que vous pouvez en attendre, s'ils sont faits avec du bois qui n'ait jamais servi,

& qui ait l'épaisseur & les autres dimensions requises dans chacune de ses pieces, si les ferrements sont solides & nouvellement forgés, si les clous en sont neufs, d'une grosseur & d'une longueur proportionnées à ce qu'ils doivent consolider. Qu'on ne s'y trompe point, c'est par les petites attentions qu'on vient à bout des plus grandes choses. Un Général & des Officiers qui les négligent, échouent souvent dans leurs entreprises, quoique très bien concertées d'ailleurs, & quoiqu'ils aient fait en apparence tout ce qu'il falloit pour les voir couronnées des plus heureux succès.

Ce qui touche de plus près les hommes doit être fait avec encore plus de soin. Les habits, les armes, les casques, les cuirasses, les boucliers doivent être tels, que, sans embarrasser ceux qui les portent, ils puissent les mettre en état de parer les coups de l'ennemi, & leur donner la facilité de lui en porter. Des armes bien aiguisées, des cuirasses & des casques assez forts pour résister au fer, inspirent la confiance, augmentent le courage & servent comme de supplément aux forces ordinaires. Que l'esprit d'une épargne sordide ne vous suggere jamais de ces mauvaises raisons, qui ; présentées sous un certain jour, sont quelquefois assez plausibles pour en imposer aux plus désintéressés, comme aux mieux intentionnés. Sous l'apparence de quelques avantages présents, sont cachées les pertes les plus funestes.

L'homme, quel qu'il soit, n'est jamais bien-aise de mourir lorsqu'il peut sans ignominie conserver encore des jours qui ne lui sont point à charge. La vertu, la valeur, l'amour du devoir, de la gloire & de la patrie, peuvent bien lui faire affronter les périls & la mort ; mais il gardera toujours dans le fond de son cœur cette répugnance naturelle, qui le fait trembler comme malgré lui lorsqu'il voit de près le moment fatal qui peut lui arracher la vie. J'en appelle à l'expérience des plus intrépides; ils ne me démentiront pas, s'ils font finceres. On ne doit donc rien négliger pour raffurer les foldats & leur infpirer une efpece de fécurité contre tout ce qui peut trancher le fil de leurs jours: ils l'auront, cette confiance & cette efpece de fécurité, s'ils font armés de maniere à porter & à parer les plus terribles coups, & s'ils font affez bien défendus pour rendre inutiles la plupart de ceux qu'on leur portera.

Quand les troupes font en marche ou font leurs évolutions, elles doivent être légeres comme les oifeaux; quand elles gardent, elles doivent être comme clouées dans les poftes qu'on leur a affignés; quand elles fe battent, elles doivent fe foutenir & fe fuccéder mutuellement comme les rayons & tout ce qui compofe une même roue. Les hommes qui ne font pas au nombre des combattants, ainfi que les bêtes de fomme, les chariots & tout le bagage, doivent être à la queue de l'armée, & dans un tel arrangement, que, fans les faire mouvoir, ils puiffent tout-à-coup fe trouver à la tête ou aux ailes, fuivant que le Général l'ordonnera. C'eft ainfi qu'on peut tirer avantage de ce qui paroît être le plus inutile; avantage des plus importants, puifqu'il peut être un rempart contre les efforts de l'ennemi, & une barriere contre la lâcheté des fuyards. (1).

──────────

(1) On explique comment tout cela peut être en même temps *un rempart contre les efforts de l'ennemi, & une barriere contre la lâcheté des fuyards,* en difant que l'arrangement « en doit être à-peu-près tel que celui qu'on » remarque dans une ville bien percée. Il doit y avoir des murailles, des pla- » ces, des rues, des écuries, des magafins, &c. Les charretes doivent être » difpofées de telle forte que de diftance en diftance des quatre côtés, il y » ait des efpaces vuides, affez grands pour que cinq hommes puiffent paffer » de front avec aifance. Après cinq rangs ainfi efpacés, on laiffera des vui- » des plus grands pour laiffer paffage à cinq cavaliers qui marcheroient de » front. Tous ces efpaces, tant les grands que ceux qui font moindres, feront

Pour

Pour savoir si votre armée a véritablement le desir de vaincre, il faut tâcher de pénétrer les sentiments de tous ceux qui la composent. Pour pouvoir conclure, ou, tout au moins, augurer avec fondement si vous serez vainqueur, il faut examiner la contenance de vos gens vis-à-vis de l'ennemi, & celle des ennemis vis-à-vis de vos gens. L'ardeur de vaincre, mais une ardeur modérée, soumise aux loix de la discipline; la crainte d'être vaincu, mais une crainte raisonnable, qui, n'ôtant rien au courage, ne suggere que de légitimes précautions, sont des avant-coureurs de la victoire. Un Général ne doit rien oublier pour inspirer à ses troupes ces deux sortes de sentiments; il doit faire son possible pour les détruire dans les troupes ennemies, s'il s'apperçoit qu'elles les ont. Les moyens d'y réussir ne lui manqueront pas, s'il connoît le cœur humain, & s'il sait faire la guerre.

Il faut savoir discerner ce qui est important d'avec ce qui n'est d'aucune conséquence, ce qui est indifférent d'avec ce qui peut avoir des suites. Quand vous serez chez l'ennemi, vous emploierez fréquemment les troupes légeres; quand vous serez chez vous, vous ferez usage des troupes pesamment armées. Les premieres sont plus propres à provoquer, à attaquer &

» fermés & ne s'ouvriront qu'aux ordres du seul Général. On comprend que
» lorsque l'armée a du dessous, on peut tout-à-coup la faire passer à travers
» tous ces bagages, pour avoir le temps de la rallier, & que ce qui se fera
» avec facilité & dans un bon ordre par les propres troupes, ne pourra être
» fait qu'avec beaucoup de confusion & de crainte par les troupes ennemies,
» qui soupçonneront toujours quelque stratagême ou quelques embûches.
» Dailleurs, ceux qui, ayant pris mal-à-propos la peur, voudroient prendre
» la fuite, en seront empêchés, & auront le temps de se rassurer quand ils
» se verront en quelque sorte à couvert des poursuites de l'ennemi Le Général pourra donner ses ordres avec plus de facilité, & on l'écoutera avec
» plus de sang froid, &c.

Oo

à faire du dégât, & les autres font plus propres à conserver & à se défendre.

Ne tirez jamais en longueur ce qui doit être fait avec célérité : ne faites jamais précipitamment ce qui demande des réflexions & des préparatifs. N'entrez jamais trop avant dans les terres ennemies : vous devez prévoir la difficulté du retour en cas de malheur ; vous devez craindre la disette des vivres, les embûches, les trahisons, les perfidies, l'inconstance de ceux qui se seront soumis volontairement, l'esprit de révolte dans ceux que vous aurez forcés, l'affoiblissement de vos propres troupes, qui peut être suivi de la ruine entiere de votre armée, &, au défaut de tous ces inconvénients, la honte d'être obligé de revenir sur vos pas, sans avoir fait autre chose que perdre inutilement du temps & des hommes.

Dans les marches, on doit s'exercer aux évolutions qu'on doit faire avant, pendant & après le combat : dans les haltes, on doit imiter les campements : dans les unes & dans les autres, il faut garder la discipline & être attentif à tout. Quand on attaque ou quand on se défend, il faut suivre en tout les ordres reçus & être toujours sur ses gardes, se soutenir mutuellement, & ne jamais s'oublier soi-même.

Des Généraux ombrageux, tristes ou vétilleurs, ne sauroient inspirer la grandeur d'ame, la sécurité ni la joie ; des Officiers qui obéissent avec peine ou négligemment, ne sauroient obtenir qu'une obéissance tronquée ou désagréable ; des Capitaines lents & indécis ne sauroient avoir des soldats actifs & déterminés. Les Chefs impriment la force, donnent le mouvement ; les membres se prêtent à tout.

Si les Chefs sont unis entre eux, si les chariots sont forts, les chevaux vigoureux & les provisions abondantes, quelque peu nombreuse que soit une armée, je la regarde comme invincible ; au contraire je regarde comme une armée déja vaincue, celle dont les Chefs feroient jaloux les uns des autres, auroient mutuellement de la défiance, & feroient toujours d'avis différent. Si les Généraux ont des prédilections marquées pour tels & tels corps, ils ne feront que médiocrement fecondés par la multitude: s'ils font entêtés de leurs propres idées, ils feront tuer beaucoup de monde; s'ils craignent de mourir, ils n'ont point de valeur; s'ils s'expofent témérairement à la mort, ils ont du courage à la vérité, mais ils manquent de tête.

Il n'y a que cinq motifs légitimes pour lefquels tout Guerrier peut fe faire tuer: l'amour de la gloire & l'efpérance de rendre fon nom recommandable à la poftérité: une jufte colere, comme lorfqu'on eft accufé ou foupçonné fans fondement de manquer de courage, ou lorfqu'on eft provoqué avec infulte par des ennemis qu'on méprife ou dont on eft méprifé: la crainte d'être puni fuivant toute la rigueur des loix, fi l'on venoit à manquer à fes devoirs ou à les enfreindre, d'encourir la difgrace du Souverain ou des Généraux, de devenir l'objet de la raillerie de fes femblables, de déshonorer fes ancêtres, fes defcendants & toute fa famille: la juftice, parcequ'on fe doit à fon Prince & à l'Etat plus encore qu'à foi-même: enfin l'amour paternel, pour laiffer à fes enfants un nom qui les fera valoir, & les récompenfes que l'Etat a coutume d'accorder à la famille de quiconque eft mort glorieufement pour le fervice de la Patrie (1).

---

(1) Dès que la guerre étoit terminée, l'Empereur fe faifoit lire la lifte de tous ceux qui s'y étoient diftingués, & leur affignoit des récompenfes proportionnées au genre & au nombre de leurs belles actions. Il donnoit aux morts des titres honorables, qui paffoient à leurs enfants, auxquels il affignoit, outre cela, une fubfiftance honnête, jufqu'à ce qu'ils fuffent en état de pouvoir être employés ou dans la magiftrature, ou dans le militaire, &c. L'Empereur aujourd'hui regnant a pouffé jufqu'au fcrupule

Le Ciel ne concourt pas moins que l'homme au gain ou à la perte d'une bataille. Le Ciel auroit beau être favorable, si l'homme ne le feconde pas, tout eft perdu. Quoi que l'homme puiffe faire, tout eft perdu encore, fi le Ciel s'oppofe à fes deffeins. Pour réuffir, il faut le concours de l'un & de l'autre; mais pour échouer, il fuffit que l'un des deux manque. Il fuit de là que, quelques foins qu'on fe foit donnés, quelques mefures que l'on ait prifes, quelque habile que foit un Général, quelque expérimentés que foient des Officiers, quelque aguerris que foient des Soldats, on peut éprouver les revers les plus funeftes pour peu que le Ciel ne favorife pas l'homme, ou que l'homme ne feconde pas le Ciel. C'eft dans ce cas que les finiftres événements s'appellent des *malheurs* : malheurs cependant dont un grand Général peut encore tirer parti.

Si l'on a des inftructions à donner, des réprimandes à faire, des ordres ou des défenfes à publier, il faut faire les attentions fuivantes, pour que ce qu'on fe propofe ait à coup fûr fon effet. Si l'on a en vue le corps entier de l'armée, il faut qu'entre la bataille, les inftructions, les réprimandes, les ordres ou défenfes, il n'y ait pas au-delà de trois jours d'intervalle. Si l'on n'en veut qu'à quelques corps feulement, l'intervalle de quelques

---

l'attention fur cet article. Après fa glorieufe conquête du Royaume des Eleuths, & de toutes les Hordes de Tartares jufqu'à *Badakchan* inclufivement, il créa plus de cinq cents dignités, charges ou emplois, pour être donnés à perpetuité aux defcendants de ceux qui avoient fait leur devoir d'une maniere un peu au deffus de l'ordinaire; & afin de n'oublier perfonne dans la diftribution des graces, il a fait publier plufieurs fois dans les Gazettes que tout le monde peut lire, un ordre par lequel il étoit enjoint à tous ceux qui croiroient avoir quelques prétentions, de mettre par écrit leurs noms, leurs titres, & les raifons qu'ils pourroient avoir d'efpérer des récompenfes, & de mettre le tout entre les mains du Commiffaire nommé à cet effet, &c.

heures suffit : mais si l'on ne doit s'adresser qu'à un seul homme, il faut le faire sur-le-champ & dans le moment même du combat. Ne faites jamais languir ceux à qui vous aurez à parler; dites-leur promptement ce que vous aurez à leur dire.

La perfection dans l'art de la guerre consiste à se soutenir, du commencement à la fin, de telle sorte qu'on ne puisse se reprocher aucune faute : pour cela, il faut avoir tout calculé & tout prévu avant que de l'entreprendre; il faut que tout soit prêt, que tout soit bien disposé quand on la commence; il faut savoir mettre tout à profit quand une fois on l'a commencée; il faut se procurer un avantage réel en la terminant.

La victoire que remporte une armée est la victoire de chacun des particuliers qui la composent : il n'en est aucun qui ne puisse, à juste titre, s'appeller victorieux, quel que soit le poste qu'il ait occupé, pourvu qu'il ait fait son devoir. Les sept sortes de tambours, les étendards de toutes les couleurs & de toutes les formes sont les directeurs & les guides d'une armée bien disciplinée : il n'est personne dans une armée qui ne leur doive toute son attention, afin de pouvoir faire, à point nommé, les évolutions commandées. Les tambours & les étendards doivent être connus des corps particuliers auxquels ils appartiennent. Il y a les tambours porte-étendards, les tambours des chars, les tambours de la cavalerie, les tambours des fantassins, les tambours communs, les tambours de la tête & les tambours de la queue. Tous ces tambours doivent être dans un même lieu, lorsqu'on doit commencer la bataille, & c'est à eux que le Général s'adresse pour donner ses ordres. Dès que tous les tambours sont rendus au lieu désigné, le Général leur ordonne de battre la charge ; alors la cavalerie & les chars se placent à la tête de l'armée, & l'infanterie s'avance à petit pas jusqu'à la portée du trait, pour commencer le combat dans l'ordre qui aura déja été déterminé ou qui sera indiqué fur-le-champ. Les chars s'ouvrent, la cavalerie revient par les côtés, & les fantaffins avancent toujours & combattent, en avançant, jufqu'à ce qu'ils aient enfoncé les ennemis.

Une armée qui eft forte & bien difciplinée, ne doit pas perdre le temps en délibérations ou en efcarmouches, ou en de petits combats qui ne peuvent aboutir à rien de décifif. Il faut que, le plutôt qu'il fera poffible, elle en vienne à une bataille générale. En commençant la bataille, il ne faut pas que tous les corps donnent à la fois; la confufion & le défordre y regneroient infailliblement, & la déroute pourroit fuivre de près le défordre & la confufion.

Ranger une armée en bataille n'eft pas une chofe difficile; ce qu'il y a de difficile, c'eft de combattre fans s'écarter de l'arrangement qui a été déterminé. Il eft aifé de donner de bons ordres & de les donner à propos; mais il eft très difficile de les faire exécuter, & d'obtenir leur entier accompliffement. Placer des foldats à tels ou tels poftes qui font effentiels, c'eft ce que tout le monde peut faire; mais les placer à propos, mais ne placer que ceux qui font en état de les garder & de les défendre, c'eft ce qui n'eft pas aifé. Bien des perfonnes font en état de donner de bons confeils; mais on en trouvera peu qui foient difpofées à les fuivre. Tout le monde peut bien parler; mais tout le monde ne peut pas bien faire.

Les hommes ne font pas par-tout les mêmes; & il y a autant de différence entre le naturel des uns & des autres, entre leurs mœurs, leurs inclinations, leurs ufages, leurs talents, leur éducation, leurs forces, leurs bonnes ou mauvaifes qualités, qu'il y en a entre les différents pays qui les ont vu naître. Les habitants des villes different des villageois, & ceux-ci des fimples campagnards. Il feroit abfurde de prétendre qu'ils fuffent également propres à tout, & qu'on pût les employer indifféremment à tout.

Il est essentiel que le commun des troupes ne sache jamais l'état bon ou mauvais de l'armée : il faut que les simples soldats & les Officiers subalternes ne soient jamais assez instruits de la supériorité de leurs forces sur celles des ennemis, pour se livrer à une présomptueuse sécurité : il faut également qu'ils ignorent leur propre foiblesse, afin qu'une lâche crainte ne s'empare pas de leurs cœurs.

· Après la bataille, si l'on est victorieux, il faut partager également les fruits & les honneurs de la victoire. Il ne faut pas que tels & tels corps veuillent s'attribuer exclusivement aux autres une gloire qui doit être commune à tous; car tous ont vaincu, si tous on fait leur devoir : ce qui n'empêchera pas néanmoins les distinctions & les récompenses que méritent les actions personnelles. Il ne s'agit ici que de ce qui regarde la victoire en général.

Si, après la bataille gagnée, le Général veut livrer un nouveau combat & pousser à bout ou réduire au désespoir des ennemis qui peuvent encore avoir des ressources, qu'il prenne bien toutes ses mesures, qu'il n'agisse qu'à coup sûr ; car s'il vient à être vaincu, toute la honte de la défaite ne retombera que sur lui. A la tête de ses troupes, il doit alors combattre en simple soldat, pour trouver les succès où la mort.

· Lorsque l'armée est en campagne, quand elle est dans l'enceinte d'un camp, dans tous les temps, dans tous les lieux, dans toutes les circonstances, elle doit se conduire de telle sorte que le peuple ait toujours lieu de croire que si elle a les armes à la main, ce n'est que pour le défendre ; que si elle consume des denrées, ce n'est que pour mettre à couvert ses moissons & ses récoltes ; que si elle détruit, ce n'est que pour conserver ; que si elle cause quelques désordres particuliers, ce n'est que pour assurer l'ordre général ; que si elle fait la guerre, ce n'est que pour avoir la paix ; que si elle lui cause certains préjudices passagers, ce n'est que pour lui procurer les solides avantages qui doivent faire son bonheur. Le peuple en sera convaincu, si l'humanité, la justice, la décence, la gravité, les bonnes mœurs regnent parmi les Officiers & les soldats ; & ce peuple une fois convaincu, il n'est rien à quoi il ne se porte, il n'est rien qu'il ne fasse pour entretenir de tels guerriers. Il se privera avec plaisir d'une partie même du nécessaire, pour leur procurer l'abondance ; il prodiguera ses forces, sa santé, sa vie même, pour concourir à des succès dont il croira devoir partager le fruit.

Il est de la dignité d'une armée de ne jamais se compromettre : la gloire ou l'ignominie de la Nation, l'honneur ou le déshonneur du Souverain, la perte ou le salut de l'Empire dépendent de la maniere dont elle se conduira. Elle ne doit donc jamais s'exposer mal-à-propos ; elle ne doit faire aucune fausse démarche, aucun faux pas ; elle ne doit livrer des batailles, donner des combats, faire des escarmouches, avancer ou reculer, sans que de dix parties il y en ait huit pour croire que ce qu'elle fait est bien, & mérite l'applaudissement général. Elle doit donc être toujours sur ses gardes, pour ne pas donner dans les pieges de l'ennemi ; elle ne doit rien oublier pour parer, autant qu'il est possible, à tous les inconvénients. Telles ont été les maximes de nos Anciens : c'est d'après eux que je les propose ; c'est d'après mon expérience que je les garantis.

ARTICLE

ARTICLE V.

Idée générale de la maniere dont il faut employer les Troupes.

DE quelque nombre qu'une armée soit composée, il y a des regles générales, suivant lesquelles on ne sauroit se dispenser de la conduire; & il y en a de particulieres, dont on ne doit faire usage que suivant le temps, le lieu & les circonstances. Les premieres sont toujours les mêmes; elles doivent être invariables; tous ceux qui sont destinés à commander les troupes doivent les savoir & les observer. Les secondes sont de pur choix; mais il n'est pas donné à tout le monde de savoir bien choisir. Je vais établir quelques principes généraux, sur lesquels les Militaires éclairés pourront exercer leur génie, en les développant & en en fixant l'application.

1°. Si l'armée est peu nombreuse, il faut en fortifier chaque rang le plus qu'il sera possible, il faut lui faire occuper un petit espace de terrain: si l'armée est nombreuse, il faut l'étendre, il faut en multiplier les rangs, il faut la gouverner dans toute la rigueur des loix. Une petite armée ne peut se procurer que de petits avantages; mais ces petits avantages multipliés la font parvenir à son but. Une grande armée peut tout d'un coup parvenir à son but; mais tout d'un coup aussi elle peut manquer son objet.

2°. Une armée nombreuse doit être ferme & comme immobile dans son camp; elle n'en doit jamais changer le lieu, à moins qu'une nécessité absolue ne l'y oblige; elle n'en doit sortir que pour combattre. Une petite armée ne doit avoir aucun lieu fixe; elle doit toujours être en action & en marche.

3°. Quand une armée nombreuse est en présence de l'ennemi, elle doit s'arrêter, ou pour commencer elle-même le combat, ou pour attendre que l'ennemi le commence. Il n'en doit pas être ainsi d'une armée peu nombreuse ; elle doit sans cesse aller & revenir sur ses pas, afin de pouvoir fatiguer l'ennemi & le combattre en détail.

4°. Autant qu'il sera possible, il faut que le grand nombre attaque le moindre ; il faut que le fort attaque le foible ; il faut opposer des troupes fraîches à celles qui seront déja fatiguées ou qui auront souffert.

5°. Il faut donner du repos aux troupes avant que d'engager le combat ; il ne faut pas que les mêmes combattent trop long-temps de suite ; il faut les soutenir en tout temps & les relever à propos.

6°. Si le gros de l'armée paroît en suspens, ou douter de la victoire, ou craindre d'être vaincu, il ne faut pas laisser à la perplexité ou à la crainte le temps de se fortifier : le Général doit prendre alors ses arrangements, ou pour différer la bataille, ou pour en changer l'ordre, ou pour aller camper ailleurs.

7°. Quand il y aura quelque coup de main à faire, soit pour piller des magasins ou pour enlever quelque parti, il faut agir avec tout le secret, toute la prudence, toute la sureté possibles, & sans bruit. Aucun étendard ne doit être déployé, aucun instrument ne doit se faire entendre, aucune parole ne doit sortir de la bouche de qui que ce soit. Il faut outre cela que quelques corps considérables accompagnent d'un peu loin ceux qui seront commandés pour le pillage, afin de les secourir au cas qu'ils soient les moins forts, de les soutenir au cas qu'ils soient repoussés, de leur servir d'asyle, au cas qu'ils soient mis en fuite, & de mettre à couvert le butin, pour être porté en sureté jusqu'au gros de l'armée.

8°. Si l'on s'apperçoit que le nombre des ennemis est diminué considérablement, & qu'en conséquence la crainte se soit emparée de ceux qui restent, il faut soi-même faire semblant d'avoir peur ; il faut faire semblant de vouloir décamper pour éviter le combat. Vous leur inspirerez de la présomption, ils ne seront pas sur leurs gardes, & vous les attaquerez lorsqu'ils s'y attendront le moins.

9°. Dans quelque bataille, combat ou action que ce puisse être, il faut toujours tourner le dos au vent ; il faut toujours voir devant soi quelque lieu élevé dont on puisse s'emparer, pour s'y fortifier en cas de défaite ; il faut qu'à gauche & à droite il y ait quelque montagne ou quelque défilé dont vous soyez le maître.

10°. Ne vous engagez jamais dans des lieux marécageux ; ne combattez jamais sur un terrain qui auroit la figure d'une tortue renversée ; vous pouvez cependant y camper, mais pour peu de temps seulement.

11°. Quand tout sera disposé pour le combat, ne vous pressez pas de le commencer ; soyez attentif à tout ce que fera l'ennemi. S'il vient à vous, attendez-le de pied ferme, examinez par où & comment il débutera ; ne faites d'abord que vous défendre, pour juger, par sa maniere, de tout ce dont il est capable ; & quand vous aurez connu son fort & son foible, vous pourrez donner des preuves de votre capacité en le combattant avec avantage, jusqu'à ce que vous ayez emporté sur lui une victoire complette. Si l'ennemi, aussi attentif & aussi rusé que vous, prend de son côté les mêmes mesures que vous prenez du vôtre, gardez-vous bien de tomber dans ses pieges ; vous seriez bientôt la victime de votre impatience ou de votre ardeur immodérée. Il faut alors rentrer dans votre camp, vous y fortifier & y demeurer jusqu'à ce que des circonstances favorables vous obligent à en sortir pour courir à la victoire.

12°. Ne vous réglez jamais sur les paroles vagues qui pourront vous venir de la part ou du côté des ennemis; ne vous réglez que sur leur conduite : ne vous fiez pas à ce qu'on pourra vous dire; voyez par vous-même.

13°. Soyez attentif à tout ce que fera l'ennemi; suivez-le dans toutes ses opérations : s'il se met en mouvement, mettez-vous en mouvement aussi ; s'il fait un pas, sachez où il le dirige, & suivez-le ; s'il est en suspens, soyez en suspens aussi, ou faites semblant d'y être; s'il délibere, délibérez de votre côté : opposez la force à la force, l'artifice à l'artifice, la ruse à la ruse : imprimez-lui toutes les craintes, mais ne souffrez pas qu'il vous en imprime aucune; ou si vous en avez qui soient bien fondées, ne les montrez pas au-dehors; faites en sorte qu'on ne puisse pas même les soupçonner.

14°. Si l'ennemi est vaincu , & qu'il veuille prendre la fuite, ne l'en empêchez pas ; suivez-le d'un peu loin, & toujours en bon ordre. Vos troupes auront le temps de se reposer; celles de l'ennemi, celui d'augmenter leur crainte; & s'il faut en venir à un nouveau combat, vous y acquerrez une nouvelle gloire.

15°. Ce qui paroît fuite de la part de l'ennemi, ne l'est pas toujours : c'est quelquefois une prudente retraite; c'est souvent un artifice pour attirer ceux contre lesquels il doit combattre, dans les pieges qu'il leur a dressés. C'est pour cette raison qu'il ne faut jamais se presser d'aller à sa poursuite.

Soyez toujours en défiance; sachez quels sont les chemins par où il peut aller, & ceux par où vous pourrez revenir sur vos pas, en cas de nécessité : cette attention devient indispensable, si vous vous trouvez dans le voisinage de quelque ville dont les habitants ne soient pas sujets du Prince que vous servez.

16°. Toute expédition militaire a ses dangers, ses pertes, ses inconvénients : la plus glorieuse, la plus utile est celle qui en a le moins. Quelque forte que soit une armée, quelque bien qu'on la conduise, quelques mesures que l'on ait prises, il y aura toujours quelque chose à souffrir, quelque funeste événement qu'on n'aura pas prévu, quelque échec auquel on n'avoit pas lieu de s'attendre ; on fera toujours quelque faute ; on manquera toujours à quelque chose : il faut alors faire usage de toute la force d'ame dont on peut être doué, ne pas se décourager, & réparer sans inquiétude tout ce qui peut être réparé.

17°. L'homme est ce qu'il y a de plus précieux sous le ciel : il faut épargner son sang, il faut abréger ses peines ; par conséquent il ne faut pas faire durer la guerre ; il faut la terminer le plutôt qu'il se pourra, dût-on céder quelque chose de ses intérêts particuliers ; dût-on l'acheter à prix d'argent, pourvu que la gloire de l'Etat & l'intérêt des Peuples le demandent ainsi.

18°. Tout guerrier qui est à l'armée ne doit plus avoir d'intérêt propre, plus d'affaires particulieres, plus de desirs inquiétants, plus de parents, plus d'amis ; les affaires de l'Etat, l'intérêt de l'Etat, le desir d'augmenter la gloire de l'Etat en le servant de tout son pouvoir, sont les seules choses qui doivent l'occuper. Ses parents, ses amis, sa femme, ses enfants, toute sa famille, sont l'Etat ; l'Etat doit lui tenir lieu de tout ; hors de l'Etat, rien ne doit plus être pour lui.

19°. Une armée composée de guerriers ainsi disposés sera une armée propre à tout, une armée forte, une armée invincible : elle ne comptera les sieges que par les prises des villes,

& les combats que par ses victoires. Tout ce que je viens de dire n'est qu'un précis de la doctrine & des usages des grands hommes qui ont illustré notre Empire, depuis les temps les plus reculés jusqu'à celui où nous vivons. Puissions-nous laisser à nos descendants les mêmes exemples que nos ancêtres nous ont transmis !

EXTRAIT DU LIVRE
INTITULÉ
LOU-TAO,
SUR L'ART MILITAIRE.

PRÉFACE.

CE qu'il y a d'essentiel dans la Tactique Chinoise est renfermé dans les Ouvrages des trois Auteurs célebres que j'ai taché d'expliquer d'après les Commentateurs Chinois & Tartares, & avec le secours de quelques Officiers, & de plusieurs habiles Lettrés. Quand on aura lu Sun-tse, Ou-tse & Se-ma, on saura sur quels principes les anciens Chinois faisoient la guerre, & les différentes manieres dont ils la faisoient. Tout ce qu'on trouve d'important dans les Dialogues entre Li-che-min (dit autrement Tai-tsoung) & Tching-yao-che (appellé aussi Ouei-koung), n'est qu'une amplification ou une explication détaillée des treize Articles de Sun-tse & des six Articles de Ou-tse. Les vingt-quatre Articles que Yu-leao-tse a donnés sur l'Art Militaire, contiennent à-peu-près les mêmes choses, quant à l'essentiel, que celles qu'on lit dans les Auteurs que je viens de nommer; & tout ce qui est rapporté dans le Lou-tao n'est guere différent de ce qui se trouve dans l'Ouvrage de Sun-tse en particulier; car ce grand Guerrier en a fait la base de son systême & la regle de sa conduite dans les différentes opérations militaires.

Le Lou-tao est divisé en soixante articles, qui sont autant de dialogues entre Ouen-ouang & Tai-koung, entre Ou-ouang & le même Tai-koung.

Qq

PREFACE.

Je n'oserois garantir, dit un Critique Chinois, *que cet Ouvrage ait réellement pour Auteur Tai-koung, comme quelques-uns l'ont prétendu ; tout ce que j'ose assurer, c'est que les soixante Dialogues qui composent le Lou-tao sont un précis de la Doctrine Militaire des fondateurs de notre Monarchie, depuis Hoang-ti jusqu'à Ou-ouang, dont Tai-koung fut l'instituteur. Je crois,* ajoute-t-il, *que quelque habile homme, amateur de l'antiquité, a extrait de tous les livres qui parlent de nos premiers Empereurs, & de ce qui s'est fait sous leur regne, tout ce qu'il a trouvé qui avoit rapport à la guerre, & qu'il a donné au résultat de ses recherches la forme que nous lui voyons. Au reste, c'est un excellent Ouvrage, qui peut faciliter beaucoup l'intelligence de celui de Sun-tse.*

Je ne dirai donc rien de plus sur l'Art Militaire des Chinois, puisque tout ce qui le concerne est renfermé dans les Ouvrages dont j'ai donné la traduction ; j'ajouterai seulement ici ce que je croirai mériter quelque attention parmi les choses qui n'ont point été dites ; je le tire du Lou-tao.

EXTRAIT DU LIVRE
INTITULÉ
LOU-TAO,
SUR L'ART MILITAIRE.

I.

De la maniere dont on faisoit anciennement les Généraux.

DITES-MOI, je vous prie, dit Ou-ouang à Tai-koung, comment je dois élever quelqu'un à la dignité de Général d'armée.

Prince, lui répondit Tai-koung, la dignité de Général d'armée est une des plus importantes de l'Empire : il faut que celui que vous voudrez en décorer en soit digne ; il faut qu'il en connoisse toutes les obligations, & qu'il soit en état de les remplir.

Ce n'est pas ce que je demande pour le présent, interrompit

Ou-ouang; je veux feulement que vous m'indiquiez quelques cérémonies, au moyen defquelles je puiffe infpirer du refpect pour un emploi qu'on ne fauroit trop refpecter, & qui foient capables de pénétrer ceux que j'éleverai, de l'importance de leurs obligations, & de la crainte falutaire de les enfreindre.

Je vous entends, reprit Tai-koung; je vais vous fatisfaire. Après que le Souverain, de l'avis de fon Confeil, a réfolu de faire la guerre, il doit convoquer une affemblée générale des Grands de fa Cour, parmi lefquels fe trouvera celui fur qui il a jetté les yeux pour commander fes troupes. L'affemblée étant formée, & tout le monde ayant pris fa place, le Roi prendra la parole & dira: *J'ai fait choix d'un tel pour mettre à la tête de mes armées: qu'il fe montre.* Le Général défigné s'avancera jufques près du Trône, où il fe tiendra debout pour écouter les ordres qui lui feront donnés; & le Roi continuera ainfi: *La gloire ou l'ignominie d'une Nation, le bonheur ou le malheur d'un Etat, la tranquillité ou les inquiétudes d'un Souverain font à la difpofition d'un Général. Vous, que j'ai choifi pour remplir ce pofte important, voulez-vous l'accepter? êtes-vous réfolu d'en remplir exactement toutes les obligations?* Le Défigné répondra: *Je ferai tous mes efforts pour ne pas me rendre indigne des bontés de mon Souverain. Je l'efpere,* dira le Roi, *& dès-à-préfent je vous éleve à cette fublime dignité: allez vous préparer à recevoir mes derniers ordres. Qu'on infcrive fon nom dans les Regiftres.* Après ces mots le Roi rentrera dans fon appartement & tout le monde fe retirera. Le *Général* nommé fe purifiera pendant trois jours, jeûnera, & s'abftiendra de tout ce qui pourroit le fouiller. Au commencement du quatrieme jour, il fe rendra au Palais: on l'introduira dans la Salle des Ancêtres, où le Roi & toute fa Cour fe tranfporteront auffi. Quand tout le monde fera arrivé à la porte de la Salle, le Roi, précédé de ceux qui portent la grande & la petite hache (1), entrera le premier, & tournant la face du côté de l'occident, il se tiendra debout. Le *Général nommé* entrera de suite, & tournant la face vers le côté par où il est entré, il se tiendra également debout. Alors le Roi prenant entre ses mains la petite hache, en séparera le fer d'avec le manche, & remettra le manche au Général, en lui disant: *D'ici-bas jusqu'au Ciel donnez des ordres & faites-les exécuter.* Il prendra alors la grande hache, en séparera également le manche d'avec le fer, & remettra le fer entre les mains du Général, en lui disant: *Du lieu que vous foulez aux pieds, jusqu'au centre de la terre, donnez des ordres, & faites-les exécuter. Général, combattez les ennemis quand vous pourrez le faire avec avantage ; ne les combattez point quand vous n'aurez pas d'heureux succès à espérer. Ne dites jamais : Les troupes que j'ai sous mes ordres sont en grand nombre, celles de l'ennemi sont peu nombreuses ; les troupes de l'ennemi sont fortes & aguerries, celles que je conduis sont foibles & hors d'état de leur résister. Ne vous estimez jamais trop vous-même, ne méprisez jamais l'ennemi, ne faites jamais cas de votre sentiment plus que du sentiment des autres, ayez de la déférence pour les avis de tous, n'envisagez pas d'un même œil les choses importantes & celles qui ne le sont point, ne trouvez rien de difficile dans tout ce qui peut regarder le Service ; soyez le modele sur lequel tout le monde puisse se former, donnez l'exemple à tous. S'il faut s'exposer, ne le faites jamais que vos troupes ne le fassent en même temps : s'il faut prendre les repas, ne les prenez qu'aux heures qui sont réglées pour tout le monde. Souffrez le froid & le chaud comme le moindre de vos soldats. Quand*

---

(1) La petite hache, que les Chinois appellent *fou-tse*, est à-peu-près comme nos haches ordinaires. La grande hache, ou la hache d'armes est beaucoup plus grosse : elle a le fer arrondi en demi-cercle & le manche fort long.

vous vous comporterez comme je viens de le dire, il n'est rien dont vous ne puissiez venir à bout. Le Roi ayant cessé de parler, le Général se mettra à genoux, & répondra en ces termes : *J'ai toujours ouï dire que, pour maintenir un Royaume dans un état florissant, il falloit de braves guerriers au dehors, & de sages ministres au dedans ; que les uns & les autres ne devoient former entre eux tous qu'un même cœur & une même volonté, & qu'il ne falloit pas que ceux du dedans voulussent gouverner ceux du dehors, ni que ceux du dehors voulussent gouverner ceux du dedans. On sert le Prince & la Patrie au dehors comme au dedans ; tout doit être égal pour de bons sujets : ainsi point de jalousie ni de soupçons parmi eux, point d'accusations réciproques. Pour moi, sur qui Votre Majesté vient de se décharger d'une partie de son autorité, qui ai reçu de ses mains l'une & l'autre hache, comment oserois-je ne pas remplir mes devoirs jusqu'à la mort ? comment oserois-je revenir en vie, si je n'ai dompté vos ennemis ? Donnez-moi, Seigneur, vos derniers ordres, donnez-moi les marques de ma dignité, & je pars...* Après avoir reçu le sceau, il continuera ainsi : *Désormais les troupes n'ont plus d'ordre à recevoir que de moi ; c'est moi seul qui serai l'organe qui leur transmettra vos volontés ; à moi seul appartiendra le droit de les punir & de les récompenser. Tant que nous serons en corps d'armée, plus de Ciel au dessus de notre tête, plus de terre sous nos pieds, plus d'ennemis devant nous, plus de Souverain derriere nous, plus rien à craindre : la mort ou la victoire* (1).

Voilà, continua Tai-koung, ce que vous pouvez établir pour parvenir à la fin que vous vous proposez : il me semble

---

(1) Je crois que tout ce qu'on fait dire au Général, après qu'il a reçu le sceau & les autres marques de sa dignité, est le serment qu'on faisoit anciennement dans la Salle des Ancêtres : il ne faut pas en prendre les termes à la lettre. Par le *Ciel*, il faut entendre les vents, la pluie, les frimats, &c.

DES CHINOIS. *Lou-tao.* 311

qu'après que vous aurez fait un Général avec de pareilles cérémonies, vous pouvez vous difpenfer de donner des ordres pour qu'on le refpecte. Cela eft très bien, répondit Ou-ouang ; mais avant que de quitter cet article, j'ai encore quelques demandes à vous faire. Je voudrois favoir un expédient court & facile, au moyen duquel un Général fût toujours sûr du refpect, de l'eftime & de l'obéiffance des troupes dans tout ce qu'il qui leur commande. Rien de fi aifé, rien de fi sûr que ce que je vais vous propofer, répondit Taï-koung. Qu'un Général puniffe de mort un homme d'un rang diftingué, s'il a manqué à fon devoir, & on le refpectera : qu'il traite bien ceux d'un rang inférieur, & on l'eftimera : qu'il garde inviolablement toute les regles de la difcipline militaire, & on lui obéira. Je fuis au fait, reprit Ou-ouang, &c.

Par la *Terre*, il faut entendre les mauvais chemins, les hauts, les bas, les précipices, &c. *Plus d'ennemis devant nous*, c'eft-à-dire, avec autant d'affurance & de tranquillité que s'il n'y avoit aucun obftacle de la part des ennemis, &c.

II.

De la maniere dont le Souverain & le Général se communiquoient leurs secrets.

Ou-ouang s'entretenant un jour avec Tai-koung, lui dit: Il y a long-temps que je cherche en moi-même quelque moyen facile & sûr pour instruire de mes intentions un Général de mes armées qui seroit déja bien avant dans le pays ennemi, & cela, sans qu'il fût possible à tout autre, qui n'auroit pas mon secret, de savoir ou de pouvoir pénétrer ce que je veux dire. J'ai déja imaginé bien des manieres, mais toutes souffrent des difficultés & sont sujettes à des inconvénients; c'est pour cette raison que je n'oserois les mettre en pratique: voyez vous-même si vous ne trouveriez pas quelque expédient pour faire ce que je propose. Je voudrois aussi que le Général pût m'instruire à son tour, sans que ni ceux de l'armée, ni les ennemis, ni les Grands de ma Cour, ni les Ministres, pussent pénétrer son secret. Je comprends ce que vous voulez, répondit Tai-koung: je vais vous suggérer deux moyens qui me paroissent bons; vous vous en servirez si vous les trouvez tels. Le premier sera pour les affaires qui n'exigeront pas de détails ni de grandes explications pour être comprises, & le second pour celles où les détails & les explications sont nécessaires.

Premier moyen. Quelques jours avant que votre Général parte pour se rendre à l'armée, il faut lui donner une audience particuliere, de telle sorte qu'il n'y ait que vous & lui, & que personne au monde ne puisse entendre ni deviner ce qui se passera dans cet entretien secret. Vous vous serez muni de huit petites planches, d'un bois ordinaire, fur lefquelles vous écrirez vous-même, ou vous ferez écrire par votre Général, des caracteres quelconques du haut en bas de chacune. Vous fendrez enfuite les morceaux de bois, de façon que les caracteres fe trouvent partagés dans leur longueur, comme le hafard le déterminera, fans y chercher aucun art, ni aucune fymmétrie. Vous garderez pour vous les huit premieres moitiés, & vous donnerez les huit autres à votre Général, afin qu'en les rapprochant, dans les occafions où vous vous en fervirez, vous foyez mutuellement furs que vous vous parlez l'un à l'autre, & que vous n'êtes entendus que de vous feuls. Vous ferez enfuite vos conventions fecretes, que vous écrirez, chacun à part, fur vos moitiés de planches à-peu-près de la maniere fuivante, fur la premiere, qui fera de la longueur de dix pouces, *victoire complette ;* & dans la lettre qui fera écrite de l'armée, il n'y aura que ces mots, *la tablette de dix pouces.* Sur la feconde planche vous écrirez, *défaite des ennemis, prife du Général ;* & dans la lettre qui viendra de l'armée, on défignera feulement la longueur de la feconde tablette, qui fera de neuf pouces, en difant : *la tablette de neuf pouces.* Si l'on veut annoncer la prife de quelque ville, on écrira ces mots, *la tablette de huit pouces*, qui eft la longueur de la troifieme planche. Pour faire favoir que les ennemis font décampés & fe font retirés au loin, on défignera la longueur de la quatrieme planche qui doit être de fept pouces. Si le Général veut apprendre à fon Souverain qu'il n'ofe rifquer aucune bataille, qu'il fe contente d'obferver l'ennemi & de fe tenir fur la défenfive, jufqu'à ce que les troupes qu'il commande aient repris un peu courage, il défignera la planche de fix pouces. S'il a befoin de renfort ; s'il veut apprendre que les vivres commencent à lui manquer, il défignera la planche de cinq pouces. S'il veut annoncer qu'il a été bleffé, que fon armée a été vaincue, il défignera la planche de quatre pouces. S'il veut faire favoir que fes convois ont été enlevés, que fes provifions ont été gâtées, &c. il défignera la planche de trois pouces.

Cependant, comme on peut changer ou contrefaire les lettres, il vaudroit encore mieux ne point écrire, & fe contenter d'envoyer les moitiés de planche dont on auroit befoin pour indiquer ce qu'on veut; mais alors il ne faudroit point que les conventions entre le Souverain & le Général fuffent écrites deffus: il fuffiroit d'y mettre des lettres ou caractères qui ne ferviroient que pour la confrontation.

Si vous appercevez que votre fecret eft divulgué, ou que les porteurs des planches les ont communiquées pour qu'on pût en deviner le fens, faites mourir les traîtres, les curieux, & & tous ceux qui ont voulu s'inftruire de ce qu'il ne leur appartenoit pas de favoir.

Voilà, Seigneur, continua Tai-koung, le premier des expédients que vous pouvez employer pour vous entretenir fecretement avec votre Général. Vous pouvez augmenter ou diminuer le nombre des planches; vous pouvez leur faire dire beaucoup plus de chofes que je n'en ai dit dans les exemples que j'ai apportés: vous pouvez en un mot leur donner telle fignification qu'il vous plaira. L'expédient eft très bon, répondit Ououang, quand il n'eft queftion que de faire favoir en général ce qu'on fouhaite; mais quand il eft néceffaire d'entrer dans des détails, les planches ne fauroient fuffire. Vous dites fort bien, reprit Tai-koung. Le fecond expédient que je vais vous indiquer vous tirera d'embarras dans ces fortes d'occafions.

Je fuppofe que votre armée eft déja bien avant dans les terres des ennemis, & que celui qui la commande a des chofes effentielles à vous communiquer; je fuppofe qu'il eft néceffaire qu'il entre avec vous dans des détails qu'il veut cacher à tout autre; je suppose encore que tout est perdu pour lui, si son secret vient à transpirer: voici comment il doit s'y prendre. Il faut qu'il vous écrive trois lettres, dont la premiere sera pour vous saluer, & pour s'informer de l'état de votre santé; la seconde ne contiendra qu'un détail vrai ou feint de ce qui se passe à l'armée, & la troisieme renfermera les choses secretes qu'il veut vous dire: ces trois lettres étant achevées, il les placera l'une à côté de l'autre, pour les transcrire sur une même feuille, de la maniere suivante. Le premier caractere qu'il écrira sera le premier de la premiere lettre, le second sera le premier de la seconde lettre, & le troisieme le premier de la troisieme lettre; le quatrieme sera le second de la premiere lettre, le cinquieme le second de la seconde lettre & le sixieme le second de la troisieme lettre, & ainsi de suite, jusqu'à ce qu'il ait tout dit: il prendra ensuite cette lettre, il la partagera en trois parties égales, & vous les enverra chacune par un courier différent, qu'il fera partir en différents temps. Suivant la convention que vous aurez faite avec votre Général, il vous sera aisé de lire sa lettre en n'en prenant qu'un caractere de trois en trois. Qu'un des couriers soit pris, qu'un autre soit un traître, quoi qu'il en puisse arriver, je défie à quiconque ne sera pas un Esprit, de pénétrer votre secret. L'artifice est bon, répondit Ou-ouang, je m'en servirai dans la suite.

INSTRUCTION
SUR
L'EXERCICE MILITAIRE.

PREFACE.

J'AI cru devoir joindre à ces anciens Traités fur l'Art de la guerre, quelques-unes, ou pour mieux dire, la plus grande partie des évolutions militaires des Armées Chinoises. J'ai ramassé, par le moyen de quelques Officiers de ma connoissance, tout ce que j'ai pu trouver en ce genre. Les gens du métier sauront apprécier le tout beaucoup mieux que je ne pourrois le faire. La seule inspection des figures leur dira peut-être plus que toute mon explication.

Je commence par les Exercices de ceux qui n'ont pour armes que le sabre & le bouclier; je ferai connoître ensuite l'Exercice général, & je terminerai cet Ouvrage par la description des armes, des habillements & de tous les autres instruments qui sont à l'usage des gens de guerre.

Comme dans l'explication de ces figures il est souvent parlé de poids, de mesures & de prix, il est nécessaire d'entrer dans quelque détail sur ce sujet. Telle est la division des poids usités chez les Chinois.

La livre, qu'ils appellent *kin*.

L'once, qu'ils appellent *leang*.

La dixieme partie d'une once, qu'ils appellent *tsien*.

La centieme partie d'une once, qu'ils appellent *fen*.

La millieme partie d'une once, qu'ils appellent *li*.

La dix-millieme partie d'une once, qu'ils appellent *hao*, &c.

Ainsi une once contient 10000 hao.

L'once chinoise est plus forte que l'once de France d'un gros, c'est-à-dire que l'once chinoise pese neuf gros, tandis que l'once de France n'en pese que huit.

Les mesures chinoises sont toutes décimales de quelque dénominateur ; ainsi un pied est la décimale d'un *tchang*, parcequ'un *tchang* contient dix pieds ; un pouce est la décimale d'un pied ; un *fen* ou une ligne est la décimale d'un pouce ; un *li* est la décimale d'un *fen*, ou la dixieme partie d'une ligne ; un *hao* est la décimale d'un *li*, ou la centieme partie d'une ligne ; un *se* est la décimale d'un *hao*, ou la millieme partie d'une ligne, &c. Le pied chinois ordinaire est un peu plus court que notre pied de Roi ; il est à ce dernier comme 264 est à 266 (1).

Pour ce qui est des différents prix ou valeurs des choses, l'once d'argent est le dénominateur général auquel tout se rapporte : ainsi on dit, 2 onces d'argent, 15 onces, 16 onces, mille onces, &c.

L'once chinoise que j'ai évaluée plus haut, est appellée par les Chinois *leang*. Il a plu aux Européens de l'ap-

---

(1) Il y a encore une autre espece de pied, qu'on appelle pied de tailleur ; on s'en sert pour mesurer les soiries, draps, toiles, &c. il est plus grand de sept lignes chinoises que le pied ordinaire.

peller

PREFACE.

peller *taël* : je lui ai donné moi-même ce nom, parce-qu'il est consacré par un long usage.

L'once chinoise, ou le *taël*, est divisée en dix *tsien*,

Le *tsien* en dix *fen*,

Le *fen* en dix *li*,

Le *li* en dix *hao*, &c.

Un *taël* d'argent vaut sept livres dix sols de notre monnoie. Ainsi

Le tsien vaut	15 s.
Le fen vaut	1 s. 6 d.
Le li vaut	1 d. $\frac{4}{5}$
Le hao vaut	$\frac{9}{50}$ de denier.

Je suis entré dans un détail de minuties sur les habillements, les armes, &c. que j'aurois peut-être bien fait de supprimer. Mais j'ai cru que dire trop étoit un moindre inconvénient que de ne pas dire assez : d'ailleurs je n'ai d'autre prétention, en donnant cet Ouvrage, que celle de fournir des Mémoires à ceux qui voudront savoir ce que les Chinois ont de commun avec les anciennes Nations, ou de particulier à la leur, dans leur maniere de faire la guerre.

EXERCICE

De ceux qui n'ont pour armes que le sabre & le bouclier.

Quand les troupes sont assemblées, il est absolument nécessaire que tout le monde garde un profond silence. Le Général seul a droit de parler, afin de pouvoir donner ses ordres.

Chacun doit être à son rang, s'y tenir debout, dans une contenance grave, & toujours attentif.

Cent hommes suffisent pour former quatre rangs; ainsi avec deux cents hommes on aura huit rangs, avec trois cents hommes douze rangs, avec quatre cents hommes seize rangs, & ainsi de suite jusqu'à ce qu'on ait employé le nombre entier des troupes que l'on peut avoir. Ce qui est dit ici ne regarde pas seulement ceux qui n'ont pour armes que le sabre & le bouclier, mais en général toutes les troupes de quelque ordre & de quelque espece qu'elles soient. *Voyez* planches I* & II* de celles qui représentent ceux qui sont armés du sabre & du bouclier.

Les tambours & les autres instruments militaires tiennent lieu de la voix du Général; ainsi toute l'attention doit être

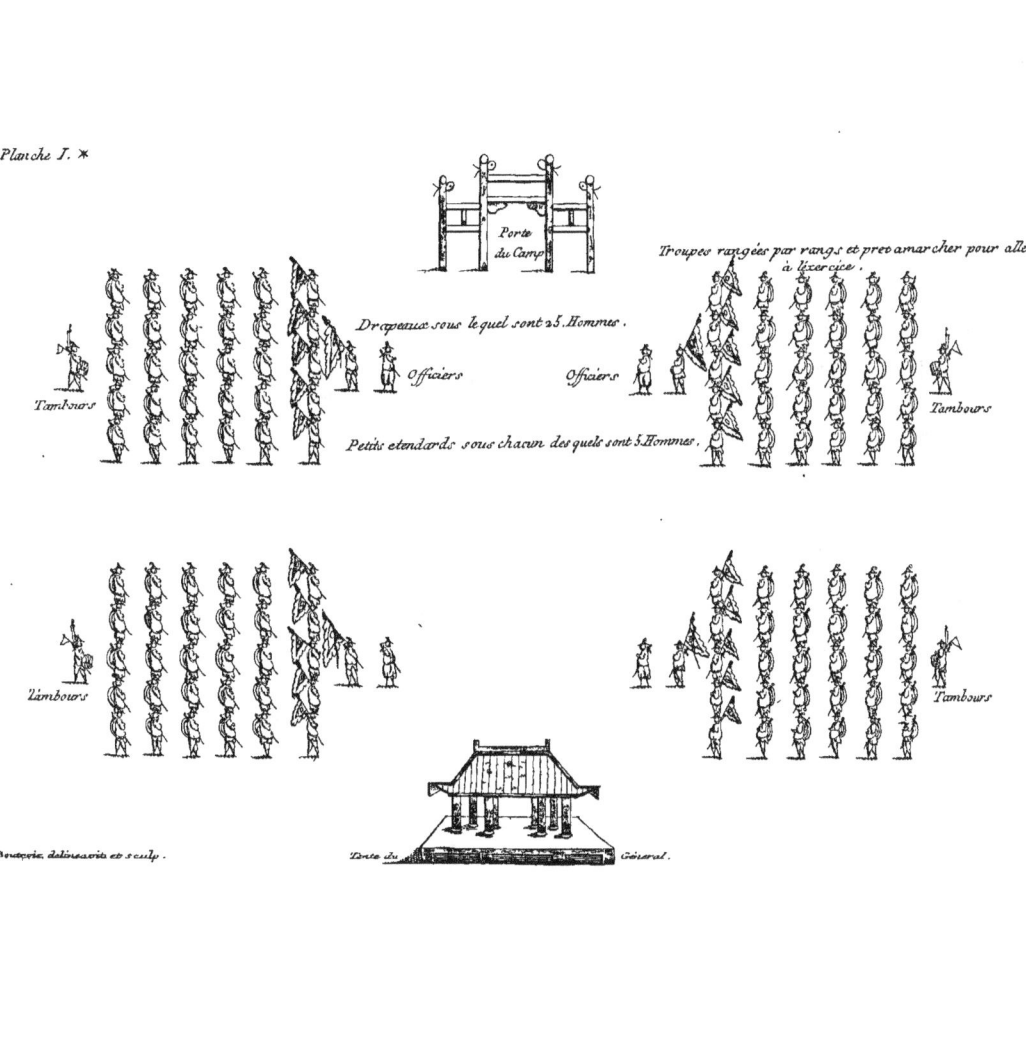

Planche II.*

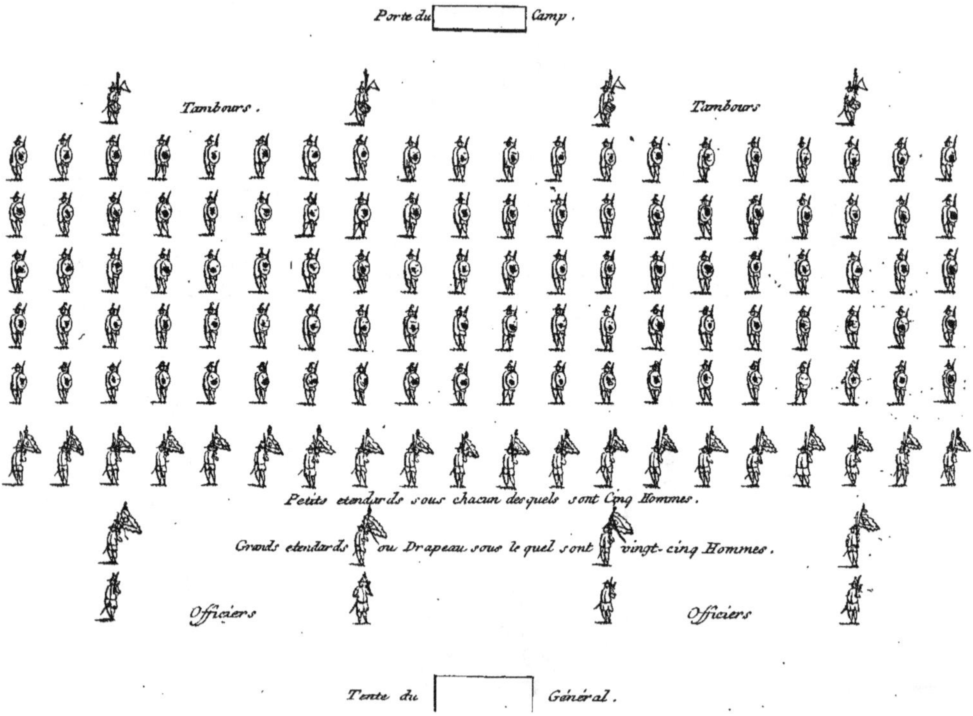

Porte du [ ] Camp.

Tambours.   Tambours

Petits etendards sous chacun desquels sont Cinq Hommes.

Grands etendards ou Drapeau sous le quel sont vingt-cinq Hommes.

Officiers   Officiers

Tente du [ ] Général.

Planche III. *   Porte du ☐ Camp.

Aile gauche   Aile droite

Tambours   Tambours

Drapeaux sous lesquels sont 25. Hommes.

Officiers   Officiers

Petits etendards sous chacun desquels sont 5. Hommes.

Tente du ☐ Général

Bouttrois delineavit et Sculp.

portée de ce côté-là, & une obéissance prompte & exacte doit en être le fruit. Au premier coup de tambour on redoublera d'attention, & on se tiendra prêt à tout. Après ce premier coup de tambour, on sonnera de la trompette à trois reprises différentes, d'un seul ton chacune, mais d'un ton tenu & prolongé. L'intervalle entre chaque reprise ne doit être que d'un mouvement de respiration ; ce temps suffit pour laisser aux moins expéditifs le loisir de se préparer.

Dès que les trompettes auront cessé, on entendra de nouveau le son du tambour ; alors les troupes se partageront à droite & à gauche, autant d'un côté que de l'autre : on les alignera au moyen d'un cordeau, afin qu'elles fassent deux lignes exactement droites & paralleles. *Voyez* la planche III *.

PREMIER EXERCICE

De ceux qui n'ont pour armes que le sabre & le bouclier.

1. ON frappe un coup sur le *lo* (1) : à ce son chaque soldat se couvrira de son bouclier & se baissera jusqu'à s'accroupir : on se tiendra dans cette attitude jusqu'à ce qu'on entende le tambour.

2. On frappe à coups redoublés & assez légérement sur les bords du tambour : pendant ce temps-là les soldats accroupis se levent & font quelques évolutions avec leurs sabres & leurs boucliers.

---

(1) Le *lo* est un instrument d'airain d'environ deux pieds de diametre : je parle du *lo* principal ; car il y en a de plus petits : ils sont tous de figure ronde. J'en donnerai la description en parlant des instruments militaires. J'en ai déja parlé dans cet Ouvrage.

3. On donne un son de trompette, immédiatement après on frappe un coup sur le tambour : à l'instant les soldats discontinuent leurs évolutions : ils restent debout en bonne contenance, tenant le sabre & le bouclier au-dessus de leurs têtes dans la disposition d'attaquer ou de se défendre, & tous ensemble poussent un grand cri.

4. On frappe un coup sur le tambour; les soldats tournent le sabre du côté gauche, frappent comme s'ils vouloient s'ouvrir un passage de ce côté, & poussent un grand cri.

5. On frappe un coup sur le tambour; les soldats tournent le sabre du côté droit, comme s'ils vouloient s'ouvrir un passage de ce côté, & poussent un grand cri.

6. On frappe un coup sur le tambour; les soldats se remettent, & poussent un grand cri.

7. On frappe un coup sur le tambour; les soldats levent le sabre & le bouclier, se tiennent en défense, font un pas en avant, & poussent un grand cri.

8. On frappe deux coups sur le tambour; les soldats se tournent à gauche & fixent la vue sur les étendards qui sont déployés.

9. On frappe un coup sur le tambour; les soldats font des évolutions avec le sabre & le bouclier, ils se courbent un peu comme s'ils vouloient se cacher; ils mettent le sabre en long sur le dos (la poignée près du cou), & poussent un grand cri.

10. On frappe trois coups sur le tambour; les soldats font des évolutions avec le sabre & le bouclier autour de leurs corps, & se baissent tout de suite jusqu'à terre, où ils se tiennent accroupis.

11. On frappe trois coups sur le tambour; les soldats accroupis font des évolutions avec le sabre & le bouclier autour de leurs corps, & tout de suite font trois pas en avant, restant toujours courbés.

Planche IIII *

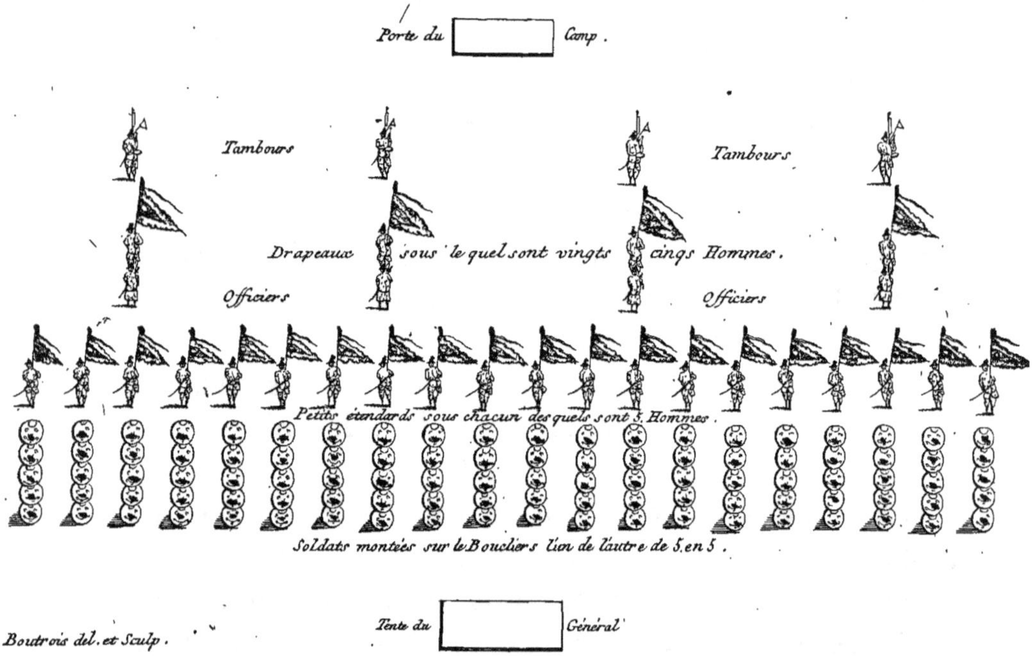

Porte du ☐ Camp.

Tambours   Tambours

Drapeaux sous lequel sont vingts cinqs Hommes.

Officiers   Officiers

Petits étendards sous chacun desquels sont 5 Hommes.

Soldats montées sur le Boucliers l'on de l'autre de 5.en 5.

Boutrois del. et Sculp.   Tente du ☐ Général

Planche V. *   Porte du [   ] Camp.

Tambours.   Tambours.

Drapeaux sous lequels sont vingts cinqs Hommes

Officiers   Officiers

Petits étendards sous chacun des quels sont 5 Hommes.

Soldats formant de 5. en 5. une especes de Fleurs.

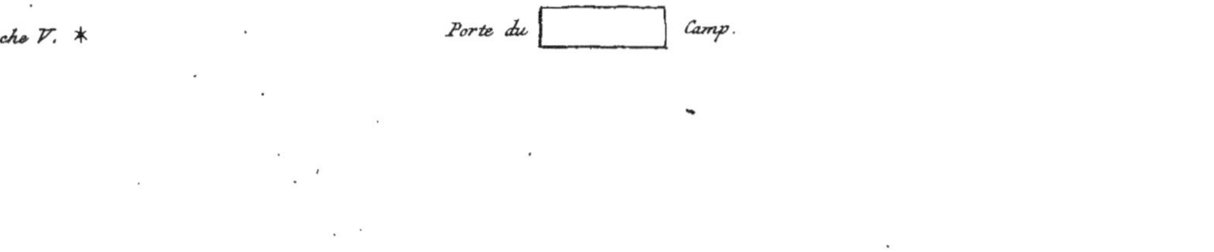

Boutrois delineavit et sculp.   Tente du [   ] Général

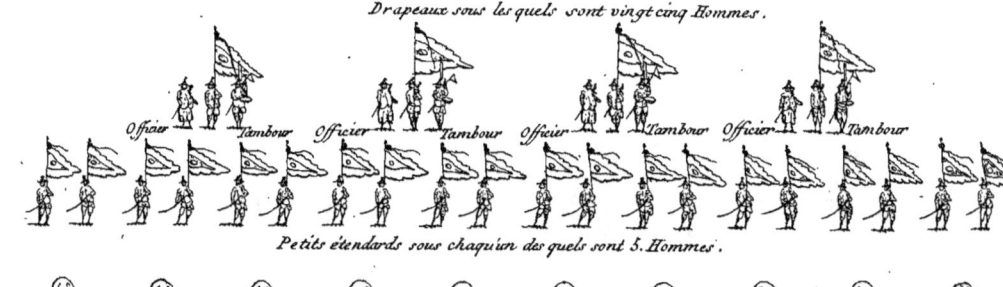

Planche VI. *

Porte du ☐ Camp.

Drapeaux sous les quels sont vingt cinq Hommes.

Officier Tambour Officier Tambour Officier Tambour Officier Tambour

Petits étendards sous chaqu'un des quels sont 5. Hommes.

Soldats réunis de 10 en 10 cachées sous leurs Boucliers.

Tente du ☐ Général.

Boudrois delin. et Sculp.

12. On frappe cinq coups sur le tambour; chaque soldat ayant le corps ramassé sous son bouclier, dont il est entiérement couvert, fait un pas en avant en se roulant sur ce même bouclier, qui lui sert de point d'appui, comme il feroit sur une roue, & après le tour entier il se releve tout de suite, & se trouve debout dans la disposition d'attaquer (1).

13. On frappe un coup sur le tambour; les soldats font un pas en avant, font agir le sabre de droite à gauche & de gauche à droite, & poussent un grand cri.

14. On frappe trois coups sur le tambour; les soldats font autour de leurs corps quelques évolutions avec le sabre & le bouclier, & s'accroupissent tout de suite; ainsi accroupis, ils font trois évolutions avec le sabre, comme s'ils vouloient frapper trois coups, ils poussent un grand cri à chaque coup qu'ils portent; après avoir frappé les trois coups, ils font autour de leurs corps trois évolutions avec le sabre & le bouclier, comme pour attaquer & se défendre en même temps.

15. On frappe un coup sur le tambour; les soldats font agir le sabre de droite à gauche, & poussent un grand cri.

16. On frappe un coup sur le tambour; les soldats font agir le sabre de gauche à droite, & poussent un grand cri.

17. On frappe un coup sur le tambour; les soldats se remettent, ils se tiennent debout en bonne contenance, & poussent un grand cri.

Ainsi finit le premier exercice de ceux qui n'ont pour armes que le sabre & le bouclier.

---

(1) Cet exercice, fait à propos, a fait remporter, du temps des Soung, une victoire complette sur les Tartares. Je parlerai ailleurs de ce point d'histoire.

EXERCICE II.

De ceux qui n'ont pour armes que le sabre & le bouclier.

1. On frappe sur le tambour à coups redoublés; pendant ce temps-là, les soldats se partagent de cinq en cinq, & se tiennent prêts.

2. On frappe un coup sur le *lo* ; les soldats se mettent sur le bouclier l'un de l'autre, comme on le voit dans la planche IV * : on appelle les soldats ainsi rangés, *les cinq tigres prêts à sortir de la forêt pour se jetter sur leur proie.*

3. On donne un son de trompette ; on frappe ensuite un coup sur le *lo*, après lequel on frappe sur le tambour à coups redoublés; alors les cinq tigres prêts à sortir de la forêt changent promptement de contenance, & forment de cinq en cinq une figure telle qu'on la voit dans la planche V * : on appelle les soldats ainsi rangés *les cinq fleurs de Mei-hoa jonchant la terre.*

4. On donne deux sons de trompette ; on frappe ensuite deux coups sur le *lo*, après lesquels on frappe sur le tambour à coups redoublés ; alors les cinq fleurs de *Mei-hoa* changent promptement de contenance & se joignent de dix en dix hommes, lesquels, montés sur le bouclier l'un de l'autre, forment une figure telle qu'on la voit dans la planche VI * : on appelle les soldats ainsi rangés, *la face des dix représentée par les boucliers qui les cachent.*

5. On donne trois sons de trompette , ou , ce qui est de même, on sonne de la trompette à trois reprises, d'un seul ton chacune; on frappe trois coups sur le *lo*, après lesquels on frappe sur le tambour à coups redoublés : pendant ce temps-là

Planche VII. *   Porte du [ ] Camp

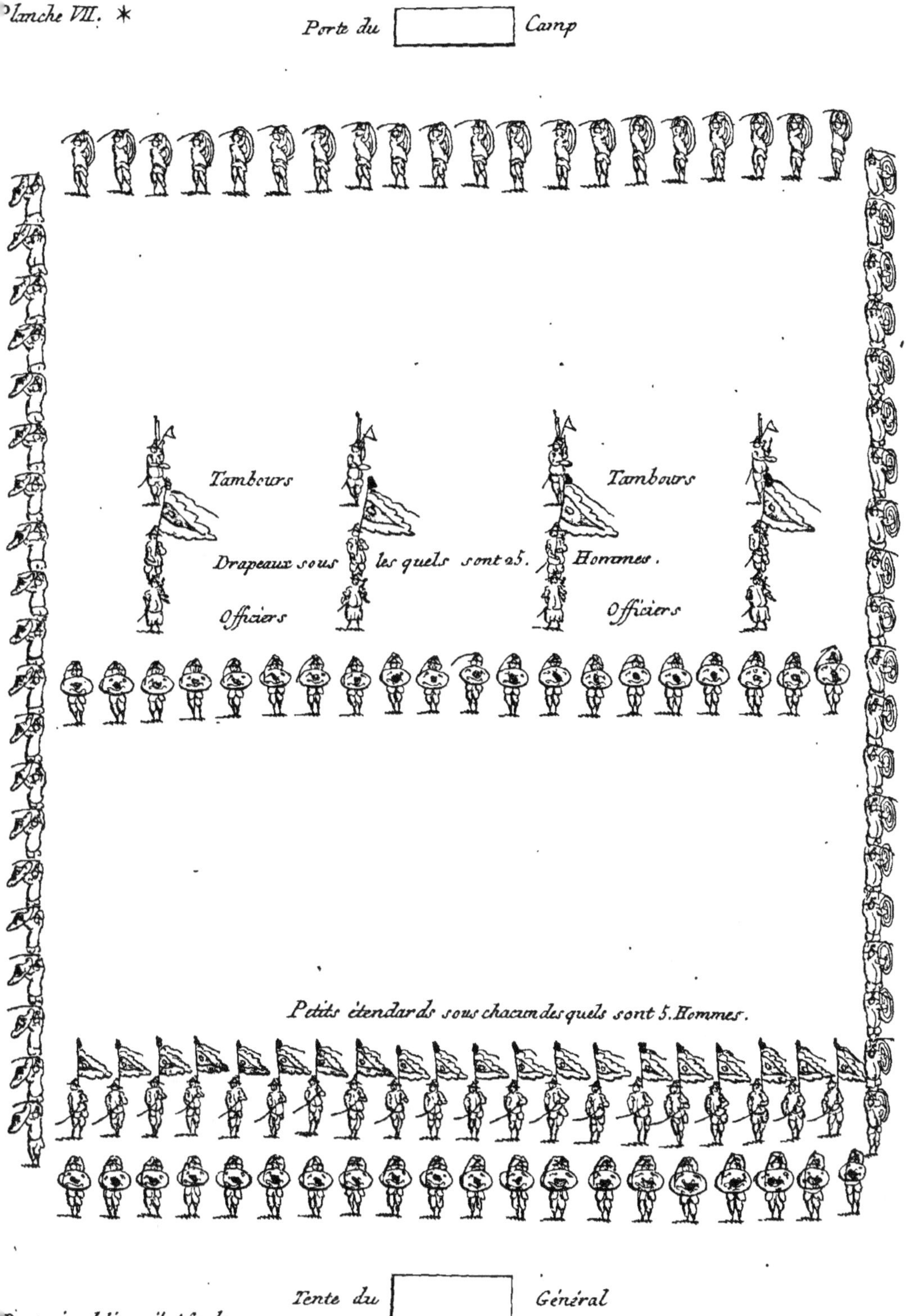

Tambours   Tambours

Drapeaux sous les quels sont 25. Hommes.

Officiers   Officiers

Petits étendards sous chacun desquels sont 5. Hommes.

Tente du [ ] Général

Boudrois delineavit et Sculp.

la face des dix repréſentée par les boucliers qui les cachent, change promptement de contenance & forme un bataillon quarré; chaque ſoldat tient le ſabre & le bouclier levés, en attitude de bataille, comme on le voit dans la planche VII *.

6. On frappe un coup ſur le *lo*; à ce ſignal tous les ſoldats ſe baiſſent promptement, uniment & ſans confuſion.

7. On frappe ſur le tambour à coups redoublés; pendant ce temps-là les ſoldats font des évolutions avec leurs ſabres & leurs boucliers.

8. On donne un ſon de trompette, immédiatement après on frappe un coup ſur le tambour; les ſoldats ſe relevent tout-à-coup ayant le ſabre & le bouclier levés, & pouſſent un grand cri.

9. On frappe un coup ſur le tambour; à ce ſignal les ſoldats font agir le ſabre de droite à gauche, & pouſſent un grand cri.

10. On frappe un coup ſur le tambour; les ſoldats font agir le ſabre de gauche à droite, & pouſſent un grand cri.

11. On frappe un coup ſur le tambour; les ſoldats font agir le ſabre à droite & à gauche, & pouſſent un grand cri.

12. On frappe un coup ſur le tambour; les ſoldats tout-à-coup diſcontinuent leurs évolutions avec le ſabre & le bouclier, ſe baiſſent perpendiculairement, comme s'ils vouloient s'aſſeoir, & pouſſent un grand cri.

13. On frappe un coup ſur le tambour; les ſoldats, ainſi baiſſés, font un pas en avant, tenant le ſabre & le bouclier en état de défenſe, & pouſſent un grand cri.

14. On frappe deux coups ſur le tambour; les ſoldats font agir le ſabre, comme s'ils vouloient frapper de droite à gauche.

15. On frappe un coup ſur le tambour; les ſoldats alon-

gent le corps en avant, ayant le sabre le long de leur dos, & pouffent un grand cri.

16. On frappe trois coups sur le tambour ; les soldats se tournent tout-à-coup & se courbent jusqu'à terre.

17. On frappe trois coups sur le bord du tambour ; les soldats font des évolutions avec le sabre & le bouclier, & font trois pas en avant.

18. On frappe cinq coups sur le tambour ; les soldats font un pas en avant, en se roulant sur leurs boucliers, c'est à-dire que chaque soldat s'appuyant sur son bouclier, le fait tourner comme une roue, & tourne avec lui : c'est le même que celui dont on a parlé au n°. 12 du premier Exercice.

19. On frappe un coup sur le tambour ; les soldats alongent le corps en avant, déchargent un coup de sabre, & pouffent un grand cri.

20. On frappe trois coups sur le tambour ; les soldats se tournent tout-à-coup, font un pas comme s'ils vouloient retourner, se parent le dos avec le bouclier, & font agir le sabre par derriere autour de leur corps.

21. On frappe trois coups sur le tambour ; les soldats font des évolutions avec le sabre & le bouclier, & se courbent jusqu'à terre.

22. On frappe trois coups sur le bord du tambour ; les soldats pouffent trois grands cris. On frappe une seconde fois sur le bord du tambour ; les soldats pouffent une seconde fois trois grands cris. On frappe une troisieme fois trois coups sur le bord du tambour ; les soldats pouffent une troisieme fois trois grands cris, & se relevent brusquement.

23. On frappe un coup sur le tambour ; les soldats font agir le sabre de droite à gauche, & pouffent un grand cri ; tout de suite ils font agir le sabre de gauche à droite, & pouffent un grand cri.

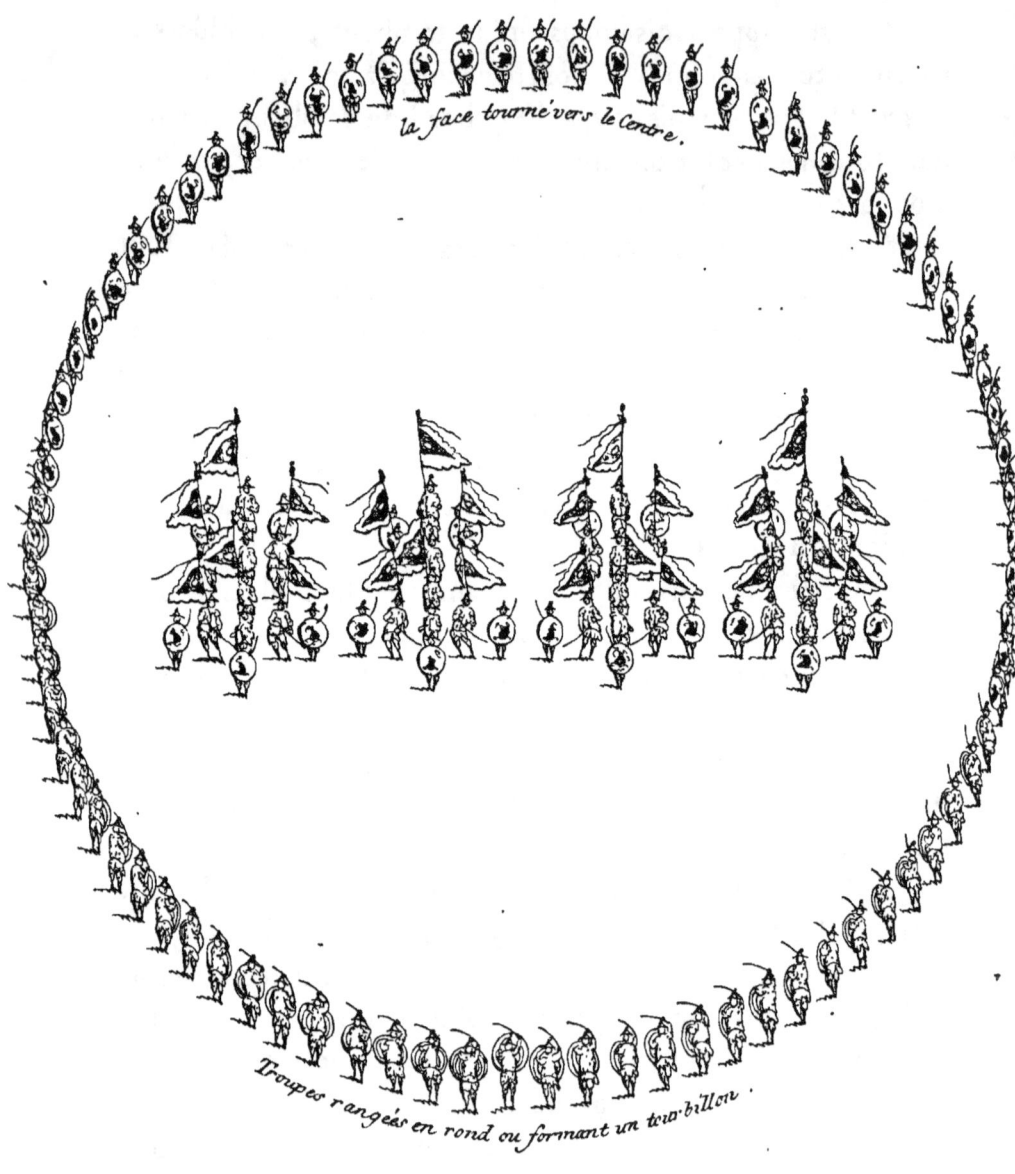

24. On frappe un coup fur le tambour ; les foldats font agir le fabre en avant, fe baiffent tout de fuite comme s'ils vouloient s'affeoir, & pouffent un grand cri.

25. On frappe fur le tambour à coups redoublés ; pendant ce temps-là les foldats, qui étoient auparavant rangés en bataillon quarré, forment un grand cercle. *Voyez* la planche VIII *.

26. On frappe un coup fur le bord du *lo* ; à ce fignal tous les foldats fe baiffent promptement jufqu'à terre, fe couvrent tout le corps avec le fabre & le bouclier, & ne laiffent à découvert que la partie fupérieure du vifage. *Voyez* la même planche VIII *.

27. On donne un fon de trompette, on frappe un coup fur le *lo* ; les foldats cachent fous le bouclier la partie même du vifage qu'ils avoient laiffée à découvert immédiatement auparavant.

28. On donne un fon de trompette, on frappe fur le *lo* ; les foldats découvrent la partie fupérieure du vifage, comme s'ils vouloient voir ce qui fe paffe auprès d'eux.

Ces dernieres évolutions, n°. 27 & 28 fe répetent jufqu'à trois fois, après lefquelles,

29. On frappe un coup fur le tambour ; les foldats fe levent tout-à-coup, font quelques efpeces de fauts en frappant fortement du pied contre terre, & pouffent un grand cri.

30. On frappe un coup fur le tambour ; les foldats préfentent le bouclier en avant, autant que le bras peut s'étendre, fe mettent en difpofition de faire agir le fabre en portant en arriere la main qui en eft armée, & pouffent un grand cri.

31. On frappe un coup fur le tambour ; les foldats alongent un coup de fabre, retirent en même temps le bouclier jufques vers l'eftomac, & pouffent un grand cri.

32. On frappe un coup sur le *lo* ; les soldats se baissent tout-à-coup & se cachent entiérement sous leurs boucliers.

33. On frappe sur le tambour à coups redoublés ; pendant ce temps-là les troupes changent de contenance & se partagent en cinq tourbillons, qui font chacun un cercle parfait. *Voyez* la planche IX *.

34. On frappe un coup sur le tambour ; les soldats plient un genou, sans cependant le poser jusqu'à terre.

35. On donne un son de trompette, immédiatement après, on frappe un coup sur le tambour ; les soldats, qui avoient un genou plié, se redressent entiérement, se tiennent debout, levent le sabre & le bouclier par-dessus leurs têtes, & poussent un grand cri.

36. On frappe un coup sur le tambour ; les soldats portent le sabre & le bouclier vers le côté gauche, & poussent un grand cri.

37. On frappe un coup sur le tambour ; les soldats portent le sabre & le bouclier vers le côté droit, & poussent un grand cri.

38. On frappe un coup sur le tambour ; les soldats portent le sabre & le bouclier en devant, comme pour parer la poitrine, se baissent tout de suite à demi-corps, avancent les armes, & poussent un grand cri.

39. On frappe sur le tambour à coups redoublés ; pendant ce temps-là les soldats changent de contenance ou de position ; les cinq tourbillons (pl. IX *) se transforment en la figure des deux *Y* & des huit *Koua*, ainsi qu'on le voit dans la pl. X *. Les deux *Y*, selon les Chinois, sont le Ciel & la Terre, & les huit *Koua* sont ces figures mystérieuses inventées par *Fou-hi*, au moyen desquelles on peut trouver tout ce qui est possible.

40. On frappe un coup sur le tambour ; chaque soldat se

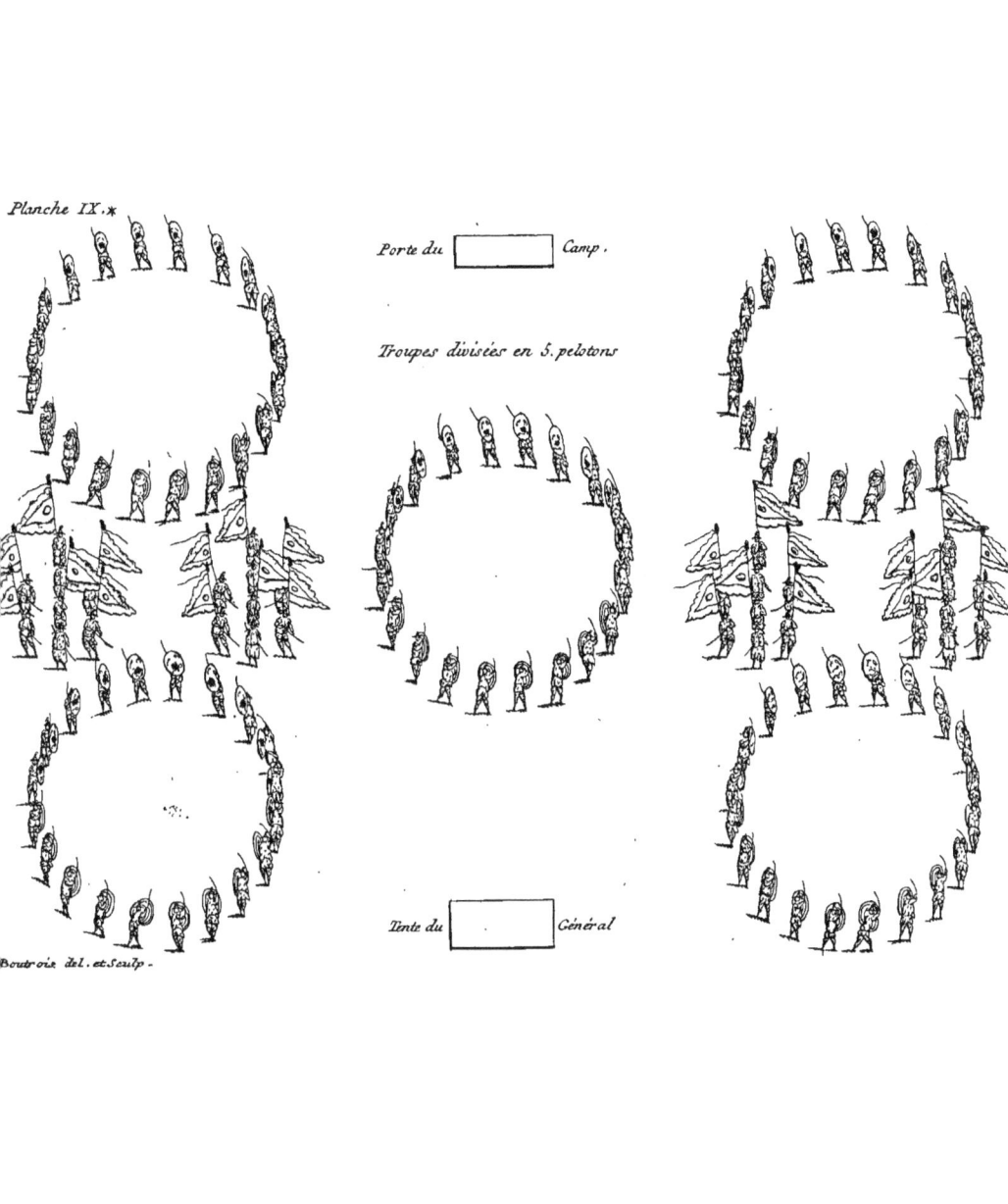

Planche X.*

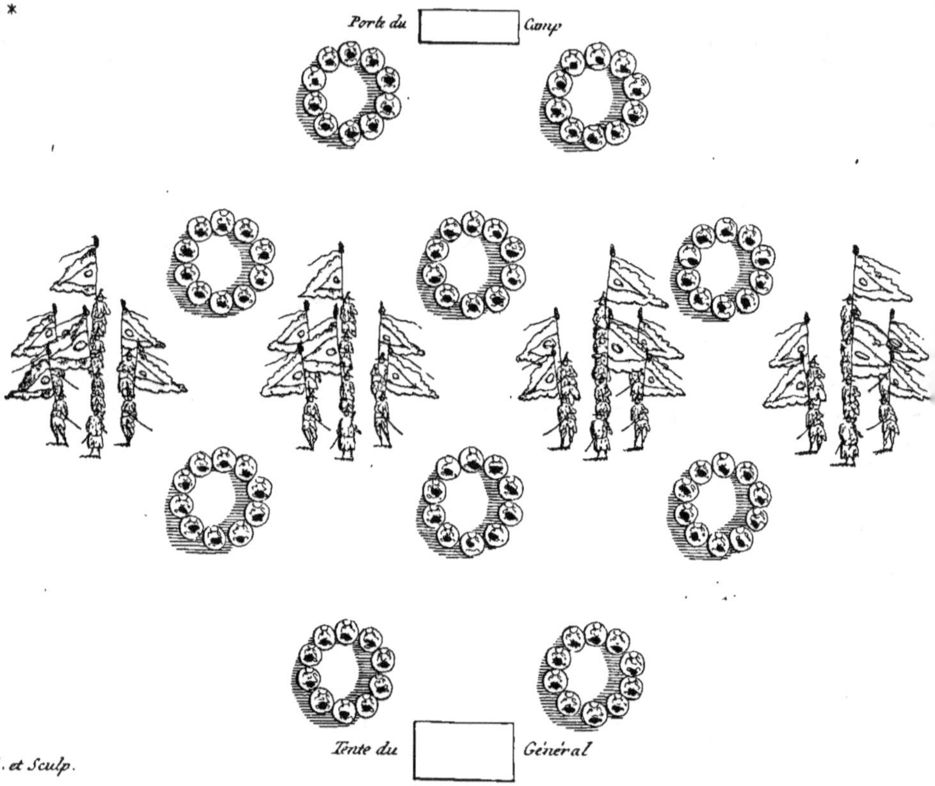

Porte du Camp

Boutrois del. et Sculp.

Tente du Général

Planche XI.*

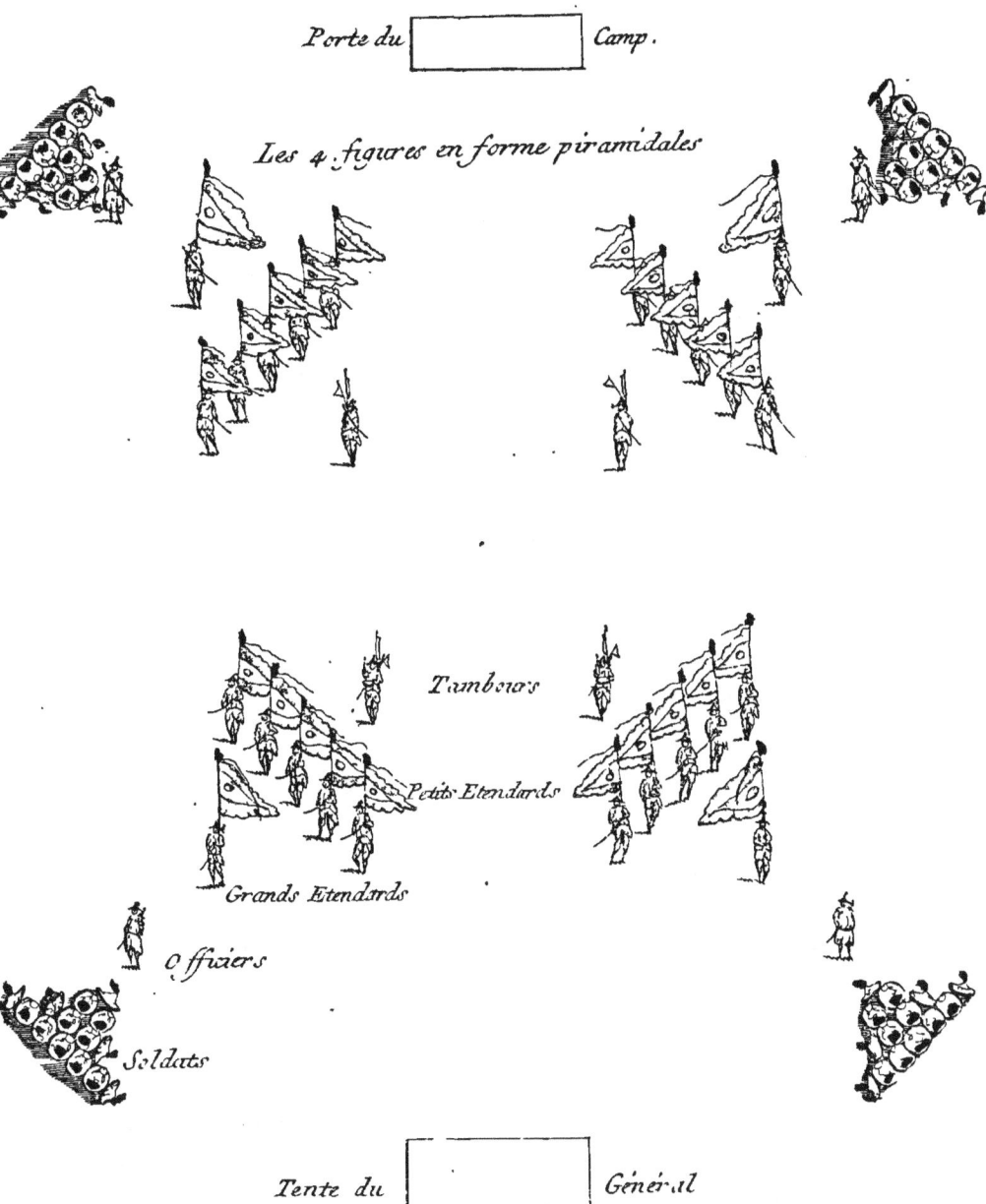

Boutrois del. et Sculp.

cache entiérement sous son bouclier, de façon qu'on ne puisse voir ni lui ni son sabre, & se tient tranquille sans faire aucun mouvement.

41. On donne un son de trompette ; tous ensemble poussent alors un grand cri. On donne un second son de trompette ; tous les soldats poussent une seconde fois un grand cri. On donne un troisieme son de trompette ; tous les soldats poussent une troisieme fois un grand cri.

42. On frappe sur le tambour à coups redoublés ; les soldats pendant ce temps-là changent de contenance : les deux *Y* & les huit *Koua* se transforment *en quatre figures entrelacées* (*se-sian-glien-hoan*). *Voyez* la planche XI *.

43. On donne trois sons de trompette, après lesquels on frappe trois coups sur le tambour ; tout le monde se rend attentif & attend en silence le premier signal.

44. On frappe sur le tambour à coups redoublés ; pendant ce temps-là les soldats forment un bataillon quarré, tel qu'on le voit dans la planche XII *.

45. On frappe un coup sur le *lo* ; les soldats s'accroupissent & se couvrent de leurs boucliers.

46. On frappe sur le tambour à coups redoublés, mais sur le bord de l'instrument, & d'une maniere assez légere ; les soldats accroupis se levent & font quelques évolutions avec leurs sabres & leurs boucliers.

47. On donne un son de trompette, on frappe un coup sur le tambour : les soldats cessent alors de faire des évolutions ; ils se tiennent debout, ayant une contenance fiere, tenant le sabre & le bouclier levés au-dessus de leurs têtes, dans la disposition d'attaquer ou de se défendre, & poussent tous ensemble un grand cri, &c. Tout le reste se fait comme ci-devant, depuis le n°. 3 du premier exercice jusqu'au n°. 17, qui est la fin de ce premier exercice.

Tt ij

Après la fin du second exercice, qui finit comme le premier, ainsi que je viens de le dire, les soldats entonnent le cantique de victoire, après lequel toutes les troupes défilent par ordre, chacun suivant son rang, de la maniere que cela se pratique dans l'exercice général. Voyez ci-après l'instruction sur l'exercice général.

Planche XII. ✳

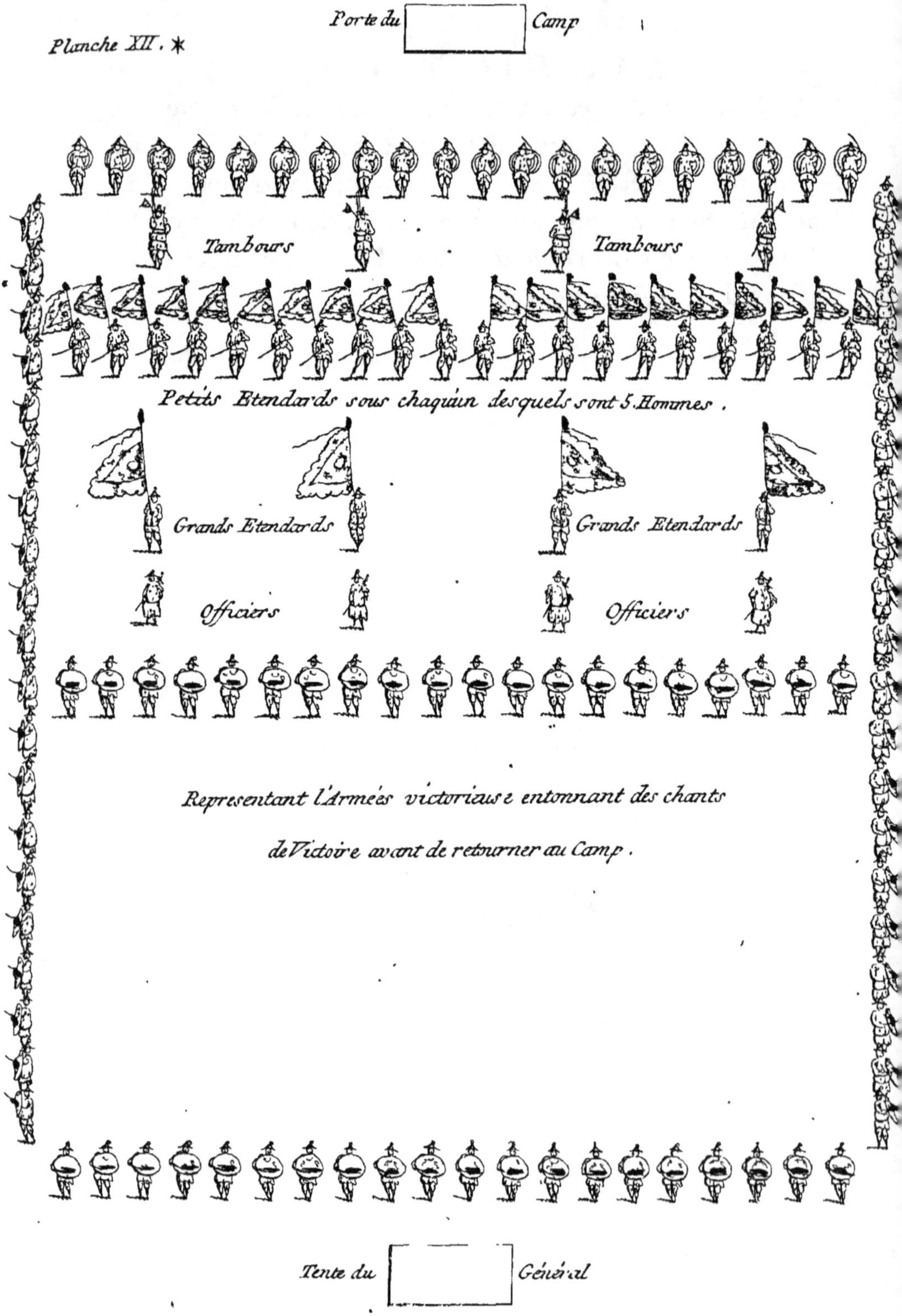

Porte du ☐ Camp

Tambours   Tambours

Petits Etendards sous chaqüun desquels sont 5. Hommes.

Grands Etendards   Grands Etendards

Officiers   Officiers

Representant l'Armées victorieuse entonnant des chants
de Victoire avant de retourner au Camp.

Tente du ☐ Général

Boutrois del. et Sculp.

INSTRUCTION

Sur la maniere dont on doit faire l'Exercice général.

LES troupes qu'on emploie pour l'exercice général ne vont jamais au-delà de quarante compagnies, composées de vingt-cinq hommes chacune : ce nombre a paru suffisant pour représenter une armée entiere & pour faire pratiquer sans désordre la plupart des évolutions particulieres aux différents corps qui la composent. Les quarante compagnies dont je viens de parler sont prises de tous les différents corps qui composent la Milice Chinoise ; savoir, la cavalerie, le corps des Arbalêtriers, celui des Pertuisaniers, le corps de ceux qui sont armés du sabre & du bouclier, celui des Fusiliers, & enfin celui des Canonniers.

Outre ces quarante compagnies, il y a cinquante Piquiers, ou cinquante hommes armés de piques, qui sont placés à la suite de ceux qui n'ont pour armes que le sabre & le bouclier.

Au reste, tout ce que j'ai déja dit & tout ce que je dirai dans la suite ne regarde que les troupes purement Chinoises. Celles des Tartares Mantchous, qui sont aujourd'hui les principales & presque les seules troupes de l'Empire, ont leurs exercices à part.

Les noms que j'ai donnés aux différents corps qui composent les troupes Chinoises ne sont peut-être pas ceux qui leur conviennent. On peut les changer si l'on veut, en traduisant les mots Chinois autrement que j'ai fait. Les voici de suite avec l'explication littérale à côté.

Tchang-tſiang, c'eſt-à-dire, longue pique ou lance, &c.

Tchang-tao, longue épée, ou long ſabre, ou pertuiſane.

Niao-tſiang, fuſil ou arme à tuer les oiſeaux.

Ta-pao, gros canon.

Teng-pai, bouclier de rotin ; & pour abréger ils diſent ſeulement *Pai*.

Koung-tſien, l'arc & la fleche.

Ma-ping, ſoldats à cheval.

Après chaque nom d'arme on ſous-entend celui de *ping* qui ſignifie *ſoldat*, homme de guerre ; ainſi pour dire piquier, on ajoute aux deux mots *tchang-tſiang* celui de *ping*, & alors *tchang-tſiang-ping* ſignifiera homme armé d'une longue pique, & ainſi des autres.

Toutes les troupes Chinoiſes, comme je l'ai dit plus haut, ſont repréſentées par quarante compagnies, dont ſix ſont de cavalerie, huit d'Arbalêtriers, cinq de ceux qui ſont armés du ſabre & du bouclier, leſquels j'ai déſignés quelquefois par le mot latin *Scutati*, faute d'un mot françois auſſi court qui ſignifiât la même choſe ; cinq de Pertuiſaniers ; douze de Fuſiliers, & quatre ſeulement de Canonniers. Tous ces corps de troupes ſont rangés ſous des étendards de ſix couleurs différentes, qui ſont le jaune, le blanc, le verd, le bleu, le rouge & le noir. Chacune des ſix compagnies de cavalerie eſt rangée ſous les étendards d'une des couleurs que je viens d'indiquer. Parmi les Arbalêtriers, il y en a trois ſous les étendards jaunes, & une ſous les étendards blancs ; deux ſous les étendards bleus, une ſous les étendards rouges, & une ſous les étendards noirs. Les cinq compagnies de ceux qui n'ont pour armes que le ſabre & le bouclier ſont, une ſous les étendards jaunes, une fous les étendards bleus, une fous les étendards rouges, une fous les étendards blancs & une fous les étendards noirs. Les cinq compagnies de Pertuifaniers font dans le même ordre & fous les mêmes couleurs que ceux qui font armés du fabre & du bouclier. Les douze compagnies de Fufiliers font rangées, trois fous les étendards jaunes, trois fous les étendards bleus, trois fous les étendards verds, une fous les étendards rouges, une fous les étendards blancs & une fous les étendards noirs. Les quatre compagnies de Canonniers font rangées, une fous les étendards bleus, une fous les étendards blancs, une fous les étendards rouges & une fous les étendards noirs.

Ce qui eft appellé tente du Général eft un pavillon dans lequel s'affemblent les Officiers Généraux qui doivent être témoins de l'exercice, & d'où ils voient défiler les troupes.

La tour des fignaux eft placée à côté de la tente du Général, & affez élevée pour être vue de toute l'armée. Il y a dans cette tour, outre l'étendard général, des étendards particuliers femblables aux étendards des différents corps. Il y a auffi des trompettes, des tambours, des *lo*, des muficiens & une ou plufieurs pieces de canon. Quand le Général a quelques ordres à donner, il envoie un Officier à la tour des fignaux, afin que de là on montre, par exemple, l'étendard du corps qui doit faire quelque évolution, ou que l'on donne les autres fignaux qui indiquent ce qu'il faut faire. Ce que j'ai nommé *porte du camp* eft un maffif placé au midi, vis-à-vis du pavillon ou de la tente du Général, qui eft au nord. Ce maffif repréfente la principale porte du camp; & l'efpace qui eft entre le maffif & le pavillon repréfente le camp.

Par-tout où l'on a peint un petit étendard, il faut suppofer cinq hommes; le grand étendard eft celui de la compagnie entiere, c'eft-à-dire de vingt-cinq hommes.

Il eft néceffaire d'obferver que toutes les fois que je dis, on donne un son de trompette, on frappe un coup sur le tambour, on frappe deux coups sur le *lo*, ou que je parle d'autres signaux semblables, il faut entendre que ces différents coups ou ces différents signaux ne se donnent jamais que l'un après l'autre. C'est comme si je disois, on donne un son de trompette, puis on bat un coup sur le tambour, ensuite l'on fait tel autre signal, &c. Quand je dis on frappe sur le bord du tambour, sur le bord du *lo*, je veux dire qu'au lieu de frapper sur le centre de l'instrument, pour en tirer des sons pleins, on ne frappe que vers l'extrémité, pour n'en tirer que des sons sourds & sans harmonie. Ces sortes de sons sont employés assez fréquemment par les Chinois, même dans leurs plus brillantes musiques.

Le jour déterminé pour l'exercice, tout le monde se rend avant l'aurore au lieu où il doit se faire : on se range d'abord sur deux lignes paralleles ; on garde un profond silence, & on attend l'arrivée du Général, ou de celui qui doit commander. Le Général doit être rendu avant le lever du soleil, ou tout au plus tard quand le soleil se leve.

1. A la premiere nouvelle qu'on a que le Général est près d'arriver, du haut de la tour des signaux on éleve le grand étendard, ou, pour mieux dire, l'étendard principal : tout le monde reboutle alors d'attention, & se tient dans une contenance grave, sans faire aucun mouvement.

2. On donne trois sons de trompette ; chaque corps de troupes prend alors son rang.

3. On frappe un coup sur le bord du *lo* ; on cesse tout mouvement, & l'on se rend attentif.

4. On frappe un coup sur le bord du *lo* ; les Cavaliers prennent de la main gauche la bride & se mettent en attitude de monter à cheval ; chaque corps de troupes prend ses armes & se dispose suivant son usage.

On

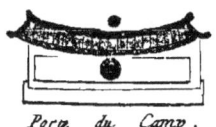

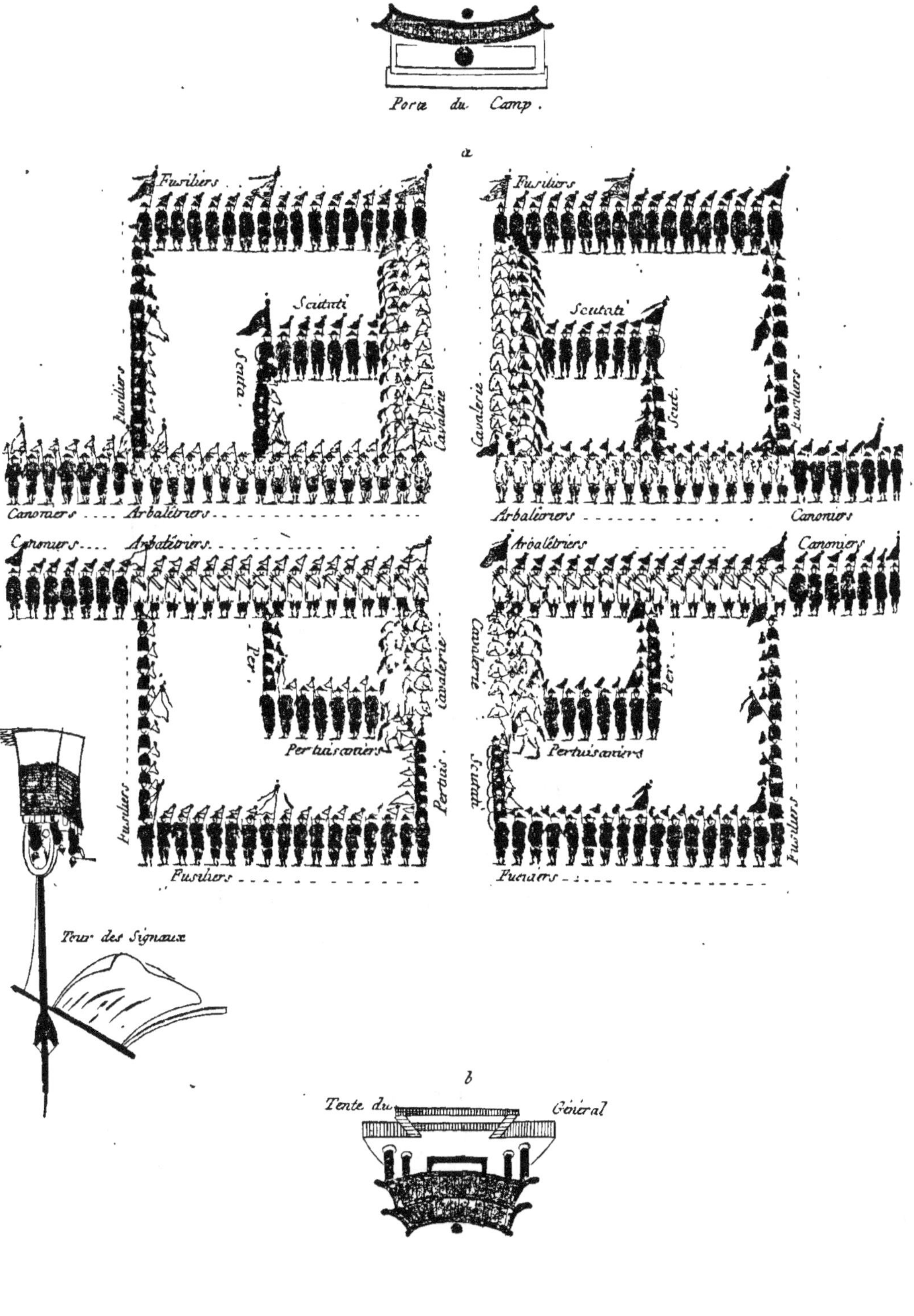
Porte du Camp.
a
Fusiliers
Fusiliers
Scutati
Scutati
Scuta.
Fusiliers
Cavalerie
Cavalerie
Scut.
Fusiliers
Canoniers
Arbalétriers
Arbalétriers
Canoniers
Canoniers
Arbalétriers
Arbalétriers
Canoniers
Per.
Cavalerie
Cavalerie
Per.
Pertuisaniers
Pertuisaniers
Fusiliers
Pertuis.
Scutati
Fusiliers
Fusiliers
Fusiliers
Tour des Signaux
b
Tente du
Général

DES CHINOIS. *Exercice.*

5. On frappe un coup fur le *lo* ; les Cavaliers montent à cheval, & toutes les troupes déploient leurs étendards.

6. On fonne de la trompette, on bat fur le tambour à coups redoublés ; pendant ce temps les troupes fe rangent de la maniere qu'on le voit fur la planche I.

7. On frappe un coup fur le *lo* ; à ce fignal les trompettes & les tambours ceffent, tout le monde fe tient dans une contenance grave, fans faire aucun mouvement, & dans un profond filence.

8. Dès qu'on fait que le Général eft arrivé auprès de la porte du camp en dehors, on fonne de la trompette, on tire trois coups de canon, & on joue des inftruments de mufique ; pendant ce temps les Cavaliers mettent pied à terre, & tout le monde fe met à genoux. Le Général entre par la porte du camp, ou, pour mieux dire, par un des côtés du maffif qui repréfente la porte du camp, & va en droite ligne dans le pavillon qui eft vis-à-vis & qui tient lieu de tente, c'eft-à-dire depuis *a* jufqu'à *b* de la même planche I. A mefure qu'il paffe, les troupes qu'il laiffe derriere lui fe relevent immédiatement après qu'il a paffé, de façon que tout le monde fe trouve debout quand le Général entre dans fa tente.

9. Après que le Général eft entré, & qu'il eft fuppofé tenir fon confeil avec les Officiers Généraux qui l'accompagnent, toutes les troupes fe rangent fur deux lignes parallèles, dans l'ordre fuivant. *Voyez* planche II.

I. Les fix compagnies de Cavalerie, dont les trois qui font fous les pavillons bleus, rouges & noirs, font à droite de la tente ; & les trois qui font fous les pavillons jaunes, blancs & verds, font à gauche.

II. Les huit compagnies d'Arbalêtriers, dont les deux qui font fous les étendards bleus, une qui eft fous les étendards rouges, & une qui eft fous les étendards noirs, font à droite ;

les trois qui sont sous les étendards jaunes & celle qui est sous les étendards blancs, sont à gauche.

III. Viennent ensuite ceux qui sont armés du sabre & du bouclier (*Scutati*), & les Pertuisaniers, lesquels forment en tout dix compagnies, dont cinq sont de Pertuisaniers & cinq de ceux qui sont armés du sabre & du bouclier. Ces dix compagnies sont rangées dans l'ordre suivant: une compagnie de ceux qui sont armés du sabre & du bouclier, sous les étendards jaunes; une compagnie de Pertuisaniers, sous les étendards bleus; une compagnie de ceux qui sont armés du sabre & du bouclier, sous les étendards bleus; une compagnie de Pertuisaniers, sous les étendards rouges; & une compagnie de ceux qui sont armés du sabre & du bouclier, sous les étendards rouges: ces cinq compagnies sont à droite. Les cinq autres compagnies; savoir, une de Pertuisaniers, sous les étendards jaunes; une de ceux qui sont armés du sabre & du bouclier, sous les étendards blancs; une de Pertuisaniers, sous les étendards blancs; une de ceux qui sont armés du sabre & du bouclier, sous les étendards noirs; & une de Pertuisaniers, sous les étendards noirs, sont à gauche.

IV. Après ces deux corps de troupes, vient celui des Fusiliers, divisé en douze compagnies, dont trois sous les étendards bleus, une sous les étendards rouges, une sous les étendards noirs & une sous les étendards verds, sont à droite; trois sous les étendards jaunes, une sous les étendards blancs, & deux sous les étendards verds, sont à gauche.

V. Les quatre compagnies de Canonniers sont placées immédiatement après les Fusiliers. La compagnie qui est sous les étendards rouges, & celle qui est sous les étendards noirs, sont à droite; la compagnie qui est sous les étendards bleus, & celle qui est sous les étendards blancs sont à gauche de la tente du Général, comme on le voit sur la planche II.

10. Après que les troupes rangées sur deux lignes paralleles,

Pl. II

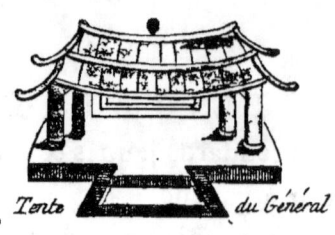
Tente du Général

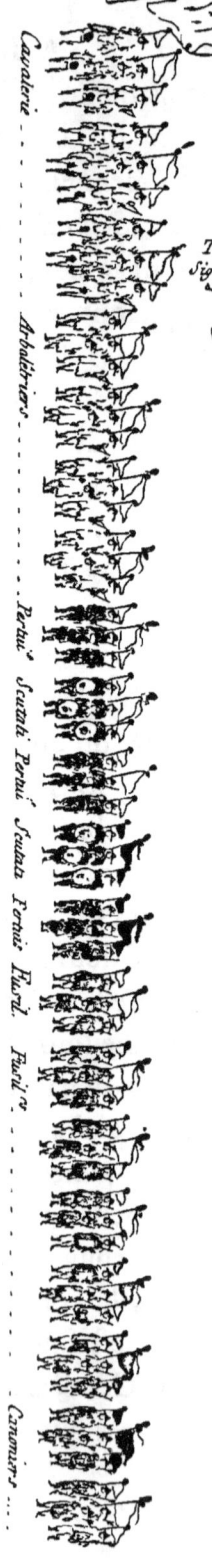

Porte du Camp

comme on vient de le voir, ont pris le rang assigné pour chacun des corps qui les composent, du haut de la tour des signaux on frappe un coup sur le *lo :* à ce signal les Cavaliers mettent pied à terre, & chaque corps baisse ses pavillons. Pendant ce temps-là le Général, assis dans sa tente, donne ses ordres aux Officiers Généraux & aux principaux de ceux qui sont chargés des étendards : ces derniers écoutent à genoux tout ce que le Général veut leur dire, après quoi le Guidon Général s'avance (j'appelle Guidon Général celui qui est à la tête de tous les Porte-étendards & qui commande l'exercice pour la partie des signaux qui le concernent); le Guidon Général s'avance, se met à genoux, & prie le Général de vouloir bien lui confier son étendard, c'est-à-dire l'étendard sous lequel toute l'armée est rangée & auquel tous les autres doivent se conformer. Le Général prend lui-même l'étendard à deux mains, & le lui livre : le Guidon Général le reçoit avec respect, se releve, va jusqu'à la porte de la tente ou du pavillon, où son Lieutenant l'attend à genoux sur une des marches de l'escalier : il lui met entre les mains l'étendard dans le même état qu'il l'a reçu ; & celui-ci le porte alors fiérement à la tour des signaux : là il le déploie, le fait voltiger de côté & d'autre, & fait plusieurs évolutions, après lesquelles il le laisse exposé à la vue de toute l'armée, de la maniere qu'on le voit dans la tour des signaux qui est représentée sur les deux premieres planches. Les Guidons particuliers des étendards des différentes couleurs qui sont dans la tour des signaux, font aussi voltiger les leurs, & les montrent à l'armée, de la même maniere que l'a fait le Guidon Général.

11. Après que chacun des étendards a fait ses évolutions, on frappe un coup sur le bord du *lo* ; à ce signal tout le monde se rend attentif.

12. On frappe un second coup sur le bord du *lo* ; alors les

Cavaliers prennent la bride de la main gauche, & se mettent en attitude de monter à cheval.

13. On frappe un coup sur le *lo;* les Cavaliers montent à cheval. Alors le Guidon Général, qui est resté dans la tente, comme on l'a vu plus haut, se met à genoux aux pieds du Général & le prie de vouloir bien être témoin de tout l'exercice qu'on va faire en son nom & sous son autorité. Le Général, environné des Officiers Généraux qui l'accompagnent & qui sont censés former son conseil, se place sur le devant de la tente ou du pavillon en dedans, & permet qu'on commence.

14. Du haut de la tour des signaux on donne deux sons de trompette pleins & unis, c'est-à-dire ni hauts ni bas, après lesquels on donne un son aigu, & l'on tire trois coups de canon : ces canons, dans le lieu de l'exercice, je veux dire dans la tour des signaux, ne sont que de simples boîtes de fer, mais dont le bruit imite assez celui du canon. Je ne me servirai que du mot de canon.

15. Au premier coup de canon, tous les Enseignes des troupes qui sont sous les armes déploient leurs étendards.

16. Au second coup toutes les troupes tournent la face du côté de la tente du Général.

17. Au troisieme coup la musique commence, & les troupes se disposent à la marche, qui se fait dans l'ordre suivant. *Voyez* planche III.

18. On bat sur le tambour : chaque Capitaine se met à la tête de sa troupe : les Cavaliers les plus près de la tente du Général défilent les premiers : la compagnie qui est à droite défile en dehors par la droite, & est suivie des autres corps qui se remplacent successivement : la compagnie qui est à gauche défile en dehors par la gauche, & est suivie par les autres corps qui sont sur la même ligne.

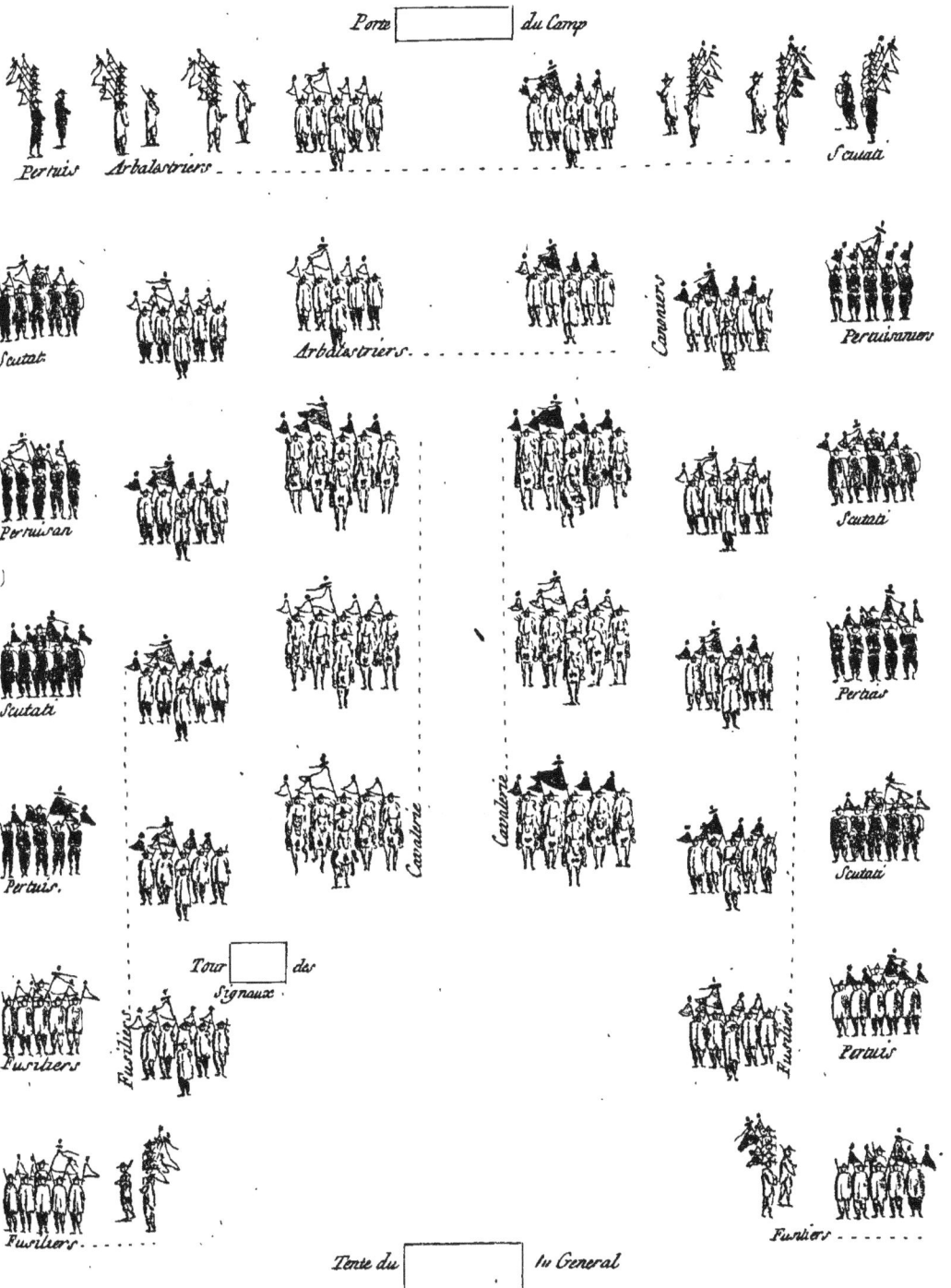

Pl. IV

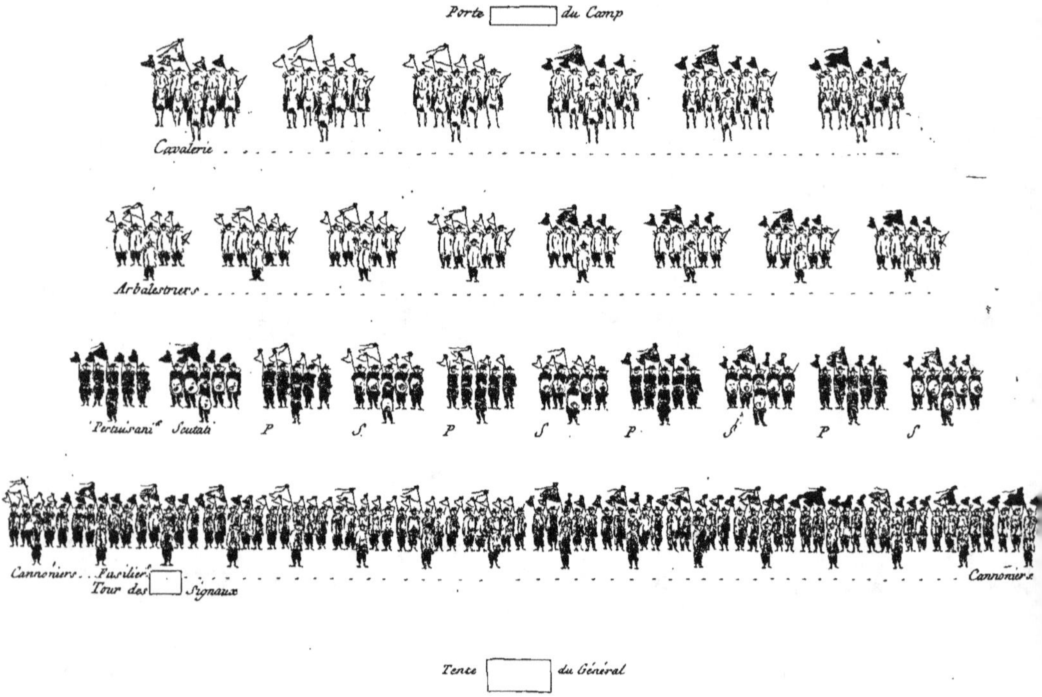

Porte du Camp

Cavalerie

Arbalestriers

Pertuisani Scutati   P   S   P   S   P   S   P   S

Cannoniers Fusiliers   Cannoniers
Tour des Signaux

Tente du Général

Les deux premieres compagnies de Cavalerie de la droite & de la gauche arrivent en même temps aux deux côtés du maſſif que j'ai inſcrit *porte du camp*, une par la droite & l'autre par la gauche, & s'avancent uniformément ſuivies de tous les autres corps, juſqu'à ce que tout le monde ſoit rangé comme on le voit ſur la même planche III. C'eſt ici que commence la revue.

La premiere compagnie de Cavalerie qui eſt à la droite, vient paſſer ſous les yeux du Général, & s'avance par la gauche pour aller à l'autre extrémité du camp. La premiere compagnie de Cavalerie qui eſt à la gauche vient paſſer ſous les yeux du Général, & s'avance par la droite, pour aller à l'autre extrémité du camp. Chaque corps en fait de même & ſe range en arrivant comme on le voit dans la planche IV.

19. Après que tous les corps ont paſſé, on frappe trois coups ſur le *lo* ; à ce ſignal tout le monde ſe tient immobile & ſe rend attentif. Ici commence l'ordre général de bataille.

20. Du haut de la tour des ſignaux on éleve l'étendard rouge, on le fait flotter de côté & d'autre pour qu'il ſoit vu de toute l'armée.

21. On donne trois ſons de trompette, on frappe un coup ſur le bord du *lo* ; alors les Fuſiliers ſe partagent de cinq en cinq, de telle ſorte qu'entre chaque troupe de cinq il y ait un pied d'intervalle.

22. On frappe un ſecond coup ſur le bord du *lo* ; les Fuſiliers mettent encore un pas d'intervalle entre chaque troupe de cinq.

23. On frappe à coups redoublés ſur le bord du *lo* ; à ce ſignal les Cavaliers, les Arbalêtriers, les Pertuiſaniers & ceux qui ſont armés du ſabre & du bouclier, ſe partagent de cinq en cinq, & font la même manœuvre qu'on vient de voir faire aux Fuſiliers ; pendant ce temps-là les Canonniers diſpoſent leurs canons

24. On frappe un coup plein sur le *lo* ; les Fusiliers se partagent à droite & à gauche & forment trois rangs de chaque côté sur une même ligne ; les trois rangs formés, tout le monde se tient immobile & se rend attentif.

25. On frappe à coups redoublés sur le bord du tambour ; les troupes frappent la terre alternativement des deux pieds & s'agitent comme pour témoigner l'impatience où elles sont d'aller contre l'ennemi.

26. On frappe un coup plein sur le *lo* ; tous les mouvements & battements de pied cessent.

27. On donne sur la trompette un son uni ; à ce signal les Fusiliers baissent leurs armes & mettent de la poudre dans le bassinet.

28. On donne sur la trompette un second son uni ; les Fusiliers disposent la meche.

29. On donne sur la trompette un son aigu ; les Fusiliers levent leurs fusils.

30. On frappe sur le tambour à coups redoublés ; les Fusiliers font trois pas en avant ; ceux du premier rang se mettent sur la même ligne & au niveau de ceux qui portent les petits étendards, & visent du côté de l'ennemi.

31. Du haut de la tour des signaux on baisse l'étendard rouge ; à l'instant les Fusiliers du premier rang font leurs décharges, après laquelle ils rebroussent tout de suite, & vont se placer à la queue des Fusiliers ; par cette manœuvre le second rang des Fusiliers prend la place du premier rang, le troisieme rang prend la place du second, & celui qui étoit le premier se place où étoit le troisieme, & charge promptement le fusil.

32. On frappe sur le tambour à coups redoublés ; le second rang de Fusiliers, qui se trouve actuellement au premier rang, ainsi que je viens de le dire, fait la même manœuvre que je

Pl. V

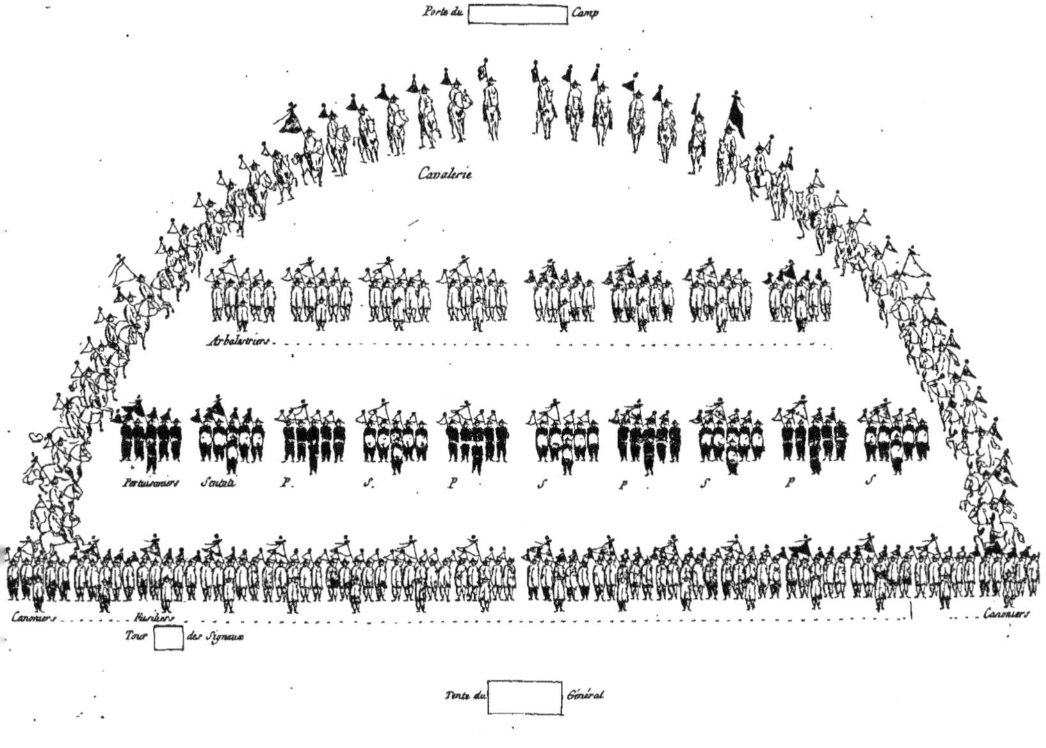

Porte du Camp

Cavalerie

Arbalétriers

Partuisaniers Soldats   P.   S.   P.   S.   P.   S.   P.   S.

Canoniers ... Pictriers   Canoniers
        Tour   des Signaux

Tente du Général

viens de décrire pour le rang qui l'a précédé ; & après avoir fait sa décharge, il passe promptement à la queue pour charger le fusil.

33. On frappe sur le tambour à coups redoublés ; le troisieme rang des Fusiliers, qui se trouve actuellement au premier rang, fait comme les deux qui l'ont précédé ; & après qu'il a fait sa décharge, il passe à la queue, où il reprend son rang, & charge le fusil.

34. Du haut de la tour des signaux on donne un son de trompette uni, tout de suite on donne un son aigu ; on fait flotter de côté & d'autre l'étendard rouge pour le montrer à toute l'armée.

35. On frappe sur le tambour à coups redoublés, on donne sur la trompette des sons réitérés ; alors les Fusiliers redoublent d'activité, font leurs décharges avec précipitation, & les Canonniers les secondent avec la grosse artillerie.

36. Pendant que se font ces décharges, la Cavalerie avance des deux côtés & environne l'armée, comme on le voit dans la planche V.

L'attaque qui vient d'être décrite est celle que les Chinois appellent *Teou-ti-lien-hoan-tchen*, comme qui diroit *attaque où les combattants se succedent*. On ne peut guere traduire à la lettre ces mots chinois, ni leur donner un sens passable en notre langue, car *teou* signifie *attaquer, provoquer*, &c. *ti* signifie *le fond, le centre de quelque chose, empêcher, retenir*, &c. *lien* signifie *contigu, lié, qui est de suite*, &c. *hoan* veut dire *circuit, environner, anneau*, &c. & *tchen* signifie *disposition, ordre de bataille*, &c.

On peut donner à ce premier exercice, ou, pour mieux dire, à ce commencement de bataille, tel autre nom qui lui soit plus analogue.

37. On frappe trois coups fur le *lo* ; les Fufiliers & les Canonniers ceffent tout-à-coup leurs décharges.

38. Du haut de la tour des fignaux on donne fur la trompette un fon plein & uni, à ce fignal les Pertuifaniers difpofent leurs armes.

39. Immédiatement après on donne fur la trompette un fon aigu ; du haut de la tour des fignaux, on éleve l'étendard noir, on tire un coup de canon & l'on frappe fur le tambour à coups redoublés ; alors ceux qui font armés du fabre & du bouclier, les Pertuifaniers & les Arbalêtriers pouffent en même temps un grand cri, & tout de fuite paffent au travers des Fufiliers, par les intervalles qu'il y a entre chaque troupe de cinq, & fe trouvent par cette manœuvre à la tête de l'armée, laiffant les Fufiliers derriere eux.

40. On frappe un coup fur le *lo* ; tout le monde fe rend immobile & fe tient attentif.

41. On frappe fur le bord du tambour à coups redoublés ; alors ceux qui font armés du fabre & du bouclier, les Pertuifaniers & les Arbalêtriers vont à l'attaque en fe foutenant mutuellement, comme on le voit dans la planche VI.

42. On frappe un coup fur le *lo* ; ceux qui font armés du fabre & du bouclier, les Pertuifaniers & les Arbalêtriers ceffent de fe battre.

43. Du haut de la tour des fignaux on donne fur la trompette un fon plein & uni, immédiatement après on frappe fur le bord du tambour à coups redoublés ; les trois corps de troupes qu'on vient de nommer fe retirent dans le même ordre qu'ils ont gardé lorfqu'ils fe font avancés, c'eft-à-dire au travers des Fufiliers par les intervalles qu'il y a entre chaque peloton de cinq.

44. On frappe un coup fur le *lo* ; tout le monde s'arrête & fe rend attentif, les Fufiliers baiffent leurs armes.

L'attaque

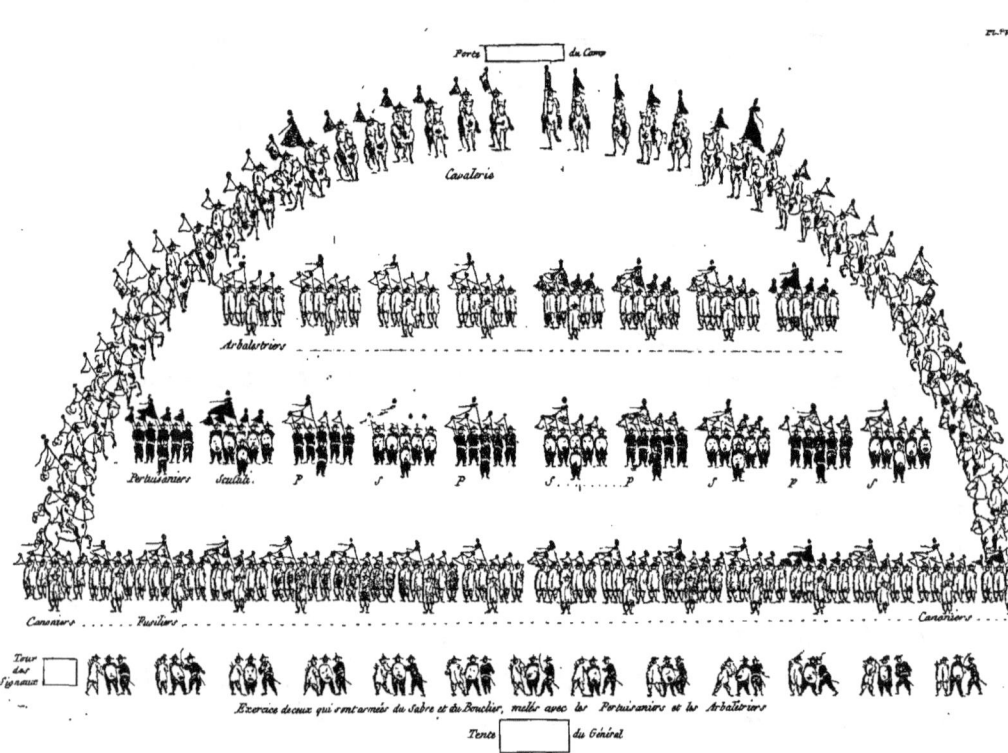

Porte du Camp

Pl. VII.

Cavalerie

Percusaniers Scutati   P   S   P   S   P   S   P   S

Canoniers Fusiliers .... Canoniers

Tour
du Signaux

Arbalestriers ....

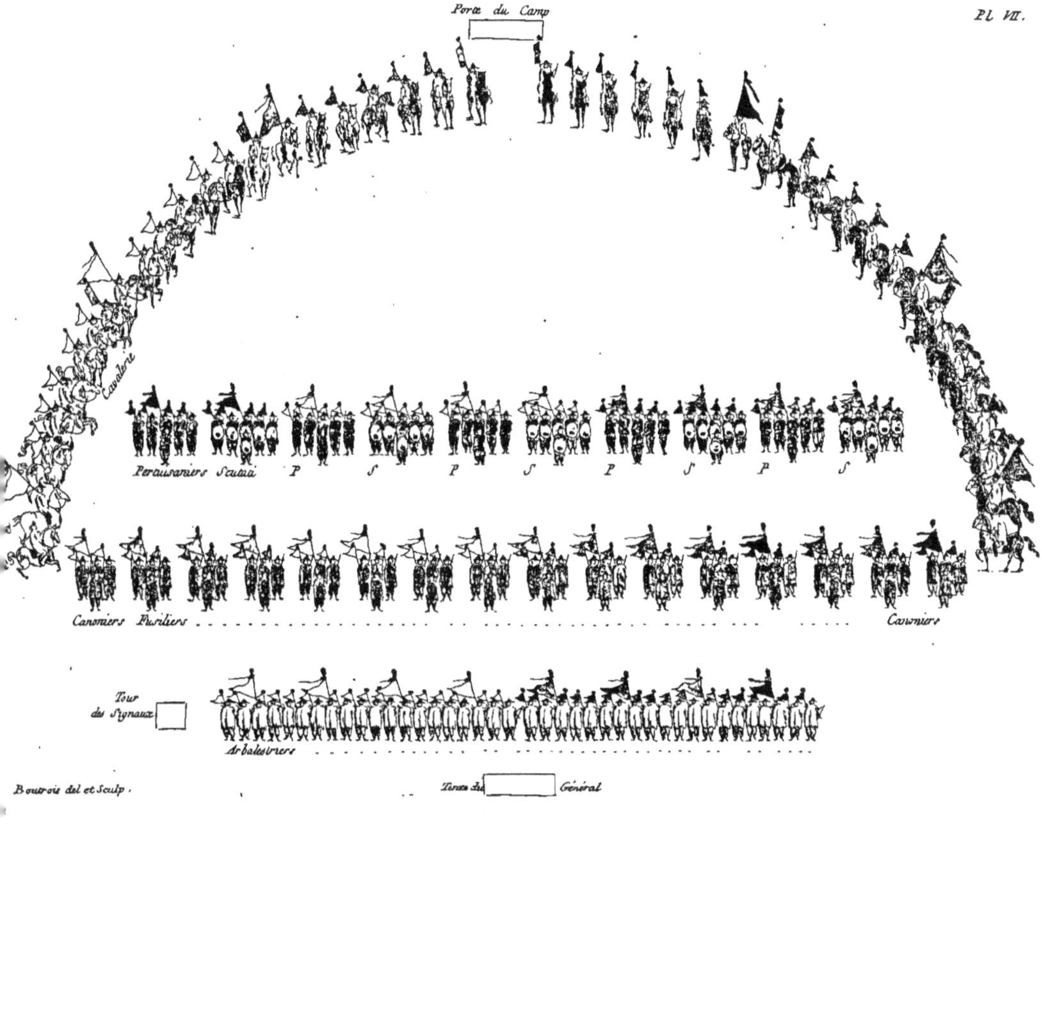

Boutrois del. et Sculp.

Tente du ▭ Général

L'attaque qui vient d'être décrite s'appelle en Chinois *San-tie-tchoung-cha-tchen*, comme qui diroit *combat de trois ou par trois se soutenant l'un l'autre*. Voyez la même planche VI.

45. Du haut de la tour des signaux on donne sur la trompette un son plein & uni, on éleve l'étendard rouge, on le fait flotter de côté & d'autre pour le montrer à l'armée, on tire un coup de canon ; tout de suite on donne sur la trompette plusieurs sons précipités, on frappe sur le tambour à coups redoublés ; alors les Fusiliers font leurs décharges avec précipitation, & se succedent les uns aux autres de la même maniere qu'on l'a dit plus haut en parlant de la premiere attaque.

46. On frappe trois coups sur le *lo* ; à ce signal les Fusiliers cessent de tirer.

47. On donne sur la trompette un son plein & uni, tout de suite on donne un son aigu ; du haut de la tour des signaux on éleve l'étendard bleu, on le fait flotter de côté & d'autre pour le montrer à l'armée, & on tire un coup de canon ; à ce signal les Arbalêtriers s'avancent par pelotons de cinq, traversent les Fusiliers qu'ils laissent derriere eux, & se trouvent ainsi à la tête de l'armée.

48. On frappe un coup sur le *lo* ; les Arbalêtriers se mettent en ligne droite, serrent leurs rangs, s'avancent jusqu'au dessus de la ligne de leurs Officiers qu'ils laissent derriere eux, comme on le voit sur la planche VII.

49. On frappe sur le tambour à coups redoublés; les Arbalêtriers font leurs décharges.

50. On frappe un coup sur le *lo*; les Arbalêtriers cessent de lancer leurs traits.

51. On donne sur la trompette trois sons pleins & unis ; les Arbalêtriers retournent à la place d'où ils étoient venus & dans le même ordre qu'ils étoient venus, c'est-à-dire en tra-

versant les Fusiliers par les espaces qu'il y a entre chaque peloton de cinq.

52. On frappe un coup sur le *lo ;* tout le monde se tient immobile & se rend attentif.

L'attaque qui vient d'être décrite est appellée en Chinois *Koung-tsien-tchoung-cha-tchen*, c'est-à-dire *combat de ceux qui sont armés de l'arc & de la fleche*. Voyez planche VII.

53. Du haut de la tour des signaux on donne sur la trompette un son plein & uni, immédiatement après on donne un son aigu, on éleve ensuite le pavillon noir, qu'on fait flotter de côté & d'autre pour le montrer à toute l'armée, & on tire un coup de canon ; alors ceux qui ont pour armes le sabre & le bouclier (*scutati*) traversent les Fusiliers de la maniere dont on l'a décrit plus haut, poussent un grand cri, & se rangent à la tête de l'armée.

54. On frappe un coup sur le *lo ;* tout le monde se tient immobile & se rend attentif.

55. On donne sur la trompette un son plein & uni ; à ce signal ceux qui sont chargés des petits étendards s'avancent & se placent immédiatement devant ceux qui portent les grands étendards, & ceux-ci demeurent immobiles dans leurs postes ; tout de suite les soldats s'avancent à leur tour, & se postent devant ceux qui portent les petits étendards : ils se disposent en forme de colonne, en se mettant l'un devant l'autre, comme on le voit sur la planche VIII. Cette manœuvre se fait seulement par ceux qui sont armés du sabre & du bouclier.

56. On frappe un coup sur le *lo ;* tout le monde se tient immobile & se rend attentif.

57. On frappe un coup sur le bord du *lo ;* ceux qui sont armés du sabre & du bouclier levent en même temps leurs sabres & leurs boucliers au-dessus de leurs têtes,

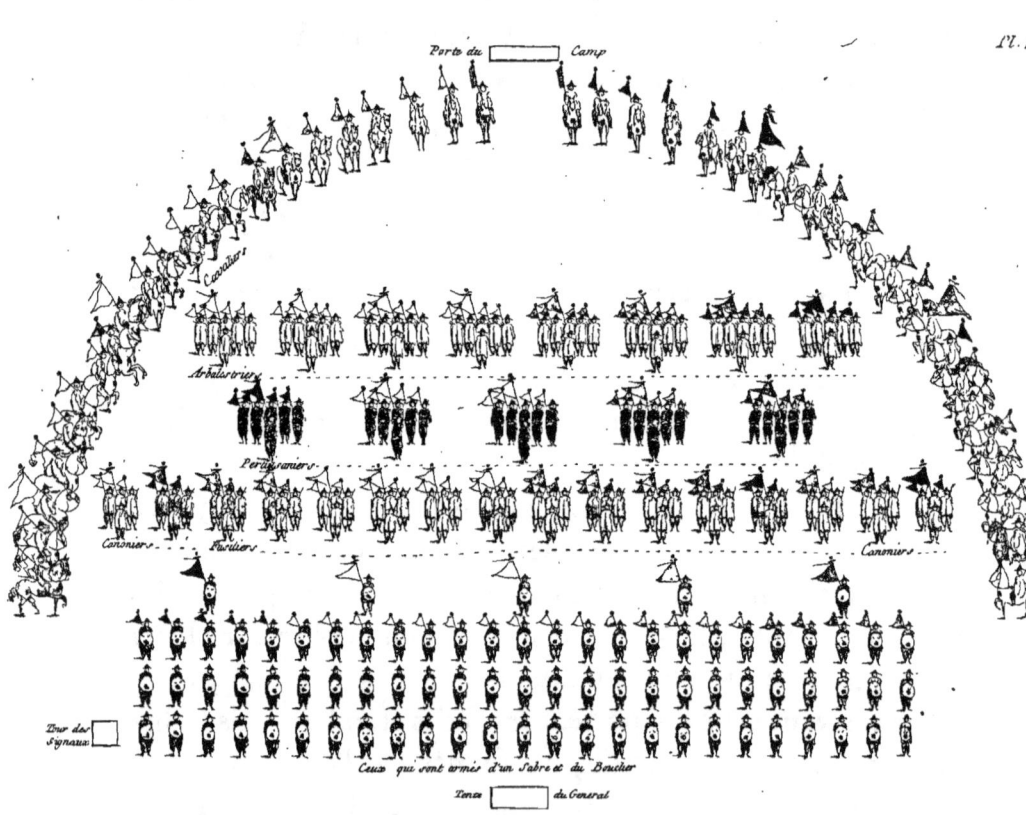

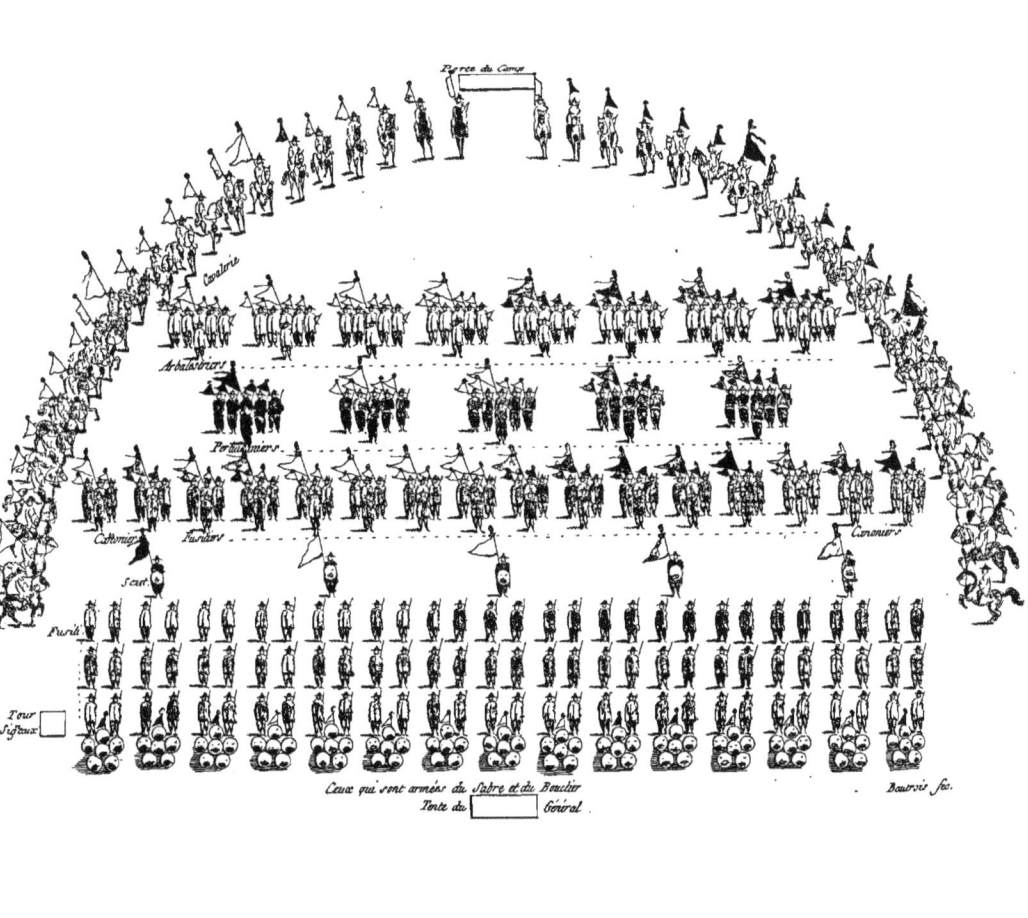

58. On frappe un second coup sur le bord du *lo* ; ceux qui sont armés du sabre & du bouclier font avec précipitation un pas en avant.

59. On frappe un coup plein sur le *lo* ; ceux qui sont armés du sabre & du bouclier se mettent en attitude de combat.

60. Du haut de la tour des signaux on frappe sur le tambour à coups redoublés ; ceux qui sont armés du sabre & du bouclier font leurs évolutions comme s'ils se battoient.

61. On frappe un coup plein sur le tambour ; les combattants s'arrêtent.

62. Du haut de la tour des signaux on frappe sur le tambour à coups redoublés ; pendant ce temps-là ceux qui sont armés du sabre & du bouclier quittent la forme de colonne qu'ils avoient auparavant & prennent celle *de fleurs qui jonchent la terre*. Les Fusiliers se rangent en colonne derriere chaque *fleur* ou chaque peloton de ceux qui sont armés du sabre & du bouclier, ainsi qu'on le voit sur la planche IX.

63. Du haut de la tour des signaux on donne sur la trompette un son plein & uni, immédiatement après on donne un son aigu ; on éleve l'étendard rouge, qu'on fait flotter de côté & d'autre pour le montrer à toute l'armée : on frappe sur le tambour à coups redoublés, on donne sur la trompette des sons continus ; alors les Fusiliers, rangés en colonne derriere ceux qui sont armés du sabre & du bouclier, font leurs décharges.

64. On frappe trois coup sur le *lo* ; alors les Fusiliers cessent de tirer ; ceux qui sont armés du sabre & du bouclier restent immobiles, tels qu'ils sont, c'est à-dire cachés sous leurs boucliers.

65. Du haut de la tour des signaux on donne sur la trompette un son plein & uni, immédiatement après on donne un son aigu, on éleve l'étendard blanc, qu'on fait flotter de

côté & d'autre pour le montrer à toute l'armée , & l'on tire un coup de canon ; alors les Pertuifaniers s'avancent au travers des Fufiliers, pouffent un grand cri, & fe placent immédiatement devant ceux qui font armés du fabre & du bouclier, comme on le voit fur la planche X.

66. On frappe un coup plein fur le *lo ;* à ce fignal tout le monde fe tient immobile & fe rend attentif.

67. On frappe un coup fur le *lo ;* les Fufiliers des deux côtés retournent à leur pofte : les trois rangs de Fufiliers qui font au milieu ne changent point encore de place ; mais après avoir mis un genou à terre, & s'être cachés, par cette évolution, derriere ceux qui font armés du fabre & du bouclier, ils font leurs décharges, après laquelle ils demeurent immobiles.

68. On frappe un coup fur le *lo ;* les Pertuifaniers baiffent leurs armes & fe mettent en difpofition de fe battre.

69. On frappe un fecond coup fur le *lo ;* les Pertuifaniers levent leurs armes.

70. On frappe fur le tambour à coups redoublés ; les Pertuifaniers font agir leurs armes comme s'ils combattoient.

71. On frappe un coup plein fur le *lo ;* les Pertuifaniers ceffent leurs évolutions.

72. Du haut de la tour des fignaux on donne fur la trompette des fons moyens & continus, on frappe fur le tambour à coups redoublés ; pendant ce temps-là ceux qui font armés du fabre & du bouclier changent la forme de *fleurs jonchant la terre*, qu'ils imitoient auparavant, en celle qui imite *la projection de la lune qui fert comme de bouclier aux montagnes* ; *Yen yue-pai-chan tchen*. Voyez la planche XI. Derriere chacune des montagnes font vingt Fufiliers partagés en deux colonnes. Ces deux colonnes font repréfentées dans la même planche XI par les deux Fufiliers qui font peints hors de rang au-deffus des Pertuifaniers (*a,* ceux qui font armés du fabre

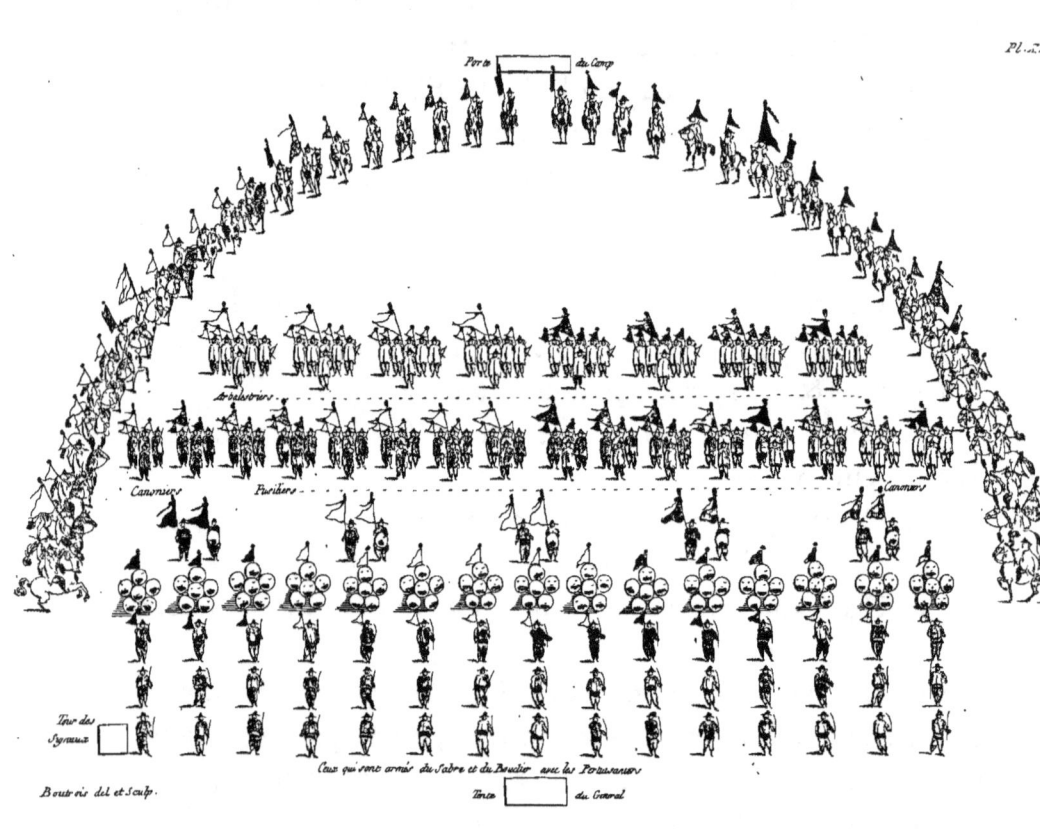

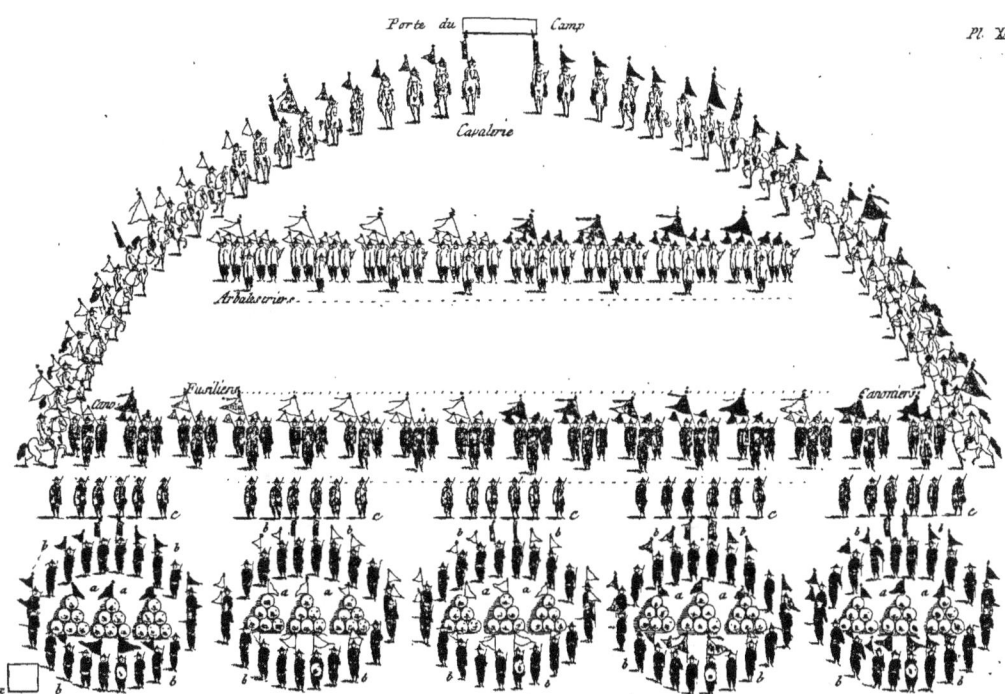

& du bouclier ; *b*, Pertuisaniers ; *c*, Fusiliers, représentant les deux colonnes). Pendant que ceux qui sont armés du sabre & du bouclier s'arrangent, les Pertuisaniers qui étoient devant eux en forme de colonne, comme on l'a vu dans la planche X, retournent à leur rang en se croisant de droite à gauche, & de gauche à droite ; arrivés à leur rang ils se croisent de nouveau, & viennent se placer d'abord en forme de demi-lune pour couvrir ceux qui sont armés du sabre & du bouclier.

73. Du haut de la tour des signaux on donne sur la trompette un son plein & uni, immédiatement après on donne un son aigu & tout de suite on tire un coup de canon ; alors les Fusiliers qui sont placés en forme de colonne derriere ceux qui sont armés du sabre & du bouclier & les Pertuisaniers, font leurs décharges : après la premiere décharge on frappe trois coups sur le *lo*, & on fait une seconde décharge. Pour chaque décharge on frappe trois coups sur le *lo*.

74 Après que les Fusiliers ont fini leurs décharges, les Pertuisaniers qui n'étoient d'abord qu'en demi-lune poussent un grand cri & environnent entiérement ceux qui sont armés du sabre & du bouclier, ainsi qu'on le voit dans la planche XI, dans laquelle *a*, *a*, *a*, sont ceux qui sont armés du sabre & du bouclier, *b*, *b*, *b*, *b*, sont les Pertuisaniers & *c*, *c*, sont les Fusiliers rangés en colonnes.

75. On frappe un coup sur le *lo*, tout le monde se tient immobile & se rend attentif.

76. Du haut de la tour des signaux on donne sur la trompette quelques sons pleins & unis, immédiatement après on frappe sur le bord du *lo* à coups redoublés ; pendant ce temps-là les Fusiliers retournent à leurs postes, & les Pertuisaniers changeant de forme, se rangent alternativement avec ceux qui sont armés du sabre & du bouclier, & forment la colonne comme on le voit sur la planche XII.

77. Après que ces colonnes font formées, du haut de la tour des signaux on donne sur la trompette un son aigu, on fait flotter les étendards des cinq couleurs, c'est-à-dire tous les étendards; on les agite de côté & d'autre pour les montrer à toute l'armée; on tire un coup de canon: à ce signal ceux qui sont armés du sabre & du bouclier se rangent alternativement avec les Pertuisaniers, en forme de tourbillon, entre deux colonnes, comme on le voit sur la même planche XII, figure, b.

78. On tire un second coup de canon; alors les tigres & les dragons font leurs évolutions; cet arrangement est appellé en Chinois *Loung-hou-fou-ti-tchen*, comme qui diroit *les dragons & les tigres combattant pour la proie*.

79. Du haut de la tour des signaux on frappe un coup sur le *lo*, alors toutes les évolutions cessent; immédiatement après on sonne de la trompette en signe de retraite: pendant ce temps-là les dragons & les tigres, c'est-à-dire les Pertuisaniers & ceux qui sont armés du sabre & du bouclier, retournent à leur poste ordinaire, qui est immédiatement après les Fusiliers.

80. Du haut de la tour des signaux on donne sur la trompette plusieurs sons pleins & unis, immédiatement après on fait flotter les étendards des cinq couleurs, on les éleve fort haut des deux côtés pour les montrer à toute l'armée. A la vue de ces étendards les Cavaliers qui sont aux deux extrémités, s'avancent vers la tente du Général, ils s'arrêtent dès qu'ils en sont assez près & attendent les signaux.

81. Du haut de la tour des signaux on donne sur la trompette un son aigu, on fait de nouveau quelques évolutions avec les étendards des cinq couleurs, on tire un coup de canon, on donne sur la trompette des sons redoublés, on frappe sur le tambour à coups redoublés (tous ces signaux se font l'un après l'autre); alors les Cavaliers poussent tous ensemble un grand cri, & défilent vers la tente du Général, devant la-

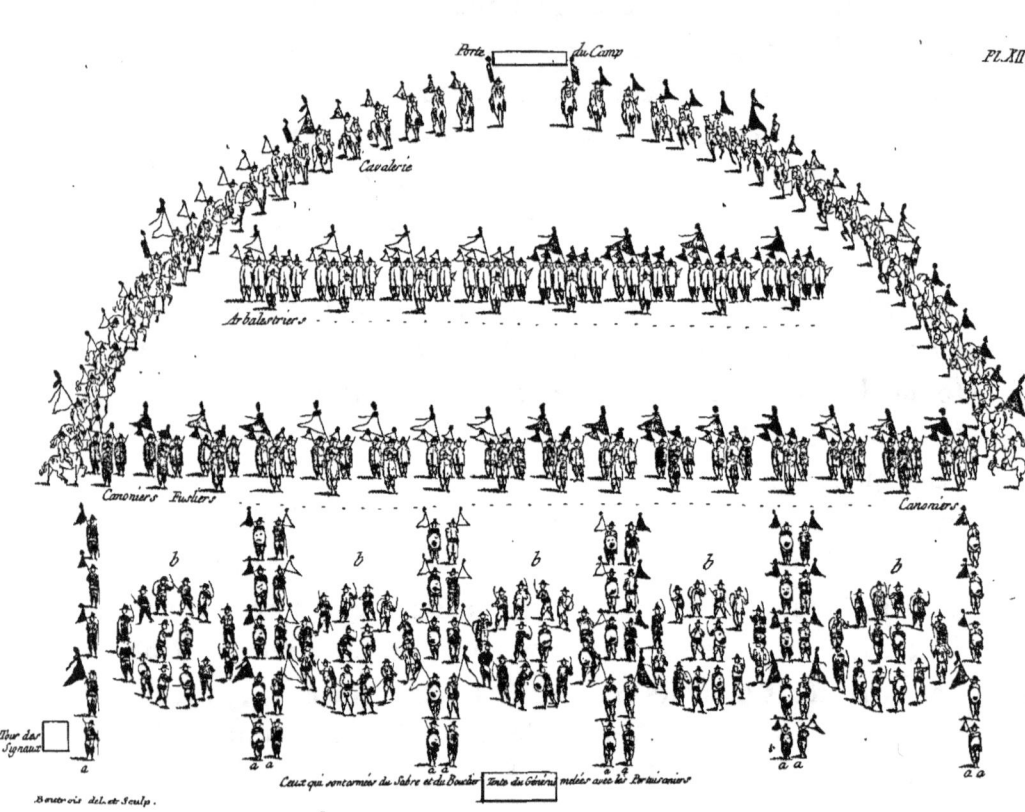

quelle ils se croisent de la maniere que je le dirai plus bas ; les autres corps de troupes répondent par un autre cri, & prennent la forme des fleurs de Mei-hoa (c'est le nom qu'on donne aux fleurs des abricotiers sauvages, ce même nom sert aussi pour désigner d'autre fleurs). *Voyez* la planche XIII. Pour prendre cette forme les troupes défilent dans l'ordre suivant.

I. Le premier & le second rang de la gauche s'avancent en même temps que le premier & le second rang de la droite, & se croisent en passant devant la tente du Général. II. Le troisieme rang de la gauche & le troisieme rang de la droite s'avancent ensuite & font de même que ceux qui les ont précédés. Les rangs premier & second de la gauche viennent former le côté à droite de la tente, laissant entre les deux rangs un espace vuide, tel qu'il le faudroit pour contenir un autre rang, ou pour donner passage à un rang entier. Du reste, j'appelle un *rang* le nombre de Cavaliers qui sont sous un des grands étendards. Les rangs premier & second de la droite forment en même temps, & de la même maniere, le côté à gauche de la tente ; le troisieme rang de la gauche forme le côté à droite de la porte, & le troisieme rang de la droite celui à gauche de la porte : les uns & les autres ont la face tournée en-dedans. *Voyez* la même planche XIII.

82. On frappe un coup sur le *lo* ; tout mouvement cesse & chacun se rend attentif.

83. Du haut de la tour des signaux on donne sur la trompette un son plein & uni ; à ce signal les Fusiliers se séparent par rangs de cinq, de telle sorte qu'il y ait entre chaque rang un vuide tel que l'espace que peut occuper commodément un homme armé.

84. On donne sur la trompette un son plein & uni ; alors les Fusiliers appuient la crosse de leurs fusils contre terre, les chargent & préparent les meches.

85. On donne sur la trompette un son aigu, on fait voltiger l'étendard rouge, on tire un coup de canon; alors les Canonniers & les Fusiliers font leurs décharges.

86. Du haut de la tour des signaux on frappe trois coups sur le *lo;* au troisieme coup l'artillerie cesse de tirer.

87. Du haut de la tour des signaux on donne sur la trompette quelques sons pleins & unis, on fait voltiger les étendards des cinq couleurs pour les montrer à toute l'armée ; alors les Cavaliers qui sont aux quatre côtés, comme on l'a vu dans la planche XIII, défilent par rang à la suite l'un de l'autre vers la tente du Général ; les trois rangs qui sont à droite par la droite, & les trois rangs qui sont à gauche par la gauche : quand ils sont réunis assez près de la tente du Général, ils s'arrêtent pour attendre le signal.

88. Du haut de la tour des signaux on donne sur la trompette un son aigu, on fait voltiger les étendards des cinq couleurs pour les montrer à toute l'armee, on tire cinq coups de canon ; après tous ces signaux, toute la Cavalerie pousse un grand cri, & commence sa marche en bon ordre. Les rangs qui sont à la gauche s'avancent vers la droite, & ceux qui sont à la droite s'avancent vers la gauche, en se croisant : quand ils sont vis-à-vis de la tente du Général, chaque corps de troupes se met en marche, chacun suivant son rang ; tout le monde se range comme on le voit sur la planche XIV. Ceux qui portent les tentes & tout ce qui sert à les dresser, comme clous, pieux, cordes, &c. suivent immédiatement les corps auxquels ils sont affectés. J'expliquerai plus bas comment tout cela se pratique dans les armées chinoises.

89. Quand tout le monde a pris son rang & que tout est dans l'ordre, on donne sur la trompette un son aigu, on fait voltiger l'étendard rouge pour le montrer à toute l'armée, on tire un coup de canon ; à ce dernier signal, les Fusiliers qui sont aux

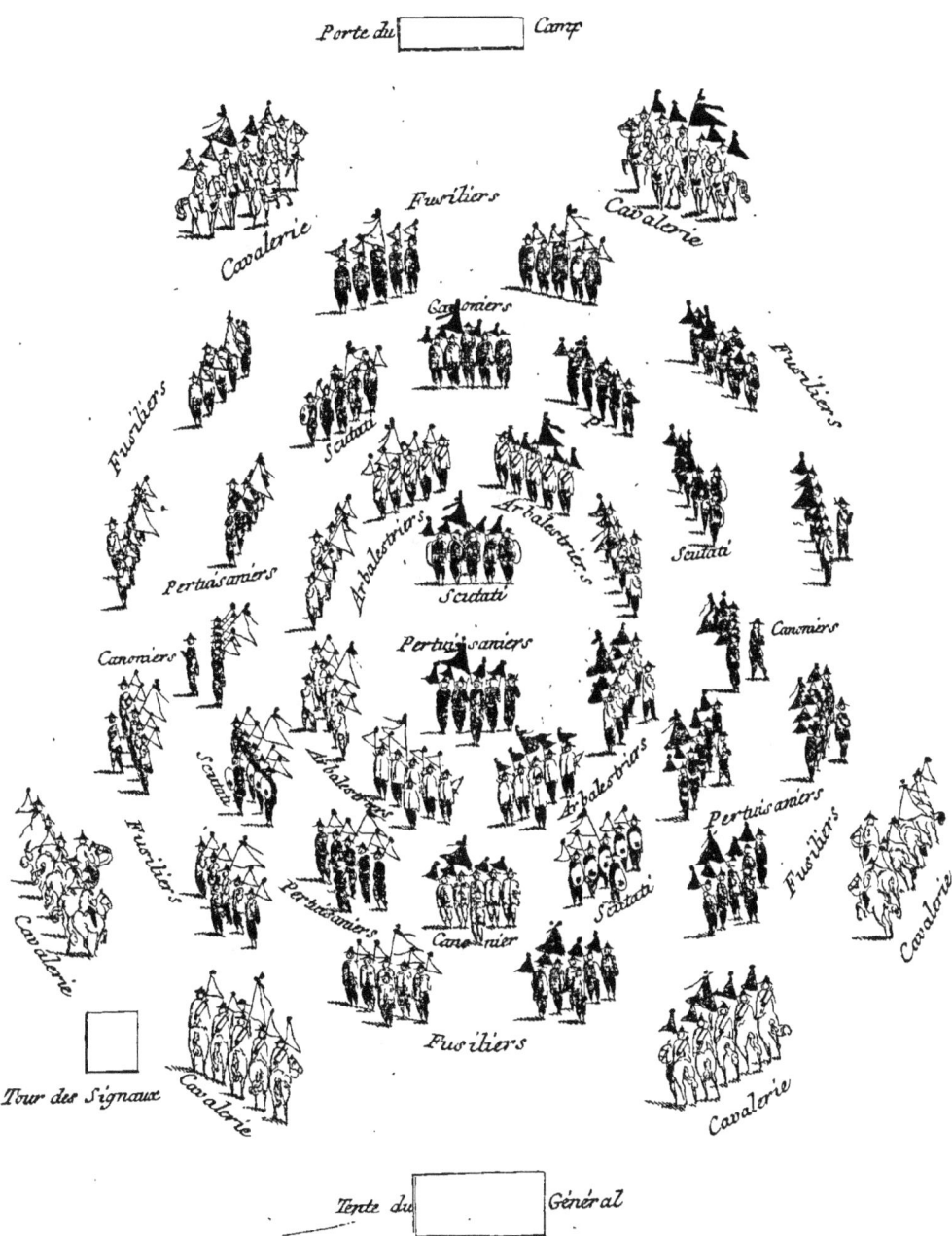

quatre faces du quarré, tel qu'on le voit dans la planche XIV, font leurs décharges: pendant ce temps-là on dresse toutes les tentes, & la Cavalerie s'avance par les quatre côtés.

90. Du haut de la tour des signaux on frappe un coup sur le *lo*; tout le monde s'arrête; alors toutes les trompettes du camp se font entendre; on tire trois coups de canon, après lesquels la musique commence.

Pendant la musique qui se fait dans le centre du camp, les Cavaliers qui s'étoient avancés par les quatre côtés, comme je l'ai dit plus haut, n°. 89, défilent de la maniere suivante : le premier rang de la droite & le premier rang de la gauche viennent faire face à la porte du nord; les second & troisieme rangs de la gauche s'avancent vers l'orient; les second & troisieme rangs de la droite s'avancent vers l'occident, & tous ensemble forment un rang, en représentation du Ciel. C'est cette espece de campement que les Chinois appellent *Tien-yuen-ti-kio-tchen*, c'est-à dire, *position des troupes représentant la rondeur du Ciel & les coins de la terre*.

91. Dans l'enceinte du camp on frappe un coup sur le *lo*; à ce signal la musique cesse.

92. Du haut de la tour des signaux on donne sur la trompette plusieurs sons pleins & unis, immédiatement après on frappe sur le tambour à coups redoublés; pendant ce temps-là les troupes que les Chinois appellent *Yeou-ping*, & qui ne sont point désignées sur les planches, mais qu'on peut appeller, ce me semble, les vagabonds ou les enfants perdus, sortent à petit bruit, & s'avancent des deux côtés vers la tente du Général, pour tâcher apparemment de surprendre quelqu'un, ou de donner l'alarme.

93. Du haut de la tour des signaux on donne un coup sur le *lo*; les enfants perdus, ou les vagabonds, ou mieux encore les *harceleurs*, si je puis me servir de ce terme, poussent

un grand cri, & viennent avec rapidité pour attaquer le camp.

94. Dans l'enceinte du camp on frappe un coup sur le *lo*, immédiatement après on tire un coup de canon; à ce signal les Fusiliers qui sont placés au nord, c'est-à-dire du côté où est la tente du Général, font leurs décharges.

95. Dans l'enceinte du camp on donne sur la trompette quelques sons pleins & unis, tout de suite on frappe sur le tambour à coups redoublés; alors les Cavaliers qui forment le premier rang de la droite, & ceux qui forment le premier rang de la gauche, poussent un grand cri & s'avancent précipitamment, mais en bon ordre, pour tâcher de combattre les *harceleurs*, ou de les envelopper: ceux-ci prennent la fuite; & les Cavaliers, après les avoir poursuivis pendant quelque temps autour du camp, reviennent, ceux de la droite par la gauche, & ceux de la gauche par la droite: à peine ont-ils repris leur premier poste, que les *harceleurs* reviennent; ils donnent l'alarme aux deux côtés du camp tout à la fois, ils font semblant de vouloir attaquer, & poussent un grand cri.

96. Dans l'enceinte du camp on tire un coup de canon; à ce signal les Fusiliers qui sont aux deux faces, celle de l'orient & celle de l'occident, font leurs décharges: tout de suite les Cavaliers qui sont aux deux côtés se mettent en marche. Les deux rangs qui sont à gauche s'avancent par la porte orientale du camp, & les deux rangs qui sont à droite sortent par la porte occidentale: le premier des deux rangs qui sont sortis par la porte orientale s'avance du côté du nord, & lorsqu'il est arrivé au point du nord-est, tous ceux qui le composent tournent la face en dehors & se rangent en ordre de bataille. Le second des deux rangs qui sont sortis par la porte orientale s'avance du côté du midi, & lorsqu'il est arrivé au point du sud-est, tous les Cavaliers qui le composent tournent la face en dehors & se ran-

gent en ordre de bataille. Le premier des deux rangs qui sont sortis par la porte occidentale du camp, s'avance du côté du nord, & dès qu'il est arrivé au point du nord-ouest, tous ceux qui le composent tournent la face en dehors, & se rangent en ordre de bataille. Le second rang s'avance du côté du midi, & dès qu'il est arrivé au point du sud-ouest, tous les Cavaliers qui le composent tournent la face en dehors, & se rangent en ordre de bataille. Les *harceleurs* se présentent à la porte australe du camp, poussent un grand cri, & se croisent devant la porte du camp, comme s'ils vouloient la forcer.

97. Dans l'enceinte du camp on tire un coup de canon; à ce signal les Fusiliers qui sont à la face du camp qui regarde le midi, s'avancent pour faire leurs décharges, & les *harceleurs* se retirent.

98. Du haut de la tour des signaux on donne sur la trompette trois sons moyens; les Fusiliers qui étoient sortis du camp pour faire leurs décharges à mesure que les *harceleurs* s'étoient présentés, rentrent dans l'enceinte du camp par les quatre portes, & prennent les mêmes postes & le même arrangement qu'ils avoient ci-devant.

99. On frappe un coup sur le bord du *lo*; tous les Cavaliers, tant du dehors que du dedans, mettent pied à terre.

100. On frappe un second coup sur le *lo*; chaque corps de troupes se retire dans sa propre tente, les Cavaliers s'asseyent par terre à côté de leurs chevaux, & la musique commence. Pendant la musique tout le monde doit être assis, & garder un profond silence.

101. Après que la musique est finie, on frappe un coup sur le *lo*; les Cavaliers se relevent promptement, & se tiennent debout.

102. On frappe un coup sur le bord du *lo*; les Cavaliers

prennent la bride & se mettent en attitude de monter à cheval.

103. On frappe un coup sur le *lo* ; les Cavaliers montent à cheval, & tous les autres corps de troupes sortent de leurs tentes.

104. On frappe sur le bord du *lo* à coups redoublés ; pendant ce temps-là toutes les troupes se mettent en marche ; elles sortent en bon ordre par les quatre portes du camp, & elles y rentrent pour se ranger comme on le voit sur la planche XIV.

105. On frappe un coup sur le *lo* ; à ce signal tout le monde se tient immobile & se rend attentif.

106. Dans l'enceinte du camp on donne sur la trompette plusieurs sons pleins & unis ; pendant ce temps-là les Cavaliers qui étoient hors de l'enceinte du camp, y rentrent en bon ordre, chaque rang par la porte qui lui est affectée, c'est-à-dire le premier rang de la gauche & le premier rang de la droite, par la porte du nord ; le second rang, celui qui se trouve à la gauche, entre par la porte orientale ; celui qui est à la droite, par la porte occidentale : les autres Cavaliers suivent le même ordre & se rendent à leurs postes.

107. Du haut de la tour des signaux on donne sur la trompette trois sons pleins & unis, immédiatement après on donne un son aigu ; tout de suite on fait flotter de côté & d'autre les étendards des cinq couleurs, pour les montrer à toute l'armée, on tire un coup de canon ; à ce signal on plie toutes les tentes & le bagage avec célérité, mais sans confusion ; & quand tout est fini, on attend en silence de nouveaux signaux.

108. Du haut de la tour des signaux on donne sur la trompette trois sons pleins & unis ; les troupes se disposent alors suivant le rang qu'elles doivent occuper.

109. On frappe trois coups sur le *lo* ; à ce signal cha-

Planche XV.

Porte du Camp

Tente du Général

Tour des Signaux

Boudrois Fecit

que corps de troupes se range de façon que tous ensemble forment les neuf *koung* & les huit *koua*, c'est-à-dire *les neuf appartements & les huit figures mystérieuses de Fou-hi*. Voyez la planche XV.

110. On frappe un coup sur le *lo*; à ce signal tout le monde se tient immobile & se rend attentif.

111. Du haut de la tour des signaux on donne sur la trompette deux sons pleins & unis; immédiatement après on donne un son aigu, ensuite on tire trois coups de canon, après lesquels la musique commence; on chante le cantique, & l'on se dispose au départ.

112. Le départ des troupes se fait de la maniere suivante : tous les corps se réunissent & se placent dans l'ordre qu'ils doivent observer pendant la marche : les Cavaliers sont à la tête & défilent les premiers; les autres corps suivent dans l'ordre qu'on voit sur la planche XVI.

La Cavalerie ainsi que les autres troupes se partagent à droite & à gauche, & forment deux lignes droites dès qu'elles sont arrivées près de la tente du Général. *Voyez* cet arrangement sur la planche II. Mais avant que chaque corps ait pris son rang,

113 On frappe trois coups sur le *lo*; à ce signal la musique cesse : l'Officier conducteur, ainsi que l'appellent les Chinois, c'est-à-dire l'Officier qui est chargé du drapeau du Général, s'avance seul jusqu'à la tente du Général : arrivé à la porte, il dit; *tout est fini*.

Après que les tentes & tout le bagage sont pliés, & pendant que les troupes se rangent comme on le voit sur la planche IV, ceux qui sont pour le service des tentes se placent derriere l'endroit qui est inscrit *porte du camp*; là ils attendent en silence que chaque corps ait pris son rang.

On frappe plusieurs coups sur le bord du *lo*; à ce signal tout mouvement cesse de la part des soldats : ceux qui ont soin des tentes les chargent sur leurs épaules, & de cinq en cinq tentes ils se tiennent derriere la porte du camp, se partagent en deux lignes, dont l'une est à la droite & l'autre à la gauche de la porte du camp, se placent immédiatement après la Cavalerie, & attendent que les Fusiliers aient fait leurs dernieres décharges. Après la décharge des Fusiliers, la Cavalerie se range comme on le voit dans la planche V ; alors ceux qui sont chargés des tentes se mettent à la queue du corps de troupe auquel ils appartiennent ; les tentes des Fusiliers derriere les Fusiliers, les tentes des Pertuisaniers à la queue des Pertuisaniers, &c. On doit porter les tentes de façon qu'on ne puisse les appercevoir de l'endroit où est le Général.

Depuis l'exercice de la Ve planche jusqu'à celui de la XIIIe, ceux qui sont chargés des tentes n'ont rien à faire ; ils se contentent de les garder dans le lieu qui leur est assigné. Ils doivent toujours être en silence, & ne point quitter leurs postes. Quand on fait l'exercice indiqué sur la planche XIII, ils se placent à la queue du corps de troupes auquel ils appartiennent, & attendent que les signaux soient donnés pour se mettre en devoir de dresser les tentes. Après les signaux ils ne suivent plus les troupes, mais ils s'arrêtent & mettent bas leur bagage, chacun dans le lieu qui lui est assigné, & qu'on peut remarquer sur la planche XIV ; alors ils déploient les tentes, plantent les clous & les pieux, tendent les cordes, & font tout le reste jusqu'à ce qu'ils aient entendu le signal : alors toutes les tentes sont dressées en même temps & sans confusion.

Quand on veut plier bagage & décamper, on attend qu'on en ait donné le signal du haut de la tour ; dès qu'il s'est fait entendre, on baisse en même temps toutes les tentes, on détend les cordes, on arrache les clous & les pieux, on plie tout soigneusement, on le charge sur ses épaules, on se

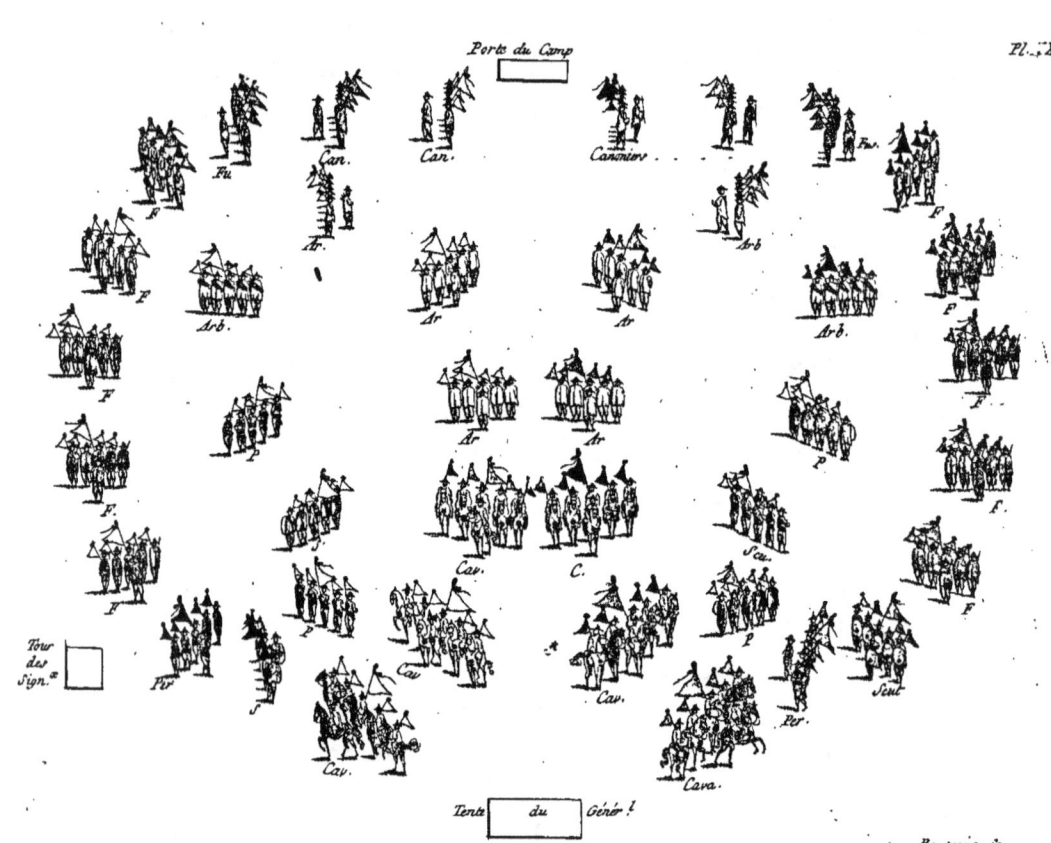

place immédiatement à la queue du corps de troupes auquel on appartient, & on défile en même temps dans l'ordre qui se voit sur la planche XVI.

Les troupes, partagées en deux rangs, entrent par l'endroit qui eſt inſcrit *porte du camp*; à meſure que les différents corps arrivent, ceux qui portent leurs tentes, n'entrent point avec eux, mais ſe retirent en bon ordre; les troupes continuent leur marche, viennent paſſer devant la tente du Général & ſe retirent.

Le nombre des tentes eſt fixé à cent cinquante pour le nombre de ſoldats qui font l'exercice; ſavoir, ſoixante pour les Fuſiliers, vingt-cinq pour les Pertuiſaniers, vingt-cinq pour ceux qui ſont armés du ſabre & du bouclier, & quarante pour les Arbalêtriers, ce qui fait une tente pour cinq hommes.

Chaque compagnie ou *rang*, comme je l'ai appellé, eſt compoſée de vingt-cinq hommes rangés ſous un grand étendard; il y en a cinq moindres, ſous chacun deſquels ſont cinq hommes.

Les tentes ſont tellement diſpoſées qu'il y en a cent vingt qui forment les quatre faces ou côtés du quarré, & quinze à chacune des demi-lunes qui ſont aux deux côtés eſt & oueſt. *Voyez* la planche XV. Il y a outre cela deux hommes pour l'entretien & le ſervice de chaque tente.

Des Armes, des Habillements & des Instruments qui sont à l'usage des Gens de guerre.

PLANCHE XVII.

Nº. I.

La figure 1 de ce numero repréfente un cafque avec tous fes ornements: ce cafque eft à l'ufage des Cavaliers.

La figure 2 eft la partie du cafque marquée *a*, c'eft une efpece de collier: *b* font deux plaques de cuivre pour garantir les oreilles.

La figure 3 eft une efpece de panache dont le cafque eft furmonté. Ce qui eft marqué *c* eft peint en rouge & eft un flocon de poil de vache.

La figure 4 repréfente le corps du cafque *d*, il eft de fer ouvragé, du poids de dix-huit onces.

Nº. II.

La premiere & principale figure de ce numero repréfente l'habit extérieur ou la cuiraffe des Cavaliers. Les autres figures repréfentent les différentes parties de cette cuiraffe, qu'on voit par devant dans la premiere figure.

La figure 2 repréfente le corps de la cuiraffe vu par derriere.

La figure 3 repéfente les deux pieces marquées *a a*, qui couvrent le deffus de l'épaule & le haut du bras jufqu'au coude.

La figure 4 repréfente les manches depuis le coude jufqu'au poignet marqué *b b*.

La

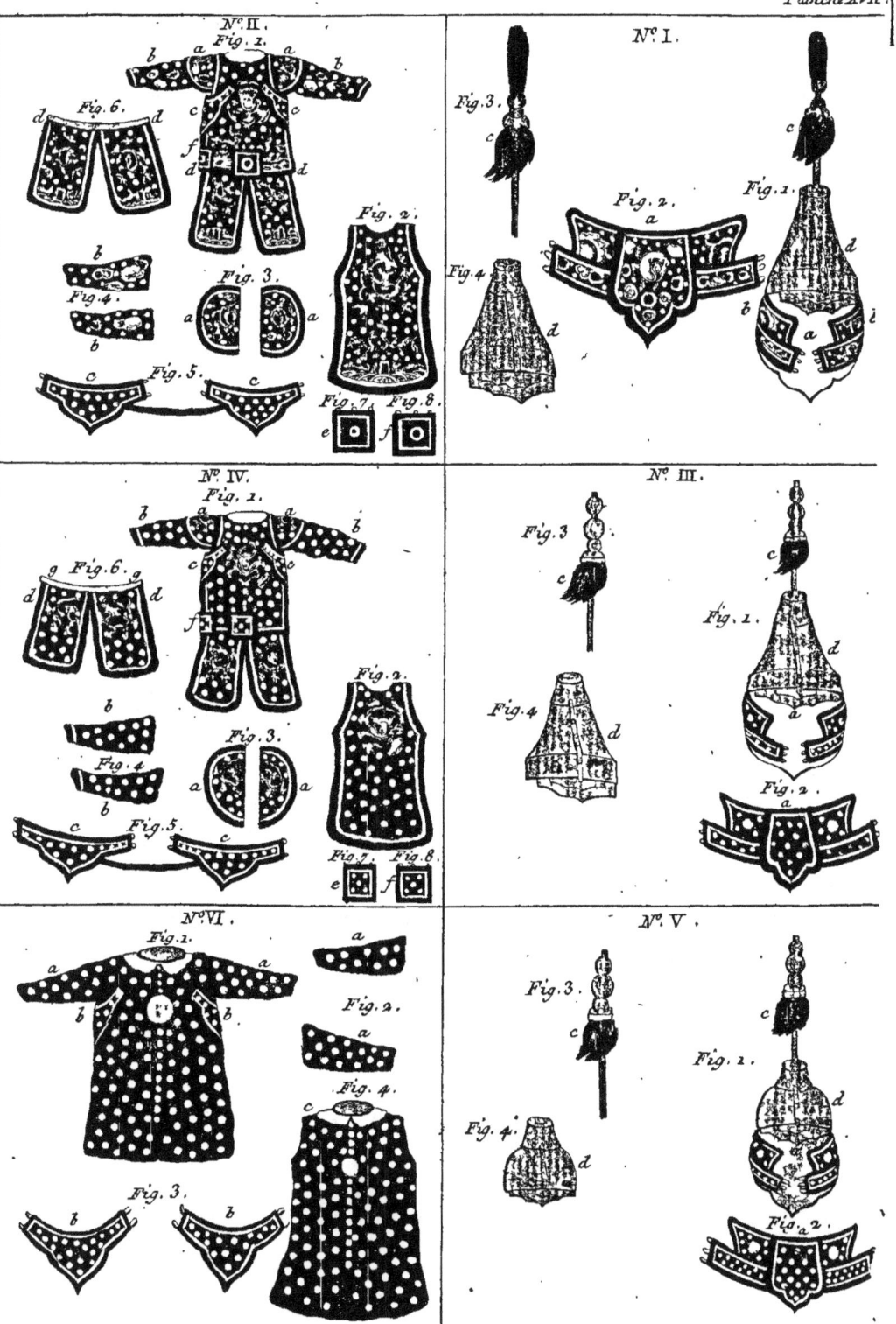

La figure 5 repréfente les deux pieces qui font fous les aiffelles & qui font marquées *c c*.

La figure 6 repréfente une efpece de tablier que les Cavaliers portent pour couvrir leurs cuiffes & leurs jambes, & qui defcend depuis la ceinture *d*.

La figure 7 repréfente la piece *e e*, qui eft au milieu du tablier.

La figure 8 repréfente la piece *f*, qui eft au coin du tablier.

Cet habillement, tel qu'on le voit au numero II, eft à l'ufage des feuls Cavaliers; il eft orné de dragons, nuages, montagnes, eaux & fleurs: le dehors eft de toile violette, ou d'un rouge tirant fur le noir; & le dedans, ou la doublure, eft de toile blanche: les bords font de toile noire. A la partie fupérieure du tablier, *figure 6*, *d d*, il y a de la toile bleue. Pour la cuiraffe ou l'habillement extérieur du Cavalier il faut vingt fix pieds cinq pouces de toile violette, vingt-huit pieds de toile blanche, y compris la doublure du tablier, quatre pieds cinq pouces de toile noire & un pied fix pouces de toile bleue. Il y a entre les deux toiles, c'eft-à-dire entre la doublure & l'extérieur de l'habillement, cent quarante-fix pieces, tant groffes que petites, de tôle, & mille cinq cents clous de vre pour attacher ces pieces.

Le prix, tant du cafque que de la cuiraffe, revient à trois *tael*, trois *tfien*, fept *fen*, deux *li*, trois *hao*. (25 *liv.* 5 *f.* quelques den.)

Si les troupes fe trouvoient dans des lieux où les matériaux fuffent plus chers, on feroit faire ailleurs les cafques & les cuiraffes, à moins d'une extrême néceffité.

N°. III.

La figure 1 repréfente le cafque à l'ufage des Arbalêtriers, & toutes les parties qui le compofent.

La figure 2, marquée *a*, est la partie inférieure du casque qui couvre le bas de la tête & tout le cou jusqu'aux épaules. Les deux pieces, marquées *b b*, sont des plaques de cuivre pour garantir l'une & l'autre oreille.

La figure 3 est la représentation de l'espece de panache dont le casque est surmonté: ce qui est marqué *c*, est un flocon de poils de vache.

La figure 4, marquée *d*, représente le corps du casque: il est de fer battu ou de tôle, du poids de deux livres deux onces.

Nº. IV.

La figure 1 représente la cuirasse ou l'habillement extérieur des Arbalêtriers, & les différentes parties qui le composent, vu par devant.

La figure 2 représente le corps de l'habit vu par derriere.

La figure 3 représente les deux pieces *a a* qui couvrent le dessus de chaque épaule & des bras jusqu'au coude.

La figure 4, marquée *b b*, représente les manches depuis le coude jusqu'au poignet.

La figure 5, marquée *cc*, représente les deux pieces qui sont sous les aisselles.

La figure 6, marquée *d*, représente le tablier qui descend depuis la ceinture jusqu'aux pieds.

La figure 7, marquée *e*, représente la piece qui sert à joindre ensemble & à affermir les deux parties du tablier: cette piece n'est attachée que par la partie supérieure.

La figure 8, marquée *f*, représente la petite piece qui est au coin du tablier.

La cuirasse des Arbalêtriers est ornée de sept dragons en broderie d'or. La toile extérieure est de couleur violette, ou, suivant l'expression chinoise, d'un rouge tirant sur le noir; il en faut vingt-trois pieds huit pouces : la doublure est de toile blanche, il en faut vingt pieds & huit pieds pour la doublure du tablier. Il entre de plus huit pieds de toile bleue pour la partie supérieure du tablier, marquée *g*, & quatre pieds cinq pouces de toile noire pour la bande qui sert de bordure à tout l'habillement, & qui tranche sur la couleur du fond entre le blanc & le bleu, comme on le voit dans la même figure. Le total de la cuirasse consiste en soixante pieces de fer battu ou de tôle, quatre cents gros clous & six cents petits, les uns & les autres de cuivre battu. La dépense, tant pour le casque que pour la cuirasse, est de deux *tael* sept *tsien* trois *fen*. (20 *liv.* 9 *f.* 6 *den.*)

N°. V.

La figure 1 représente le casque & toutes les parties qui le composent. Ce casque est à l'usage des Fusiliers.

La figure 2 représente la partie *a* du casque ; c'est ce qui couvre le bas de la tête & le cou. Les deux pieces *bb* sont des plaques de cuivre, pour garantir les oreilles.

La figure 3 représente l'espece de panache dont le casque est surmonté. Ce qui est marqué *c* est un flocon de poil.

La figure 4 représente le corps du casque dépouillé de tout.

Le poids total du casque est d'une livre quinze onces, ou de trente-une onces.

N°. VI.

La figure 1 représente l'habit cuirassé, ou la cuirasse des Fusiliers.

La figure 2, marquée *aa*, représente les manches.

La figure 3, marquée *bb*, repréfente les deux pieces qui font fous les aiffelles.

La figure 4, marquée *c*, repréfente le corps de l'habit ou de la cuiraffe.

L'habillement des Fufiliers eft de toile fourrée de coton & couverte de clous de cuivre battu ; c'eft ce qui forme la cuiraffe.

Le dehors eft de toile noire, & la doublure de toile bleue.

Il faut vingt-un pieds cinq pouces de toile noire, & quatorze pieds cinq pouces de toile bleue ; deux livres de coton fuffifent pour la fourrure. Le nombre des clous de cuivre battu eft fixé à cinq cents foixante & dix, & pour chaque clou il y a un morceau de cuir derriere la doublure, fur lequel on rive la pointe du clou. Il faut de plus douze pouces de toile noire, & onze pouces de toile bleue, tant pour le dehors que pour la doublure du collier.

Le prix total, tant de la cuiraffe que du cafque, eft d'un *tael* trois *tfien*. (9 *liv.* 15 *f.*)

PLANCHE. XVIII.
N°. VII.

LA figure 1 repréfente le bonnet d'ordonnance à l'ufage des Cavaliers & des Arbalêtriers. Le flocon *a* eft de fils de foie teints en rouge, du poids d'une once : le prix eft d'un *tfien* huit *fen*. La partie marquée *b*, ou autrement le bord, eft de fatin noir doublé de toile noire : le prix eft d'un *tfien* fix *fen* : le prix du nœud *c*, eft de cinq *li* celui de l'attache *d* eft de fept *li*. Total de ce que coute le bonnet, trois *tfien* cinq *fen* cinq *li*. (2 *liv.* 13 *f.*)

La figure 2 repréfente le bonnet d'ordonnance à l'ufage des Fufiliers.

La figure 3 repréfente le bonnet d'ordonnance à l'ufage de

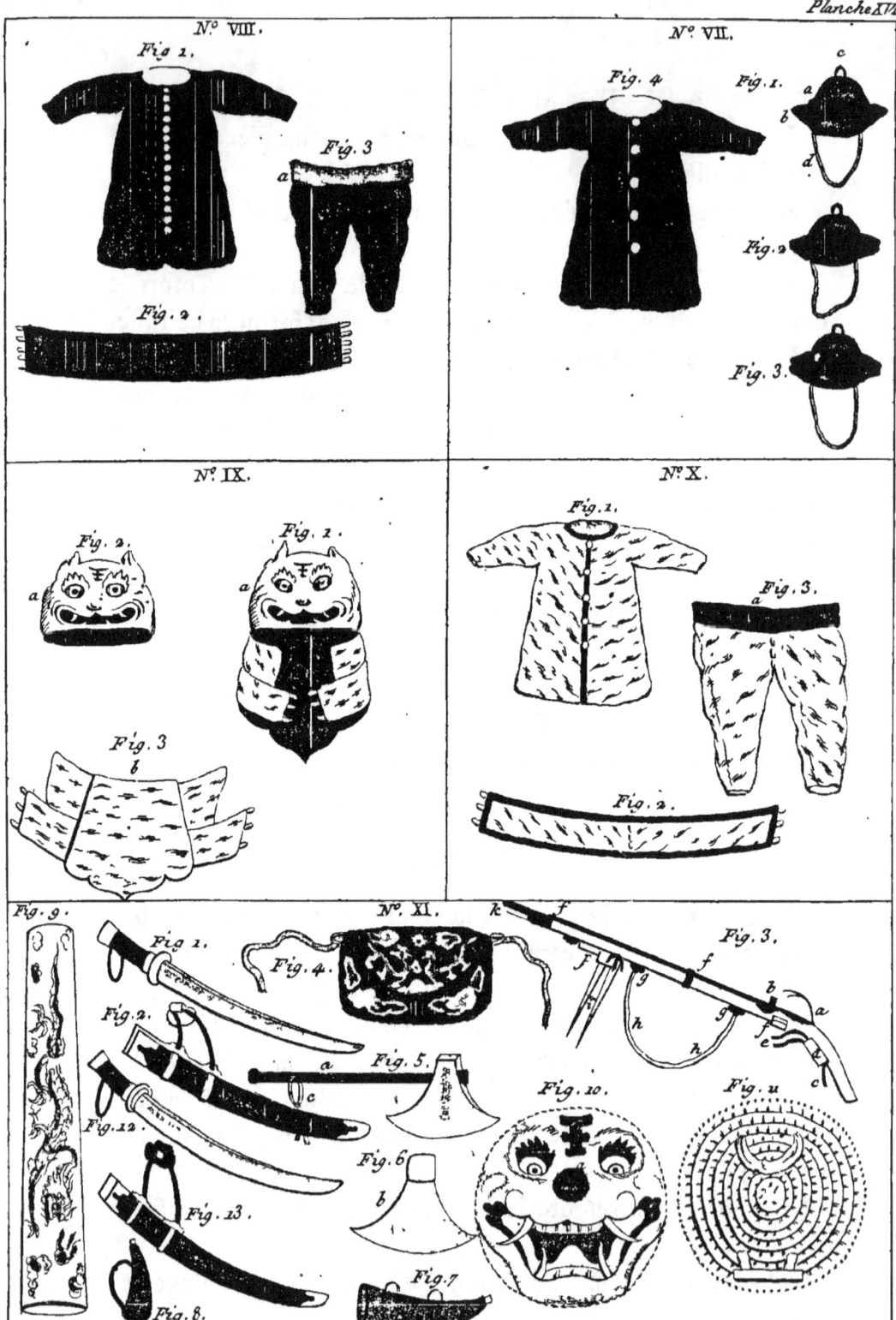

Planche XVI.

Boutrois del. et Sculp.

ceux qui font armés du fabre & du bouclier. L'un & l'autre font de fatin noir doublé de toile noire. Le prix, tant du fatin que de la toile, eft d'un *tfien* trois *fen*. Le flocon de foie rouge eft du poids d'une once, dont le prix eft d'un *tfien* cinq *fen* fept *li*. Le prix de l'attache eft de fept *li*, & celui du nœud eft de cinq *li* : le total du prix de chaque bonnet eft de deux *tfien* neuf *fen* neuf *li*. (9 *liv*. 4 *f*. 9 *den*.)

La figure 4 repréfente la cafaque d'ordonnance à l'ufage des Cavaliers, Arbalêtriers & Fufiliers.

Cette cafaque eft de toile noire doublée de toile blanche; les boutons font d'os & les boutonnieres font faites avec des fils de foie. Il faut quinze pieds de toile noire, & onze pieds feulement de toile blanche. Le pied de toile noire coûte un *fen* fept *li* ce qui revient à deux *tfien* cinq *fen* cinq *li* pour les quinze pieds. Le pied de toile blanche coûte un *fen* cinq *li*, ce qui revient à un *tfien* fix *fen* cinq *li* pour les onze pieds. Pour les boutons & la foie des boutonnieres il en coûte un *fen*, & pour la façon trois *fen* cinq *li*. Ainfi le prix de la cafaque eft de quatre *tfien* fix *fen* cinq *li*. (3 *liv*. 9 *f*. 6 *den*.)

N°. VIII.

La figure 1 repréfente la cafaque à l'ufage de ceux qui font armés du fabre & du bouclier.

La figure 2 eft la repréfentation du ceinturon à l'ufage des mêmes.

Cette cafaque eft de toile noire doublée de toile blanche. On emploie dix-fept pieds de toile noire & onze pieds feulement de toile blanche : la toile noire coûte un *fen* fept *li* le pied, ce qui revient à deux *tfien* huit *fen* neuf *li* pour les dix-fept pieds : la toile blanche coûte un *fen* cinq *li* le pied, ce qui revient à un *tfien* fix *fen* cinq *li* pour les onze pieds.

Le ceinturon eft de toile rouge doublée de toile blanche

il est bordé d'une bande de toile noire, & fourré de coton ; il faut quinze pouces de toile rouge, dix pouces de toile blanche & sept pouces de toile noire ; le prix de ces trois especes de toile, est de cinq *fen* ; le prix du coton, est de quatre *li* cinq *hao* : pour les boutons, boutonnieres & fils de soie, il en coûte un *fen* cinq *li* ; & pour la façon, tant de la casaque que du ceinturon, cinq *fen*. Ainsi le prix total de la casaque d'ordonnance de ceux qui sont armés du sabre & du bouclier, est de cinq *tsien* sept *fen* trois *li* cinq *hao*. (4 *liv.* 5 *f.* 9 *den.*)

La figure 3 représente la culotte d'ordonnance à l'usage de ceux qui sont armés du sabre & du bouclier ; elle est de toile minime ou d'une couleur tirant sur le noir, doublée de toile blanche. Il faut sept pieds cinq pouces de chacune des toiles ; chaque pied de toile minime coûte deux *fen*, ce qui revient à un *tsien* cinq *fen* pour les sept pieds ; chaque pied de toile blanche coûte un *fen*, cinq *li*, ce qui revient, pour les sept pieds, à un *tsien* un *fen* deux *li* cinq *hao* : outre cela, il faut pour la ceinture *a*, qui est de toile bleue, deux *fen* quatre *li*, pour un pied six pouces de toile. Ainsi l'habillement complet de ceux qui sont armés du sabre & du bouclier, c'est-à-dire, la casaque, le ceinturon & la culotte, y compris la façon, coûte huit *tsien* six *fen*. (6 *liv.* 9 *f.*)

N°. IX.

La figure 1 représente le bonnet d'ordonnance, ou l'espece de casque en forme de tête de tigre, à l'usage de ceux qui sont armés du sabre & du bouclier.

La figure 2 représente la partie supérieure marquée *a*, qui couvre le dessus de la tête.

La figure 3 représente la partie inférieure marquée *b*, qui couvre le bas de la tête & le cou, jusqu'aux épaules.

Le corps du casque est fait avec du cuivre battu : il pese huit onces, & coûte un *tsien* quatre *fen*. Le prix, tant des couleurs que de la peinture, est de cinq *fen*. La partie inférieure de ce casque, ou si l'on veut, le collier, est faite de toile jaune; il en faut deux pieds huit pouces, qui coûtent en tout cinq *fen* quatre *li*.

N°. X.

La figure 1 est la casaque d'ordonnance représentant une peau de tigre: elle est à l'usage de ceux qui sont armés du sabre & du bouclier.

La figure 2 représente le ceinturon accompagnant la casaque à l'usage des mêmes.

La casaque & le ceinturon sont faits de toile jaune, doublée de toile de couleur bleue, claire & fourrée de coton. Il y a pour deux *tsien* quatre *fen* cinq *li* de toile jaune; il en faut treize pieds, & chaque pied coûte un *fen* huit *li* cinq *hao*; il y a pour deux *tsien* six *fen* de toile bleue; il en faut également treize pieds, & chaque pied coûte deux *fen*.

Pour les bords, tant de la casaque que du ceinturon, qui sont faits d'une bande de toile rouge, il en faut deux pieds trois pouces; chaque pied coûte deux *fen* huit *li*, ce qui fait six *fen* un *li* six *hao* pour les deux pieds trois pouces. La fourrure de coton coûte cinq *li*; pour la soie, les boutons & les boutonnieres, il en coûte deux *fen* cinq *li*.

La figure 3 représente la culotte d'ordonnance en façon de peau de tigre, à l'usage de ceux qui sont armés du sabre & du bouclier; elle est faite de toile jaune, dont il faut treize pieds: chaque pied coûte un *fen* huit *li* cinq *hao*, ce qui fait deux *tsien* quatre *fen* cinq *hao*. La ceinture de la culotte, marquée *a*, est faite de toile rouge; il en faut neuf pouces: chaque pouce coûte deux *li* huit *hao*, ce qui fait deux *fen* cinq *li* deux *hao*. Pour la façon tant de la casaque que du bonnet & de la culotte, il faut fix *fen*. Ainfi le total de la dépenfe pour le bonnet, la cafaque, le ceinturon & la culotte, eft d'un *tael* un *tfien* cinq *fen* huit *li* deux *hao*. (8 *liv*. 13 *f*. 3 *den*.)

N°. XI.

La figure 1 repréfente le fabre à l'ufage des Arbalêtriers.

La figure 2 en repréfente le fourreau.

Pour forger ce fabre, on emploie quatre livres de fer, & pour l'acérer, neuf onces d'acier. Le fer coûte un *fen* fept *li* la livre; total, fix *fen* huit *li* : chaque once d'acier coûte cinq *li* ; total, quatre *fen* cinq *li*.

Pour faire rougir le fer & l'acier & le battre, on emploie vingt livres de charbon de pierre, chaque livre coûte deux *li* ; total, quatre *fen*.

Pour la façon du fabre encore brut, quatre *fen*; pour le battre à froid, cinq *li*; pour le limer, fept *fen* huit *li*; pour le polir, quatre *li*; pour le cuivre, tant de la poignée du fabre que pour la garniture du fourreau, deux *tfien* quatre *fen* huit *li*. Pour le bois du fourreau, trois *fen* deux *li*. Pour la peau de l'efpece de poiffon appellé en chinois *tfe-yu*, dont le fourreau eft couvert, quatre *fen* cinq *li* ; pour vernir le fourreau, un *fen* deux *li* ; pour le bois de la garde du fabre, quatre *li*; pour le fil de foie dont la garde eft environnée, trois *fen*; pour le cordon ou l'attache des fils de foie, huit *li*; pour le morceau de cuir & la courroie attenante au fourreau, fix *li*; ce qui fait pour le total, tant du fabre que du fourreau, &c. fix *tfien* fix *fen* cinq *li* (4 *liv*. 19 *f*. 6 *den*.)

La figure 3 repréfente l'efpece de fufil en ufage parmi les Chinois.

Pour forger le canon de ce fufil, on emploie dix fept livres de fer brut, qu'on fait rougir & qu'on bat jufqu'à ce que des dix fept livres il n'en refte plus que huit livres huit onces,

c'eft-à-dire,

c'est-à-dire qu'il faut qu'il soit réduit à la moitié, pour en pouvoir faire le canon. Chaque livre de fer non battu coûte deux *fen*, ce qui fait deux *tsien* quatre *fen* pour les dix-sept livres. Il faut trois livres de charbon de pierre ; chaque livre coûte deux *fen* ; pour la main-d'œuvre de ceux qui battent le fer, un *tsien* cinq *fen* ; pour la baguette & les différentes pieces de fer qui entrent dans la construction du fusil, un *tsien* ; pour percer le canon, le limer & le polir, un *tsien* cinq *fen* ; pour la piece de cuivre qui couvre la lumiere, & pour quelques autres petites pieces de cuivre qui entrent dans la garniture, cinq *fen* ; pour le bois dans lequel on enchasse le canon, un *tsien* ; pour huiler le fusil, quatre *li* ; pour les couleurs jaune & noire qu'on met dans l'huile, deux *li* ; pour le vernis qu'on met par dessus après avoir huilé, quatre *li* ; pour le charbon fait avec des racines qui se trouvent au pied des montagnes, deux *li* ; pour la main-d'œuvre, sept *li*. D'où il résulte que chaque fusil coûte à l'Etat huit *tsien* six *fen* neuf *li*. (6 *liv.* 10 *f.*)

Ce qui dans cette figure est marqué *a*, est une piece de fer au bout de laquelle on met la meche allumée. Le bout de cette piece de fer est porté vers le bassinet *b*, en pressant la partie *c*.

Ce qui est marqué *d*, est une piece de cuir dans laquelle on conserve les meches : ce qui est marqué *e*, représente le bout des meches, sortant de leur étui *d* ; ce qui est marqué *f*, sont des pieces de cuivre, qui servent à lier le bois au canon.

g est une piece ou anneau de cuivre, où l'on attache la courroie.

h est la courroie ; *i* pieux de bois à pointes de fer, sur lesquels on appuie le fusil quand on veut le tirer. Ces pieux se replient contre le bois au moyen d'une charniere.

k est la baguette de fer pour charger le fusil.

La figure 4 représente la giberne, dans laquelle on met les balles & ce qu'il faut pour charger un fusil ; elle est faite de toile noire, peinte à l'huile, de la maniere qu'on le voit. C'est l'affaire de chaque soldat de se la procurer, & de l'entretenir de maniere qu'elle soit toujours propre & en bon état.

La figure 5 représente une espece de hache à l'usage des Fusiliers ; ils s'en servent à l'armée, après que leurs munitions sont épuisées ; elle leur sert encore à quantité d'autres usages, lorsqu'ils sont en route ou dans le camp. On emploie pour la fabrique de cette hache, trois livres huit onces de fer, avec deux onces d'acier pour l'acérer. La livre de fer coûte deux *fen*, ce qui fait sept *fen* pour les trois livres huit onces, & l'once d'acier coûte un *fen*, c'est donc deux *fen* pour les deux onces. Il faut six livres de charbon de pierre, chaque livre coûte deux *li*, c'est donc un *fen* deux *li* pour les six livres ; pour le manche *a*, & l'huile dont on se sert pour lui donner la couleur, on dépense un *fen* cinq *li* ; pour la façon des ouvriers en fer, on donne cinq *fen* huit *li* ; pour l'étui *b*, figure 6, deux *fen* ; pour l'attache *c*, cinq *li*. L'étui *b* est fait de cuir, l'attache *c* est de fils de soie ; pour la façon, le cuir, l'huile, les couleurs & tout ce qui entre dans la construction de la hache, on dépense en tout deux *tsien*. (1 *liv*. 10 *s*.)

La figure 6, marquée *b*, représente l'étui dans lequel on enferme le fer de la hache ; cet étui est fait de cuir, comme je viens de le dire.

La figure 7 représente le cornet à mettre la poudre dont on se sert pour charger le fusil.

La figure 8 représente le cornet à contenir la poudre dont on se sert pour amorcer. Ces deux sortes de poudre sont différentes & pour la forme & pour l'effet : chaque soldat la fait lui-même, & cette pratique n'a été sujette jusqu'ici à aucun inconvénient, à ce qu'on m'a assuré.

La figure 9 repréfente le fourreau ou l'étui dans lequel on met le fufil : il eft fait de toile jaune huilée, fur laquelle on peint à l'huile des figures de dragons, de nuages, &c. Le prix de ce fourreau n'eft pas marqué, parceque c'eft le particulier & non l'Etat qui en fait la dépenfe.

La figure 10 repréfente la partie du bouclier qui eft en dehors.

La figure 11 repréfente la partie du même bouclier qui eft en dedans.

Le bouclier eft fait de rotin, ou d'une efpece de jonc, dont il faut quatre livres quatorze onces. Le diametre eft de deux pieds cinq pouces ; la main-d'œuvre, ou façon du bouclier, coûte cinq *tfien* deux *fen* ; le flocon de poils de vache, qui eft au milieu *a*, coûte deux *fen* : pour les couleurs & la peinture il en coûte quatre *fen* : total de ce que coûte le bouclier, cinq *tfien* fept *fen*. (4 *liv.* 5 *f.* 6 *den.*)

La figure 12 repréfente le fabre à l'ufage de ceux qui fe fervent du bouclier dont nous venons de faire la defcription. Pour forger ce fabre, on emploie quatre livres de fer brut & neuf onces d'acier ; la livre de fer coûte un *fen* fept *li* ; & l'once d'acier coûte cinq *li*. Il faut vingt livres de charbon de pierre : chaque livre coûte deux *li*. Pour les forgerons qui battent le fer à chaud & qui l'acerent, il en coûte quatre *fen* ; pour ceux qui le battent à froid, cinq *li* ; pour le limer, fept *fen* huit *li* ; pour le polir, quatre *li* ; pour la nourriture de l'ouvrier, deux *fen* ; pour le fourreau & toute la garniture, un *tfien* : ainfi, pour chaque fabre, il en coûte à l'Etat quatre *tfien*. (3 *livres*.)

La figure 13 eft le fourreau.

ART MILITAIRE

PLANCHE. XIX.

Nº. XII.

La figure 1 repréſente le grand étendard, celui qui eſt à la tête de la compagnie compoſée de vingt-cinq hommes, comme je l'ai dit ailleurs. Le fond de cet étendard eſt de ſatin verd, & les bords ſont de ſatin rouge. La flamme, ou l'eſpece de ruban marqué *cccc*, eſt de ſoie brochée d'or. Dans la conſtruction de cet étendard, il entre ſix pieds trois pouces de ſatin verd, huit pieds de ſatin rouge, deux pieds deux pouces de ſoie brochée d'or, avec encore trois pouces de ſatin rouge, pour l'extrémité de la flamme marquée *c*. Le flocon rouge de poils de vache peſe huit onces.

a, Couronnement de cuivre ouvragé.
b, Flocon de poil de vache.
c, Flamme ou ruban.
d, Bordure de l'étendard.
e, Bâton de l'étendard.
f, Bout de fer.
Figure 2, *g*, bout de cuir.
h, Courroie.
i, Cercles de rotin, pour empêcher que le bâton du grand étendard ne ſe fende.

Tout ce qui compoſe cet étendard, excepté la ſoie, eſt verni ou huilé. Le couronnement de cuivre *a* peſe deux livres quatorze onces.

Nº. XIII.

La figure 1 repréſente le petit étendard qui eſt à la tête de cinq hommes ſeulement. Il y en a cinq dans chaque com-

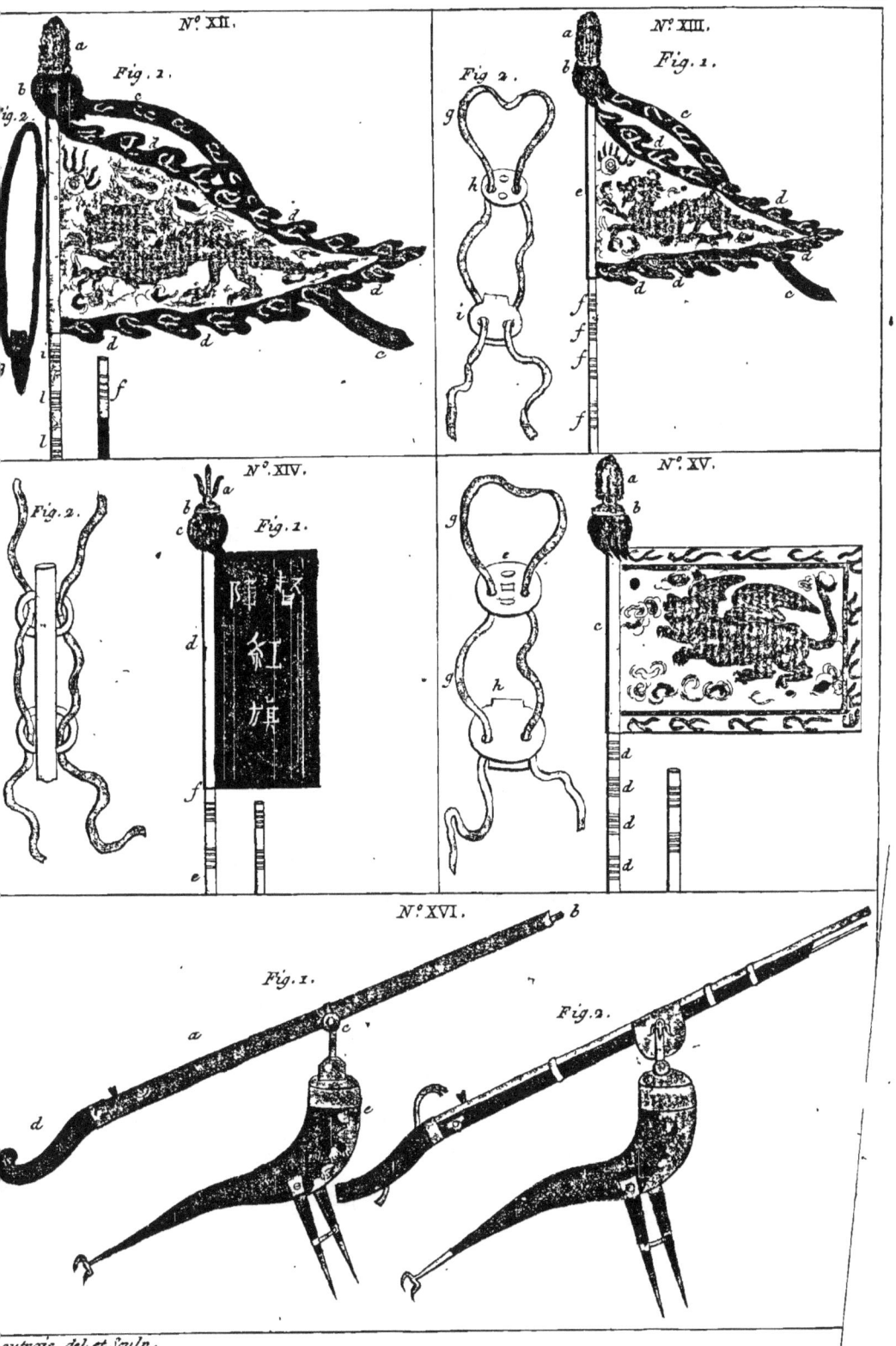

pagnie, comme je l'ai déja dit. Ces petits étendards sont de satin verd, bordé de satin rouge, & la flamme est de soie brochée d'or, au bout de laquelle est une bande de soie rouge.

a, Couronnement de cuivre ouvragé.
b, Flocon de poils de vache.
c, Flamme ou ruban.
d, Bordure de l'étendard.
e, Bâton.
f, Cercles de rotin.
Figure 2, *g*, courroie.
h, Espece de cercle de cuir.
i, Cuir dans lequel on met le bout de l'étendard pour le soutenir plus aisément. Il n'entre dans le petit étendard qu'un pied deux pouces deux lignes de satin verd, & un pied trois pouces de satin rouge : la flamme est longue de cinq pieds.

N°. XIV.

La figure 1 représente le petit étendard qui est à la queue de chaque compagnie de vingt-cinq hommes. Il est de satin rouge, il en faut deux pieds un pouce. Le flocon *c* de poils de vache n'a de longueur que cinq lignes cinq *li*. Le trident *a* qui sert de couronnement, est de fer doré ou verni. Sa base *b* est de cuivre doré ou verni, comme le trident. Le bâton *d*, comme celui des autres étendards, est un simple bambou dans lequel il y a une verge de fer. *e*, Cercle de rotin. *f*, Bout de l'étendard.

La figure 2 est un tuyau de cuir dans lequel le Porte-étendard fait entrer le bâton depuis *e* jusqu'à *f*, & porte ainsi son étendard attaché derriere son dos.

Il résulte de tout ce que nous venons de dire à l'occasion des étendards, que chaque compagnie en a sept. Le premier est le plus grand de tous, c'est celui qui marche à la tête de la compagnie ; le dernier est le plus petit de tous, & marche à la queue ; il est d'ailleurs d'une forme différente des autres. Les cinq drapeaux mitoyens marchent chacun à la tête de cinq hommes. Pour les matériaux & la façon des sept étendards d'une compagnie, il en coûte à l'Etat dix *taels* sept *tsien* cinq *fen*. (80 *liv*. 12 *s*. 6 *den*.)

Nº. XV.

La figure 1 représente l'étendard général de toutes les troupes qui sont sous la couleur jaune. Il y a cinq étendards généraux, un pour chaque couleur. Ils sont de satin, dont il faut deux pieds quatre pouces pour chacun de ces étendards. Un pied de satin coûte deux *tsien* ; il y en a douze pieds, ce qui fait deux *taels* quatre *tsien* pour le satin des cinq étendards généraux. Le fourreau dans lequel on met le bâton de l'étendard, est fait de toile rouge, dont il faut six pieds, à deux *fen* le pied. Les attaches sont aussi de toile rouge ; il en faut douze pieds cinq pouces, qui coûtent en tout deux *fen* ; pour le tailleur, deux *fen* cinq *li* ; pour la peinture du bâton, pour le fil, la soie, la dorure représentant un léopard, & la main-d'œuvre, un *tael* deux *tsien* cinq *fen* ; pour les cinq bâtons de bambou, l'huile & les ficelles, neuf *fen* ; pour les flocons de poils de vache pesant dix onces chacun, neuf *tsien* ; pour la façon des flocons, deux *fen* cinq *li* ; pour dix attaches de galon de fil bleu, six *fen* ; pour les cinq pieces de cuir dans lesquelles on appuie les bâtons & leurs couvercles, quatre *tsien* ; pour le cuivre dont est fait le couronnement, & dont on emploie six livres, à un *tsien* huit *fen* la livre, un *tael* huit *fen* ; pour la façon cinq *tsien* huit *fen*, pour le fer neuf *fen*.

a Couronnement de cuivre ; *b* flocon de poils de vache ; *c* fourreau, ou étui de toile rouge ; *d* cercles de rotin. Fig. 2, *e* piece de cuir, *f* piece de cuir, *g* bande de toile bleue, ou galon de fil bleu.

Chaque étendard général coûte à l'Etat cinq *taels* six *tsien* cinq *fen*. (42 *liv*. 7 *s*. 6 *den*.)

Nº. XVI.

La figure 1 représente une espece de canon que les Chinois appellent *pi-chan-pao*, comme qui diroit, *canon à fendre les montagnes*. Le corps de ce canon est long de trente-cinq pouces, son diametre intérieur est de vingt-cinq lignes; il pese soixante livres. Pour la construction on emploie cent quatre-vingts livres de fer brut à un *fen* sept *li* la livre: on y ajoute quatre livres d'acier à un *tsien* la livre, & on forge le tout ensemble jusqu'à ce que les cent quatre-vingt-quatre livres que pese le total soient réduites à soixante livres. On emploie trente-six boisseaux de charbon de pierre, chaque boisseau coûte cinq *fen* deux *li*; plus soixante livres de charbon de bois, chaque livre coûte quatre *li*. Il faut quarante journées d'ouvriers, chaque journée est payée six *fen*. Pour les garnitures il faut quatorze livres de fer brut, un boisseau & demi de charbon de pierre. Pour les limures, pour la façon du pied, pour la culasse *d* du canon, pour l'huile & le vernis, neuf *tsien* neuf *fen* six *li*. En un mot, chaque canon coûte à l'Etat neuf *taels* un *tsien* un *fen* huit *li*. (68 *liv*. 7 *s*. 3 *den*.) La charge de ce canon est de trois onces sept *tsien* de poudre.

a Corps du canon, *b* embouchure, *c* espece de genou au moyen duquel on fait tourner le canon en tout sens, *d* culasse de bois, *e* pied sur lequel est appuié le canon, &c.

La figure 2 représente une autre sorte de canon, ou espece de fusil que les Chinois appellent *kouo-chan-niao*, c'est-à-dire, *canon à tirer les oiseaux au-delà de la montagne*, ou bien, *qui traverse, qui va au-delà de la montagne*. Il est long de quatre pieds cinq pouces ; son diametre est d'un pouce cinq lignes, & il pese vingt-huit livres. On emploie pour la construction du corps du canon ou du fusil quatre-vingt-dix livres de fer brut, deux livres d'acier, seize boisseaux de charbon de pierre, vingt-cinq livres de charbon de bois. Les quatre-vingt-dix livres de fer brut coûtent un *tael* cinq *tsien* trois *fen*, les deux livres d'acier coûtent deux *tsien*, les seize boisseaux de charbon de pierre huit *tsien* trois *fen* deux *li*, les vingt-cinq livres de charbon de bois un *tsien*; pour les quinze journées de forgerons on donne neuf *tsien*; pour les limeurs & polisseurs deux *tsien*; pour le bois, la garniture, l'huile, les couleurs, le vernis, &c. & les ouvriers, un *tael* trois *fen* six *li*. En un mot, chaque fusil de l'espece que nous venons de décrire coûte à l'Etat quatre *taels* sept *tsien* neuf *fen* huit *li*. (35 *liv.* 19 *s.* 3 *den.*) Pour la charge il faut une once de poudre.

PLANCHE XX.

Nº. XVII.

LA figure 1 de cette planche représente la toile & tout l'attirail de la tente lorsqu'elle est dressée ; la figure 2 représente le cadre de bois sur lequel la toile est tendue.

Chaque tente a cinq pieds cinq pouces de hauteur, quatorze pieds de longueur, & trente-neuf pieds six pouces de pourtour ; l'extérieur est fait de grosse toile blanche dont il faut cent cinq pieds. Les portes de la tente, qui se replient des deux côtés comme les deux battants d'une porte ordinaire, sont de figure triangulaire. Elles sont composées de plusieurs pieces de différentes longueurs ; la premiere piece est longue de sept pieds, la seconde de six pieds trois pouces, la troisieme
de

Planche X

N° XVII.
Fig. 1.
Fig. 2.

N° XVIII.
Fig. 1.
Fig. 2.
Fig. 3.
Fig. 4.
Fig. 5.

N° XIX.
Fig. 2.
Fig. 3.
Fig. 4.
Fig. 5.

N° XX.
Fig. 1.
Fig. 2.
Fig. 3.
Fig. 4.
Fig. 5.

N° XXI.
Fig. 1.
Fig. 2.
Fig. 3.

N° XXII.
Fig. 1.
Fig. 2.
Fig. 3.

DES CHINOIS. *Habillements, &c.* 377

de cinq pieds trois pouces, la quatrieme de quatre pieds deux pouces, la cinquieme de trois pieds, la sixieme d'un pied six pouces, & la septieme de deux pouces seulement.

Pour les bords de la tente, les boutonnieres & le reste où l'on emploie de la toile, il faut, tout compté, deux cents quarante-deux pieds quatre pouces de grosse toile blanche, ce qui coûte deux *taels* neuf *tsien* huit *li* huit *hao* ; & pour la doublure qui est de toile bleue ordinaire, il en faut cent soixante pieds, ce qui revient à deux *taels* huit *fen* ; pour onze journées de couturier, un *tsien* trois *fen* deux *li* ; pour les cordons tant bleus que blancs huit, *fen* six *li* ; pour quatre-vingt-douze morceaux de cuir qu'on met derriere les boutonnieres, entre les deux toiles, pour les consolider, deux *tsien* sept *fen* six *li* ; pour le bois du cadre de la tente, & pour l'huile dont on l'enduit, un *tsien* quatre *fen* quatre *li* ; pour les cordes faites d'écorces d'arbres (elles sont plus fortes que les cordes de chanvre ; il en faut cinq livres, & chaque livre coûte cinq *fen* quatre *li*), deux *tsien* sept *fen* ; pour le fil deux *fen* ; pour l'ouvrier qui travaille les morceaux de cuir trois *fen* ; pour quatre-vingts pieux de bois, tant gros que petits, deux *tsien* quatre *fen* ; pour seize pieces de fer (ce sont des especes de boîtes placées au milieu & aux extrémités des pieces qui composent le cadre, au moyen desquelles on joint les parties de ce cadre), chaque piece de fer pese quatre onces ; pour quatre gros anneaux de fer, pesant chacun quatorze onces ; pour les deux pieces de fer marquées *a*, servant de couronnement, pesant chacune douze onces ; pour le fer de la hache pesant deux livres, pour le fer de la pelle pesant une livre neuf onces, pour le fer de la beche pesant une livre onze onces, pour le fer du marteau pesant deux livres huit onces, en tout on emploie dix sept livres de fer à cinq *fen* quatre *li* la livre, ce qui fait pour le total neuf *tsien* un *fen* huit *li* ;

pour les manches de la hache, de la beche, de la pelle & du marteau trois *fen* cinq *li* deux *hao* ; pour la marmite de cuivre, pesant deux livres huit onces, à deux *tsien* cinq *fen* la livre, cinq *tsien* sept *fen* cinq *li* : en un mot, pour chaque tente & ce qui la concerne, l'Etat dépense sept *taels* sept *tsien* un *fen* cinq *li*. (110 *l*. 7 *f*.)

Fig. 1. *a*, piece de fer en forme de couronnement. *b*, anneau de fer : *c*, especes de boutonnieres où tiennent les attaches pour assujettir la tente aux pieux : *d*, pieces de toile qui se replient & qui forment comme les deux battants d'une porte : *e*, especes de boutonnieres où tiennent les attaches qui servent à fermer l'entrée de la tente : *f*, intérieur de la tente. Figure 2. *g*, cadre de bois sur lequel appuie la toile : *h*, verge de fer qui entre dans les boîtes marquées *i*, pour assujettir les deux parties qui se démontent en ôtant cette verge : *i*, boîtes de fer : *k*, hache : *l*, beche : *m*, marteau : *n*, pelle : *o*, marmite.

N°. XVIII.

La figure premiere représente un instrument de métal appellé *Kin-lo*; c'est une espece de grand bassin, sur lequel on frappe avec un marteau de bois, ou simplement avec un bâton ; on s'en sert pour désigner les différentes veilles de la nuit, ou, pour mieux dire, pour montrer que ceux qui sont préposés pour les gardes des différents quartiers du camp ne sont point endormis : il pese huit livres, & coûte deux *taels* : (15 *l*.).

La seconde figure représente le tambour sur lequel on bat pour annoncer les différentes veilles de la nuit : il coûte huit *tsien* de façon. (6 *l*.)

La figure 3 représente le tambour dont on se sert pour donner les signaux : sa construction est la même que celle des autres tambours. Il pose sur une machine à quatre pieds, & est soutenu par deux anneaux marqués *a* : il coûte six *tsien* de façon. (4 *l*. 10 *f*.).

Les figures 4 & 5 repréſentent les deux ſortes de trompettes en uſage parmi les troupes : elles ſont à l'octave l'une de l'autre. Celle de la figure 4 eſt à-peu-près à l'uniſſon de nos cors de chaſſe, & celle de la figure 5 eſt à l'octave en bas de la première : l'une & l'autre ſont de cuivre battu, & peſent ſept livres chacune ; mais elles différent par leur figure & leur conſtruction, comme on le voit : chaque trompette coûte un *tael* ſept *tſien* cinq *fen*. (13 *l*. 2 *ſ*. 6 *d*.)

N°. XIX.

La figure première eſt la repréſentation d'un bâton à l'uſage de ceux qui font la garde & la ronde, & qui ſont chargés d'entretenir la propreté dans les différents quartiers qu'on leur a aſſignés : cette eſpece de bâton eſt appellée en chinois *Tſi-mei-koun*, c'eſt-à-dire, *bâton qui eſt au niveau des ſourcils* ; apparemment qu'on s'en ſert pour faire ſur le champ une prompte & brieve juſtice.

La ſeconde figure repréſente un fanal, ou une lanterne, à l'uſage de chaque tente, de chaque corps-de-garde, &c. Elle eſt ſuſpendue ſur un trépied qui poſe à terre par ſes trois pieds, *a* : ces trois pieds ſont joints en *b* & peuvent ſe replier l'un ſur l'autre, pour la facilité du tranſport. Le corps de la lanterne eſt de fil d'archal couvert de papier de la couleur des drapeaux ſous leſquels ſont ceux qui s'en ſervent. Le bâton & la lanterne coûtent en tout un *tſien* huit *fen* ſept *li*. (1 *l*. 7 *ſ*. 9 *d*.)

Les figures 3, 4 & 5 repréſentent les outils ou inſtruments dont les troupes ſe ſervent dans les cas d'incendie, &c.

La figure 3 eſt une fourche à ſoutenir des ſoliveaux ou autres choſes qui tomberoient avec fracas & dommage, ſi on ne les ſoutenoit, ou ſi on ne modéroit leur chûte.

La figure 4 eſt une eſpece de faubert qu'on trempe dans l'eau, & au moyen duquel on humecte les endroits qu'on veut empêcher de brûler.

La figure 5 est un crochet de fer à manche de bois qu'on emploie pour attirer à foi les foliveaux & les autres chofes qu'on veut arracher pour empêcher que le feu n'y prenne, &c.

Le prix du faubert eft de neuf *fen* deux *li* deux *hao* (13 *f.* 9 *d.*); le prix de la fourche de fer à manche de bois de la figure 3, & du crochet de la figure 5, eft de trois *tfien* un *fen*. (2 *l.* 6 *f.* 6 *d.*)

N°. XX.

La figure 1 eft une fcie: elle coûte trois *tfien* fept *fen* cinq *li* (2 *l.* 16 *f.*).

La figure 2 eft une hache ou cognée ; elle coûte deux *tfien* fix *fen*. (1 *l.* 19 *f.*)

La figure 3 repréfente un croc de fer armé d'une chaîne auffi de fer : cet inftrument eft d'ufage pour abattre les maifons où le feu a pris, & celles qui font au voifinage, lorfqu'on ne peut arrêter autrement le progrès de l'incendie. Le croc coûte deux *tfien* quatre *fen* ; il y entre pour douze livres de fer à deux *fen* la livre. La chaîne eft longue de huit pieds ; elle contient fix livres de fer : outre cela il y a une corde qu'on attache au dernier des anneaux de la chaîne ; cette corde eft du poids de fix livres. Le croc, la chaîne & la corde coûtent en tout neuf *tfien* trois *fen*. (6 *l.* 19 *f.* 6 *d.*)

La figure 4 repréfente les vafes de bois dont on fe fert pour porter de l'eau : les vafes font attachés aux deux bout d'une perche d'un bois léger, & le plus fouvent de bambou, & font équilibre : c'eft une manière fure & commode pour porter les plus grands fardeaux. Chacun de ces vafes ou barils a de hauteur un pied cinq pouces cinq lignes, & de circonférence, trois pieds ; il eft compofé de vingt-cinq douves & de deux cercles de fer.

La figure 5 repréfente le petit fceau à puifer de l'eau, avec fa corde. *a*, Perche de bois. *b*, Cercle de fer. *c*, Cordes. Ces trois vafes coûtent en tout trois *tfien* quatre *fen* huit *li*. (12 *l.* 11 *f.* 9 *d.*)

N°. XXI.

Cette planche repréfente des canons de différentes groffeurs placés fur leurs affûts.

La piece de canon repréfentée par la figure 1, a de longueur trois pieds neuf pouces; de circonférence extérieure ou de périphérie du côté de la bouche, un pied cinq pouces; du côté de la culaffe, deux pieds trois pouces: la bouche a deux pouces de diametre: depuis le fond de la culaffe jufqu'à l'extrémité de l'ouverture il y a trois pieds cinq pouces. Cette piece de canon eft du poids de quatre cents livres; pour fa charge il faut deux livres de poudre.

La piece de canon de la figure 2 a de longueur trois pieds quatre pouces; de périphérie, du côté de la bouche, un pied deux pouces; du côté de la culaffe, un pied huit pouces. Son diametre intérieur eft d'un pouce cinq lignes; fa longueur, depuis le fond jufqu'à l'extrémité de l'ouverture, eft de trois pieds: fon poids eft de deux cents foixante & dix livres, & fa charge d'une livre huit onces de poudre.

La piece de canon repréfentée par la figure 3 a de longueur trois pieds deux pouces; de périphérie, du côté de la bouche, un pieds deux pouces; du côté de la culaffe, un pied huit pouces. Son diametre intérieur eft de deux pouces : fa longueur, depuis le fond jufqu'à l'extrémité de l'ouverture, eft de trois pieds. Son poids eft de deux cents cinquante livres, & fa charge d'une livre huit onces de poudre.

Ces trois efpeces de canons, ainfi que leurs affûts, ont été conftruits la neuvieme année de *Tchoung-tcheng*, dix-feptieme & dernier Empereur de la Dynaftie précédente (*des Ming*). On ne fait pas ce qu'ils ont coûté. (Cette conftruction me paroît Européenne).

La neuvieme année de *Tchoung-tcheng*, autrement dit *Tchoung-li*, répond à l'année 1636 de l'Ere Chrétienne.

N°. XXII.

La figure 1 est un bassin de cuivre, ou un instrument que les Chinois appellent *lo*; son usage est à-peu-près le même que celui du tambour; il pese quatre livres, & coûte deux *taels*. (15 *l.*)

La figure 2 représente un autre instrument sur lequel on frappe avec deux baguettes *a* : il est d'un bois sonore, creux en dedans, & a la figure d'un poisson ; on l'accroche par le moyen de deux anneaux, comme on le voit. Cet instrument est placé à l'entrée de la tente du Général, des Officiers Généraux & de tous ceux qui ont ou quelque inspection. Lorsqu'on a quelque affaire à leur communiquer, on frappe sur cet instrument ; on est sûr d'avoir audience sur-le-champ, &c.

L'instrument en forme de poisson a de longueur deux pieds huit pouces, & de circonférence un pied sept pouces ; il coûte six *fen* cinq *li* : le cadre ou la machine où il est suspendu coûte sept *fen* : pour la main-d'œuvre, l'huile & les couleurs, &c. un *tsien* trois *fen* ; pour les anneaux & les crochets de fer, deux *fen* cinq *li* : en un mot, cet instrument, avec tout son attirail, coûte trois *tsien* un *fen*. (2 *l.* 6 *s.* 6 *d.*)

La figure 3 représente une conque ; on s'en sert pour sonner la retraite, pour indiquer l'exercice, & pour toute opération à laquelle un corps entier doit être employé. Il y a une de ces conques dans chaque quartier de l'armée & une dans chaque corps particulier. Ces conques tiennent aussi lieu de porte-voix. J'en ait entendu jouer, & je puis assurer que les sons qu'on en tire sont très mélodieux. Une conque coûte cinq *fen*. (7 *s.* 6 *d.*)

PLANCHE. XXI.

N°. XXIII.

Sous ce numero est représentée une espece d'arquebuse avec tout son attirail C'est une arme à feu à laquelle on donnera tel nom qu'on voudra, pour la mieux désigner.

Figure 1, poire à poudre faite de cuir.

Figure 2, marteau dont on se sert pour bourrer & comprimer avec force la poudre dont on charge la boîte.

Figure 3, poche de cuir à contenir les meches.

Figure 4, gibeciere à contenir des lingots de plomb pour la charge de l'arme.

Figure 5, sacoche dans laquelle on met les boîtes pour la facilité du transport.

Figure 6, arquebuse, ou mieux, corps de l'arquebuse.

Figure 7, boîtes qu'on enchasse dans le corps de l'arquebuse, dans le vuide qu'on voit depuis *a* jusqu'en *b* de la figure 6.

Pour chaque arquebuse il faut quatre boîtes & cinq hommes pour le service. A mesure qu'une décharge est faite, on retire promptement la boîte vuide, à laquelle on en substitue une nouvelle ; & pendant que celle-ci & les deux autres qui la suivent font leurs décharges, on recharge promptement celles qui ont tiré leur coup ; ce qui doit faire un feu continuel. Cette espece d'arme n'est pas d'un usage fort ancien : on s'en est servi pour la premiere fois la troisieme année d'*Yong-tcheng*, c'est-à-dire, en 1725 : ce fut le *Tsong-tou* d'une des provinces de l'Empire, qui en présenta le premier modele à l'Empereur.

L'affût *f*, *g*, est de bois, & représente, comme on le voit, la figure d'un tigre. *k* est une boîte de fer dans laquelle appuie le pivot *a*, sur lequel, par le moyen de la roulette *l*, on peut faire mouvoir l'arme en tout sens. *i* est une chaîne de fer.

La longueur de l'arquebuse, depuis *d* jusqu'à *e*, est de trois pieds huit pouces; sa circonférence est de huit pouces.

Les quatre boîtes *fig.* 7 ont chacune de longueur sept pouces; de circonférence, cinq pouces six lignes; de calibre, un pouce; de profondeur, six pouces. Pour la charge, il faut trois onces de poudre.

Le poids de cette arme, y compris les quatre boîtes, est de soixante & dix-neuf livres.

N°. XXIV.

Les figures 1, 2 & 3 représentent trois especes de petits canons ou de pieces de campagne de différentes grandeurs : ce qu'on voit peint en rouge sont des cercles de fer qui empêchent le canon de se fendre ou de crever avec éclat de plusieurs de ses parties; ce qui arriveroit infailliblement sans cette précaution. Ces canons sont appellés en Chinois, *Ma-ti-pao*, comme qui diroit canons à pied de cheval.

Celui de la figure 1 a de longueur deux pieds quatre pouces; de circonférence, du côté de la bouche, un pied deux pouces; du côté de la culasse, un pied trois pouces; de profondeur deux pieds; & de calibre, deux pouces. Il pese cent quarante livres, & sa charge est d'une livre deux onces de poudre.

Celui de la figure 2 a de longueur deux pieds un pouce; de circonférence, du côté de la bouche, un pied deux pouces; du côté de la culasse, un pied quatre pouces; de profondeur, un pied neuf pouces; & de calibre, deux pouces. Il pese cent trente livres; sa charge est de quatorze onces de poudre.

Celui de la figure 3 a de longueur un pied huit pouces, de circonférence, un pied deux pouces; de profondeur, un pied cinq pouces; & de calibre, deux pouces. Il pese soixante & douze livres; sa charge est de 12 onces de poudre.

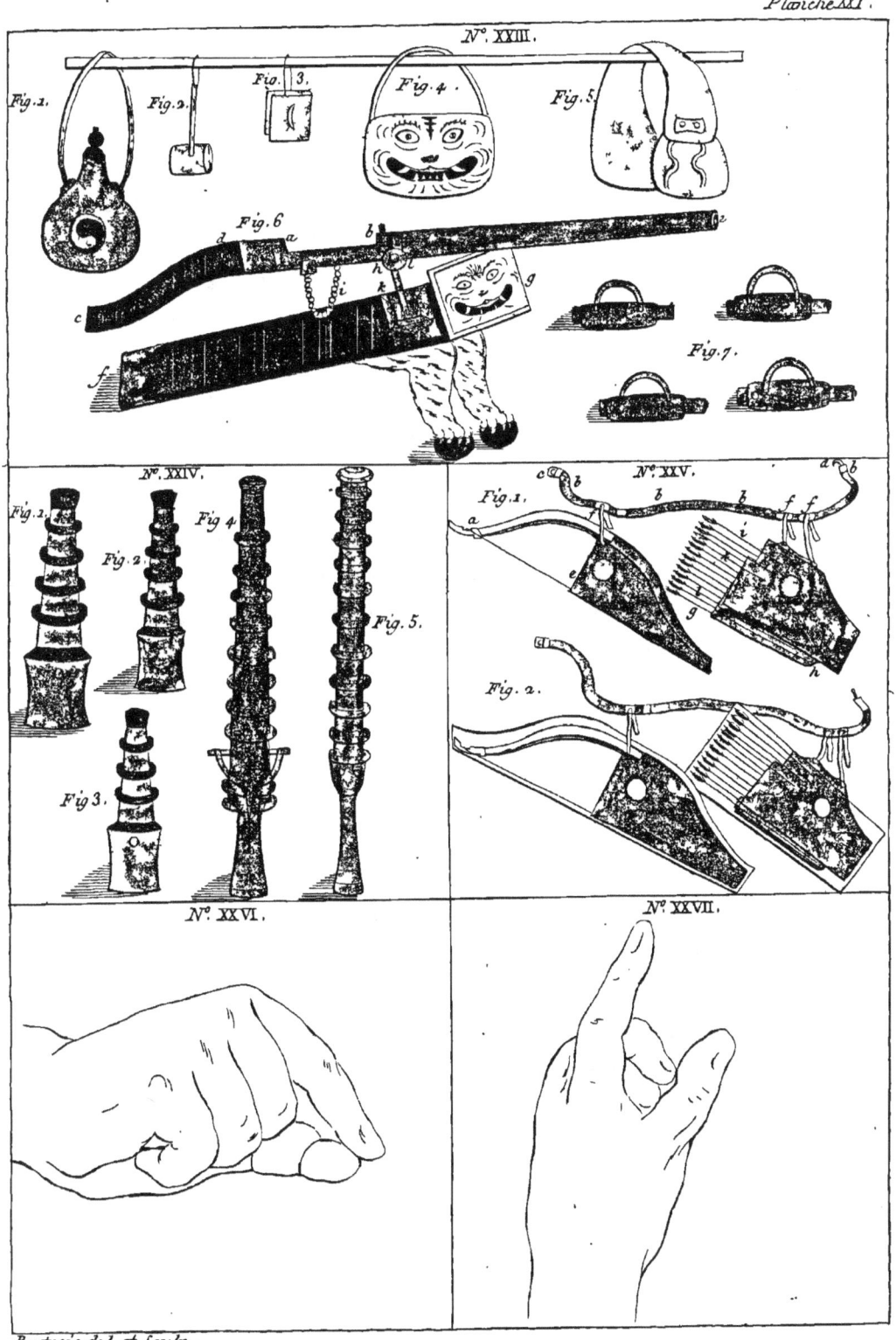

Ces canons sont faits depuis long-temps : on ne sauroit dire ce qu'ils ont coûté.

Les figures 4 & 5 représentent aussi deux especes de canons, que les Chinois appellent *Pe-tse-pao*, c'est-à-dire, canons à contenir cent balles, ou simplement, *canons de cent balles*.

Celui de la figure 4 a de longueur trois pieds deux pouces ; de circonférence, du côté de la bouche, sept pouces cinq lignes ; du côté de la culasse, sept pouces huit lignes ; de profondeur, un pied huit pouces, & de calibre, un pouce : il pese cinquante-deux livres.

Celui de la figure 5 a de longueur deux pieds ; de circonférence, du côté de la bouche, six pouces ; du côté de la culasse, six pouces deux lignes ; de profondeur, un pied six pouces, & de calibre, un pouce : il pese trente-quatre livres.

Ces deux canons sont vieux & tout rouillés : ils ont été trouvés dans le magasin, avec vingt-sept petits boulets de fer & cent quatre-vingt-sept balles aussi de fer. On ne sauroit dire ce que cela peut valoir.

N°. XXV.

Sous ce numero est représenté l'arc & le carquois garni de ses fleches. La figure 1 représente l'arc dans son étui, & le carquois garni de ses fleches, l'un & l'autre suspendus à une ceinture de cuir qu'on met en forme d'écharpe.

a, Arc dans son étui ; *b*, ceinture de cuir ; *c*, anneau de cuivre ; *d*, agraffe ou crochet de cuivre, qu'on passe dans l'anneau *c* pour arrêter la ceinture ; *e*, poche de cuir qui sert d'étui à l'arc ; *f*, anneaux de cuivre auxquels on attache l'étui de l'arc & le carquois ; *g*, fleches ; *h*, carquois fait de cuir & divisé en plusieurs étages ou rangs dans lesquels on met des fleches de différentes grandeurs. Le premier rang, *i*, contient trois fleches des plus grandes qu'on puisse lancer : elles ont au lieu de fer, un bâton de bois creux & percé de plusieurs trous. Les Chinois se servent de cette espece de fleche lorsqu'ils font l'exercice. Ils s'en servent aussi à la guerre pour donner des avis à ceux des ennemis qu'on voudroit attirer à son parti, ou qu'on auroit déja débauchés ; alors ils mettent un billet dans la cavité du bouton, & on lance la fleche du côté de ceux entre les mains desquels on veut qu'elle tombe ; on les lance aussi dans un temps de siege du haut des murs de la ville assiégée dans le camp des assiégeants, & du camp des assiégeants jusques dans la ville. Ceux qui ont des intelligences secretes avec les ennemis, ou ceux qui, n'en ayant pas encore, voudroient s'en former, soit pour se venger de quelque affront reçu, soit dans l'espérance d'avancer leur fortune, ramassent ces sortes de fleches, les emportent sans conséquence, & s'instruisent à loisir de ce qu'ils peuvent faire pour parvenir à leurs fins. Cet artifice, quoique connu de tout le monde, ne laisse pas d'avoir ses succès ; du moins c'est ainsi qu'on me l'a dit ; je ne garantis pas le fait.

Le second rang, *k*, est divisé en trois compartiments, contenant chacun quatre fleches de moindre grandeur que les premieres. Toutes les fleches de ce second rang sont armées d'un fer de la figure à-peu près de ceux de nos espontons ou de nos piques.

Le troisieme rang, *l*, est divisé en trois compartiments, contenant chacun une fleche de moindre grandeur que celles du second rang, mais d'une forme toute différente. Ces fleches sont armées d'un trident de fer qui les rend très redoutables.

La figure 2 représente l'arc & le carquois dans un étui de toile huilée, pour les garantir de la pluie & de tout autre accident.

On distingue quatre sortes d'arcs, à l'usage de ceux des gens de guerre qui ne se servent pas d'autres armes. Les plus foibles, disent les Chinois, sont des arcs de soixante & dix livres, c'est-à-dire qu'il faut que celui qui les bande fasse le même effort qu'il feroit pour lever soixante & dix livres de poids. Il y en a de quatre-vingt, de quatre-vingt-dix & de cent livres. Les arcs qui vont au-delà de cent livres sont de pure parade, & pour certains hommes rares, qui ont une force plus qu'ordinaire. Un arc tout simple revient à un *tael* (7 *l.* 10 *s.*); c'est le prix qu'on en fait payer à l'Empereur.

N°. XXVI.

Sous ce numero est représenté la main droite pour tirer l'arc: le pouce & l'index agissent seuls. Le pouce est armé d'un anneau de corne de cerf ou de quelque pierre précieuse : il est marqué *a*. Cette main est appellée par les Chinois main de la fleche.

N°. XXVII.

La main gauche ou la main de l'arc : le pouce & l'index dirigent l'arc.

FIN.

TABLE
DES MATIERES.

A.

Actions (les petites) doivent être évitées, 93.
Aînés, respect qu'on leur doit, 19, 20, 21, 22. Leur droit sur leurs freres, 20. Leur devoir envers leurs freres, 25, 26. Responsables des fautes de leurs freres, 26, 27, 37.
Amiot (le P.); occasion de son travail, 6, 7, 8, 9, 11.
Ancêtres; devoirs envers eux, 41 : cérémonie aux, 172.
Animaux domestiques, 239.
Annales chinoises; leur fidélité, 2.
Arbalêtriers, 334.
Arcs de differentes especes, 83, 384.
Armes différentes; leur destination, 199, 368, 384 : cinq sortes d'armes, 258, 259 : (port des) défendu, 36 : (Docteurs d'), 4, 5.
Armée chinoise, de quoi composée, 171, 261 : (danger d'une trop grande), 90 : d'où dépend sa force, 290. Ne doit point se compromettre, 196. Maniere de la conduire, 297, 298 & suiv. 300 & suiv. Maniere de la rallier, 210. Défenses d'écrire des nouvelles qui la concernent, 143, 250, 283.
Armure; comment elle doit être, 287.
Arquebuse, 383.

Art militaire (fondement de l'), 57, 58, 60.
Astronomie; son utilité, 58, 59.
Avantages qu'il faut se procurer dans les combats, 121 : petits, utiles, 101.
Augures (défendre les), 135. Défenses d'en tirer de mauvais, 273.
Avis; comment on les donne, 284.
Autorité; base du Gouvernement, 255.

B.

Bachelier d'armes, 5.
Bâillon qu'on met aux troupes, 283.
Bannieres (les huit), 27.
Bataille (ordre de), 288, 289, 293, 294.
Bâton pour punir, 379.
Bonnets des Cavaliers, 364 : des Arbalêtriers, 364 : des Fusiliers, 364 : des Scutati, 364.
Boucliers, 371.
Bravoure souvent est lâcheté, 105.
Butin doit être également réparti, 96.

C.

Campagne; comment on doit la commencer, 63 : ne doit pas être trop longue, 65.
Campements, quels ils doivent être,

TABLE DES MATIERES.

107, 108, 109, 110. Lieux où l'on doit les faire, 85.
Canons de différentes espèces, 375, 376, 381, 384.
Canonniers, 334.
Caracteres chinois, leurs difficultés, 10
Carquois, 384 & suiv.
Casaques des Cavaliers, 365; des Arbalêtriers, 365; des Fusiliers, 365; des Scutati, 367.
Casques des Cavaliers, 360, des Arbalêtriers, 361; des Fusiliers, 365; des Scutati, 367.
Cavalerie, 282.
Cavaliers, 334.
Ceinturon des différentes troupes, 365.
Cérémonie du labourage, 28, 29: pour faire un Général, 168, 169, 308, 309, 310: pour la distribution des récompenses, 270, 271.
Chang, Dynastie, 158, 173.
Changements (les neuf), 99.
Chars, leur description, 71. Leurs marques distinctives, 67. (De guerre), leurs différentes espèces, 250. Leurs usages, 112. Comment ils doivent être, 286, 287. Pris sur l'ennemi, quel usage on en doit faire, 67.
Chariots de course, 63; de transport, 63. Doivent servir de barriere, 288, 289.
Che, mesure, 66.
Che-king, livre sacré, 17.
Che-tsou, Empereur des Tsing, 3.
Chefs, quels ils doivent être, 290, 291.
Chen-koung, Ministre, 182.
Chevaux; maniere de les traiter, 201, 202, 285. Ne sont pas ferrés, 202.
Chinois, leur caractere, 1, 2, 5, 43. Difficulté de leur langue, 10. Leur fierté, 16.
Chou-king, livre sacré, 17.
Chouai-jen, espece de gros serpent, 136.
Chun, Empereur, 29.
Chun-tche, Empereur des Tsing, 3.
Ciel (ce que l'on entend par le), 58, 60.
Cœur, sources de sa dépravation, 26.
Colere, doit être évitée, 105.
Combat; quand il faut le livrer, 73, 78, 97, 98, 211, 212, 213, 266. Quand on doit l'éviter, 192, 193. (Ce qu'il faut observer avant le), 90. N'est pas toujours nécessaire, 70. Singulier, 97. Défendu, 41.
Combattre (maniere de), 88, 89, 132, 190, 191, 192.
Compagnies (comment distinguées), 334.
Compassion (la trop grande) souvent nuisible, 106.
Confucius, son éloge, 5. Ses ouvrages, 14, 17.
Conque pour sonner la retraite, 382.
Constellations, 147.
Cornet à poudre, 370.
Couleurs (les cinq), 81.
Crainte (espece de), source du repos, 184.
Crimes (punition des), 36, 37.
Crocs de fer pour les incendies, 379, 380.
Cuirasse des Cavaliers, 360; des Arbalêtriers, 362; des Fusiliers, 363.
Culotte d'ordonnance des Scutati, 366.
Culture de la terre, 27, 28.

D.

Dangers qu'il faut éviter, 104.
Défensive (nécessité d'être sur la), 76, 77.

Désordre ; moyens d'y remédier, 276.
Deuil (grand), 232.
Dignités établies, 235.
Discipline nécessaire, 57. En quoi elle consiste, 59, 60, 61. (Regles de), 276, 284. Militaire, 228, 229, 251, 252, 266, 290, 322 & *suiv.*
Discorde ; maniere de s'en servir, 151, 153, 154.
Divisions ; maniere de s'en servir, 151, 153, 154, 155, 156, 157, 158.
Dix, nombre de comparaison, 73.
Docteurs d'armes, 5.
Doctrine (ce que l'on entend par la), 58, 172.
Drapeaux des différents corps, 200, 201.
Droiture (la), doit tout régler, 230, 231, 234.

E.

Eau ; maniere de s'en servir contre les ennemis, 148.
Economie nécessaire aux hommes, 33, 34, 35, 40.
Education (nécessité de l'), 25, 26.
Eléments (les cinq), 91.
Eloge des Généraux anciens, 104.
Empereur, ses devoirs, 243, 244, 245 & *suiv.* 249, 254. Appellé fils du Ciel ; pourquoi, 243. Instruit de toutes les affaires, 36. Laboure la terre, 28.
Ennemis, quand on doit les attaquer, 64. Doivent être surpris, 94. Doivent être connus du Général, 207, 209. Maniere de les éviter, 212. Doivent être ménagés, 69. A quoi comparés, 84. Maniere de connoître leurs desseins, 194, 195. Importance de les connoître, 183, 184.

Enterrements coûteux, 35.
Espions employés, 152, 153, 157, 158, 264. Ennemis ; comment traités, 158.
Etendards des différentes Compagnies, 334, 339, 372, 373, 374. Leurs usages, 96, 97. Des différentes Dynasties, 250.
Etat (l'intérêt de l') doit tenir lieu de tout, 301.
Exercice des troupes, 30, 31, 32. Maniere de le faire, 51, 52. Particulier, 322 & *suiv.* 326 & *suiv.* Général, 333 & *suiv.*
Evolutions militaires, 32, 58, 280, 281, 282, 322, 332, 333 & *suiv.* 353.

F.

Familles divisées par huit, 151.
Femmes des guerriers participent aux honneurs, 221. Entretenues par l'Etat pendant la guerre, 31.
Fen, mesure, 319, 320, 321.
Festin militaire donné par le Roi, 219.
Feu (maniere de combattre par le), 146, 147, 148. Cinq manieres de mettre le, 146, 147.
Fleches, 384 & *suiv.* creuses, *ibid.* Exercice de la, 30, 31, 32.
Fou-tse, hache, 309.
Fusils, 368.
Fusiliers, 334.

G.

Garnisons chinoises ; leur description, 23.
Général (qualité nécessaire au), 82, 83, 84, 102, 103, 255, 256. Ses devoirs, 204, 205, 208, 267 & *suiv.* 269. Quel il doit être, 59, 60, 61, 62, 63, 206,

207. Ce qu'il doit faire, 264, 265, 266, 270, 272, 273 & *suiv.* Connoissances qu'il doit avoir, 120, 123, 139, 141, 257, 258, 260. Doit être lettré, 203. Sa conduite dans le camp, 96, 116, 142, 274, 275, 285. Ses attentions, 94, 95, 111 & *suiv.* 116, 200, 204, 205, 287, 289, 290, 292, 293, 295. Son habileté, 87, 90, 91. Répond sur sa tête du bon & du mauvais succès, 68, 124. Sa conduite envers l'ennemi, 68. Doit être instruit de tout, 190, 192, 193. Ce qu'il doit entreprendre, 101, 102. Son secret doit être ignoré, 138. Ce qu'il doit examiner, 102, 106. Défauts qu'il doit éviter, 262, 263, 277. Doit vaincre sans combats, 72. Est le soutien de l'Etat, 73, 74. Fautes qu'il peut faire, 74. Ce qu'il doit faire pour être victorieux, 75, 76. Doit connoître chaque homme de son armée, 80. En quelle occasion il doit se battre lui-même, 295. Est éclairé lorsqu'il sait employer le feu, 148. Est excellent s'il sait employer l'eau, 148. Sa conduite après la prise d'une ville, 217. Ses égards pour les vaincus, 157. Doit haranguer les troupes, 282. Ce qui peut l'empêcher d'être victorieux, 125, 126. Doit tirer parti de ses malheurs, 292. Quelles doivent être ses vues en faisant la guerre, 150, 152. (Idée d'un grand), 263, 264, 265, 276. Cérémonie pour l'établir, 168, 169. (Instructions données au), 239, 240. Doit jeûner & se purifier, 308. Son serment, 310. Sermens qu'il fait aux ancêtres, 144, 145. Son autorité, 54, 56, 95. Lâche (dangers d'un), 122. Incapable 122, 123. (Observation sur le), 203. Ennemi; combien il faut s'efforcer de le prendre, 142.

Généraux anciens; leur éloge, 104. Ancienne maniere de les établir, 307, 308, 309, 310. Etendue de leur pouvoir, 309. Leur devoir, 159, 255, 256, 257 & *suiv.*

Géographie; son utilité, 58, 59.

Giberne, 370.

Goûts (les cinq), 81.

Gouvernement; son origine, 234. (Principe de), 177, 178, 179, 181, 182, 243, 244 & *suiv.* (Idée sur le), 13. Des anciens, 170, 171, 177, 178.

Grades militaires; comment donnés, 32.

Guerre; sa définition, 232. (Science de la), 280. (Symbole de la), 165. (Réflexions sur la), 149, 167, 168, 170, 171. Ceremonie avant que de l'entreprendre, 238, 239 & *suiv.* 243. Ne doit pas durer long-temps, 301. Maux qu'elle cause, 151, 152. (Inconvénients d'une longue), 65, 66. Ne doit être faite que par nécessité, 248, 249. Maniere de la faire chez soi, 133. Chez l'ennemi, 133, 134. Quand il faut l'entreprendre, 76, 77. Temps où l'on ne doit pas la faire, 231, 232. (Raison qui fait embrasser le parti de la), 175, 176. Pourquoi entreprise, 231, 235, 240, 241. Comment on doit la faire, 231, 232, 239.

Guerriers, 220, 221. Quels ils doivent être, 198, 301. Doivent se secourir mutuellement, 137. Ce qu'ils ne doivent point perdre de vue, 58, 60. Leur récompense, 252. Morts récompensés, 221. (Honneurs rendus aux), 220. Cinq raisons pour lesquelles ils cherchent la mort, 291. Illustres, 3, 4, 5.

H.

HABILLEMENTS des troupes, 360 & suiv. 367.
Haches, 380. Pour installer un Général, 309. Des Fusiliers, 370.
Han, Royaume, 183.
Han sin, Général, 3.
Hao, mesure, 320, 321.
Harangue nécessaire, 282.
Hata, Gouverneur des Tartares, 15. Cause de sa mort, 21.
Hia, Dynastie, 173. Son gouvernement, 247, 249, 250, 253.
Hiuen-yuen, ancien Empereur, 109.
Ho-lou, Royaume, 47.
Hoan-koung, Roi de Tsi, 178.
Hoang ti, Empereur, 109.
Hommes estimés ce qu'il y a de plus précieux, 301. Leurs différents caracteres, 294. Naturellement attachés à la vie, 287, 288. Leurs devoirs réciproques, 22, 23, 24, 25, 26, 42
Honneurs militaires, 220, 221.
Hou, mesure, 66.
Houng ou, vide Tai-tsou.
Humanité; sa définition, 233. Principe de tout, 230, 231.

J.

JANG-KIU, vide Sema, 229.
Japonois; idée qu'ils ont de la langue chinoise, 10.
Jen, mesure, 80.
Jeu condamné, 38, 39, 40, 41.
Jin, vide Jen.
Indices généraux, 111, 112, 113.
Joueur, à quel point méprisé, 41.
Justice (la); sa définition, 230, 231, 233.
Ivrognerie, condamnée, 35, 36 & suiv.

K.

KANG-HI, Empereur des Tsing, 4, 13; son éloge, 14.
Kao-ti, Empereur des Han, 3.
Kao-tsou, vide Kao-ti.
Keng kan, Général, 3.
Ki, constellation, 147.
Kie, Empereur, 173.
Kin, livre chinoise, 319.
King, livre sacré, 17.
Kin-lo, instrument, 378.
Kiun, sorte d'habitation, 70.
Kou, arme, 259.
Koua (consulter les), 172.
Koung-tsien, corps de troupes, 334.
Kun, corps de 4000 hommes, 75, vide Kiun.

L.

LACHETÉ, source de tous les malheurs, 252.
Lai-hi, Général, 3.
Lanterne, 379.
Leang, once chinoise, 319, 320.
Légéretés (les quatre sortes de), 96.
Lettres préférées aux armes, 252. Nécessaires à un Général, 203.
Li, mesure itinéraire, 63, 86, 94, 319, 320, 321.
Li, vide Tcheng-tang.
Li-che-min, vide Tai tsoung.
Li-ki, livre sacré, 17.
Liaisons secretes avec l'ennemi, 103.
Lieux de division, 127, 128, 130, 139. Importants, 127, 129, 131, 140. Qu'il faut éviter,

99, 100, 101. A plusieurs issues, 127, 129, 131, 140. De réunion, 127, 129, 131, 140. Qui peuvent être disputés, 127, 128, 130. Légers, 127, 128, 130, 139. Qu'il faut éviter, 118. Ceux qu'il faut choisir, 118. Gâtés, 127, 129, 131, 140. Pleins & unis, 127, 129, 131, 140. De mort, 127, 130, 131, 140.
Livre chinoise, 66, 319.
Livres sacrés, quels ils sont, 17.
Lo, instrument militaire, 96, 97, 283, 323, 382.
Loix (premieres), 230, 231. Etablies, 234. De l'Empire, 44. Données aux Princes vassaux, 241, 242. De subordination, 244, 245. Pénales, 36, 37. Militaires, 54.
Lou, Royaume, 47.
Lou, chars, 71.
Lou-tao, livre, 305, 306.
Lu, sorte d'habitation, 70.
Lu-ya, Ministre des Tcheou, 159.
Luxe, condamné, 33, 34, 35.

M.

MA-PING, corps de troupes, 334.
Mantchous, leur caractere, 43, 44. Leur bravoure, 3, 24. Traités d'esclaves par l'Empereur, 16, 40. Adoptent les usages chinois, 12.
Marches des troupes, 93, 94.
Matieres combustibles, 146.
Maximes anciennes, 26, 35.
Mérite, comment récompensé, 270, 271.
Mesures chinoises, leur valeur, 310.
Meurtriers punis de mort, 44.
Militaires; examen qu'ils subissent, 4, 5.

Mong-tse, Philosophe; son éloge, 5. Ses ouvrages, 17.
Mort; raison pour laquelle on doit la chercher, 291.
Mou, arme, 259.
Mou-koung, Roi de Tsin, 178.
Musique; ses différents tons, 81. Usage qu'on en doit faire, 104.
Mutinerie, comment réprimée, 116.

N.

NÉCESSITÉ (définition de la), 172.
Niao-tsiang, corps de troupes, 334.
Ningouta, ville de Tartarie, 15.

O.

OFFICIERS Généraux, ce qu'ils doivent éviter, 121, 122.
Once chinoise, 319. Sa valeur, 320.
Ordre (l'), pourquoi établi, 230, 231, 233.
Orgueil, source de tous les malheurs, 262.
Ou, Royaume, 47, 89, 137.
Ou, sorte d'habitation, 70.
Ou-han, Général, 3.
Ou-heou, Roi de Ouei, 177, 183.
Ou-ouang, Empereur des Tcheou, 2, 159, 173, 247, 305, 306.
Ou-ti, Empereur des Han, 3.
Ou-ti, Empereur des Tsin, 3.
Ou-tse, Général, 45, 170. Son histoire, 163, 164 & suiv. Son ouvrage, 163 & suiv. Traduit en Tartare, 4. Son discours, 183, 224. Ses victoires, 224. Ses réflexions, 221.
Ouang, dignité, 141, 175.
Ouei, pays, 163.
Ouei-che, Roi d'Ouei, 163.
Ouei-koung, Auteur, 305.

Ddd

Ouei-lie-ouang, Empereur des Tcheou, 163, 164.
Ouen-heou, Roi de Ouei, 163, 182, 183.
Ouen koung, Roi de Tchin, 178.
Ouen-kong, *vide* Ouen-heou.
Ouen-ouang, 365.
Ouen-ti, Empereur des Han, 3.
Ouen-ti, Empereur des Soung, 3.

P.

PA, dignité, 141, 175.
Paie des soldats, 27, 30, 31.
Parents (devoirs envers les), 17, 18, 19.
Parti (prendre son), suivant les circonstances, 210.
Pere; avantage de l'être, 17. Ses devoirs envers ses enfants, 25. Responsable de leurs fautes, 26, 27, 37.
Pertuisaniers, 334.
Peuples vaincus, doivent être secourus, 137.
Peur; à quoi on la connoît, 115.
Pi, constellation, 147.
Pied chinois, 320; marchand, *ibid*.
Pien, inscription honorable donnée par le Souverain, 270, 271.
Plein; ce que c'est, 85.
Poids (les), 319.
Point d'honneur mal entendu, 105, 106.
Poisson (instrument en forme de), 382.
Préceptes (les dix), 11, 12, 13.
Prévoyance (définition de la), 172. (Fausse), preuve de lâcheté, 263.
Princes vassaux; leur installation, 241.
Prisonniers; comment on doit se conduire à leur égard, 67.
Prudence (regle de), 230, 231, 234. Souvent est crainte, 105.

Punitions établies, 235, 237. (Les neuf), 241, 242. Des soldats, 31. (Lieux pour les), 249.

R.

RÉCOMPENSES nécessaires, 67, 204. Singulieres, 219, 220, 222. Des belles actions, 268, 269, 270, 271. Comment distribuées, 249, 291.
Rebelles; conduite à leur égard, 225, 236, 237.
Redoutes; leur description, 72.
Repas (quand on doit prendre les), 285.
Révolution céleste consultée, 172.
Rhinoceros; symbole de la guerre, 165.
Richesses (définition des), 235.
Rois (établissement des), 234.
Ruses de guerre, 85, 86, 103, 104.

S.

SABRES des Arbalêtriers, 368. Des Scutati, 371.
Sage (portrait du), 173.
Salle des Ancêtres, 144.
San-kun; les trois ordres de l'armée, 75.
Sceau de l'Empire, 142. Ce qu'il en faut faire, 142.
Sceau pour porter de l'eau, 380.
Scie, 380.
Science (la grande), 14.
Scutati, 334.
Se-chou, livre classique, 17.
Se-ma, Général; son ouvrage, 5; 228, 229.
Se ma-fa, livre, 227 & *suiv*.
Secrets; maniere de se les communiquer, 312, 315.
Sépulture (idées des Chinois sur la), 37.

Serments militaires, 247, 248. Aux Ancêtres, 144.
Si-ho, fleuve, 169.
Siege de ville; quel doit être sa durée, 71.
Signaux, 97. Pour les exercices, 200, 283.
Soldats, d'où on les tiroit, 151, 152. Leurs devoirs, 22, 23, 24, 29, 30, 31, 32. Leurs punitions, 31. Leurs logements, 23. Leur paie, 30. Leur bravoure, dépendante du Général, 117. Près de livrer bataille, 90. Distribution qu'il faut leur faire, 115. Danger d'une trop grande abondance, 115. Leur crainte, d'où elle provient, 115. Leurs congés, 116. Leurs familles entretenues aux dépens de l'Etat, 64.
Sorts (consulter les), 172.
Souverains (les anciens); leur conduite à l'égard des rebelles, 235, 236, 237.
Sujets; leurs devoirs, 243, 244, 245.
Sun-tse, Général Chinois; son histoire, 4, 5 & suiv. 50 & suiv. Disgracié, 55. Rappellé, ibid. Son ouvrage, 4, 5, 7 & suiv. Estime que les Chinois en font, 4. Traduit en Tartare, ibid.

T.

TA PAO, corps de troupes, 334.
Tablette des ancêtres, 145. Pour écrire, 313.
Taël, once chinoise, 321.
Tai-ki, principe supérieur, 58.
Tai-koung, Ministre, 159. Général, 305, 306.
Tai tsou, Empereur des Tsing, 3.
Tai-tsoung, Auteur, 305.
Tambours de différentes especes, 32, 97, 293, 378. Pour les évolutions, 293.

Tan, Autel, 242.
Tan tao tsi, Général, 3.
Tang-ouang, vide Tcheng-tang.
Tartares; leur langue, 10.
Tchang, mesure chinoise, 320.
Tchang-chan, montagne, 136.
Tchang-cheou, Général; son ouvrage, 15, est cause de sa mort, 21.
Tchang-tao, corps de troupes, 334.
Tchang-tsiang, corps de troupes, 334.
Tchao, Royaume, 183.
Tche-yeou, Roi, 109.
Tcheou, Empereur, 174.
Tcheou, Dynastie, 147, 159. Son Gouvernement, 248, 249, 250, 253.
Tchen, constellation, 147.
Tcheng-sang, pays, 167.
Tcheng-tang, Empereur des Chang, 158, 173, 247.
Tchi, arme, 259.
Tching-yao-che, vide Ouei-koung.
Tchoang-ouang, Roi de Tchou, 182.
Tchong, mesure, 66.
Tchou, Royaume, 47, 55, 183, 185, 187.
Tchou, sorte de mesure, 79.
Tchouan-tchou, Général, 136.
Tchouang-kia, Officier général, 228.
Tchouo-lou, pays, 109.
Tchouo-tcheou, 109.
Teng pai, corps de troupes, 334.
Tente pour cinq hommes, 359, 376 & suiv. Hommes qui en sont chargés, 359.
Terre (ce que l'on entend par la), 58, 59, 60. Doit être cultivée, 27, 28.
Terrein; connoissance qu'on doit en avoir, 117, 140, 141. Nécessaire au Général, 123, 124, 125, 126, 140, 141. (Les neuf sortes de), 127, 139.

Ti, titre des Empereurs, 141, 175.
Tien-y, *vide* Tcheng-tang.
Toife chinoife, 166.
Tortue (confulter la), 172.
Tou, étendard, 67.
Toui-tfe; ce que c'eft, 271.
Tribunaux rendent compte de tout à l Empereur, 36.
Tributs (les différents), 65.
Trompettes, 379.
Troupes (differentes efpeces de), 189. (Cinq claffes de), 180. (Nom des différents corps de), 334. (Idée du caractere des différentes efpeces de), 176. Leurs devoirs, 107, 259, 260, 288. Comment elles doivent fe conduire à l'égard des peuples, 295, 296. Maniere de les employer, 177, 189. Doivent être bien difciplinées, 57. Doivent être inftruites, 16, 30, 31, 32, 267. (Gouvernement des), 80, 196, 197, 198, 199. Conduite qu'on doit tenir à leur égard, 285, 286. (Art de bien ranger les), 265. Comment on doit les choifir, 179. (Quel doit être le nombre des), 249, 251, 261. Maniere de les employer, 30 & *fuiv.* 297, 298 & *fuiv.* Comment on doit les former, 174, 175. (Moyen d'avoir de bonnes), 218. (Majefté des), ce que c'eft, 278, 279, 280, 281. De leur contenance, 76. Pefamment armées, 282. Doivent être examinées avant le combat, 274, 289. Maniere de les rafraîchir, 284, 285. Se fervent d'un bâillon, 283. Vieilles troupes, néceffaires, 223. Entretenues aux dépens de l Etat, 27, 30, 31. Quand on doit les récompenfer, 67. Ne doivent pas être chargées, 93.
Tfao-kouei, Général, 136.

Tfi, Royaume, 47, 183, 184, 185.
Tfien, mefure, 319, 321.
Tfin, Royaume, 183, 184, 185, 186, 188. (Les trois), 188.

V.

Valeur (la); fa définition, 234; ne fuffit pas, 203.
Veilles (les différentes), 32.
Vent (le); en quoi il eft dangereux, 201. En quel temps il fouffle, 147.
Vertu (définition de la), 172. (Les cinq), 230.
Victoire; idée qu'on doit s'en former, 175. La plus à rechercher, 246. (Ce qui eft néceffaire pour remporter la), 292. Elle appartient à tous, 293, 294.
Vin condamné, 35, 36, 37, 38. Fait de grain, nuifible aux hommes, 35.
Vivres; en quelle quantité doit-on en avoir, 66.
Voleurs; comment on les connoît, 115. Leur punition, 115.
Vuide; ce que c'eft, 85.

Y.

Y, conftellation, 147.
Y, arme, 259.
Y, forte de mefure, 79.
Y-king, livre facré, 17.
Y-tche, *vide* Y-yn.
Y-yn, Miniftre des Hia, 158.
Yang, premier principe, 58, 60.
Yen, Royaume, 183, 185, 188.
Yen-tun, ville, 218.
Yeou, pays, 167.
Yeou, arme, 259.
Yn, premier principe, 58, 60.
Yn, Dynaftie, 159, 173, 174, 248, 249, 250, 253.

DES MATIERES. 397

Yo king, livre sacré, 17.
Yong-tchen, Empereur des Tsing; son ouvrage, 11, 13. Son avénement au Trône, 21.
Yu, Empereur, 246. Son Gouvernement, 253.
Yu-leao-tse, Auteur, 305.
Yue, Royaume, 89, 137.

Fin de la Table des Matieres.

AVIS AU RELIEUR
Pour placer les 33 Figures.

Planches I* } vis-à-vis de la page 322
II* }
III*............ 323
IV* }
V* } 326
VI* }
VII*............ 327
VIII*............ 329
IX* }
X* } 330
XI*............ 331
XII*............ 332

Planches I. vis-à-vis de la page.. 337
II. N. B. 338
III. 340
IV. 341
V. 343
VI. 344
VII. 345
VIII. 346
IX. 347
X. 348
XI. 349
XII. 350
XIII. 351
XIV. 352
XV. 357
XVI. 359

N. B. Le Relieur fera attention que la *planche* II ci-dessus doit être renversée, afin que la tente du Général se trouve en bas.

Toutes ces Planches doivent être collées sur des onglets, en observant de mettre du côté de l'onglet le bas des Planches gravées en longueur.

Planches XVII. 361
XVIII. 365
XIX. 373
XX. 377
XXI. 383

Les onglets de ces cinq Planches doivent être des carrés de papier, afin qu'on puisse les tirer hors du Livre; le Relieur aura soin de ne point les plisser, & de placer du *papier serpente* devant chaque planche, pour conserver les couleurss

APPROBATION.

J'ai lu, par ordre de Monseigneur le Chancelier, le Manuscrit qui a pour titre : *L'Art Militaire des Chinois*, & je n'y ai rien trouvé qui puisse en empêcher l'impression. A Paris, ce 11 Avril 1771.

GAILLARD.

PRIVILEGE DU ROI.

LOUIS, par la grace de Dieu, Roi de France & de Navarre : A nos amés & féaux Conseillers, les gens tenants nos Cours de Parlement, Maîtres des Requêtes ordinaires de notre Hôtel, Grand-Conseil, Prévôt de Paris, Baillifs, Sénéchaux, leurs Lieutenants Civils, & autres nos Justiciers qu'il appartiendra : SALUT. Notre amé le Sieur JACQUES LACOMBE, Libraire, Nous a fait exposer qu'il desireroit faire imprimer & donner au Public l'*Art Militaire des Chinois*, traduit par le P. AMIOT, s'il Nous plaisoit lui accorder nos Lettres de permission pour ce nécessaires. A CES CAUSES, voulant favorablement traiter l'Exposant, Nous lui avons permis & permettons par ces Présentes, de faire imprimer ledit Ouvrage autant de fois que bon lui semblera, & de le faire vendre & débiter par tout notre Royaume pendant le temps de trois années consécutives, à compter du jour de la date des Présentes. Faisons défenses à tous Imprimeurs, Libraires, & autres personnes, de quelque qualité & condition qu'elles soient, d'en introduire d'impression étrangere dans aucun lieu de notre obéissance. A la charge que ces Présentes seront enregistrées tout au long sur le Registre de la Communauté des Imprimeurs & Libraires de Paris, dans trois mois de la date d'icelles ; que l'impression dudit Ouvrage sera faite dans notre Royaume, & non ailleurs, en bon papier & beaux caracteres ; que l'Impétrant se conformera en tout aux Réglements de la Librairie, & notamment à celui du 10 Avril 1725, à peine de déchéance de la présente Permission ; qu'avant de l'exposer en vente, le manuscrit qui aura servi de copie à l'impression dudit Ouvrage, sera remis, dans le même état où l'approbation y aura été donnée, ès mains de notre très cher & féal Chevalier, Chancelier, Garde des Sceaux de France, le Sieur DE MAUPEOU ; qu'il en sera ensuite remis deux exemplaires dans notre Bibliotheque publique, un dans celle de notre Château du Louvre, & un dans celle dudit Sieur DE MAUPEOU ; le tout à peine de nullité des Présentes. Du contenu desquelles vous mandons & enjoignons de faire jouir ledit Exposant & ses ayants cause, pleinement & paisiblement, sans souffrir qu'il leur soit fait aucun trouble ou empêchement. Voulons qu'à la copie des Présentes, qui sera imprimée tout au long au commencement ou à la fin dudit Ouvrage, foi soit ajoutée comme à l'original. Commandons au premier notre Huissier ou Sergent sur ce requis, de faire pour l'exécution d'icelles tous actes requis & nécessaires, sans demander autre permission; & nonobstant clameur de Haro, Charte Normande & Lettres à ce contraires. CAR tel est notre plaisir. DONNÉ à Paris le dix-neuvieme jour du mois de Juin, l'an mil sept cent soixanté & onze, & de notre Regne le cinquante-sixieme. Par le Roi en son Conseil. LEBEGUE.

Regiſtré ſur le Regiſtre XVIII de la Chambre Royale & Syndicale des Libraires & Imprimeurs de Paris, n°. 1537, fol. 504, conformément au Réglement de 1723. A Paris, ce 26 Juin 1771.
J. HERISSANT, Syndic.

www.ingramcontent.com/pod-product-compliance
Lightning Source LLC
Chambersburg PA
CBHW071103230426
43666CB00009B/1813